Frank-Walter Steinmeier (Hg.)

Wegbereiter der deutschen Demokratie

Frank-Walter Steinmeier (Hg.)

Wegbereiter der deutschen Demokratie

30 mutige Frauen und Männer
1789–1918

C.H.Beck

Vorsatzblatt: Die Gesellschaft der Freunde der Freiheit und Gleichheit im Akademiesaal des Mainzer Schlosses, November 1792. Feder- und Pinselzeichnung von Johann Jakob Hoch, 1792. Landesmuseum Mainz.

Nachsatzblatt: Plenum im alten Reichstagsgebäude an der Leipziger Straße in Berlin. Fotografie von Julius Braatz, April 1889. Auf der «Regierungsbank» vorn rechts Otto von Bismarck. Das alte Gebäude des Reichstags wurde 1898 abgerissen.

Mit 29 Abbildungen

www.chbeck.de
Umschlaggestaltung: Rothfos & Gabler
Umschlagabbildung: Bundespräsident Frank-Walter Steinmeier im Robert-Blum-Saal des Schlosses Bellevue vor dem Gemälde «Die Parteigänger» von Carl Wendling. Das Bild, um 1910 gemalt, stammt aus dem Rathaus von Landau in der Pfalz und ist eine Leihgabe der Landauer Kunststiftung. Es zeigt eine Runde politisch engagierter Bürger zur Zeit der Französischen Revolution. Foto: Presse- und Informationsamt der Bundesregierung / Guido Bergmann
Satz: Janß GmbH, Pfungstadt
Druck und Bindung: CPI – Ebner & Spiegel, Ulm
Gedruckt auf säurefreiem, alterungsbeständigem Papier
(hergestellt aus chlorfrei gebleichtem Zellstoff)
Printed in Germany
ISBN 978 3 406 77740 0

myclimate

klimaneutral produziert
www.chbeck.de/nachhaltig

Inhalt

II. Hambacher Fest und Vormärz

III. Die Revolution 1848 und das Parlament in der Paulskirche

Anhang

Frank-Walter Steinmeier

Geschichte für die Republik

Was wir den Wegbereitern der deutschen Demokratie
verdanken und warum sie für unser Land
so wichtig bleiben

Ich sterbe für die Freiheit, möge das Vaterland meiner eingedenk sein» – das, so will es die Überlieferung, waren die letzten Worte von Robert Blum.[1] Am 9. November 1848 trafen ihn die Kugeln eines Hinrichtungskommandos des kaiserlichen Militärs. Der deutsche Demokrat und Freiheitskämpfer, einer der bekanntesten Abgeordneten der Frankfurter Nationalversammlung, starb auf einem Sandhaufen im Wiener Vorort Brigittenau.

Robert Blum starb für die Freiheit – aber «seiner eingedenk» ist heute fast niemand mehr. Der Schriftsteller Ludwig Pfau, auch er ein kaum noch genannter deutscher Revolutionär, schrieb über Blum: «Sein Volk wird ihm ein Denkmal setzen, größer als die Denkmale aller seiner Gefeierten; denn dieses Denkmal wird die deutsche Republik sein.»[2] Heute müssen wir feststellen, dass diese Prophezeiung sich nur zur Hälfte bewahrheitet hat. Die deutsche Republik, in Recht und Freiheit geeint, ist 1990 Wirklichkeit geworden, zum zweiten Mal nach 1918. Aber wer Robert Blum war und was er mit dieser Republik zu tun hat, das ist heute kaum noch jemandem bewusst.

Menschenrechte und Demokratie, Rechtsstaat und Pluralismus, Gleichberechtigung und sozialer Ausgleich – alle diese Werte, die heute im Grundgesetz verankert sind und die wir leben, verdanken wir auch dem Engagement von Menschen, die früher als andere und oft mit viel Mut und unter großen persönlichen Opfern für sie eingetreten sind.

Doch viel zu lange ist unsere Erinnerungskultur mit den Köpfen, Ereignissen und Orten der deutschen Demokratiegeschichte sehr stiefmütterlich umgegangen. Bedeutende Akteure wie Robert Blum sind oft nur noch dem Namen nach oder gar als bloßes Zerrbild bekannt, wie etwa der republikanische Aufklärer Adolph Knigge, der im kollektiven Gedächtnis zu einem Benimm-Lehrer degradiert worden ist.

Der 18. März ist mit Fixpunkten deutscher Demokratiegeschichte in drei Jahrhunderten verbunden: der Ausrufung der Mainzer Republik 1793, der Revolution 1848 in Berlin und der ersten freien Volkskammerwahl in der DDR 1990. Trotzdem ist der 18. März nie ein nationaler Gedenktag geworden.

Das Hambacher Schloss war lange vor allem Event-Location und Kulisse für Hochzeiten. Und die Frankfurter Paulskirche, eine der bedeutendsten Stätten der deutschen Demokratiegeschichte, wird den Ansprüchen, die wir heute an einen ebenso würdigen wie lebendigen Erinnerungs- und Lernort der Demokratie stellen, nicht gerecht.

Die geringe Wertschätzung für unsere Demokratiegeschichte liegt freilich nicht etwa daran, dass die deutsche Erinnerungskultur heute stark von der Auseinandersetzung mit dem Nationalsozialismus geprägt ist. Im Gegenteil. Die Aufarbeitung der NS-Verbrechen bleibt ein unverzichtbarer Teil demokratischer Selbstbesinnung. Die Gründe liegen vielmehr weiter zurück und sind gerade in jenen historischen Entwicklungssträngen zu finden, die maßgeblich zu den Katastrophen des 20. Jahrhunderts geführt haben. Nach der Reichsgründung 1871 dominierte eine national-borussische Geschichtsschreibung, welche die deutsche Geschichte auf das Streben nach staatlicher Einheit reduzierte, das Preußentum heroisierte und Otto von Bismarck zum genialen Erfüller nationaler Sehnsüchte verklärte.

Statt an Freiheitsbewegungen erinnerte man an die Befreiungskriege gegen Napoleon. Damit wurde nicht nur der Grundstein zur nationalistischen Ideologie einer Erbfeindschaft mit dem französischen

Nachbarn gelegt, sondern auch die positive Seite des Freiheitsbegriffs, die Freiheit zu bürgerlicher Selbstbestimmung, ausgeblendet. Die Ideen der Französischen Revolution von 1789 wurden schon im Ursprung des deutschen Nationalismus als westlich und undeutsch abgelehnt. «Die deutsche Antwort auf Freiheit, Gleichheit, Brüderlichkeit, die Quintessenz der westlichen Demokratie, lautete, verkürzt gesagt, Ordnung, Zucht und Innerlichkeit», so hat Heinrich August Winkler es treffend auf den Punkt gebracht.[3]

Der Reichsgründer Bismarck hatte mit seiner Verachtung für die deliberative Demokratie, also für Meinungskampf, Parlamente und Mehrheitsentscheide, nie hinter dem Berg gehalten: «Nicht durch Reden und Majoritätsbeschlüsse werden die großen Fragen der Zeit entschieden – das ist der Fehler von 1848 und 1849 gewesen –, sondern durch Eisen und Blut.»[4] So lautete sein verstörend einflussreiches Credo, dessen Echo bis in den totalitären Staat des 20. Jahrhunderts hörbar blieb. Unter diesem Vorzeichen ließen sich die demokratische Revolution von 1848/49 und die Nationalversammlung der Paulskirche leicht mit dem Verdikt «gescheitert» versehen und selbst epochale Leistungen wie die in Frankfurt entworfene und verabschiedete Verfassung mit den «Grundrechten des deutschen Volkes» ignorieren.

So entstanden zwar zahllose Bismarck-Denkmäler und Kaiser-Wilhelm-Monumente, wenn aber Demokraten auf dem Friedhof der Märzgefallenen in Berlin-Friedrichshain der Freiheitskämpfer des Jahres 1848 gedachten, ließ die preußische Polizei jede Kranzschleife durch ihre Gendarmen genau kontrollieren – aus Furcht vor zu viel aktiver Erinnerung an Freiheit, Demokratie und Revolution.

Die Weimarer Republik knüpfte mit ihrer Verfassung an die liberaldemokratischen Ideen von 1848/49 an und stellte sich auch symbolisch in die Tradition der Freiheitsbewegungen: Schwarz-Rot-Gold, die deutsche Trikolore der Freiheit vom Hambacher Fest 1832, wurde Nationalflagge. Diese demokratische Traditionsbildung hat vielfach

Feindschaft auf sich gezogen. Denn zur fortdauernden Dominanz der national-borussischen Geschichtsschreibung von rechts kam das antiliberale Denken von links. Der beißende Spott und die höhnische Verachtung der bürgerlichen Freiheiten im Gefolge von Karl Marx sind nicht zu unterschätzen, etwa wenn Rosa Luxemburg gegen «kleinbürgerliche Illusionisten und Schwätzer von Anno 1848» agitierte.[5]

Selbst nach 1945, nach Diktatur, Weltkrieg und Völkermord, wirkte die eingeübte Ignoranz gegen die Freiheits- und Demokratiegeschichte fort. Die einen sahen im Nationalsozialismus nur einen Betriebsunfall der deutschen Geschichte, der seine Ursache just in der modernen, mit der Französischen Revolution beginnenden demokratisch verfassten Massengesellschaft gehabt haben soll. Andere sahen die Gründe für Hitler und Holocaust vor allem im Fehlen proletarischer Revolutionen in Deutschland. Gemeinsam war beiden Deutungen, dass sie die freiheitlichen Bewegungen in der deutschen Geschichte gering schätzten.

Es war einer meiner Vorgänger im Amt des Bundespräsidenten, Gustav Heinemann, der Anfang der 1970er-Jahre mit Leidenschaft dafür warb, «in der Geschichte unseres Volkes nach jenen Kräften zu spüren und ihnen Gerechtigkeit widerfahren zu lassen, die dafür gelebt und gekämpft haben, damit das deutsche Volk politisch mündig und moralisch verantwortlich sein Leben und seine Ordnung selbst gestalten kann».[6] Der Geschichtswettbewerb des Bundespräsidenten, den Heinemann als «Preis für die Schuljugend zum Verständnis deutscher Freiheitsbewegungen» ins Leben rief, und die Erinnerungsstätte für die Freiheitsbewegungen in der deutschen Geschichte in Rastatt sind bleibende Resultate seines Engagements. Aber es wurde – und zwar aus guten Gründen – von einem anderen drängenden Thema überlagert: der notwendigen und viel zu lange verweigerten Auseinandersetzung mit den NS-Verbrechen.

Heute ist unsere Erinnerungskultur maßgeblich geprägt von der Auseinandersetzung mit dem Nationalsozialismus, seinen Tätern, Mitläufern und seiner Ideologie, sowie von der Erinnerung an die Millionen Opfer. Es hat Jahrzehnte gedauert, bis – zunächst, kaum wahrgenommen, Bundespräsident Walter Scheel – dann vor allem Richard von Weizsäcker an den 8. Mai 1945 als Tag der Befreiung erinnern konnte. Diese Verzögerung ist kein Zufall. Denn 1945 hatte Deutschlands Befreiung von außen kommen müssen. Noch lange Zeit danach empfanden große Teile der Nachkriegsgesellschaft das Datum vor allem als Niederlage und Unglück. Erst in dem Maße, in dem das Verdrängen und Beschweigen der deutschen Verbrechen beendet wurde, konnte der Befreiung von außen eine innere Befreiung im Zeichen neu verwurzelter demokratischer Überzeugungen folgen. Es war ein langer, mühsamer und oft schmerzhafter Prozess der Aufklärung und Aufarbeitung von Mittäterschaft und Mitwisserschaft. Erst dadurch konnte die Bundesrepublik Deutschland demokratisches Selbstvertrauen gewinnen, nicht durch Abwehr und Schlussstrich. Die Erinnerung an das Menschheitsverbrechen der Shoah ist so zu einem unverrückbaren Teil unserer freiheitlichen demokratischen Identität geworden – und muss es bleiben. Was sich nicht wiederholen soll, darf auch nicht vergessen werden.

Dieser Zusammenhang von Demokratisierung und Aufarbeitung der NS-Zeit erklärt auch, warum sich unsere Republik nicht allein aus dem »Nie wieder!« begründen lässt. Es braucht vielmehr ein Bewusstsein für die weitverzweigten Wurzeln von Demokratie- und Freiheitsbestrebungen, die es über Jahrhunderte hinweg gegeben hat und aus denen die Bundesrepublik nach 1945 wachsen konnte. Es stimmt: Das Grundgesetz entstand unter dem Eindruck des Zivilisationsbruchs, unter dem Eindruck von Auschwitz, Babyn Jar und Treblinka. Der Neuanfang nach der Befreiung 1945 wäre aber gar nicht denkbar gewesen ohne die Erfahrungen aus der ersten deutschen Republik und den Kämpfen des 19. Jahrhunderts.

Natürlich war diese Demokratiegeschichte alles andere als eine gradlinige Erfolgsgeschichte. Sie war voller Rückschläge und Widersprüche, voller Um- und auch mancher Abwege. Wir können dennoch stolz sein auf die Kämpfe für Freiheit und Demokratie. Es waren auch diese Ideale, die den Widerstand gegen den Nationalsozialismus prägten. In ihrem Geist werden wir den Blick in den Abgrund der Shoah nicht vermeiden.

All die deutschen Parteigänger der Französischen Revolution, die Vormärzliberalen und -demokraten, Paulskirchendeputierten, die Streiterinnen für die Gleichberechtigung, frühe Gewerkschafter und die engagierten Parlamentarier des Kaiserreiches, all diese zu ihrer Zeit oft genug Erfolglosen und Besiegten finden wir heute auf der Siegerseite der Geschichte. Nicht die autoritären Kräfte und Mächte, sondern sie haben sich mit ihren Vorstellungen von Freiheit, Recht und Einigkeit durchgesetzt. Daher hat die Erinnerung an sie heute eine doppelte Bedeutung: Sie stiftet Zusammenhalt und sie stärkt unsere Demokratie.

Wir alle haben ein tiefes Bedürfnis nach Heimat, Zusammenhalt und Orientierung. Der Blick auf die eigene Geschichte spielt dabei eine entscheidende Rolle. Jedes Volk sucht Sinn und Verbundenheit in seiner Geschichte – warum sollte das für uns Deutsche nicht gelten?

Es geht hier allerdings um weit mehr als nur um Zugehörigkeit. Es geht auch um das europäische Erbe und die Zukunft unserer Demokratie. Indem wir uns wieder stärker der Freiheits- und Demokratiebewegungen des 19. Jahrhunderts erinnern, nehmen wir auch jene Fäden auf, die uns einst mit unseren europäischen Nachbarn verbanden und die 1871 gekappt worden sind. Die Mainzer Republik, das Hambacher Fest, die Revolution 1848 – all das waren keine rein nationalen Ereignisse. In vielen Ländern Europas wagten damals Menschen den Aufstand für politische Freiheit, für nationale Selbstbestimmung und auch für soziale Gerechtigkeit. Nicht überall waren die Revolutionen unmittelbar erfolgreich – Scheitern und Rückschläge gab es keineswegs nur in Deutschland. Diese Ereignisse waren Teil eines europäischen Völkerfrühlings, der uns mit unseren Nachbarn in Frankreich und Polen, Ungarn und Italien verbindet. Genauso, wie auch 1989 eine europäische Freiheitsrevolution war, die uns Deutsche mit Polen, Ungarn, Tschechen und Slowaken verbunden hat und in deren Folge die Spaltung Europas überwunden werden konnte. Wir tun gut daran, uns gerade heute dieser Ideale und unserer Gemeinsamkeiten wieder stärker zu besinnen.

Nach dem Zusammenbruch des Kommunismus rief der amerikanische Historiker Francis Fukuyama das Ende der Geschichte aus. Die Werte des Westens schienen weltweit siegreich zu sein. Es schien nur noch um ein Mehr an Demokratie, an Gleichberechtigung und an individueller Freiheit zu gehen. Inzwischen haben wir gelernt, dass es kein Ende der Geschichte gibt. Im Gegenteil: Demokratie und Rechtsstaat, Meinungsfreiheit und Minderheitenrechte sind weltweit neuen Pressionen ausgesetzt.

Russland und China präsentieren sich heute als autoritäre Gegenmodelle zur westlichen Demokratie. Im Innern unterdrücken ihre Machthaber die Freiheit des Einzelnen, nach außen sind sie imperiale Mächte, die mit aggressiven Methoden versuchen, ihren Einfluss auszuweiten und sich Dominanz zu verschaffen. Gleichzeitig erleben wir, wie in Europa und in den USA festgefügte Demokratien ins Wanken geraten können, wenn Mehrheiten missbraucht werden, um den Rechtsstaat und die Unabhängigkeit der Justiz auszuhöhlen sowie die Freiheit von Medien, Kunst und Wissenschaft einzuschränken. Wir erleben, wie politische Gegner zu Feinden gestempelt werden und der demokratische Wettbewerb zum eigenen Vorteil manipuliert wird.

Freiheit und Demokratie sind keine Selbstverständlichkeit; ihr Bestand ist nicht auf Dauer garantiert. Seien wir nicht naiv, geben wir uns keinen Illusionen hin: Auch Deutschland ist nicht gefeit vor der Rückkehr des Autoritären; manche Verächter von Freiheit und Demokratie sitzen bereits in unseren Parlamenten. Es ist auch dieser besorgniserregende Befund, der mich antreibt, der Geschichte unserer Demokratie mehr Aufmerksamkeit zu schenken. Der Blick in die Vergangenheit zeigt, wie mühevoll, opferreich, verschlungen und voller Rückschläge die Wege zu Freiheit und Demokratie gewesen sind. Dieses Wissen lässt uns den Wert des Erreichten besser erkennen und mahnt, dass wir unsere Werte, für die so viele Wegbereiter unserer Republik gekämpft haben, nicht leichtfertig preisgeben dürfen.

Aber die Besinnung auf die Geschichte soll keineswegs den Status quo konservieren. Es geht auch darum, die Energien, die Leidenschaften zu wecken, die wir brauchen, um Staat und Gesellschaft so fortzuentwickeln, dass wir unsere Werte bewahren können. Die Erinnerung ist kein Selbstzweck, sondern um der Zukunft unserer Demokratie willen wichtig.

Mehr Aufmerksamkeit, mehr Herzblut und mehr finanzielle Mittel den Orten und Protagonisten der deutschen Demokratiegeschichte – diesen Appell habe ich am 9. November 2018 vor dem Deutschen Bundestag an Wissenschaft, Zivilgesellschaft und Politik gerichtet, und in den vergangenen Jahren ist manches in Bewegung geraten.[7]

Die Mainzer Republik etwa, die 1793 erstmals auf deutschem Boden «das freie Volk» zum «einzigen rechtmaßigen Souverän» erklärte, würdigte der Rheinland-Pfälzische Landtag zu ihrem 225. Jubiläum mit einem großen Festakt. Für das Hambacher Schloss hat der Bund mehr Geld bereitgestellt und ermöglicht erstmals eine kontinuierliche historisch-politische Bildungsarbeit. Der Friedhof der Märzgefallenen in Berlin bekommt in den nächsten Jahren ein Besucherzentrum und wird zu einer modernen Erinnerungsstätte. Und die sanierungsbedürftige Frankfurter Paulskirche soll zu einem zeitgemäßen, lebendigen Lernort der Demokratie weiterentwickelt werden, darauf haben sich der Bund, das Land Hessen und die Stadt Frankfurt am Main im Sommer 2020 im Schloss Bellevue verständigt.

Auch auf das Kaiserreich blicken wir 150 Jahre nach dessen Gründung inzwischen differenzierter. Sein Nationalismus und sein Militarismus werden seit Langem kritisch gesehen; der Kolonialismus und seine Verbrechen werfen deutliche Schatten auf diese Epoche und verlangen mehr Aufmerksamkeit. Aber wir entdecken auch, dass es in diesem Obrigkeitsstaat zum Beispiel eine aktive Frauenbewegung gab. Und war es nicht eine List der Geschichte, dass der Demokratieverächter Bismarck, der das allgemeine Männerwahlrecht zumindest im Reich (nicht in Preußen) aus rein taktischen Motiven zuließ, damit Raum für die demokratische Arbeiterbewegung, die Herausbildung des Parteiensystems und die Entstehung einer parlamentarischen Tradition in Deutschland schuf? Auch sollte man die Bedeutung des 1871 in Berlin geschaffenen Reichstages als öffentliche Bühne der Politik nicht unterschätzen.

Selbst die Weimarer Republik wird längst nicht mehr nur von ihrem Ende her betrachtet. Ihre Chancen und Leistungen sowie die Frauen und Männer, die damals unter großen Anfeindungen demokratische Verantwortung übernahmen, erfahren inzwischen die verdiente Wertschätzung, zum Beispiel im «Haus der Weimarer Republik», das 2019 in Weimar eröffnete. All die vielen, bisher noch zu wenig beachteten Erinnerungsorte, die bislang kein Teil der Gedenkstättenförderung des Bundes sind, sollen von 2022 an durch eine neue Bundesstiftung «Orte der deutschen Demokratiegeschichte» unterstützt werden.

Die Auseinandersetzung mit der Geschichte der SED-Diktatur dagegen ist schon lange ein fester Teil des staatlichen Engagements. Aber mit Blick auf die einstige DDR brauchen wir neben der Erinnerung an Teilung, Unterdrückung und Verfolgung auch mehr Aufmerksamkeit für die Friedens-, Umwelt- und Bürgerrechtsbewegung. Sie ist ein Teil deutscher Demokratiegeschichte von enormer Bedeutung. Die Anregung, einen herausgehobenen Ort zu schaffen, der an die friedliche Revolution und die Mutigen erinnert, die sie gemacht haben, wird inzwischen breit diskutiert, und diese Debatte wird hoffentlich bald Früchte tragen.

Die größten Defizite unserer demokratischen Erinnerungskultur bestehen noch immer im Hinblick auf die Protagonisten des sogenannten langen 19. Jahrhunderts, also der Zeit von der Französischen Revolution 1789 bis zum Beginn des Ersten Weltkriegs.

In diesem Band sind die Biografien von dreißig Frauen und Männern zusammengetragen, die allesamt Wegbereiter der Demokratie in Deutschland waren. Vom Aufklärer und Weltumsegler Georg Forster, der 1793 bei der Mainzer Republik dabei war, über Robert Blum bis zur Frauenrechtlerin Louise Otto-Peters, von Ludwig Windthorst, dem katholischen Streiter für die Rechte der Volksvertretung, über August Bebel, dem Vorkämpfer der sozialen Demokratie, bis hin zum Vater der Weimarer Verfassung, dem Liberalen Hugo Preuß.

Anhand der Lebenswege einzelner Menschen lässt sich Vergangenheit anschaulich darstellen. Soziale Strukturen werden lebendig und bekommen Gesicht und Stimme. Das macht hoffentlich einem breiten Publikum Lust auf die Geschichte unserer Demokratie. Biografien überschreiten nicht nur Epochengrenzen, sondern sie spiegeln auch die Wandlungen und Widersprüche der Menschen. Jedenfalls dann, wenn diese Menschen – wie in diesem Buch – nicht überhöht oder gar heroisiert werden. Wer eine demokratische Walhalla voller Heldinnen und Helden erwartet, wird enttäuscht sein. Auch der fortschrittlichste Vordenker war ein Kind seiner Zeit, selbst wenn sie oder er dieser oft voraus war. Und nicht immer einte sie dieselbe Entschlossenheit: Für den Radikaldemokraten Friedrich Hecker handelten der Liberale Friedrich Christoph Dahlmann und die Parlamentarier der Paulskirche viel zu zögerlich; die Hosen tragende und Zigarren rauchende Louise Aston hingegen war viel zu provokant für die eher strategisch denkende Frauenrechtlerin Louise Otto-Peters.

Den Begriff der Demokratie muss man beim Blick auf verschiedene

Epochen weit fassen. Es wäre geschichtsblind zu erwarten, dass schon im 19. Jahrhundert die Menschen exakt jenes Verständnis von freiheitlicher Demokratie, Gleichberechtigung und sozialem Ausgleich hatten, wie wir es heute teilen. Kaum einer der hier Porträtierten hat diese Werte unserem heutigen Verständnis nach vollständig verfochten, aber alle haben sie mit ihrem Wirken letztlich zur Durchsetzung jener Werte beigetragen. Diese Frauen und Männer waren Wegbereiter der Demokratie, Wegbereiter unserer Republik.

Die Durchsetzung der Demokratie in Deutschland war nicht frei von Widersprüchen. So zeigte sich während der Mainzer Republik, dass auch die Toleranz der Aufklärer ihre Grenzen hatte, und die Idee der Nation diente 1848 nicht nur zur Fundierung eines demokratischen Staates, sondern wurde auch zur Quelle eines aggressiven Nationalismus. Eine unmittelbare Erfolgsgeschichte war die Demokratie in Deutschland lange Zeit nicht. Die Erinnerung an ihre Wegbereiter taugt deshalb nicht dazu, die tief gründenden Wurzeln des Autoritären und nicht zuletzt des mörderischen Antisemitismus, die im 20. Jahrhundert so fatale Folgen zeitigten, zu relativieren. Wer dies versucht, begibt sich auf einen Holzweg. Aber die historischen Rückschläge für die Demokratie mindern nicht den Wert demokratischer Ideale und unsere Wertschätzung für all jene, die für diese Ideale früher als andere und oft mit großem Mut und unter hohen Opfern eingetreten sind.

Dieses Buch ist eine Auswahl, die notwendigerweise subjektiv und unvollständig ist; es soll kein Kanon sein. Viele weitere bekannte Persönlichkeiten gehören zu den Wegbereitern der Demokratie in Deutschland, zu den Sympathisanten der Freiheit seit 1789: Georg Büchner und Heinrich Heine, Karl von Rotteck und Karl Theodor Welcker, Gustav und Amalie Struve, Heinrich von Gagern und Eduard Simson, Malwida von Meysenbug und Luise Zietz, Ferdinand Lassalle, Wilhelm Liebknecht und Eduard Bernstein. Auch die von der Französischen Revolution inspirierten, viel beschriebenen Projekte der preußischen

Reformer enthalten Elemente, die Teil dieser Geschichte sind. Aber es kommt mir darauf an, sowohl jene wieder ins Licht zu rücken, die viel zu lange zu Unrecht vergessen gemacht worden sind, als auch anderen erstmals die verdiente Aufmerksamkeit zu verschaffen. Dazu gehören vor allem auch die Frauen. Zwar war ihnen bis 1908 das politische Engagement in Preußen verboten, doch viele mehr von ihnen waren politisch aktiv, als bekannt ist.

Darüber hinaus soll dieses Buch auch dazu anregen, sich weiter mit den Orten, Ereignissen und den Köpfen der deutschen Demokratiegeschichte zu befassen, nachzufragen und nachzuforschen. Wäre es nicht schön, wenn alle deutschen Länder ihre Geschichte der Demokratie schrieben, ihre Orte der Demokratie würdigten und vor allem nach den mutigen Frauen und Männern fragten, die in ihrer Region Freiheit und Demokratie in der Vergangenheit vorangebracht haben und heute Ansporn für die Zukunft sein können? Die Geschichte unserer Demokratie und ihre Protagonisten sollten ein selbstverständlicher Teil unserer Gedenkkultur, unserer republikanischen Tradition werden.

Demokratie kennt keine ewigen Wahrheiten. Es sind der Pluralismus, die Vielfalt der Meinungen, Rede und Gegenrede, Versuch und Fehler, Wahl und Abwahl, welche die Demokratie immer wieder befähigen, die Herausforderungen der Zeit zu meistern. Digitale Revolution, Klimawandel, ökonomische Globalisierung und gerechte Teilhabe am Wohlstand – dies und vieles mehr erfordert heute neue Kraft und neue Ideen. Robert Blum schrieb einmal: «Es hätte […] überhaupt nichts Gutes und Großes gegeben, wenn jeder stets gedacht hätte: Du änderst doch nichts!»[8] Der Blick zurück zeigt uns, was Einzelne und ihre Ideen vermögen, die auf der Höhe der Zeit sind. Das macht Mut für die Zukunft, und auch darin liegt der große Wert einer lebendigen Demokratiegeschichte.

Barbara Stollberg-Rilinger

Viele Wege zur Demokratie

Aus dem Ständestaat in die Bürgergesellschaft

Unsere Demokratie ist keine Selbstverständlichkeit. Der parlamentarisch-demokratische Rechtsstaat, wie wir ihn heute kennen, stand den Menschen nicht immer schon als Ziel vor Augen; seine Entstehung war nicht über die Jahrhunderte von langer Hand geplant. Wir sind es gewohnt, uns die Geschichte der Demokratieentwicklung als langen, steinigen Weg vorzustellen, bei dem es große Hindernisse zu überwinden galt, bevor endlich das Ziel erreicht wurde. Dieses Bild ist irreführend. Man sollte sich die Entstehung der modernen Demokratien eher als eine Vielzahl verschiedener Trampelpfade vorstellen, die keineswegs alle in die gleiche Richtung führten und sich eher zufällig kreuzten. Dass demokratische Verfassungsstaaten im modernen Sinne möglich wurden, war nicht vorgezeichnet, sondern vielmehr ganz unwahrscheinlich. Es war das Ergebnis offener, zum Teil gegenläufiger Entwicklungen, die in bestimmten historischen Momenten zusammentrafen. Demokratiegeschichte ist, wie alle Geschichte, kontingent, das heißt, es hätte auch immer ganz anders kommen können. Und auch in Zukunft kann es jederzeit wieder anders kommen.

Dieses Buch beginnt mit dem Symboljahr 1789. In der Französischen Revolution, die manche Deutsche, vom jungen Bonner Komponisten bis zum Königsberger Philosophen, von der Hamburger Salonnière bis zum Ulmer Handwerksmeister, begeistert begrüßten, wurden Forderungen miteinander verknüpft, die zuvor nicht zusammengehört hatten und die nun – in ihrer Kombination – eine durchschlagende Wirkung entfalteten: die Forderung nach allgemeiner politischer Partizipation, das Prinzip staatsbürgerlicher Gleichheit, die Idee, dass alle legitime Staatsgewalt vom Volk ausgehen muss, die Vorstellung unveräußerlicher individueller Freiheitsrechte. Alle diese Elemente hatten ihre je eigene Geschichte und entstammten je verschiedenen historischen Kontexten.

Vormoderne Staaten – oder besser: die Herrschaftsgebilde, aus denen sich Staaten entwickelten – waren in Europa in der überwiegenden Mehrzahl Erbmonarchien. Doch die Fürsten konnten nicht ganz allein herrschen, dazu fehlten ihnen schlicht die Mittel. Sie waren auf Konsens und Unterstützung angewiesen. Denn ihnen standen von jeher andere intermediäre Herrschaftsträger gegenüber. Herrschaftsrechte wurden auf allen Ebenen der Gesellschaft ausgeübt: von adeligen Grundherren vor allem, aber auch von den Räten der Städte, geistlichen Korporationen oder Universitäten. Auch Frauen konnten Herrschaftsrechte innehaben, zum Beispiel als Vorsteherinnen von Reichsdamenstiften oder als adelige Vormundinnen ihrer Söhne. Solche intermediären Herrschaftsträger erhoben Abgaben von ihren Untertanen und übten eigene Gerichtsbarkeit über sie aus. Der Reichtum eines Landes floss in viele Taschen. Ein Fürst, der Geld brauchte – vor allem um Krieg zu führen –, musste diese Herrschaftsträger im Land um Hilfe bitten, er konnte ihnen nicht einfach befehlen. Im Gegenzug ließen diese sich ihre Mitspracherechte verbriefen. Im späten Mittelalter verfestigten sich solche Partizipationsverfahren zu «Reichs-» beziehungsweise «Landtagen», die der Fürst einberief. Dort erschienen die verschiedenen «Stände» und tagten jeweils für sich: Geistliche, Adelige, Stadträte, in Ausnahmefällen auch Vertreter von bäuerlichen Landgemeinden. Politische Partizipation und soziale Ungleichheit waren also untrennbar miteinander verknüpft und verstärkten sich gegenseitig. Denn für ihre Zustimmung zu neuen Steuern und Gesetzen ließen sich die Stände im Gegenzug ihre Privilegien stets aufs Neue bestätigen. Wenn Ständeversammlungen «das ganze Land repräsentierten», dann nur in dem Sinne, dass ihre Beschlüsse für *alle* Untertanen verbindlich waren – ohne dass diese ihrerseits um ihre Zustimmung gefragt wurden oder die Stände ihnen gegenüber Rechenschaft ablegen mussten. Politische Partizipation war also hierarchisch, vielgestaltig und ungleich, und diese Vielfalt und Ungleichheit neigte zur Versteinerung. Denn je älter ein Recht, desto legitimer erschien es auch. «Wohlerworbene Rechte» waren schwer wieder aus der Welt zu schaffen.

Bürgerliche Inseln in der adelig dominierten Umwelt waren autonome Stadtgemeinden, die sich Republiken nannten, weil sie sich im Inneren durch einen Rat selbst regierten, die Regierung also eine *res publica,* eine «öffentliche Sache», war. Das galt vor allem für die rund fünfzig Reichsstädte, die nur dem Kaiser untertan waren. Aber auch wenn die Städte nicht dem Kaiser, sondern einem anderen Stadtherrn (einem Fürsten oder Bischof) zu bestimmten Leistungen verpflichtet waren, so bestimmten sie doch nach ihren eigenen, selbstgesetzten Regeln, wie sie diese Lasten aufbrachten. Die Stadträte und Bürgermeister hatten ihre Ämter auf Zeit inne und wurden durch höchst komplexe Verfahren bestimmt, die sich aus Elementen von Wahl, Los und Selbstergänzung zusammensetzten. Doch auch die Partizipation an der Stadtregierung war keineswegs egalitär. Zum einen waren bei Weitem nicht alle Einwohner einer Stadt auch Bürger im vollen Wortsinne und an der Wahl des Rates beteiligt, sondern nur die männlichen Haushaltsvorstände mit einem bestimmten Eigentum. Ehefrauen, Söhne, Töchter, Knechte, Mägde und Lehrlinge hatten keine eigenen Partizipationsrechte, weil sie der Gewalt ihres Hausherrn unterstanden. Arme, Invalide, Wandergesellen und andere Vaganten gehörten nicht dazu, weil sie keine selbstständige wirtschaftliche Existenz in der Stadt hatten; Juden und Kleriker gehörten nicht dazu, weil für sie Sonderrechte galten.

Zum anderen wurden in der Regel nur Angehörige bestimmter «ratsverwandter» Familien in den Rat gewählt. Um am Regiment teilzunehmen, musste man wirtschaftlich abkömmlich sein. Meist gab es komplexe Rotationssysteme zwischen einem «weiteren» und einem «engeren» Rat, in denen sich oft dieselben Familien abwechselten. Zwar kam es regelmäßig zu Krisen, etwa wenn sich Ratsleute allzu schamlos auf Kosten der Gemeinde bereicherten oder die konfessionelle Minderheit von der Mehrheit allzu scharf unterdrückt wurde. Das führte immer wieder zu Aufständen, in denen breitere Schichten eine gleichmäßigere Beteiligung am Ratsregiment forderten. Doch solche Partizipationskonflikte führten eher dazu, dass einzelne Familien in den Kreis der Ratsfähigen aufstiegen, als dazu, dass das politische System als Ganzes egalitärer wurde. Auch in den Städten war Partizipation nicht demokratisch, sondern oligarchisch strukturiert.

In vormodernen Monarchien galten die Herrscher als höchste Richter und Hüter des Rechts; sie leiteten ihre Herrschaft davon ab, dass sie für Gerechtigkeit, Frieden und Sicherheit sorgten. Das heißt aber nicht, dass sie tun und lassen konnten, was sie wollten. Nach allgemeiner Überzeugung standen sie nicht über dem Recht, sondern waren gebunden an das göttliche und natürliche Recht, das ungeschriebene Gewohnheitsrecht und das «gute alte Herkommen», vor allem aber an die Verpflichtungen, die sie selbst eingegangen waren. Es gab nicht ein einziges, in sich geschlossenes Rechtssystem, sondern eine Vielzahl verschiedener, teilweise miteinander konkurrierender Rechtskreise und Gerichtsinstanzen: landesherrliches, städtisches, kirchliches, grundherrliches Recht, römisches Recht, Hofrecht, Lehnsrecht, Reichsrecht. Diese Vielfalt schränkte einerseits die Stellung der Fürsten ein, bot ihnen aber andererseits in Konfliktfällen auch die Möglichkeit, ihre Position als oberste Schlichtungsinstanz mithilfe professioneller Juristen zu stärken und schrittweise immer weiter auszubauen.

Die stärksten rechtlichen Bindungen, denen Fürsten unterlagen, waren die konkreten «Herrschaftsverträge», die sie mit den Ständen des Landes geschlossen hatten und die als «Landesgrundgesetze», *leges fundamentales,* galten. Solche Verträge wurden meist nach schweren Thronfolgekrisen oder Konfessionskonflikten ausgehandelt, schriftlich verbrieft und anschließend bei jedem Herrscherwechsel aufs Neue in großen öffentlichen Ritualen durch gegenseitige Eidesleistungen bekräftigt. Der neue Landesherr versprach feierlich, die «Privilegien, Rechte und Freiheiten des Landes» zu wahren, und im Gegenzug wurde ihm in einem kollektiven Huldigungseid Gehorsam versprochen. Diese «Grundgesetze» waren im Unterschied zu einer modernen Verfassung wechselseitige Verträge zwischen Fürst und Ständen; sie galten nur für die, die sie geschlossen hatten. Sie begründeten daher keine abstrakt-allgemeinen, gleichen Rechte für alle Individuen, sondern Privilegien und Freiheiten für bestimmte Familien und Korporationen. Mit anderen Worten: Es gab keine allgemeine staatsbürgerliche Freiheit im Singular, sondern zunächst einmal bestimmte ständisch-korporative Freiheiten im Plural. Und diejenigen, die diese Verträge schlossen, neigten dazu, vor allem ihre eigenen Privilegien immer aufs Neue zu sichern und wenn möglich zu erweitern.

Doch es gab durchaus Ansätze dafür, dass solche ständischen Herrschaftsverträge auch Freiheiten allgemeinerer Art begründeten. Das galt etwa für die Freiheit der Konfession, *den* zentralen Konfliktgegenstand der Frühen Neuzeit. Zu den wichtigsten Grundgesetzen im Römisch-Deutschen Reich gehörte der Augsburger Religionsfrieden von 1555, der es zum einen den Landesherren überließ, die Konfession in ihrem Land zu bestimmen, aber zum anderen auch den Untertanen abweichender Konfession erlaubte, ihr Hab und Gut zu verkaufen und auszuwandern. Der Westfälische Frieden von 1648 erweiterte die religiösen Rechte der Untertanen, die nun bei ihrem Glauben bleiben durften, wenn der Landesfürst die Konfession wechselte. Das waren zwar bescheidene Rechte, aber sie waren doch insofern unerhört, als sie grundsätzlich für alle Untertanen gleichermaßen galten.

Angesichts der konkreten ständischen Herrschaftsverträge konnten die Gelehrten im Zeitalter der Konfessionskonflikte argumentieren, dass die Monarchen ihre Herrschaft nicht ihrem Erbrecht oder der göttlichen Gnade verdankten, sondern ursprünglich vom Volk, *populus*, verliehen bekommen hätten. Daraus leiteten die jeweils vom Fürsten unterdrückten konfessionellen Lager das Recht zum gewaltsamen Widerstand ab. Da das Volk dem Fürsten die Herrschaft stets nur unter bestimmten Bedingungen anvertraut habe, hieß es, dürfe das Volk einem vertragsbrüchigen Fürsten die Herrschaft auch wieder nehmen. Mit dieser Begründung wurden Könige von den Ständen mitunter abgesetzt, wie in Dänemark oder Böhmen, ja, wie in England und später in Frankreich, sogar geköpft. Man hat in dieser Lehre den Ursprung des Prinzips der Volkssouveränität gesehen, wonach «alle Staatsgewalt vom Volke ausgeht». Die Frage ist nur: Wer war «das Volk», oder genauer: Wer war berechtigt, in seinem Namen zu handeln? Im Unterschied zum modernen demokratischen Prinzip der Volkssouveränität waren es hier allerdings stets nur bestimmte privilegierte Repräsentanten, die für sich beanspruchten, das «ganze Volk» zu verkörpern und dessen Rechte auszuüben, ohne selbst ihre Stellung einer allgemeinen, gleichen Wahl durch das ganze Volk zu verdanken.

Das sogenannte Heilige Römische Reich deutscher Nation war ein Sonderfall. Es bestand aus einer heterogenen Vielzahl von Fürstentümern, kleineren Herrschaften und Städten, die alle den Kaiser als (von den Kurfürsten gewähltes) Oberhaupt und eine Reihe von Institutionen gemeinsam hatten. Der Kaiser war der oberste Richter und Lehnsherr der Fürsten, Prälaten, Grafen und Herren, die daher im Rahmen dieses Reichsverbandes keine vollständig souveräne Stellung innehatten. Das Reich besaß eine doppelt ständestaatliche Struktur:

Auf der Ebene des Reichsverbandes traten die Landesherren dem Kaiser gegenüber und verhandelten mit ihm in ähnlicher Weise, wie sie ihrerseits auf der Ebene ihrer einzelnen Länder mit ihren eigenen Landständen verhandelten. Reichstage und Landtage folgten ähnlichen Verfahren und gehorchten einer ähnlichen Logik der Gegenseitigkeit. Stets ging es um das Aushandeln von Kompromissen, vor allem um die Bewilligung von Steuern im Austausch gegen Rechtsgarantien.

Das überaus komplexe und schwerfällige Reichsgebilde setzte der Gewalt der einzelnen Glieder gewisse Schranken, wenn auch in sehr unterschiedlichem Maße: den Kleinen mehr, den Großen weniger. Dennoch funktionierte es faktisch als eine Art *checks and balances,* allerdings nicht als abstraktes Verfassungsprinzip wie die moderne Gewaltenteilung, sondern eher als komplexes historisch gewachsenes Geflecht einander überschneidender und konkurrierender Gewalten. Kaiser und Reich bildeten ein gewisses Gegengewicht gegen den Herrschaftsmissbrauch der Fürsten in den einzelnen Ländern. Die Untertanen konnten beispielsweise gegen ihre eigenen Landesherren vor einem der beiden höchsten Reichsgerichte in Wien und Wetzlar Klage führen. In Einzelfällen kam es vor, dass kaiserliche Kommissionen einen Fürsten absetzten und eine kommissarische Verwaltung an dessen Stelle setzten. Die Kehrseite der Bindung an den gemeinsamen reichsrechtlichen Rahmen war allerdings die eklatante Schwerfälligkeit der verschiedenen Entscheidungsverfahren, die sich oft jahrzehntelang gegenseitig blockierten. Zugleich gelang es den großen unter den Landesherren zunehmend, sich sowohl von ihren Landständen als auch vom Kaiser unabhängig zu machen und so den Reichsverband von innen auszuhöhlen. Die mangelnde Anpassungsfähigkeit an veränderte Umstände und äußere Bedrohungen führte schließlich 1806 dazu, dass der Kaiser das Reich mit einem Federstrich für aufgelöst erklärte.

Gab es also im vormodernen Deutschland eine Vielzahl von politischen Partizipationschancen, so waren doch diese Chancen extrem ungleich verteilt. Ungleichheit der Rechte und Freiheiten war der vormoderne Normalfall, nicht nur in Deutschland. Egalität existierte bis ins 18. Jahrhundert nicht einmal als politisches Ideal. Eine harmonische Gesellschaft stellte man sich stets als wohlgeordnete Hierarchie der Stände und Ränge vor. Allenfalls vor Gott war die Gleichheit aller Menschen denkbar; durch den Sündenfall hatten Adam und Eva sie auf Erden verspielt. Als egalitär galt auch die Despotie, die Herrschaft über Sklaven, deren Gleichheit eine Gleichheit in der Unfreiheit war. Politische Partizipation dagegen war nur als ständisch-hierarchische vorstellbar. Es gab in der sozialen Wirklichkeit nur wenige Gemeinschaften, in denen von der überall sonst herrschenden Ungleichheit von Stand, Rang und Herkunft formal ausnahmsweise abgesehen werden konnte: in geistlichen Orden etwa oder Freimaurerlogen. Aber auch dort ließen sich die sozialen Unterschiede nicht wirklich ausklammern. Wie konnte unter diesen Umständen bürgerliche Gleichheit zu einem politischen Ideal werden?

Ein Motor der Nivellierung ständischer Unterschiede war die Steigerung der zentralen Staatsgewalt, also das, was man Absolutismus genannt hat. Einzelne Fürsten – in Brandenburg-Preußen etwa, Sachsen oder Bayern – höhlten die ständischen Partizipationsrechte aus, schwächten die autonomen Herrschaftsträger in ihren Ländern und versuchten, sich Zugriff auf alle Untertanen zu verschaffen – etwa mithilfe neuer Besteuerungs- und Rekrutierungsverfahren, professionalisierter Verwaltungsbehörden, einer Flut von Erlassen und Gesetzgebungsakten. Die Landesherren legitimierten ihre unerhörten neuen Macht- und Gestaltungsansprüche mit der Sorge für die «allgemeine Glückseligkeit», die es gegen die Privilegierten und das verkrustete alte Herkommen durchzusetzen gelte. Denn wohlhabende Untertanen, die nicht allzu sehr von ihren Grundherren ausgebeutet wurden, waren auch bessere Steuerzahler. Zu Zwecken der militärischen

Rekrutierung und Steuererhebung wurden neue Techniken der Bestandsaufnahme und Kontrolle entwickelt, die eine nivellierende Tendenz hatten: Zählung der Häuser und Seelen, Vermessung des Landes, Standardisierung von Münzen und Maßeinheiten und so fort. Adelige waren beispielsweise empört, wenn ihre Burgen und Schlösser mit allen anderen Häusern bis hin zur ärmsten Bauernhütte auf eine Stufe gestellt und einfach durchnummeriert wurden. Denn statistische Methoden reduzieren Qualitäten auf Quantitäten: Was man zählt, das behandelt man gleich. Doch diese Art von Egalisierung wurde in landesväterlich-bevormundender Absicht eingesetzt; sie hatte nichts Demokratisches und richtete sich vor allem *gegen* die traditionellen politischen Partizipationsformen.

Ein stetig wachsendes Heer von Verwaltungsbeamten betrieb die landesherrliche Wohlfahrts-Agenda. Diese Beamten hatten ein neues Berufsethos gemein und verstanden sich nicht mehr in erster Linie als Stand, sondern als unparteiliches Instrument des Gemeinwohls. Ausgebildet wurden die meisten von ihnen an Universitäten wie Göttingen, Leipzig oder Halle, wo sie neue Disziplinen studierten, die ihr Handeln theoretisch unterfütterten: Kameralistik, Policeywissenschaft und vor allem Natur- oder Vernunftrecht. Diese Lehre wurde zur Modephilosophie der aufgeklärten Bildungselite, die von einem neuen Machbarkeitsoptimismus erfüllt war. Das Vernunftrecht diente zunächst vor allem als Hebel zur Beseitigung des alten Herkommens und zur Erweiterung des fürstlichen Handlungsspielraums. Samuel Pufendorf, Christian Wolff, Christian Thomasius und viele andere lehrten an deutschen Universitäten die Theorie von einem hypothetischen Naturzustand der allgemeinen Freiheit und Gleichheit, den die Menschen aber zu ihrem Vorteil freiwillig verlassen, weil sie von Natur aus gesellige Wesen sind und ihr Glück nur gemeinsam verfolgen können. In einer Reihe aufeinander aufbauender Verträge schließen sie sich zu kleineren Gesellschaften und am Ende zum Staat zusammen, indem sie sich freiwillig und bedingungsweise einer höchsten Gewalt unterwerfen. Diese Lehre war folgenreich. Sie forderte zwar keineswegs schon die allgemeine Gleichheit der Bürger vor dem Gesetz, aber diese mögliche Konsequenz war darin angelegt. Denn alle Institutionen einschließlich der Organisation der Regierungsgewalt mussten sich dieser Lehre zufolge grundsätzlich auf die vernünftige Übereinkunft der Einzelnen zurückführen lassen. Die Naturrechtslehre gab damit einen allgemeinen Maßstab zur Kritik der bestehenden Verhältnisse an die Hand. Sie war ein starkes theoretisches Instrument, das sich sowohl zur Beseitigung aller Schranken fürstlicher Herrschaft als auch zur radikalen Kritik an sämtlichen hergebrachten Verhältnissen einsetzen ließ. Manche nahmen sie beim Wort und forderten so unerhörte Dinge wie die rechtliche Gleichstellung der Frauen, der Juden oder der Sklaven. Das blieben nicht nur in Deutschland allerdings radikale Außenseiterpositionen.

Viele Faktoren begünstigten im letzten Viertel des 18. Jahrhunderts in mehreren Ländern revolutionäre Zuspitzungen: massives Bevölkerungswachstum, Missernten, Hungerkrisen, Staatsbankrott aufgrund ruinöser Kriege, Legitimitätsverlust der Regierungen. In diesem politischen Klima stieß der Unabhängigkeitskampf der britischen Kolonien in Nordamerika auf große öffentliche Anteilnahme. Im revolutionären Frankreich kam schließlich auch in Europa zusammen, was ursprünglich nicht zusammengehörte: die Forderungen nach politischer Partizipation *und* nach bürgerlicher Gleichheit. «Demokratie» wurde zu einem politischen Kampfbegriff. Doch das verstand sich nicht von selbst. In ganz Europa hatten sich tiefgreifende strukturelle Veränderungen vollzogen, die es überhaupt erst ermöglichten, dass Ideen von Volkssouveränität, Gleichheit und allgemeiner politischer Partizipation auf breitere Resonanz stoßen konnten. «Ideen» schweben ja nicht losgelöst am Himmel über der politisch-sozialen Wirklichkeit. Es mussten ganz banale Voraussetzungen gegeben sein, damit neue, «demokratische» Forderungen überhaupt weithin diskutiert werden konnten: Es musste Medien geben, um Missstände bekannt zu machen und politische Forderungen in hoher Auflage unter die Leute zu bringen; es musste ein gut organisiertes Postwesen geben, damit aktuelle Nachrichten regelmäßig überall hingelangen konnten; es mussten viele Menschen genug verdienen, um Bücher und Zeitungen kaufen, und gut genug gebildet sein, um sie lesen zu können. Man könnte diese Aufzählung von Ermöglichungsbedingungen noch weiter fortsetzen. Kurzum: Es war ausgesprochen unwahrscheinlich, dass die Idee allgemeiner, gleicher, demokratischer Partizipation überhaupt aufkommen und Plausibilität beanspruchen konnte. 1789 war es so weit. Dass sie tatsächlich irgendwann in die politische Wirklichkeit umgesetzt werden würde, war damit allerdings auch noch lange nicht ausgemacht.

Zum Weiterlesen

Lars Behrisch, Vormoderne Wurzeln der Demokratie – und ihr Erklärungspotential für die Gegenwart, in: Geschichte für heute 2 (2018), S. 36–47.

Artikel «Demokratie», in: Geschichtliche Grundbegriffe, hg. von Otto Brunner, Werner Conze und Reinhart Koselleck, Bd. I, Stuttgart 1972, S. 821–899.

Wolfgang Reinhard, Geschichte der Staatsgewalt. Eine vergleichende Verfassungsgeschichte von den Anfängen bis zur Gegenwart, München 1999.

Barbara Stollberg-Rilinger, Die Aufklärung, 3., überarb. Aufl., Stuttgart 2017.

Dietmar Willoweit, Deutsche Verfassungsgeschichte. Vom Frankenreich bis zur Wiedervereinigung Deutschlands, 8., überarb. und erw. Aufl., München 2019.

I.

Mainzer Republik und frühe Demokraten

Jürgen Goldstein

Georg Forster
(1754–1794)

Weltumsegler und Kopf der Mainzer Republik

Lässt man jene Gestalten aus dem Dunkel der Geschichte hervortreten, die an einem republikanischen Grundriss der politischen Moderne auf deutschem Boden mitgezeichnet haben, kommt ein an Leib und Seele Geschundener in den Blick. Stellen wir uns für einen Augenblick vor, Georg Forster stünde vor uns, sagen wir: im Alter von 39 Jahren. Wir sähen einen sterbensalten Mann. Das Weiß seiner Augen ist einem Gelb gewichen, Zähne und Magen sind verdorben, sein Kopf bereitet ihm oft grausame Qualen. Die Gelenke schmerzen, Beine und Füße sind geschwollen und von Rheuma heimgesucht, er fühlt sich, wie er uns gesteht, «wie zerprügelt am ganzen Leibe».[1] Seine Seele hat sich wund gerieben an den Misserfolgen des Lebens. Der größte Misserfolg ist ihm die Zerschlagung seines Versuchs, Freiheit und Gleichheit auf deutschem Boden Fuß fassen zu lassen.

Dabei war dieser Mann, den wir aus seinem Pariser Exil kurz vor seinem Tod noch einmal auf die Gedankenbühne der Geschichte holen, auf unvergleichliche Weise berühmt: Mit James Cook war Forster von 1772 bis 1775 um die Welt gesegelt. Nach seiner Rückkehr war er schon als junger Mann ein leuchtender Stern am Himmel der inter-

< Georg Forster, Ölgemälde von Johann Heinrich Tischbein d. Ä., 1782. Museum der Weltkulturen, Frankfurt a. M.

nationalen Gelehrtenrepublik, Ehrenmitglied mehrerer europäischer Akademien der Wissenschaften. 1793 gehörte er zu jenen, die in Mainz die erste Republik auf deutschem Boden ausriefen. Alles an diesem Mann schien bemerkenswert. Goethe lud ihn nach Weimar ein und besuchte ihn während der Revolutionswirren in Mainz, er schätzte ihn so sehr, dass er ihm über alle Brüche hinweg die Treue hielt. Forster hat die Grenzen in Raum und Zeit überschritten wie kein anderer seiner deutschen Zeitgenossen. Alles vergebens, würde er uns sagen, deprimiert und desillusioniert, wie er in den letzten Wochen seines Lebens war. Verblüfft, aber gewiss nicht ohne Genugtuung nähme er zur Kenntnis, von uns – aus dem Abstand von über zwei Jahrhunderten – als ein Vorkämpfer der deutschen Demokratie erinnert zu werden.

Es war Forster nicht in die Wiege gelegt worden, die Meridiane der bekannten Welt zu überschreiten und politisch in die Moderne aufzubrechen. Geboren wurde er am 27. November 1754 in Nassenhuben, einem Nest in der Nähe von Danzig. Sein Vater, der Naturforscher Johann Reinhold Forster, amtierte dort als Pfarrer, unterrichtete seine Kinder selbst und besaß das Talent, seiner ungetrübten Selbsteinschätzung, zu Höherem berufen zu sein, Taten folgen zu lassen. So ergatterte er den Auftrag der russischen Zarin Katharina der Großen, an die Wolga zu reisen, um die Situation der dort angesiedelten Deutschen zu inspizieren. Seinen gerade einmal zehn Jahre alten Sohn Georg nahm er als Gehilfen mit. Über Monate waren sie unterwegs, mehr als 4000 Kilometer legten sie zurück. Sie trafen auf Kalmücken und Tataren, und sie lernten schier unendlich weite Landschaften kennen. Für den jungen Georg waren das erste Eindrücke von fremden Kulturen und der Größe der Welt. Nach Petersburg zurückgekehrt, legte der Vater einen Bericht über die desolate Lage der Russlanddeutschen vor. Er entsprach nicht den Erwartungen am Hof, es kam zum Streit, die Entlohnung wurde vorenthalten – für den heranwachsenden Georg frühe Erfahrungen mit höfischen Demütigungen. Nach diesem Misserfolg kehrten die beiden nicht nach Nassenhuben zurück, sondern brachen nach England auf, um dort ihr Glück zu versuchen.

Günstige Umstände wollten es, dass Vater Forster dort als wissenschaftlicher Begleiter für Cooks zweite Weltumseglung angeheuert wurde. Ziel der Expedition war die Erforschung der Antarktis. Der Vater hatte unter der Bedingung zugesagt, seinen Sohn als Assistenten mitnehmen zu dürfen. Georg wurde nicht gefragt. 17 Jahre war er alt, als er an Bord ging, wohl mit nur vagen Vorstellungen davon, was auf ihn wartete, und mit bangen Hoffnungen auf eine heile Rückkehr. Doch seine Not, volle drei Jahre und 18 Tage, sowohl bei Eiseskälte als auch bei sengender Hitze, auf engem Raum zwischen rauen Seeleuten, bei schlechter Verpflegung und im Angesicht bedrohlicher Stürme ungefragt die Erde umrunden zu müssen, hat uns ein Lektüreglück beschert: Sein zuerst auf Englisch, dann in deutscher Übersetzung erschienener Bericht *Reise um die Welt* ist ein einsamer Höhepunkt der internationalen Expeditionsliteratur. Forster erzählt darin in einnehmender Prosa von den überwältigenden Eindrücken fremder Naturen und Kulturen, ohne die Strapazen zu verschweigen, die der Preis für diese Welterfahrung waren. Er sah Eisberge aus nächster Nähe, lief den Strand von Tahiti entlang und bestaunte fremd aussehende Menschen mit noch fremderen Sitten. Er überquerte Ozeane und den Äquator, die Endlosigkeit der Wasserwüste lastete auf seinem Gemüt. Er berauschte sich an der tropischen Vegetation und zeichnete mit geschickter Hand in Europa unbekannte Tiere und Pflanzen.

Forster hat sich seine Weltanschauung durch eine Anschauung der Welt angeeignet. Alexander von Humboldt sollte ihm darin ein gelehriger Schüler sein. Beide unterscheiden sich von allen, die zu starken Weltbildern ohne den Reichtum an Erfahrungen neigen. Forsters Denken und Handeln war erfahrungsgesättigt und erlebnisangetrieben. Er war kein Intellektueller, der abstrakte Ideen auf die Wirklichkeit zu übertragen suchte. Als ein empfindsamer Sensualist war er ausgezeichnet durch eine Weltoffenheit, die er sich nicht durch ein kleinteiliges Fachwerk im Kopf beengen ließ. Während heimische Philosophen einen universalen Humanismus auf dem Papier entwarfen, meinte Forster seine Leitideen wie Aufklärung, Humanität, Gleichheit und Freiheit während seiner Reise um die Welt unmittelbar erlebt zu haben. In einem Akt großartiger Selbstaufklärung bedachte er dabei die kulturelle Bedingtheit seines eigenen Standpunktes mit: Da er nicht frei von menschlichen Schwachheiten sei, wolle er dem Leser offenlegen, «wie das Glas gefärbt ist, durch welches ich gesehen habe. Wenigstens bin ich mir bewußt, daß es nicht finster und trübe vor meinen Augen gewesen ist. Alle Völker der Erde haben gleiche Ansprüche auf meinen guten Willen.»[2] Weder Ressentiments noch imperiale Überheblichkeiten sollten seinen Blick lenken. Darin liegt der humanistische Glanz seines großen Reiseberichts begründet. Selten hat der Begriff so stimmig Anwendung gefunden wie hier: Die Reise um die Welt hat Forster zu einem «Weltbürger» werden lassen.

Darum ist die Weltumseglung mehr als lediglich eine biografische Episode ohne weiteren Belang für sein späteres politisches Wirken. Die allmähliche Verfertigung der Gedanken beim Reisen hat in ihm jenes politische Bewusstsein erweckt, das ihn später zum entschiedenen Republikaner hat werden lassen. Dafür finden sich Schlüsselszenen. Auf Tahiti stellt Forster erstaunt eine «Vertraulichkeit zwischen dem König und seinen Unterthanen» fest. Der «geringste Mann kann so frey mit dem Könige sprechen, als mit seines gleichen; und ihn so oft sehen als er will». Auch beschäftige sich der König mitunter «auf eben die Art als seine Unterthanen; noch unverdorben von den falschen Begriffen eitler Ehre und leerer Prärogative rechnet er sichs keineswegs zur Schande, nach Maaßgabe der Umstände, in seinem Canot selbst Hand ans Ruder zu legen».[3] Forster, der die Hierarchien am russischen Hof nicht vergessen haben wird, macht die Erfahrung einer horizontalen Gesellschaft. Auf Tahiti bestehe «zwischen dem Höchsten und

Niedrigsten, im Ganzen genommen, nicht einmal ein solcher Unterschied, als sich in England zwischen der Lebensart eines Handwerksmannes und eines Tagelöhners findet».[4] Damit nicht genug: Während des ersten Aufenthaltes auf Neuseeland hatte er den Befehlshaber Teiratuh kennengelernt. Ein Jahr später tritt dieser ihm ganz ohne Insignien der Macht entgegen. «Der Redner und Befehlshaber schien zu dem Stande eines gemeinen Fischkrähmers herabgesunken zu seyn.»[5] Es gibt Ämter auf Zeit. Könige und Befehlshaber sind wählbare Funktionsträger und keine Repräsentanten einer Ordnung von Gottes Gnaden.

Es tut nichts zur Sache, ob Forsters Einschätzungen modernen ethnologischen Überprüfungen standhalten. Daher ist auch ein grobes Missverständnis, das ihm unterläuft, aufschlussreich. Er berichtet davon, während einer Wanderung auf Tahiti ein Haus betreten zu haben, «in welchem ein sehr fetter Mann ausgestreckt da lag, und in der nachläßigsten Stellung, das Haupt auf ein hölzernes Kopfküssen gelehnt, faullenzte», während er sich von einer Frau füttern ließ – für Forster ein Beleg, «daß er für nichts als den Bauch sorgte».[6] Forster erkannte nicht, dass es sich um ein Ritual, um ein Tabu handelte: Der Mann durfte keine Nahrung berühren. Die Szene ruft in Forster Empörung hervor, meint er doch, dem Schauspiel unfassbarer Dekadenz und der Herausbildung einer schmarotzenden Adelskaste beizuwohnen. Unter der Sonne der Südsee, von Europa aus gesehen am anderen Ende der Welt, wagt er einen ungeheuren Gedanken: Wenn der Mensch von Natur aus frei und gleich geschaffen worden ist, widersprechen ausbeuterische Klassenunterschiede dem Grundrecht des Menschen. Das könne nicht ohne Folgen bleiben: «Endlich wird das gemeine Volk diesen Druck empfinden, und die Ursachen desselben gewahr werden, alsdenn aber wird auch das Gefühl der gekränkten Rechte der Menschheit in ihnen erwachen, und eine Revolution veranlassen.»[7] Einem kognitiven Erdbeben gleich fällt mitten im Text der *Reise um die Welt* jener Schlüsselbegriff, der Forsters zweite Lebenshälfte bestimmen wird: Revolution! Was auf Tahiti geschehen kann, ist überall möglich, denn das sei «der gewöhnliche Cirkel aller Staaten».[8] Forster nimmt am Horizont das Wetterleuchten kommender Ereignisse wahr.

Doch er ist 1775 nicht als Revolutionär nach Europa zurückgekehrt. Er gründete eine Familie. Geldsorgen plagten ihn. Er schrieb und arbeitete ohne Unterlass und nahm ermüdende Professuren in Kassel und Wilna auf sich, bevor er 1788 die Stelle eines Bibliothekars im Kurfürstentum Mainz antrat. Zwar erinnerte er in einem publizistischen Glanzstück an den während einer dritten Weltreise umgekommenen Cook und suchte den öffentlichen Streit mit Immanuel Kant über Menschenrassen. Dennoch drohte sein früher Ruhm zu verblassen, eingespannt zwischen Bienensorgen und Riesenprojekten, Götterplänen und Mäusegeschäften, wie es in Schillers Drama *Die Räuber* heißt. Von Politik keine Spur.

Zwei Ereignisse sollten sein eingelagertes politisches Denken erwecken. Zuerst die Erschütterung der Großen Revolution in Paris. Forster ist sich, wie alle anderen Beobachter auch, zunächst unsicher, ob es sich um ein lokales französisches Erdbeben handelt oder ob auch in den Fundamenten der übrigen Staaten Europas Risse sichtbar werden, die das überkommene Ständesystem zum Einsturz bringen könnten. Um sich ein Bild von der Lage zu machen, unternimmt er von März 1790 an eine Reise, die ihn in den folgenden Monaten zunächst den Rhein entlang über Brabant, Flandern und Holland bis nach England und schließlich nach Frankreich führt. Ein junger Student begleitet ihn, ein netter Kerl, von dem man aber nicht recht weiß, ob aus ihm einmal etwas werden wird: Alexander von Humboldt. Was sie beobachten: Die Zeiten ändern sich, das Politische wird öffentlich. Die Engländer sprechen von *public opinion*, die Franzosen vom *esprit public* oder von der *opinion publique*. Bei Forster findet sich die Rede vom *public spirit*,[9] einer «öffentlichen Meinung»,[10] wie er übersetzt und dadurch die deutsche Sprache bereichert. In seinem zweiten großen, nunmehr dezidiert politischen Reisebericht *Ansichten vom Niederrhein* schildert er das Umsichgreifen dieses neuen Selbstbewusstseins, denn «selbst der gemeine Mann politisirte bei seiner Flasche Bier von den Rechten der Menschheit».[11]

Als Forster und Humboldt im Juli 1790 in Paris eintreffen, sind die Vorbereitungen der Feierlichkeiten zum ersten Jahrestag des Sturms auf die Bastille in vollem Gange. Wie schon auf Tahiti erlebt Forster eine Szene von symbolischer Prägnanz: Auf dem Marsfeld arbeiten Tausende Hand in Hand an der Errichtung eines Amphitheaters. Dann geschieht das Unvorstellbare: Ludwig XVI. erscheint, «ohne Leibwache, ohne Gefolge, allein in der Mitte von zweimalhunderttausend Menschen, seinen Mitbürgern, nicht mehr seinen Unterthanen», er nimmt die Schaufel und füllt einen «Schiebkarren mit Erde, unter lautem Jauchzen und Beifallklatschen der Menge».[12] Hatte nicht der König von Tahiti im Kanu mit Hand angelegt?

Das andere Ereignis, das Forster die Möglichkeit nationaler Bedeutsamkeit zuspielt, ist die Besetzung seiner neuen Heimat durch französische Truppen zum Schutz der republikanischen Revolution. Am 21. Oktober 1792 wird Mainz eingenommen. Noch kurz zuvor hatte Forster vom Leerlauf in seinem Leben gesprochen: «Ich bade mich im Rhein und leyere mein Leben so hin»,[13] nun sieht er sich als Zeitzeugen einer der «entscheidenden Weltepochen».[14] Die neue Oberherrschaft mit ihrer französischen Freiheit ermöglicht ein weltgeschichtliches Experiment auf deutschem Boden: die Gründung einer modernen Republik. Schon zwei Tage nach der Besetzung von Mainz wird im Akademiesaal des Kurfürstlichen Schlosses die «Gesellschaft der Freunde der Freiheit und Gleichheit» ins Leben gerufen und jedes Mitglied auf den Eid verpflichtet: «Frei leben oder sterben!»

Forster ist begeistert. Er sei nicht länger Untertan, sondern ein «freier Bürger»[15] und mit ihm alle anderen: Ein «tief gedemüthigtes

Volk» gewöhne sich daran, «das Haupt empor zu heben, und sich als Menschen und Freigewordene» zu fühlen.[16] Doch der neue aufrechte Gang ist nicht ungefährlich: «Die Gelassenheit, womit wir auf unserm Sopha oder an unserm Schreibtisch über die Welthändel urtheilen und die Partheien bald lossprechen, bald verdammen, fällt auf dem Schauplatze der Handlung weg; man steht dort gleichsam auf glühendem Boden»;[17] zur Sicherheit werden Frau und Kinder nach Straßburg geschickt.

Forster war freilich nicht der Erste, der sich für bürgerliche und politische Freiheit eingesetzt hat. Im britischen Nordamerika waren es weiße Sklavenhalter gewesen, die 1776 in der Unabhängigkeitserklärung gegenüber Großbritannien die Gleichheit aller Menschen herausgestellt und ihnen unveräußerliche Rechte zugesprochen hatten. In England war von John Locke mit seiner neuen Eigentumstheorie der Liberalismus vorbereitet worden. In Frankreich hatte Jean-Jacques Rousseau die natürliche Gleichheit und Freiheit aller verkündet. Auch im deutschsprachigen Raum legten sich Vordenker die Prinzipien der neuen Freiheit zurecht. Schon 1750 haben Gottfried Achenwall und Johann Stephan Pütter von der «natürlichen Freiheit» gesprochen.[18] Johann August Eberhard ergänzte sie 1784 um den Begriff «bürgerliche Freiheit» und verstand darunter das Recht, in «Ansehung der Handlungen, die nicht durch die Gesetze des Staates bestimmt sind, zu thun und zu lassen, was mir gut dünkt».[19] Die Forderung nach Selbstbeschränkung des Staates findet sich auch bei Heinrich Gottfried Scheidemantel: «Die rechtmäßige Freiheit im Staat erfordert», schreibt er 1773, «daß der Fürst so wol seinen Befehlen und Entschließungen selbst ihre Grenzen sezze».[20] Darüber hinaus entwarf Eberhard eine «politische Freyheit» als die «Theilnehmung an der Souverainität», also politische Mitbestimmung.[21] Forster war daher kein einsamer Pionier früher demokratischer Entwicklungen. Für die deutsche Übersetzung des 1791/92 in zwei Teilen erschienenen Buches von Thomas

Paine *The Rights of Man* verfasste er eine anonyme Vorrede. Er hatte akademische Mitstreiter, auch im Mainzer Freiheitsklub, Professoren wie Andreas Joseph Hofmann und Felix Anton Blau, Studenten, darunter Adam von Itzstein und Friedrich Lehne, aber auch Ärzte, Kaufleute, Handwerker. Doch Forster war noch immer berühmt. Die Blicke der Zeitgenossen richteten sich auf ihn, und man hörte ihm zu, dem wortgewaltigen Redner.

Unmittelbar nach der französischen Besetzung des Saargebietes und der Pfalz – als Reaktion der Franzosen auf die gescheiterte Invasion durch die Reichstruppen und als expansive Verteidigung der Revolution – hatten die Anstrengungen begonnen, Mainz und die Gebiete von Landau bis Bingen zu einer Republik umzugestalten. Am 17. März 1793 konstituierte sich im Mainzer Deutschhaus, dem heutigen Sitz des Landtags von Rheinland-Pfalz, der Rheinisch-Deutsche Nationalkonvent, «im großen Saal bei offenen Thüren», wie Forster betont, damit die Deputierten «in Gegenwart des freien Volks ihr Geschäft anzutreten» unternehmen können.[22] Was für ein bemerkenswerter Akt einer neuartigen Transparenz! Denn eine Öffentlichkeit der politischen Entscheidungen gab es bis dahin nicht: Regiert, verwaltet, entschieden wurde hinter verschlossenen Türen. Zum Vergleich: Goethe war durch seine ministerialen Dienste für das Herzogtum Sachsen-Weimar und Eisenach als ein «Geheimrat» Mitglied des den Herzog beratenden Consiliums, dessen Entscheidungen unter Ausschluss des Volkes gefällt wurden; um ihm den diplomatischen Verkehr mit Standespersonen zu erleichtern, wurde Goethe eigens in den Adelsstand erhoben. Wie ungeheuerlich muss es sich dagegen ausgenommen haben, das Politische als ein Bürger aus dem Volk selbst in die Hand zu nehmen!

Man wählte Forster zum Vizepräsidenten des Konvents. Am 18. März wurde die Gründung des Rheinisch-Deutschen Freistaats proklamiert. Er soll, wie es im Dekret heißt, «von jetzt an einen freien, unabhängigen, unzertrennlichen Staat ausmachen, der gemeinschaftlichen, auf

Freiheit und Gleichheit gegründeten Gesetzen gehorcht. Der einzige rechtmäßige Souverain dieses Staats, nämlich das freie Volk, erklärt durch die Stimme seiner Stellvertreter allen Zusammenhang mit dem deutschen Kaiser und Reiche für aufgehoben.»[23]

In vielem gleicht die Mainzer Republik aus heutiger Sicht eher einem politischen Laboratorium als einem mustergültigen Auftakt der frühen parlamentarischen Demokratie. Dieser Versuch, eine Verfassung demokratischer Volksbeteiligung Wirklichkeit werden zu lassen, hatte mit Widerständen zu kämpfen, gab es doch auch gute Gründe, der neuen «Freyheits Influenza» mit Vorbehalten zu begegnen. Nicht nur die französische Herrschaft, auch Forster erhöhte den Druck. Die Wahlen zur Einrichtung von Institutionen der Selbstverwaltung verliefen schleppend, die Beteiligung enttäuschte. Forster reagierte gereizt: «Am Ende werden wir es ihnen doch noch wohl gnädigst befehlen müßen, daß sie frei werden sollen und müßen, dann gehts.»[24] Schon im November 1792 hatte man alle männlichen Einwohner von Mainz, die 21 Jahre oder älter waren, dazu verpflichtet, sich für oder wider die Republik zu erklären und den Schwur auf Freiheit und Gleichheit in einem roten Buch, die Wahl der Sklaverei in einem schwarzen Buch zu dokumentieren. Forster hat sich später für diesen «härtesten Zwang» des «Mainzischen Despotismus» geschämt.[25] Wer sich diesem Gesinnungsdruck nicht beugte, hatte die Stadt zu verlassen. Es waren nicht wenige.

War die Mainzer Republik also nichts als eine verordnete Demokratie? Man ist gut beraten, dieses republikanische Experiment nicht von der Warte heutiger Institutionensicherheit demokratischer Abläufe her zu beurteilen. So vieles war unerprobt, neuartig und in seiner konkreten Praxis ohne Vorbild – das Straucheln auf dem Weg zur Demokratie verwundert kaum. Auch sei nicht vergessen: Selbst im revolutionären Paris lag die Beteiligung an Wahlen kaum höher, und auch dort galt die neue politische Gleichheit nicht für Frauen. Der

Mainzer Republik aber war jene Dauer nicht beschieden, um aus ihren Fehlern lernen und einen Verfassungspatriotismus der Bürgerschaft erwecken zu können. Preußisch-österreichische Koalitionstruppen belagerten Mainz, im Juni 1793 begann das Bombardement, am 23. Juli erfolgte die Kapitulation. Der Rheinisch-Deutsche Freistaat hat gerade einmal vier Monate bestanden, das Experiment der politischen Freiheit seit der Besetzung durch die Franzosen gerade einmal neun Monate.

Als die Mainzer Republik unterging, war Forster in Paris. Er wusste um die Fragilität des republikanischen Versuchs und forderte den Anschluss an Frankreich. Nun war ihm die Rückkehr versperrt. Daheim galt er als Vaterlandsverräter. Verzweifelt redete er sich während seiner letzten Tage als Revolutionär noch in Rage. Entsetzten Auges erlebte er das kalte Fieber des Terrors, mit dem Robespierre und seine Gefolgschaft gegen alle echten und vermeintlichen Feinde der Republik vorgingen.

Anders als die Weltentdecker am Schreibtisch, «wo die goldne Reißfeder an keiner Klippe scheitern kann, und der papierne Ocean keine Wellen schlägt»,[26] war Forster bis in seine Verirrungen hinein ein entschiedener Praktiker des Politischen. Im späten Rückblick hat er sich selbst als eine «Quelle von sonderbarer Beschauung» beschrieben.[27] Ein geglücktes Wort, das auch auf die Mainzer Republik und die Anfänge der parlamentarischen Demokratie auf deutschem Boden zutrifft. Sowohl in ihrem Versuch der Verwirklichung, «was Menschen seyn könnten und sollten»,[28] freie Bürger mit politischer Mitbestimmung, als auch in ihren Fehltritten können wir den beherzten wie schwierigen Anfang der Geschichte unserer politischen Gegenwart erkennen.

Forster selbst war dieser Ausblick versperrt. Für einen Neuanfang war es zu spät. Ausgezehrt an Leib und Seele, starb er am 10. Januar 1794 in Paris. Keine Plakette erinnert an dem Haus in der Rue des Moulins an ihn, wo er sein Ende fand. Es gibt kein Grab. Der Weltbürger unter den deutschen Wegbereitern der Freiheit wurde anonym verscharrt. Die Demokratie, sie war für ihn ein Südseetraum geblieben.

Zum Weiterlesen

Georg Forsters Werke. Sämtliche Schriften, Tagebücher, Briefe, Berlin 1958 ff.

Hans Berkessel/Michael Matheus/Kai-Michael Sprenger (Hg.), Die Mainzer Republik und ihre Bedeutung für die parlamentarische Demokratie in Deutschland, Oppenheim am Rhein 2019.

Franz Dumont, Die Mainzer Republik von 1792/93. Studien zur Revolutionierung in Rheinhessen und der Pfalz, 2., erw. Aufl., Alzey 1993.

Jürgen Goldstein, Georg Forster. Zwischen Freiheit und Naturgewalt, Berlin 2015.

Klaus Harpprecht, Georg Forster oder Die Liebe zur Welt. Eine Biographie, Reinbek bei Hamburg 1987.

Ludwig Uhlig, Georg Forster. Lebensabenteuer eines gelehrten Weltbürgers (1754–1794), Göttingen 2004.

Sabine Appel

Caroline Schlegel-Schelling
(1763–1809)

Als Demokratin im Kerker

Sie war eine der «Universitätsmamsellen», wie man die Töchter der Professoren an der noch jungen Universität Georgia Augusta in Göttingen nannte. Ihr Vater war der renommierte Altertumswissenschaftler und Theologe Johann David Michaelis, der in seinem Haus an der Mühlenpforte nicht nur Kollegia abhielt oder Studenten beherbergte, sondern zuweilen regelrecht Hof hielt. Von nah und fern strömten die Besucher zu ihm, 1766 sogar der amerikanische Staatsmann Benjamin Franklin. Dem habe er – so schildert es Michaelis jedenfalls in seinen Lebenserinnerungen – anlässlich dieses Besuches den Abfall der amerikanischen Kolonien vom englischen Mutterland vorausgesagt, was Franklin damals angeblich entschieden bestritt.

Die kleine Stadt mit ihrer schon berühmten Reformuniversität, an der sogar englische Prinzen studierten, verfügte über eine ganze Reihe von Zelebritäten aus der gelehrten Welt. Göttingen, im Kurfürstentum Hannover gelegen, war ein besonderer Ort, ein selbstbewusster Ort deutscher Aufklärung, an dem etwas freier gedacht, gesprochen und publiziert werden konnte als an anderen Orten des Heiligen Römischen Reiches deutscher Nation. Das hatte nicht zuletzt damit zu tun, dass der infolge dieses Umstands meist abwesende Kurfürst von Han-

< Caroline Schlegel-Schelling, Ölgemälde von Johann Friedrich August Tischbein, 1798. Privatbesitz, Hamburg.

nover zugleich König von England war, Kopf einer parlamentarischen Monarchie, einer aufgeklärten und kontrollierten Regierung, was auch seinem Kurfürstentum zugutekam und besonders der Göttinger Universität, etwa durch die segensreichen Wirkungen des liberaleren englischen Presserechts. Bis zum Sturm auf die Bastille 1789, dessen Fernwirkungen auch die hiesige Obrigkeit vor neue Herausforderungen stellte, gab es in Göttingen praktisch keine Zensur. Auch die Lehre war weitgehend frei. Die Universität besaß eine eigene Gerichtsbarkeit, und in Justiz und Verwaltung vermerkte man keine nennenswerten Unregelmäßigkeiten. Die Göttinger Gelehrten, die am Vorabend der Revolution die virulenten politischen Fragen und Ereignisse kommentierten, aber auch noch danach, nach dem Sturm von Paris und seinen Folgen, schienen durchaus der Meinung zu sein, in der besten aller möglichen Welten zu leben. Klopstocks «Gelehrtenrepublik» kam das doch ziemlich nahe. Es war eine kleine, quasi-republikanische Insel im Meer dieses großen Reichskörpers, der die Menschen im Kurfürstentum und vor allem die Professoren in Göttingen wenig tangierte. Der unverkennbare Vorteil des deutschen Föderalismus – den übrigens auch Mirabeau lobend hervorhob – wurde, so sah es jedenfalls der Staatsrechtler August Ludwig von Schlözer im Jahre 1791, durch eine Aufklärung von oben ergänzt, quasi als Konkurrenzmodell einer Revolution von unten mit ihren vielen Opfern und Kollateralschäden, die man in Paris ja derzeit erlebte. Schlözer schrieb damals: «Mir kommt kein Volk in der Welt reifer zur ruhigen Wiedereroberung verlorner Menschenrechte vor als das deutsche Volk, und zwar gerade wegen seiner, von Unwissenden so oft verlästerten Statsverfassung. Langsam wird die Revolution freilich geschehen, aber sie geschieht! Die Aufklärung steigt, wie in Frankreich, von unten herauf, aber sie stößt auch oben an Aufklärung; wo gibt es mehr cultivierte Souverains, als in Deutschland? [...] Und daß es allmälig, ohne Unfug, ohne Anarchie geschehe, wird nach allem Anschein mehr das Werk der Schriftstellerei als der Kabinette sein. Fürsten werden Fürsten bleiben, und alle deutschen Menschen freie Menschen werden.»[1]

Als Caroline Michaelis hier aufwuchs – eine lebhafte, extrovertierte Natur, wie die Zeitgenossen bezeugen, aber auch, so offenbaren es ihre plastischen und literarisch gewandten Briefe, jemand, dem die subtilen Nuancen des Welt- und Gesellschaftsspiels schon in jungen Jahren vertraut waren –, erhielt sie zwar zahlreiche privilegierte Bildungsimpulse, ihre Erziehung als Professorentochter unterschied sich aber nicht wesentlich von der anderer Töchter aus dem gebildeten Bürgertum. Akademische Gelehrsamkeit war für Frauen nicht vorgesehen, und entsprechende Anwandlungen endeten gemeinhin spätestens mit der Eheschließung. Was ihr einen deutlich erweiterten Blick ermöglichte, waren die gesellschaftlich relevanten Debatten in ihrem Umfeld sowie das internationale Flair dieses kleinen Dorado des Geistes mit seinen zahlreichen illustren Besuchern, darunter Weltumsegler und Fürsten, Naturforscher und Diplomaten, Staatsmänner wie Benjamin Franklin oder die exzentrische Figur der hochgebildeten Fürstin Amalie von Gallitzin, die mit kurz geschorenen Haaren und griechischen Gewändern herumlief und mit ihren reformpädagogisch erzogenen Kindern das Städtchen eine Zeit lang in Atem hielt. Die Professorentöchter wurden durch die epochalen Ereignisse zum Teil nachhaltig politisiert. Zwei von ihnen, ihre Jugendfreundin Therese Heyne und Meta Wedekind, traf Caroline wieder in den wilden Tagen von Mainz. Die anderen beiden, Dorothea Schlözer und Philippine Gatterer, sprengten auf andere Weise das weibliche Rollenbild ihrer Epoche. Philippine Gatterer schrieb Gedichte für den *Göttinger Musenalmanach,* die sie auch unter ihrem Namen veröffentlichte, und Dorothea Schlözer wurde 1787 nach Dorothea Erxleben mit 17 Jahren die zweite promovierte Frau Deutschlands. Caroline Michaelis war in ihrer Jungmädchenzeit noch äußerst konventionell eingestellt und quittierte derartige weibliche Grenzüberschreitungen mit Häme und Spott, wohlwissend, dass auch die Gesellschaft nichts anderes dafür übrighatte, dass man als «Blaustrumpf» galt mit solcherlei Anwandlungen – und das wollte sie nicht.

Mit 21 Jahren ließ sie sich bereitwillig auf eine Konventionsehe ein. Der Bräutigam war der Nachbarssohn, einige Jahre älter als sie, der ein Medizinexamen und eine auskömmliche Anstellung in der Tasche hatte und mit dem sie dann nach Clausthal im Harz zog, wo Franz Wilhelm Böhmer als Bergmedicus arbeiten sollte. Die junge Ehefrau erlebte hier in dem abgelegenen Bergbaustädtchen öde und freudlose Jahre an der Seite ihres vielbeschäftigten Gatten und ohne nennenswerte Geselligkeit oder geistige Anregungen, ganz auf die Mutter- und Hausfrauenrolle beschränkt. Vielleicht realisierte sie hier zum ersten Mal, dass es sehr wohl sinnvoll und sogar notwendig sein konnte, vorgegebene Grenzen zu sprengen, dass es von den Menschen und ihrem Willen zur Veränderung abhing, in welcher Art von Gesellschaft sie leben wollten. Als sie mit dem dritten Kind schwanger war, starb Böhmer an einer Infektionskrankheit und machte Caroline mit nur 24 Jahren zur Witwe. Für sie begann damit ein neuer Lebensabschnitt, und er stand ganz im Zeichen der Freiheit und Selbstbestimmung – wenn man so will, ihrer persönlichen Revolution. Jedes Ansinnen ihrer Familie, sie wieder in einer Versorgungsehe unterzubringen, schlug sie souverän aus. Die turbulenten Jahre, die kommen sollten, standen vor dem Hintergrund einer unabhängigen weiblichen Existenz. Nach den Maßstäben der Zeit war es ein unerhörtes Experiment.

Anfang 1792 erhielt Caroline die Möglichkeit, ihre Jugendfreundin Therese Heyne in Mainz zu besuchen, die dort mit Georg Forster verheiratet war. Dass in Mainz etwas in der Luft lag und das revolutionäre Feuer von Paris sich hier auch auf deutschem Boden ausbreiten konnte, war zu der Zeit abzusehen, und so ist es sicher kein Zufall, dass Caroline Böhmer gerade jetzt Richtung Mainz aufbrach. Sie reiste mit ihrer siebenjährigen Tochter Auguste; die beiden jüngeren Kinder waren zwischenzeitlich gestorben. An einen Freund hatte Caroline am 11. Juli des vorangegangenen Jahres geschrieben: «Ich wollte, Sie wären in Paris und könten mir sagen, wie es dort seit der verunglückten Flucht des Königs aussieht, welche Häupter das Volk leiten, das sich von Freyheit begeistert dünkt, und ob sich die wüthenden Wellen verhaßter Uebertreibungen bald legen werden.»[2] Dem mehr oder weniger unbewussten Impuls, sich in Mainz in ein Abenteuer der Zeitgeschichte zu stürzen, fügte sich in Gestalt Georg Forsters der politische Mentor hinzu, der die in Mainz Gestrandete allein durch sein Wirken in einer Art Schnellkurs demokratischer Meinungsbildung mit revolutionärer Ausrichtung unterwies. Später übernahm sie bei Forster die Rolle einer «moralischen Krankenwärterin»,[3] als Therese ihn im Wirbel der Mainzer Tage mit ihrem Liebhaber und den Kindern verließ. Dass ihre Jugendfreundin damit auch Forsters politische Mission gefährdete, fand Caroline ganz unverzeihlich.

Georg Forster, Naturforscher, Schriftsteller und Ethnologe, der James Cook auf seiner zweiten Weltumsegelung begleitet und einen Bestseller mit dem Titel *Reise um die Welt* verfasst hatte, war schon über seine Reisebetrachtungen mit Blick auf Europa zu einem Bewusstsein «der gekränkten Rechte der Menschheit» gelangt, die sich entladen müssten in einer Revolution – das schrieb er 1776, 13 Jahre vor dem Sturm von Paris.[4] In Mainz leitete Forster auf Geheiß des Erzbischofs und Kurfürsten Friedrich Karl Joseph von Erthal die Universitätsbibliothek. Erthal war weltlicher und geistlicher Herr in einer Person, ein Autokrat und eine barocke Gestalt, kunstsinnig, bildungsbeflissen und prachtliebend – ein Vertreter der alten Welt, aber doch besser als sein Ruf, ein katholischer Aufklärer mit einigem Reformwillen. Sein Engagement für die geistigen Aufbruchsbewegungen seiner Zeit (mit dem Hintergedanken, sie durch geschickte Integration unter Kontrolle zu bringen) umfasste auch die erneuerte Mainzer Universität, an die Erthal bewusst auch protestantische Gelehrte berief, etwa den Anatomen Samuel Thomas Soemmerring, den Historiker Johannes von Müller und – neuerdings – Georg Forster. Aber auch unter den katholischen Gelehrten gab es progressive und streitbare Geister, die zum Teil offen mit der Revolution im nicht allzu fernen Paris sympathisierten, so den Theologen Felix Anton Blau, den Kantianer Anton Joseph Dorsch, den Philosophieprofessor Andreas Joseph Hofmann oder den Mediziner Georg Wedekind, der in seinen medizinischen Vorlesungen kleine, aber feine Exkurse einstreute zum Lobpreis der freien Völker, mit unverkennbarer Anspielung auf die Revolution. Es gab darüber hinaus jedoch noch andere Faktoren, welche die Hauptstadt des Mainzer Kurfürstentums zu einem Nährboden machten für revolutionäre Sympathien. Bereits im September 1790, also ein gutes Jahr nach dem Beginn der Ereignisse in Paris, hatte es in Mainz einen Handwerkeraufstand gegeben (hervorgerufen durch einen Tumult der Studenten), mit dem Erthal aber kurzen Prozess gemacht hatte. Im Anschluss daran hatte der Kurfürst und Erzbischof per Regierungsdekret alle öffentlichen Politikdebatten verboten.

Seit 1789 befanden sich zahlreiche französische Aristokraten in Mainz, Emigranten der Revolution. Caroline Böhmer, die für sich und ihre Tochter eine preisgünstige Unterkunft in der Welschnonnengasse angemietet hatte und ihre schmale Witwenrente durch Näharbeiten und Übersetzungen aus dem Französischen aufbesserte, registrierte sie überall in der Nachbarschaft. Für den neuen Staat in Frankreich, der noch gar nicht konstituiert war, blieben sie eine ständige Gefahr. Nur fünf Minuten entfernt von ihrer Wohnung wohnten die Forsters. Caroline verbrachte alle Abende bei ihnen, «um Tee mit ihnen zu trinken, die intereßantesten Zeitungen zu lesen, die seit Anbeginn der Welt erschienen sind, räsonnieren zu hören, [...], Fremde zu sehen».[5] Als der Briefadressat, ein Freund aus Göttingen, sie in seinem Antwortbrief neckte und ihr das rote Jakobinerkäppchen aufsetzen wollte, antwortete Caroline, ebenso neckisch, sie setze es sich nicht auf, sondern werfe es ihm an den Kopf – um aber dann doch kundzutun: «Alles ist Preis gegeben – nur die Sache nicht. Für das Glück der kaiserl. und königlichen Waffen wird freylich nicht gebetet – die Despotie wird verabscheut, aber nicht alle Aristokraten – kurz, es herrscht eine reife edle Unpartheylichkeit – und wenn Sie nicht unser Bekenntnis annähmen – so ist nur Dein teufelischer Geist des Wiederspruchs schuld.»[6] Das schrieb sie am 12. August 1792. Mit großem Pomp hatte der Mainzer Kurfürst und Erzbischof, der zugleich Erzkanzler des Reiches war, noch im Juli Franz II. in Frankfurt zum neuen Kaiser des Heiligen Römischen Reiches gekrönt. Nur wenig später rückten Reichstruppen, unterstützt von französischen Emigranten, gegen das revolutionäre Frankreich vor. In der berühmten Kanonade von Valmy in der Champagne lieferten sich die Parteien ein Artillerieduell, doch die konservative Allianz musste sich wegen Nachschubschwierigkeiten zurückziehen. Die Revolutionsarmee konnte daraufhin in die Pfalz vorstoßen.

Am 21. September wurde in Frankreich die Republik ausgerufen. Anfang Oktober eroberten die Franzosen Speyer und Worms. «Seit sechs Tagen erwarten wir täglich einen Einfall der Franzosen»[7], schrieb Caroline Böhmer am 6. Oktober. Forster indessen beklagte, dass «die armseligen deutschen Zeitungen» die Wahrheit verschwiegen und fälschlicherweise österreichisch-preußische Siege verkündeten. «Wahr ist, was man wohl vermuten konnte, dass alles in Speyer und Worms dreifarbige Kokarden trägt und dass der Freiheitsbaum aufgepflanzt ist.»[8] Drei Tage lang, vom 19. bis 21. Oktober, wurde Mainz von den französischen Truppen unter General Custine belagert, bis die Stadt kapitulierte und sich in französische Hände begab. «Welch ein Wechsel seit 8 Tagen», schrieb Caroline kurz danach, «General Custine wohnt im Schloß des Churfürsten von Mainz – in seinem Prachtsaal versammelt sich der deutsche Jakobinerklub – die National-Konkarden wimmeln auf den Gaßen – Die fremden Töne, die der

Freiheit fluchten, stimmen *vivre libre ou mourir* an. [...] Wir haben über 10 000 Mann in der Stadt, und es herrscht Stille und Ordnung. Die Adlichen sind alle geflohen – der Bürger wird aufs äußerste geschont – das ist Politik.»[9] Mit einiger Belustigung beschrieb sie auch die Flucht Erthals aus Mainz, des stolzen Reichsfürsten, der an seiner Kutsche das Wappen auskratzen ließ, bevor er aus seiner Stadt flüchtete. Die Tatsache, dass nur zwei Tage nach dem Einmarsch Custines im großen Konzertsaal des Mainzer Schlosses die «Gesellschaft der Freunde der Freiheit und Gleichheit» gegründet wurde, also ein deutscher Jakobinerklub, der von seinen 20 Gründungsmitgliedern in kürzester Zeit auf fast 500 Mitglieder anwuchs, Menschen aus allen Schichten, vom Universitätsprofessor bis zum Schuhflicker, Schankwirt und Lebkuchenbäcker, zeigt, wie vorbereitet die revolutionäre Stimmung in Mainz war, als die Franzosen kamen, um ihre Revolution auf deutschen Boden zu exportieren.

Zum Jahreswechsel 1792/93 wurde Forster Präsident des Klubs und nachdem am 18. März 1793 die Republik ausgerufen worden war, die erste Republik auf deutschem Boden, Vizepräsident des gewählten «Rheinisch-Deutschen Nationalkonvents». In diesem Zeitraum änderte sich aber auch die anfänglich liberale Politik der Franzosen, als sie erkennen mussten, dass die Deutschen sich doch nicht so ohne Weiteres von ihnen befreien lassen wollten, wie sie sich das eigentlich vorgestellt hatten. Abweichend vom ursprünglich proklamierten Selbstbestimmungsrecht des neuen fränkischen Freistaats, dem Custine sogar die Wahl seiner künftigen Staatsform vollkommen freigestellt hatte, beschloss der französische Nationalkonvent am 15. Dezember 1792 ein Dekret, mit dem die republikanische Staatsform nach dem Vorbild Frankreichs in allen von der französischen Armee besetzten Gebieten eingeführt wurde. Die fränkischen Neubürger sollten zudem einen Zwangseid «zu Freiheit und Gleichheit» ablegen, den viele nicht leisten wollten, vor allem diejenigen nicht, die von Anfang an skeptisch waren, darunter die Vertreter der Zünfte, die Geistlichkeit oder die Handel treibende Großbourgeoisie. Die Bewohner der freien Reichsstädte etwa, wie Frankfurt gleich nebenan, das die Franzosen ebenfalls besetzten, doch bald wieder verloren, hatten ihre eigene stadtrepublikanische Tradition, aber aufgebaut auf der ständischen Ordnung. Die Angst vor Vergeltungsmaßnahmen angesichts der heranrückenden preußischen Truppen erhöhte auch nicht gerade die Bereitschaft vieler Bewohner, einen Eid auf die neufränkische Verfassung zu leisten. Das Ganze dokumentiert auch die Janusköpfigkeit dieses französischen Revolutionsimports und zugleich ersten Demokratieversuchs auf deutschem Boden, der nach wenigen Monaten mit einem Gegenschlag der Reaktion endete. Mit der Gleichheit *à la française* hatten indessen selbst die Mainzer Jakobiner ihre Probleme. Sie bejahten zwar die Rechtsgleichheit zusammen mit der ökonomischen, religiösen und geistigen Freiheit und waren am Prinzip der Volkssouveränität orientiert, die soziale Gleichheit aber lehnten sie ausdrücklich ab.

Auch wenn sie es später anders darstellte, so ist doch unverkennbar, dass Caroline Böhmer in der Zeit der Franzosenherrschaft in Mainz eine glühende Republikanerin war. Das hatte viel mit ihrem damaligen Lebensgefühl zu tun, der Euphorie über ihre erkämpfte Freiheit, welche die politische Euphorie widerspiegelte. An Forsters Teetisch und vertieft durch die entsprechende Lektüre – Condorcet vor allem, den sie Friedrich Schlegel später zur Lektüre empfahl, aber auch die erwähnten französischen Zeitungen, allen voran der *Moniteur*, der bei Forster gelesen wurde –, war sie zugleich zu einem eigenen Bild der politischen Kräfteverhältnisse und der Notwendigkeit fundamentaler Erneuerungen gekommen. Sie erwähnte das Joch der wirtschaftlich ausgepressten Bauern im Mainzer Kurfürstentum, indirekt auch der Handwerker und Gewerbetreibenden, die wie jeder und jede in diesem reichsten und mächtigsten Erzstift diesseits der Alpen völlig den Interessen des klerikal regierten Feudalstaates unterworfen waren, entwarf heitere Szenen von den Aristokraten, die die Jakobiner an die Laterne hängen wollten, oder von einem «alten geistlichen Herrn» (das konnte nur Erthal sein), dem man die lange Nase abgeschnitten hat, welche die Demokraten dann auf öffentlichem Markte gebraten haben – so etwas, schrieb sie ihrer Freundin Luise Gotter, wolle sie gerne einmal ihren Enkeln erzählen.[10] Sie tanzte in Mainz um den Freiheitsbaum, erlebte eine rauschende Ballnacht mit einem jungen französischen Offizier, wurde schwanger – und kam ins Gefängnis. Hier, spätestens hier, in der Taunusfestung Königstein, wo die Akteure der Republik und ihre Sympathisanten von den Mächten der alten Ordnung eingesperrt wurden, nachdem vorwiegend preußisches Militär die linksrheinischen Gebiete zurückerobert hatte und seit April 1793 Mainz belagerte, endete der Traum der Mainzer Klubisten, endete der Traum von der Demokratie.

Caroline Böhmer, die mit ihrer Abreise aus Mainz zu lange gezögert hatte und am 30. März auf dem Weg nach Frankfurt von preußischen Vorposten aufgegriffen, verhört und dann nach Königstein verbracht wurde, verdankte ihre Verhaftung hauptsächlich ihrer Hausgenossenschaft mit Georg Forster, auf den hundert Dukaten ausgesetzt waren, aber auch ihrer Namensgleichheit mit dem Theologieprofessor Georg Wilhelm Böhmer, ihrem Schwager, der Sekretär bei Custine war. Sie schrieb es selbst aus der Haft: Man halte sie offensichtlich als Geisel für nach Frankreich entflohene Mainzer Klubisten. Forster war unmittelbar nach der Ausrufung des Rheinisch-Deutschen Freistaates mit zwei anderen Deputierten gen Paris aufgebrochen, um dem französischen Nationalkonvent die Anschlusswünsche der kleinen Republik an die große zu unterbreiten.

Im wiedereroberten Mainz herrschte derweil Lynchjustiz, und Caroline Böhmer, die in der Schilderung all der «Räuberformalitäten» und brutalen Behandlungen der Gefangenen, die sie sah, noch aus dem Gefängnis heraus sarkastisch bemerkte: «Königstein bildet eifrige

Freyheitssöhne»,[11] war selbst über Monate in einer lebensgefährlichen Situation. Sie und ihre nun achtjährige Tochter Auguste waren anfangs mit fünf weiteren Frauen in eine Zelle gepfercht (ohne Aborte, wie ihre Schilderung nahelegt), darunter auch Meta Forkel, geborene Wedekind, deren Bruder ein Mainzer Klubist war, mit ihrem kleinen Sohn Adalbert. Später kamen sie unter etwas erleichterten Haftbedingungen nach Kronberg im Taunus.

Wovon niemand wusste und was Caroline selbst erst in der Gefangenschaft realisierte, war ihre Schwangerschaft – ein Kind des Feindes. Später schrieb sie, sie hätte Gift genommen und ihrem Leben ein Ende gesetzt, wenn diese Schwangerschaft in der Haft ruchbar geworden wäre, denn für Auguste wäre es immer noch besser gewesen, als Waise aufzuwachsen als mit einer derart entehrten Mutter. Aber auch so musste sie resigniert feststellen: «Meine Existenz in Deutschland ist hin.»[12] Bei politischen Anklagen gegen Frauen wurden gemeinhin keine politischen Argumente ins Feld geführt, sondern sie wurden moralisch vernichtet, als «Revolutionshuren» denunziert, und so geschah es auch hier. Es kursierten die entsprechenden Pamphlete über die «Böhmerin» mit Forster, mit anderen, sogar mit Custine.

Als Caroline am 5. Juli 1793 infolge der Intervention ihres Bruders Philipp in Marburg, der an den preußischen König geschrieben hatte, aus der Haft entlassen wurde, bot ihr ein Freund aus Göttinger Tagen Schutz und Schirm, dem sie dies mit einer Eheschließung aus Freundschaft vergalt. Das war August Wilhelm Schlegel, der ihr auch Gift hatte zukommen lassen für den Fall einer nicht rechtzeitigen Gefängnisentlassung.

Auch Carolines persönliche Revolution, kann man sagen, endete vorläufig mit einem Arrangement der alten Ordnung, mit einer Vernunftehe, durch die sie ihre bürgerliche Ehre wiederherstellen konnte. Aber dieses Arrangement versprach neue Freiheiten und gemeinsame neue Lebensentwürfe. Im altenburgischen Lucka brachte sie ihren «kleinen Citoyen» zur Welt, den sie Pflegeeltern überließ, um mit den Schlegel-Brüdern Friedrich und August Wilhelm nach Jena zu gehen. Als weiblicher Mittelpunkt des romantischen Dichterkreises in Jena, vereint am Ende in einer Liebesheirat mit dem zwölf Jahre jüngeren Philosophen Schelling, hat sie die Freiheitstage am Rhein und die damit verbundenen Hoffnungen immer im Herzen bewahrt. Im Unterschied zu anderen Jenaer Frühromantikern ist sie nie in den metapolitischen Utopismus mit reaktionären Zügen geflüchtet, den die Enttäuschung über das Revolutionsgeschehen in Frankreich und der gefühlte Stillstand in Deutschland bei manchen auslösten.

Sie blieb eine Realistin der politischen Mitte, ausgestattet mit hinreichend romantischer Ironie und, was die Machtverhältnisse und die politischen Umbrüche anging, einem geradezu überzeitlichen Blick. Sie zerbreche sich nicht den Kopf darüber, schrieb sie während der napoleonischen Eroberungszüge Ende 1806, als das Alte Reich mit seinen vielen Hundert Fürstlein endgültig zusammenbrach, an ihre Schwester Luise, wie die Beute der Welt aufgeteilt werde. «Was liegt euch daran, denn wahrlich um keinen von den Regenten ist es Schade, die jetzt zu Grund gehn, dergleichen bekommt jedes Land leicht wieder.»[13]

Die politische Revolution ist für Caroline und ihre Generationsgefährten gescheitert. Ihre persönliche Revolution hat sie selbst aber auf ihre Weise weitergelebt.

Zum Weiterlesen

Sabine Appel, Caroline Schlegel-Schelling. Das Wagnis der Freiheit. Eine Biographie, München 2013.

Franz Dumont, Die Mainzer Republik 1792/93. Französischer Revolutionsexport und deutscher Demokratieversuch, hg. vom Präsidenten des Landtags Rheinland Pfalz (Schriftenreihe des Landtags 55), Mainz 2013.

Benedikt Erenz/Andreas Molitor/Christoph Schlott, Der Wille zur Demokratie. Mainz, Königstein und die deutsch-französische Demokratiegeschichte, Königstein 2020.

Eckart Kleßmann, Universitätsmamsellen. Fünf aufgeklärte Frauen zwischen Rokoko, Revolution und Romantik, Frankfurt a. M. 2008.

Helmut Koopmann: Freiheitssonne und Revolutionsgewitter. Reflexe der Französischen Revolution im literarischen Deutschland zwischen 1789 und 1840, Tübingen 1989.

Rudolf Vierhaus, Göttingen und die Französische Revolution, in: Göttinger Jahrbuch 37 (1989), S. 145–156.

Alexander Košenina

Adolph Freiherr Knigge
(1752–1796)

Ein Menschenkenner fordert Menschenrechte

Als Freiherr von Knigge trat er in die Welt. Doch er nannte sich «der freie Herr Knigge» – und nach der Französischen Revolution gab er auch das «von» auf. Klarer konnte ein Bekenntnis gegen Standesdünkel, gesellschaftliche Ungleichheit und autoritäre Zustände kaum ausfallen. Tatsächlich gaben sich nur wenige Adelige und Inhaber hoher politischer Ämter je so vorbehaltlos gleichgestellt als Bürger und Mensch wie er. 1752 auf Schloss Bredenbeck bei Hannover als Sohn eines Hofgerichtsrats und Oberhauptmanns geboren und von Privatlehrern erzogen, machte er nach dem Jurastudium in Göttingen seinen Weg als Hofjunker und Assessor (Kassel), Kammerherr (Weimar), Maître de Plaisir (am hessischen Hof in Philippsthal) und schließlich als hannoverscher Landdrost und Oberhauptmann (Bremen). Zudem gehörte er zwischen 1773 und 1784 erst den Freimaurern, dann den Illuminaten an. Am liebsten aber wirkte er als freier Schriftsteller – in Frankfurt am Main, in Heidelberg und zuletzt in Hannover.

Bereits das Understatement in der Namensgebung zeugt von einer zutiefst demokratischen Haltung, auch wenn Knigge selbst noch im politischen System des «aufgeklärten Absolutismus» lebte. Diese schon begrifflich widersprüchliche Regierungsform konnte je nach Kleinst-

< Adolph Freiherr Knigge, Pastellbild von Jacob Fehrmann, 1794. Focke-Museum, Bremen.

staat im Heiligen Römischen Reich deutscher Nation mehr zur reformfreudigen, aufgeklärten oder zur rückwärtsgewandten, absolutistischen Seite tendieren. Knigge unternahm viel, um der Selbstbestimmung, Toleranz und Wahrheitsliebe aller Bürger zum Sieg über die alleinige Macht und Gewalt des Souveräns zu verhelfen. Er beförderte damit den geistigen Wandel politischer Legitimität von Thomas Hobbes' absolutistischer Formel *auctoritas, non veritas facit legem* zu deren Umkehrung in John Lockes *Two Treatises of Government* von 1689: Wahrheit, nicht Herrschaft sollte in Zukunft Gesetze schaffen und begründen. Auf Knigges Grabplatte im Bremer Dom steht entsprechend: «Bürgerfreund, Aufklärer, Völkerlehrer».

Neben Georg Forster oder Immanuel Kant befindet Knigge sich in der ersten Reihe, wenn es darum geht, Reinhart Kosellecks nach wie vor hellsichtige Deutung der Aufklärungsepoche in *Kritik und Krise* konkret zu verstehen. Dessen Frage lautet, wie sich ein politischer Umbruch allmählich aus freien Denkräumen – etwa im Theater, in Literatur oder Geheimgesellschaften – entwickelt und so verborgene *Kritik* in eine öffentliche politische *Krise* umschlägt. Analogien zur friedlichen Revolution von 1989 sind dabei immer wieder frappierend. Knigges Bezugspunkt ist 1789 die Französische Revolution, die er fasziniert begrüßt, eine Entsprechung für Deutschland aber nicht unbedingt empfiehlt. Er beurteilt die Lage übrigens nicht als Politiker, Staatsphilosoph oder Jurist, sondern als Romancier und Publizist der Aufklärung. Das bringt es mit sich, dass er seine Gesellschaftsentwürfe außer in Essays vor allem literarisch entwickelt, also in der Fiktion. Drei Texte sind dafür besonders bezeichnend: erstens der utopische Modellstaat des Herrn Brick, der als «Manuskript» in den Roman *Geschichte Peter Clausens* (1783–1785) eingeschoben ist; zweitens die Begründung einer neuen Gesellschaft in *Benjamin Noldmanns Geschichte der Aufklärung in Abyssinien* (1791); drittens *Josephs von Wurmbrand [...] politisches Glaubensbekenntnis, mit Hinsicht auf die französische Revolution und deren Folgen* (1792).

Wurmbrands demokratisches *Glaubensbekenntnis* hat am meisten von einem Traktat. Doch schreibt es eben eine erfundene Figur. In einer Vorrede beteuert Knigge, dass «Despotismus aller Art gottlob!» in den nördlichen Gegenden unbekannt sei und man «in Teutschland keine Revolution, weder zu befürchten, noch zu wünschen Ursache» habe. Deshalb solle man ihn, Knigge, bitte nicht beschuldigen, dass er «zu partheiisch für eine demokratische Verfassung» sei.[1] Genützt hat ihm das Versteckspiel wenig. Aus dem Ministerium in Hannover erreichten den Staatsdiener postwendend ernste «Verweise», unter anderem wegen Verstößen gegen die «allerheiligste Religion».[2] Das befremdete ihn, denn eigentlich hatte er doch zeigen wollen, «daß so weise Regierungen, wie die mehrsten teutschen wären, keine gewaltsame Umkehrungen zu befürchten hätten, in so fern sie nur dem Genius des Zeitalters, bey der Wahl ihrer Mittel, ein wenig nachgäben.»[3] Im *Schleswigschen Journal* – also im politischen Artikel statt Roman – wiederholt Knigge 1793 seine Gedanken «Ueber die Ursachen, warum wir vorerst in Teutschland wohl keine gefährliche politische Haupt-Revolution zu erwarten haben». In den meisten deutschen Staaten sei der Druck des Despotismus noch nicht so groß «wie in Frankreich», auch gebe es für den Untertan Möglichkeiten, sich juristisch zur Wehr zu setzen. Vor allem aber habe Deutschland keinen Mittelpunkt wie der zentralistische Nachbar, «sondern eine Menge Höfe, durch deren Bedürfnisse und Aufwand ein zahlloses Heer von Menschen seine Existenz fortführt, [...]; und diese ewig treuen Diener der Fürsten-Gewalt leben nicht etwa in einem einzigen Paris und Versailles zusammengedrängt; sondern zerstreuet in allen den unzähligen Residenzen, mittleren Städten, Aemtern und Landgütern umher, wo wiederum viel tausend Personen» von ihnen profitieren.[4] Höchst aktuell kommt er auch auf die Mainzer Republik und sogar auf deutsche «Democraten» zu sprechen,[5] was angesichts der gleichzeitigen Neuaufnahme des Begriffs in die zweite Auflage von Adelungs *Wörterbuch* 1793 bemerkenswert ist. Dort liest man ganz im Geiste Montesquieus und Rousseaus unter «Demokratie»: «diejenige Verfassung des gemeinen Wesens, wo sich die höchste Gewalt bey dem Volke, oder allen einzelnen Gliedern ohne Unterschied befindet».[6]

Natürlich schreibt hier einer, der die Rhetorik im aufgeklärten Absolutismus beherrscht. Wie Kant in seiner berühmten Beantwortung der Frage «Was ist Aufklärung?» 1784 verneigt auch Knigge sich vor dem preußischen König Friedrich dem Großen, weil er von der Reformfreudigkeit «dieses göttlichen Mannes» fest überzeugt ist.[7] Zugleich teile er aber auch Kants Einschätzung, dass die Französische Revolution «in den Gemütern aller Zuschauer» eine kaum zu überschätzende «*Teilnehmung* dem Wunsche nach, die nahe an Enthusiasm grenzt»,[8] bewirkt habe. Besonders deutlich äußert sich Knigges Begeisterung in seinem Staatsroman *Aufklärung in Abyssinien.* Während er daran schreibt, wird er gerade in den kurfürstlich-hannover-großbritannischen Staatsdienst vereidigt, nimmt am 14. Juli 1790 aber zugleich in Hamburg an einem Fest zum ersten Jahrestag der Revolution unter freiem Himmel nahe der Alster teil. Der Kaufmann Georg Heinrich Sieveking hat geladen, gekommen sind viele, auch Deutschlands damals berühmtester Dichter, Friedrich Gottlieb Klopstock; indes kaum ein «Edelmann» außer ihm – wie Knigge seiner Tochter Philippine schreibt –, und vor allem «kein Fürstenknecht», denn schließlich feiere man «die Abschaffung des Despotismus».[9] Gesungen wird *Sievekings Lied* mit den Anfangsversen: «Freie Deutsche, singt die Stunde, / Die der Knechtschaft Ketten brach, / Schwöret Treu dem großen Bunde, / Unsrer Schwester Frankreich nach!»[10] Es ist, vierzig Jahre vor dem Hambacher Fest, die vielleicht erste bürgerlich-demokratische Kundgebung auf deutschem Boden. Mitorganisiert haben sie die Frauen: Johanna Sieveking und Sophie Reimarus, deren Salons Treffpunkte des aufgeklärten Hamburg sind.

Auch in *Benjamin Noldmanns Geschichte der Aufklärung* von 1791 geht es um eine neue politische Freiheit. Der Witz ist ein doppelter – denn erstens wird hier *nach* 1789 eine Revolution in afrikanischen Staaten als *künftige* Utopie entworfen, und zweitens sieht der Erzähler Noldmann (alias Knigge) von einem einfachen Transfer europäischer Ideen ab, indem er lieber einen idealen Thronfolger in einer fernen Weltgegend heranbildet. Zur Umkehrlogik gehört dann auch eine Bildungsreise mit dem abessinischen (äthiopischen) Kronprinzen nach Deutschland, das kritisch kommentiert wird. Kein Wunder, dass der selbst aus diesem Kaiserhaus stammende Prinz Asfa-Wossen Asserate, der uns 2003 die deutschen *Manieren* geistreich von außen durchleuchtete, seinen besonderen Spaß hatte, als er Knigges Roman 2006 (in abermaliger Umkehrung der Perspektiven) neu herausgab. Natürlich ist es von höchster Ironie, wenn wiederum Knigge alias Noldmann seiner Leserschaft erklärt, dass sie von Tyranneien wie in Afrika keine Ahnung haben könne, da in Europa schließlich Gesetze statt Willkür herrschten, «die Rechte der Menschheit heilig gehalten werden, und die echte Philosophie Regenten und Volk über ihre gegenseitigen Pflichten aufgeklärt» habe.[11]

So kritisierte man im Zeitalter der Zensur, indem man das Geschehen einfach an einen weit entfernten Schauplatz verlagerte, um von dort wieder ironisch auf die Heimat zu blicken. Mit dem *Noldmann*, von dem ein Fünftel auf den neuen Verfassungsentwurf des Kronprinzen entfällt, hegt Knigge geheime Hoffnungen, dass die demokratische Entwicklung in Frankreich auch auf Deutschland übergreifen könnte. Der Prinz gibt den heimkehrenden Europäern jedenfalls den Gedanken mit auf den Weg, dass man vielleicht bald «auch dort des Raths und der Hülfe verständiger, vorurtheilsfreyer und vorsichtiger Männer bedürfen wird».[12] Knigge erwog seinerseits, das im Roman enthaltene «System einer ganz neu zu gründenden Staats-Verfassung» in Übersetzung nach Paris zu schicken, um dort einen Beitrag «zu der neuen, großen Pyramide» zu leisten.[13]

Diese gesellschaftspolitischen und verfassungsrechtlichen Entwürfe für einen freiheitlichen statt despotischen Staat sind weitaus konkreter als die utopischen Träume des reisenden Herrn Brick im Roman *Geschichte Peter Clausens,* der noch vor der Revolution entstanden war. Hier spricht Knigge als begeisterter Leser von Georg Forsters *Reise um die Welt* wie als führendes Mitglied des Illuminatenordens. Den fiktiven Brick lässt er mit Kapitän Cook bis Tahiti in die Südsee reisen und von dort Idealvorstellungen von besseren, freieren, demokratischeren Gesellschaften mitbringen. Am Ende steht die Frage, warum «die ungeheuren Misbräuche» und «Verderbnisse der Staatsverfassungen» in Europa nicht einfach abgeschafft würden, da man sie doch längst eingesehen habe?[14] Die Antwort ist illusionslos düster: Erstens seien alle «auf Reformation abzielende geheime Verbindungen» ein «süßer Traum»;[15] und zweitens alle «Reformationsanstalten [...] zu[r] Erziehung des Menschengeschlechts» letztlich «Hirngespinste» und «Misgeburten, erzeugt aus der Hurerey der gesunden Vernunft mit der Fantasie».[16] Einige Jahre vor der Französischen Revolution ist das eine ziemlich pessimistische Prognose für die aufgeklärte Vernunft (zum Beispiel Kants *Kritik der reinen Vernunft,* 1781) und die utopische Fantasie (wie in Defoes *Robinson Crusoe,* 1719), für die Freimaurer und Illuminaten, für die Reformpädagogik (etwa in Basedows *Elementarwerk,* 1774) und für *Die Erziehung des Menschengeschlechts* (Lessing, 1780). Doch Knigge lässt sich davon in seiner Zuversicht keineswegs knicken, mit seinen Romanen *Noldmanns Geschichte der Aufklärung* und *Wurmbrands Glaubensbekenntnis* setzt er nach 1789 neu an.

Seine demokratischen Gesinnungen entwickelt der Freiherr aber nicht nur in literarischen Utopien und Satiren. Der geborene Edelmann löckt auch sonst gern wider den Stachel der höfischen Gesellschaft und gibt den schalkhaften Verächter der Ständeordnung. Als er 1773 am Hof der Landgräfin Philippine in Kassel dem Hoffräulein Henriette von Baumbach ihren bei Tisch heimlich abgestreiften Schuh entwendet und von einem Lakaien auf einem Tablett servieren lässt, fällt er in Ungnade und wird zur Ehe mit der düpierten Dame gezwungen. Allein solche gezielten Verstöße gegen das Benehmen geben Anlass, mit dem albernen Klischee vom «Benimm-Knigge» aufzuräumen. Denn das falsche Etikett von der Etikette wurde ihm erst später angehängt und geht an seinem 1788 erschienenen anthropologischen Hauptwerk *Ueber den Umgang mit Menschen* weit vorbei. Statt einer stocksteifen Benimmfibel ist dies ein großartiger Beitrag zur Lebensphilosophie. Knigge betont einleitend ausdrücklich, er wolle «nicht etwa ein Complimentir-Buch schreiben», sondern eines zum «esprit de conduite».[17] Darin lässt er sich über Gesprächsideale und Herzenstakt aus, über den Umgang mit Mächtigen und Gesinde, mit Charakteren jeder Couleur, in unterschiedlichsten Lebenslagen, aber auch mit sich selbst. Vor allem wirbt er für Weltläufigkeit und Toleranz, für eine demokratische Sitten- und Klugheitslehre. All das zielt auf Mehrung der Glückseligkeit für alle Menschen.

Später hat man das Werk «verkleinert und verspießert»,[18] wie die Schriftstellerin Sibylle Lewitscharoff in einem Essay zu Recht bemerkt. Bis heute halten sich namensdiebische Etikette-Adaptionen: «Uni-Knigge», «Reise-Knigge», «Auto-Knigge», «Knigge für Parlamentarier» und so weiter. All das hat mit dem Original nichts mehr zu tun, schon in vielen Auflagen des vermeintlich ursprünglichen Buches erfuhr es völlig willkürliche Kürzungen und Hinzufügungen. Dass ausgerechnet der sonst für philologische Tugenden bürgende Karl Goedeke mit der «12. Original-Ausgabe» von 1844 besonders freizügig umging und kurzerhand ein Handbuch mit Register daraus machte, wirkt besonders peinlich.

Statt solcher Borniertheiten finden sich im Buch *Ueber den Umgang mit Menschen* durchaus politische Botschaften von Sprengkraft. Auf die vorgebliche Freundschaft der Großen solle man nicht vertrauen, denn sie «achten Dich, so lange sie Deiner bedürfen», sonst ließen sie einen braven Mann aber fallen.[19] Vor allem solle man beim Umgang mit ihnen nicht vergessen – und hier beginnt die grafische Hervorhebung im Druckbild –, «*daß sie, was sie sind und was sie haben, nur durch Uebereinstimmung des Volks sind und haben; daß man ihnen diese Vorrechte wieder nehmen kann, wenn sie Misbrauch davon machen; [...] endlich, daß in diesen Zeiten der Aufklärung bald kein Mensch mehr daran glauben wird, daß ein Einziger, vielleicht der Schwächste der ganzen Nation, ein angeerbtes Recht haben könne, hundert tausend weisern und bessern Menschen das Fell über die Ohren zu ziehen*».[20] Der bis heute lebendige Begriff der Volkssouveränität lässt sich kaum prägnanter fassen.

Bei aller Anerkennung für Knigges Verdienste um ein demokratisches Bewusstsein wäre es jedoch falsch, gern übersehene Schattenseiten auszublenden. Auf den bewährt dialektischen Geist der Germanistin Ruth Klüger kann man sich da stets verlassen, ganz schnell identifiziert sie dunkle Partien in dieser Lichtgestalt, vor allem wenn sie mit Blick auf den *Umgang mit Menschen* von «gemäßigter Judenfeindlichkeit» spricht oder das dort gezeichnete Bild der Frauen kritisiert, das eher den Stereotypen einer «Gesellschaftskomödie» entspricht. Klügers Resümee: «Der Menschenfreund Knigge hat für den Hochadel Verachtung, für Diener, Ungebildete und Bauern Herablassung. Juden waren ihm nicht geheuer, und Frauen machten ihm schwer zu schaffen.»[21]

Auch der Illuminaten-Forscher Daniel Wilson, der 1991 im klassischen Weimar *Geheimräte gegen Geheimbünde* in Stellung brachte, stößt beim genaueren Hinsehen auch bei Knigge auf irritierende politische Umtriebe. Wilson zeigt, wie Knigge sich vom despotischen Ingolstädter Illuminatenführer Adam Weishaupt (Ordensname: Spartacus) im Kampf gegen Ex-Jesuiten in Bayern instrumentalisieren und zu blindem Gehorsam missbrauchen lässt. Spartacus stiftet Knigge an, Demokratie nur vorzutäuschen, es müsse «aller Orten von freyer Wahl

[...] die Rede seyn, aber diese Wahlen [müssten] immer durch Vertraute des Generals dirigiert werden».[22] Hinter Weishaupts Doppelmoral, gute Zwecke auch durch böse Mittel erreichen zu wollen, wittert Knigge bald selbst einen verlarvten jesuitischen Geist; es kommt zum Streit und 1784 zum Ausschluss aus Weishaupts obskurem Orden, zu dessen Führungsspitze Knigge gehört hatte. Friedrich Schiller, der seinen schwärmerischen Marquis Posa nach Knigge zeichnet, warnt analog im elften seiner *Briefe über Don Karlos* von 1788, dass solch eine «Ordensverbrüderung» keineswegs vor «Willkürlichkeit» und «Herrschsucht» schütze.[23] Er fürchtet wie der Freiherr einen «Despotismus der Aufklärung».[24] Doch Knigge konnte der Schiffbruch der Illuminaten nicht irritieren, er blieb sich und seinem Ordensnamen Philo treu: Als «freier Herr» *liebte* er wie kaum einer seiner Zeit Demokratie, Gleichheit und Brüderlichkeit.

Zum Weiterlesen

Adolph Freiherr Knigge, Werke, hg. von Pierre-André Bois u. a. Mit einem Essay von Sibylle Lewitscharoff, 4 Bde., Göttingen 2010.

Adolph Freiherr Knigge, Briefwechsel mit Zeitgenossen 1765–1796, hg. von Günter Jung und Michael Rüppel, Göttingen 2015.

Karl-Heinz Göttert, Knigge oder: Von den Illusionen des anständigen Lebens, München 1995.

Ingo Hermann, Knigge. Die Biografie, Berlin 2007.

Ruth Klüger, Knigges «Umgang mit Menschen». Eine Vorlesung, Göttingen 1996.

Martin Rector (Hg.), Zwischen Weltklugheit und Moral. Der Aufklärer Adolph Freiherr Knigge, Göttingen 1999.

Jörg Schweigard

Friedrich Lehne
(1771–1836)

Diener der Freiheit unter dreierlei Herren

Rasch, wie von einem stürmischen Westwind getragen, gelangen die unglaublichen Nachrichten nach Deutschland: In Frankreich hat sich am 14. Juli 1789 das Volk seinem König widersetzt und die verhasste Pariser Bastille erstürmt! Die Menschen- und Bürgerrechte sind deklariert, der Adel verliert seine Privilegien. Alle europäischen Völker trifft diese politische Sensation «wie ein elektrischer Schlag», «auf kein Land wirkt sie aber stärker als auf unser Deutschland», schreibt die Leipziger Monatsschrift *Neues Deutsches Museum*.[1] Nun scheint, so räsoniert das Blatt, auch «der ruhige Deutsche, der so viel, so gern duldet» , auf einmal zu erwachen.[2]

Voll freudiger Erwartung hofft die aufgeklärte Bildungselite im Norden wie im Süden auf eine Revolution oder zumindest einen kräftigen Stoß, um das anachronistische Konstrukt des Heiligen Römischen Reiches deutscher Nation mit seinen Hunderten Fürsten und Fürstlein, Bischöfen, Äbten und Subalternen endlich zu zerschlagen. Zu dieser Avantgarde zählt der junge Mainzer Philosophiestudent Friedrich Lehne, der 1792 für seine Studienkollegen hoffnungsfroh dichtend seinen *Ruf eines Deutschen an die Freiheit* erschallen lässt. Bei aller Schwärmerei ist Lehne Realist genug, um zu wissen, dass die Deutschen

< Friedrich Lehne, Ölgemälde von unbekannter Hand, um 1802. Kriegsverlust, Fotografie aus dem Stadtarchiv Mainz.

allein keinen Politikwechsel schaffen. «Bringe deine Franken-Söhne / Uns zum Bruderkusse mit!», fordert er das revolutionäre Frankreich auf, nicht ahnend, dass sich dieser Wunsch noch im selben Jahr erfüllen wird.[3] Die «Neufranken» haben sich bei der Kanonade von Valmy in der Champagne gegen die alliierten deutschen Fürstentruppen durchgesetzt und sind zum Gegenangriff übergegangen. Als die blau-weiß-rote Trikolore schon über Speyer und Worms flattert, türmen der Kurfürst und seine Mätressen aus Mainz, das sich ohne Widerstand am 21. Oktober 1792 ergibt.

Jetzt ist auf einmal alles möglich. Als in den folgenden Monaten in Mainz und weiten Teilen der Pfalz erstmals auf deutschem Boden die Demokratie ausprobiert wird, spielt Friedrich Lehne eine wichtige Rolle. Und er bleibt der Freiheit treu: Bis in den Vormärz hinein kämpft er für die Demokratie, für Pressefreiheit und einen sozialen Kapitalismus. «Von heute an gehöre ich der Menschheit, von heute an trete ich in die Kette wirkender Wesen ein», notiert er in seinen Aufzeichnungen im November 1792, als er sich für die Revolution und damit endgültig gegen eine Karriere in fürstlichen Diensten entscheidet.[4]

Dabei weist in den ersten Lebensjahren Lehnes nur wenig darauf hin, dass hier ein konsequenter Demokrat heranwächst, der für seine Überzeugung wiederholt seine bürgerliche Existenz, ja sein Leben aufs Spiel setzen wird. Am 8. September 1771 in dem Kurmainzer Städtchen Gernsheim geboren, verlebt Friedrich Lehne bürgerlich behütet eine unbeschwerte Kindheit, die jäh endet, als binnen eines Jahres Vater und Mutter sterben. Der zehnjährige Vollwaise kommt nach Mainz zu seinem Onkel, einem Professor an der dortigen Universität, die in diesen Jahren im großen Stil modernisiert wird und illustre Geister wie den Forscher und Weltumsegler Georg Forster, den gelehrten Dichter Wilhelm Heinse und den Arzt Thomas Soemmerring anzieht. Just im Revolutionsjahr 1789 beendet Lehne seine Gymnasialzeit und wechselt an die Mainzer Universität, wo er den revolutionären *esprit de corps* der Studenten kennenlernt, der von vielen freigeistigen Professoren geteilt, ja noch befeuert wird. Als die Franzosen in Mainz einziehen, sind es mehrheitlich Intellektuelle, die nach französischem Vorbild im verwaisten Mainzer Schloss einen politischen Klub, die «Gesellschaft der Freunde der Freiheit und Gleichheit», gründen. Wie der berühmte Schriftsteller Georg Forster und viele angesehene Universitätsprofessoren tritt auch Lehne rasch bei.

Die Aktivisten wissen, dass der politische Wandel nur gelingt, wenn möglichst viele – Bauern, Handwerker, Kaufleute – mitziehen. Deshalb leisten die Jakobiner Überzeugungsarbeit für ihre Sache und damit Kärrnerarbeit bei einer jahrhundertelang unwissend gehaltenen Bevölkerung, die viel Angst vor Veränderungen und wenig Fantasie hat, was jetzt werden soll ohne die alte paternalistische Obrigkeit.

Ganz Aufklärer, fassen sie den Plan, mit politischer Bildung, mit lehrhafter Propaganda die Menschen aufzurütteln. In den Reden im Klub, in über hundert Flugschriften und den ersten freien Zeitungen verbreiten sie im Spätherbst 1792 die Ideen der Demokratie. An die Stelle der Blätter mit «kurfürstlichem gnädigsten Privilegium» treten sieben Zeitungen, die alle Bevölkerungsteile ansprechen. Lehne verdient sich seine ersten journalistischen Sporen in der wichtigen Wochenzeitung *Der Patriot*, die seine Jungfernrede im Freiheitsklub vollständig veröffentlicht. Am 23. Dezember 1792 erläutert Lehne vor Hunderten von Zuhörern seine Gedanken darüber, ob es friedfertige Revolutionen geben könne. Dabei kommt er zum Schluss, dass sich die Mainzer durch die siegreichen Franzosen glücklich schätzen können, die einzige «Nation» zu sein, «die ihre Freiheit nicht mit ihrem Blut erkaufen muß».[5]

Bei aller Revolutionsbegeisterung und dem Werben um Gleichgesinnte lehnt er alle Glücksritter und Opportunisten ab, die es vermeintlich mit der neuen Ordnung halten, tatsächlich aber nur auf den eigenen Vorteil aus sind. In seinem Gedicht *Was heißt Freiheit?* nimmt er sie Ende 1792 ins Visier:

Zu oft nur tragen Übermut
Und Eigennutz den Freiheitshut;
Und mancher Bube, reif zum Rad,
Entweiht den Namen Demokrat.
Von Menschenrecht und Bürgerpflicht
Schreit mancher Aff' und kennt sie nicht.
Doch wer von Freiheit schreien kann,
Ist darum noch kein freier Mann.[6]

Dieser Wesenszug, ohne Rücksicht auf persönliche Nachteile zu sprechen und zu handeln, bleibt für Lehne kennzeichnend. Geprägt und bestärkt wird er in dieser Haltung von dem Philosophieprofessor Andreas Joseph Hofmann, der in seinem Hörsaal bereits zu Zeiten des Kurfürsten das alte Regime kritisiert hat, nun aber auch Missgriffe und Vergehen des französischen Militärs brandmarkt.

Lehne arbeitet in der neu errichteten Verwaltung mit, wo er sich bei der Organisation der Wahlen zum ersten deutschen Parlament, dem Rheinisch-Deutschen Nationalkonvent, beteiligt. Die gewählten 128 Deputierten bestimmen Hofmann zum Präsidenten, der am 18. März 1793 vom Balkon des Mainzer Deutschhauses – heute Sitz des rheinland-pfälzischen Landtags – die Republik ausruft, den «Rheinisch-Deutschen Freistaat».

Indessen begleitet Lehne die Ereignisse mit schwungvollen republikanischen Versen. Seine politische Gebrauchslyrik mündet in zwei Gedichtbänden und weiteren Veröffentlichungen, die zu aktuellen Anlässen in Zeitungen oder als Sonderdrucke erscheinen und weit über die Pfalz und das Rheinland hinaus auch in Straßburg, Jena oder Norddeutschland gelesen werden. Noch als Reichstruppen unter preußischer Führung die Stadt erreichen und beschießen, versucht er mit seinem *Gesang beim Bombardement* die Moral der Eingeschlossenen zu stärken. Im Juli 1793 kapituliert die Stadt, und die kurze Geschichte der

Mainzer Republik ist zu Ende. Doch Lehne hat Glück, entgeht drohender Festungshaft und rettet sich ins französische Exil. Zurück bleiben seine geliebte Lotte, Verwandte und Freunde, die er für Jahre aus den Augen verliert.

In Frankreich lebt Lehne zunächst für anderthalb Jahre in Paris, wo er in der Mainzer Emigrantenkolonie um Forster und Hofmann die Phase der *Terreur* miterlebt. Seit Jahresbeginn 1795 – die Franzosen sind an den Rhein zurückgekehrt – arbeitet er in der militärischen Verwaltung besetzter deutscher Gebiete in der Gegend von Neustadt und Landau. Jedoch führt er keine Befehle aus, die seinen Grundsätzen widersprechen. So lehnt er es ab, sich an der Niederbrennung des pfälzischen Schlosses Ruppertsberg zu beteiligen, und entkommt nur knapp einer standrechtlichen Erschießung.

Neben seiner Arbeit in der Verwaltung schreibt Lehne weiter und veröffentlicht in Straßburg seinen ersten Band politischer Gedichte. Auch meldet er sich in elsässischen Zeitungen zu Wort. So feiert er im Hagenauer *Republikanischen Wächter* 1795 die Übergabe der Reichsfestung Mannheim an die Franzosen und bekennt sich gleichzeitig zu der Hoffnung, dass das ganze Rheinland bald wieder französisch werde:

> Bald raucht am herrlichsten der Rheingestade
> Der Freiheit Opferherd; [...]
> Macht unser Gang auf steilem Dornenpfade
> Uns dieses Glüks nicht werth?[7]

Rund zwei Jahre muss sich Lehne gedulden, dann wird auch Mainz Anfang 1798 wieder französisch. Damit endet für ihn endgültig das fast fünfjährige Exil, und er kehrt in seine Heimatstadt zurück.

Auch wenn die deutschnationale Historiografie im 19. und 20. Jahrhundert lange nichts von dem Modernisierungsschub dieser nun folgenden Periode wissen wollte – die Veränderungen unter der blau-weiß-roten Trikolore links des Rheins waren prägend. Die Jahre 1798 bis 1814 beenden die absolutistischen Verhältnisse. Der Katholizismus verliert seine dominierende Stellung – Religion wird zur Privatangelegenheit. Vieles, was die Mainzer Freiheitsfreunde einst gefordert haben, wird jetzt umgesetzt: Zunftrechte entfallen, Standes- und Feudalrechte werden abgeschafft, und eine vergleichsweise moderne Verwaltung regelt das öffentliche Leben. Glanzstück der Modernisierung ist das neu geschaffene Rechtswesen: Der Code Napoléon und weitere Rechtswerke schaffen Sicherheit und finden das Vertrauen der Bevölkerung. «Jakobinische» Juristen und Publizisten wie Georg Friedrich Rebmann, Johannes Birnbaum und Karl Ludwig Petersen gehören ebenfalls zu diesen napoleonischen Modernisierern der Rheinlande.

Jetzt gilt gleiches Recht für alle. Davon profitieren besonders die Großbürgerlichen, die kleinen Kaufleute und Gewerbetreibenden. Die einst klerikal-aristokratisch geprägte Residenzstadt Mainz wird zum bürgerlichen Mayence. Die *Reunionsadresse* zur Vereinigung mit Frankreich im Frühjahr 1798 unterschreiben fast alle Handelsleute, darunter auch diejenigen, die 1792/93 noch zur gemäßigten Opposition gegen die «Jakobiner» gezählt hatten. Satte 74 Prozent der Mainzer stimmen für den Anschluss an Frankreich – deutlich mehr als in allen anderen deutschen Gebieten.

Doch wie verhält es sich mit der politischen Freiheit, für die so viele der Rückkehrer gekämpft und gelitten haben? Für Lehne gehört zur Demokratie ein öffentliches Kontrollorgan, ein Medium, das den Politikern auf die Finger schaut. Entschlossen ruft er den *Beobachter vom Donnersberg* ins Leben, benannt nach dem neu gebildeten Departement Donnersberg, dessen Verwaltung ihren Sitz in Mainz hat. Das Blatt ist keine Regierungspostille, sondern pflegt eine kritische Haltung und entwickelt sich zu einer bedeutenden Zeitung der freiheitlichen Presse dieser Zeit. Erneut schießt Lehne scharf gegen die Kleptokraten des Empire und ihre deutsche Entourage. Im Frühjahr 1799 erscheint sein Gedicht *An das Ungeziefer der Republik* im Blatt, das diese Herrschaften aufs Korn nimmt:

Herunter mit erlogner Freiheits-Liebe
Schon längst durchschautem, schnödem Larven-Putz!
Die Freiheit bietet keinem Diebe
Tribut für seinen feilen Söldner-Schutz.[8]

Die mutigen Verse wandern noch im selben Jahr in den Band *Republikanische Gedichte,* den er mit seinem Freund Nikolaus Müller in Mainz veröffentlicht. Im Vorwort kritisieren die beiden die Entwicklung der Revolution.

Fatal ist für Lehne die Verschärfung der Pressezensur, die auf den berüchtigten Pariser Polizeiminister Joseph Fouché zurückgeht. Dieser Erzopportunist der Revolution ist seit September 1799 im Amt und weiß, wie eine gelenkte Presse ein Regime an der Macht halten kann. Obwohl Lehne zunehmend die undemokratische Entwicklung Frankreichs unter Napoleon enttäuscht und er die Redaktion des *Beobachters* bald wieder niederlegt, versucht er weiter, mit Artikeln, Gedichten und Vorträgen die republikanische Idee zu stärken. Kein wichtiges Ereignis geht vorüber, «ohne daß es an dem stets ohne allen Parteihaß urtheilenden Mann einen feurigen Lobredner oder einen scharfen, aber gerechten Tadler» findet, schreibt 1836 sein Biograf Philipp Külb.[9]

Auch Missstände unter den Behörden prangert er im Mai 1802 im *Beobachter* an, indem er die Verwahrlosung und Beschädigung des Mainzer Doms als «Meisterstück der Rohheit und Habsucht» charakterisiert.[10] Lehnes Einsatz zur Rettung der mächtigen Kathedrale belegt erneut seine Abscheu vor sinnloser Zerstörung von Kulturgütern.

Privat findet Lehne in jenen Jahren sein Glück. 1802 heiratet er Josephine Burkard, die Tochter eines angesehenen Mainzer Arztes und politischen Mitstreiters im Freiheitsklub. Es wird eine geglückte Ehe, aus der sechs Kinder hervorgehen, drei Töchter und drei Söhne. Beruflich ist Lehne etabliert, lehrt als Professor für Schöne Wissenschaften an der Mainzer Zentralschule und gehört damit zu den *citoyens nobles* des Departements. Den Präfekten Jeanbon St. André, der auch unter Napoleon ein entschiedener Revolutionär bleibt, zählt er zu seinen Freunden. Wie Lehne bleibt Jeanbon unbestechlich und nimmt es sich als einziger Präfekt im französischen Imperium heraus, die Bewohner seines Departements gegen Übergriffe der kaiserlichen Militärs zu schützen. Republikanisch bescheiden und um das Gemeinwohl bemüht, unterscheidet er sich von vielen seiner Amtskollegen. Als der populäre Präfekt am 10. Dezember 1813 stirbt, trauern viele um ihn. Eine große Menschenmenge folgt seinem Sarg. Lehne erweist seinem Freund einen letzten Dienst und entwirft die Inschrift des Grabsteins.

Bald darauf endet die Ära des Departements Donnersberg. Mit Napoleons Niederlage in den Befreiungskriegen fällt das Gebiet an das Großherzogtum Hessen-Darmstadt. Lehne warnt in seinem *Rheinländer Lied* die neuen Herren davor, im Siegestaumel die errungenen Freiheiten wieder einzuschränken, und weist bei dieser Gelegenheit gleich auf die Notwendigkeit der Pressefreiheit hin:

Der Presse Freiheit ist euch werth,
Wenn sie ein Censor knebelt,
Damit ihr keine Wahrheit hört,
Die euern Stolz entnebelt.
Auf solchen schwachen Füßen steht
All eure Liberalität!

Der Sieg hat euch den Kopf verrückt,
So stark wie den Franzosen;
Weil euch ein rühmlich Werk geglückt,
Glaubt ihr euch schon die Großen,
Und blickt auf unsern Bürgersinn
Mit höhnender Verachtung hin.[11]

Die neue fürstliche Regierung kann auf die Einbindung wichtiger kultureller Funktionsträger nicht verzichten. Lehne wird Direktor der Mainzer Stadtbibliothek, die er umgehend reformiert. Daneben betreut er als Konservator eine stattliche Sammlung römischer Ausgrabungsfunde, die auch Johann Wolfgang von Goethe im August 1815 nach Mainz zieht, wo er Lehne Bewunderung für seine Verdienste um die antiken Altertümer zollt.

Doch der alte Revolutionär Lehne misst der Gegenwart mehr Bedeutung zu als der Vergangenheit. Politisches Sprachrohr des selbstbewussten Citoyens wird die *Mainzer Zeitung*, die er 1816 redaktionell übernimmt und schnell als das Oppositionsblatt etabliert, dessen Qualität auch Ludwig Börne Respekt abnötigt. Die *Mainzer Zeitung* widmet sich politischen und ökonomischen ebenso wie sozialen Themen. Wiederkehrende Forderung bleibt die Pressefreiheit, die nach Lehne Grundlage jedes freiheitlichen Staatswesens ist: «War denn Preßfreiheit unter Cromwell, unter Robespierre, den Direktoren und Napoleon?», fragt er seine Leser.[12]

Am Beispiel Englands zeigt sich Lehnes Weitsicht und Fähigkeit zur Differenzierung. Die wirtschaftlich führende Nation Europas dient ihm als liberales Vorbild für Pressefreiheit, ihre Marktmacht und forcierte technische Entwicklung jedoch sieht er kritisch. Der «Posaunenton, mit welchem jede neue Erfindung begrüßt wird, ist nur allzuoft das Grabgeläute des Glückes einer ganzen Menschenklasse. Die meisten Entdeckungen im Gebiete der Mechanik haben kein anderes Resultat, als daß sie den Reichen reicher, und den Armen ärmer machen.»[13] Lehne ahnt hier schon die Menschenopfer der Automatisierung und fordert von den Regierungen Schutzmaßnahmen gegen die entfesselten Marktkräfte, die «den so nützlichen Mittelstand» vernichten.[14]

Vor allem Lehnes Freimut in staatspolitischen Dingen erregt Ärger am Darmstädter Hof. Wiederholt verlangen Zensoren, Lehne solle sich mäßigen. Ein satirisches Gedicht, mit dem er sich in äußere Angelegenheiten der europäischen Großmächte einmischt, bringt am 7. November 1822 das Fass zum Überlaufen. Zwei Tage später darf die Zeitung nicht mehr erscheinen, und Lehne erhält Berufsverbot.

Doch ein Lehne schweigt nicht. Solange es seine Kräfte erlauben, engagiert er sich in den folgenden Jahren für die Freiheit, zuletzt noch für den Freiheitskampf der Griechen gegen die Osmanen, ein Kampf, der damals ganz Europa in Atem hält. Dann schwinden die Kräfte des Ruhelosen. Seit 1829 fesseln ihn schwere Krankheiten an Heim und Bett.

Als Friedrich Lehne am 15. Februar 1836 stirbt, ehren ihn deutschlandweit Nachrufe. Auf dem Mainzer Zentralfriedhof ziert noch heute ein Porträt-Medaillon seinen Grabstein. Wir Heutigen wissen das Wirken Lehnes zu würdigen, der seinen verdienten Platz in der großen Chronik der Freiheit einnimmt. Sein Leben lehrt, dass freiheitliche Werte nie selbstverständlich sind und immer wieder verteidigt werden müssen. Sein Sohn Eduard August Lehne setzte das politische Erbe fort. Als im März 1848 in Mainz und Darmstadt die schwarz-rot-goldenen Fahnen flattern, setzt der Abgeordnete Lehne im Landtag von Hessen-Darmstadt ein «Gesetz, die Freiheit der Presse betreffend» durch. Hoffnungsvoll steht darin geschrieben, die «Zensur ist aufgehoben und darf nie wieder eingeführt werden».[15]

Zum Weiterlesen

Hans-Josef Becker, «Laßt uns der Freyheit würdig werden». Johann Friedrich Franz Lehne, in: ders., Heimat am Strom. Lesebuch Gernsheim. Beiträge zur Heimatgeschichte, Gernsheim a. Rh. 2006, S. 223–242.

Franz Dumont, Die Mainzer Republik von 1792/93. Studien zur Revolutionierung in Rheinhessen und der Pfalz, 2., erw. Aufl., Alzey 1993.

Axel Kuhn/Jörg Schweigard, Freiheit oder Tod! Die deutsche Studentenbewegung zur Zeit der Französischen Revolution (Stuttgarter historische Forschungen 2), Köln u. a. 2005.

Helmut Mathy, Unbekannte Quellen zur Jugendgeschichte von Friedrich Lehne, in: Mainzer Zeitschrift 69 (1974), S. 135–145.

Heinrich Scheel, Die Mainzer Republik. Dokumentation und Darstellung, 3 Bde., Berlin 1975–1989.

Jörg Schweigard, Friedrich Lehne. Revolutionspoet, Frühdemokrat, Journalist, Obernburg a. M. 2018.

Kai-Michael Sprenger, Lehne und die Griechenbegeisterung in Mainz zu Beginn des 19. Jahrhunderts, in: Mainzer Geschichtsblätter, Heft 11 (1999), S. 170–190.

II.
Hambacher Fest und Vormärz

Heribert Prantl

Philipp Jakob Siebenpfeiffer
(1789–1845)

Das Fest, das Deutschland hoffen ließ

Sein Geburtsjahr lässt sich leicht merken: 1789. Siebenpfeiffer kam im Jahr der Französischen Revolution zur Welt, im Städtchen Lahr im Schwarzwald, nicht weit weg von Frankreich, nur zehn Kilometer Luftlinie. Der Sohn des Schneidermeisters Philipp Jakob Siebenpfeiffer und seiner Ehefrau Catharina erhielt die Vornamen seines Vaters; er kam, als er mit zehn Jahren innerhalb eines Monats beide Eltern verlor, in die Obhut von Verwandten und trat mit 14 schon in den Verwaltungsdienst ein, als Schreiberlehrling auf dem Amt. Drei Jahre später wurde er zur Finanzverwaltung in Freiburg versetzt und studierte dort, unterstützt durch ein Stipendium seines Arbeitgebers, Jura. An der Universität lernte er zwei Persönlichkeiten kennen, die ihn entscheidend prägten: den liberalen Staatsrechtslehrer Karl von Rotteck und Joseph Maria Weissegger, einen Professor für Weltgeschichte. Rotteck, bei dem er auch wohnte, wurde sein väterlicher Freund, Weissegger nicht nur sein Doktorvater, sondern auch sein Schwiegervater; Siebenpfeiffer heiratete nach dem juristischen Examen dessen Tochter Emilie. Es war das Jahr nach der Niederlage Napoleons in der Völkerschlacht bei Leipzig, das Jahr, in dem der Wiener Kongress zusammentrat, um Europa neu zu ordnen.

‹ Philipp Jakob Siebenpfeiffer, Bleistiftzeichnung von Carl Friedrich Ludwig Schmid(t), um 1830. Sammlung der Siebenpfeiffer-Stiftung, Homburg/Saar.

In jenem Jahr 1814 bekam der junge Doktor der Rechte eine Stelle am Österreichischen Generalgouvernement in Colmar, einer Art Besatzungsbehörde im Oberelsass. In den Diensten der nachnapoleonischen bayerisch-österreichischen Landesverwaltung war er ein tüchtiger Beamter dort und ein tüchtiger Beamter da, wurde dann, mit knapp dreißig, Landcommissär in Homburg/Saar, damals Teil jener rheinpfälzischen Gebiete, die nach dem Wiener Kongress dem Königreich Bayern zugesprochen waren. Er hatte 79 Gemeinden mit 40 000 Einwohnern zu verwalten, schlug sich herum mit den Folgen der Kriege gegen Napoleon, mit Missernten, Hungersnöten und Epidemien, war sozial engagiert, ließ Schulen und Straßen bauen, schrieb umfängliche Gedichte und ein Buch über «Gerechtigkeitspflege». Siebenpfeiffer engagierte sich in der evangelischen Kirche, wurde Vater einer Tochter, pflegte seinen weithin gerühmten Obstgarten, war Mitgründer des Central-Musikvereins in Kaiserslautern, verfasste Loblieder auf Bayerns König Ludwig I., seinen Landesherrn, als der die Pfalz besuchte. Aber es grummelte und brodelte in dem fähigen, engagierten Verwaltungsmann Siebenpfeiffer. Seine Analysen der Missstände stießen auf Missfallen, seine Reformvorschläge zur Linderung der Not der Bauern, der Handwerker und Tagelöhner wurden abgeblockt, deren Publikation wurde zensiert. Der engagierte Beamte verwandelte sich in einen frustrierten Reformer, der frustrierte Reformer in einen demokratischen Revolutionär.

Er fand Gefallen am Journalismus, geriet immer mehr mit dem bayerischen Regime aneinander. Im Herbst 1830 erschien die erste Ausgabe seiner Zeitschrift *Rheinbayern*, ein Jahr später das zweite Journal, *Der Bote aus dem Westen* (seit 1832 *Westbote*), für den er eine Druckerei in Oggersheim einrichtete. Das waren zusammen mit der *Deutschen Tribüne*, deren Redaktion ihr Gründer, der Jurist und Journalist Johann Georg August Wirth, im Januar 1832 von München nach Homburg verlegt hatte, die führenden Organe der erstarkenden liberalen Opposition in der Pfalz. Sie protestierten gegen die Einschränkung der seit der französischen Zeit garantierten Bürgerrechte, gegen hohe Zölle und Steuern. Zusammen mit weiteren rheinpfälzischen Oppositionsblättern erreichten sie eine Auflage von 107 000 Exemplaren, für die damalige Zeit eine gewaltige Zahl.

«Preßfreiheit» wurde Siebenpfeiffers großes Thema. Sie galt ihm und seinen Mitstreitern als Urgrundrecht und als Universalrezept zur Gestaltung der Zukunft; in dem Zauberwort Pressefreiheit flossen alle politischen Sehnsüchte zusammen. Was die blaue Blume für die romantische Literatur war, das war für die deutschen Demokraten jener Zeit die Pressefreiheit: «Und die Welt hebt an zu singen, / triffst Du nur das Zauberwort» (Joseph von Eichendorff). Der Kampf gegen die Zensur, der Kampf für die Freiheit des gedruckten Wortes – das war der Kampf gegen die alte Ordnung, gegen die Fürsten- und Adelsherrschaft. Die öffentliche Meinung sollte mehr Einfluss auf die Regierungspolitik haben, die Volkssouveränität geachtet werden, die Landtage mehr Macht bekommen. Auf Veranstaltungen, die wegen des amtlichen Verbots von Versammlungen mit mehr als zwanzig Menschen als gesellige Festbankette mit Speis und Trank getarnt werden mussten, wurden diese Forderungen lautstark erhoben.

So ein Festbankett fand am 29. Januar 1832 für den Pfälzer Abgeordneten Friedrich Schüler statt, der im Münchner Landtag die liberale Opposition anführte, der dort König Ludwig wegen Verschwendungssucht, nicht zuletzt wegen des Baus der Pinakotheken, attackierte. Schüler war nach dem Ende der 5. Sitzungsperiode in seinen Rheinkreis, nach Neustadt an der Haardt, zurückgekehrt und wurde gefeiert – mit Hunderten Gästen, die Festtafel zählte 350 Gedecke. Und mit der Gründung des Deutschen Vaterlandsvereins zur Unterstützung der freien Presse, «Preßverein» genannt, der mit möglichst vielen Abonnements die von Zensur und Verbot bedrohten liberalen Zeitungen und Zeitschriften unterstützen sollte. Dieser Preßverein dehnte sich dann rasch in ganz Deutschland aus, an die 5000 Menschen traten ihm bei. Siebenpfeiffer stellte bei diesem Schüler-Fest erstmals die Idee vor, als politische Massenkundgebung ein großes Nationalfest zu veranstalten; daraus wurde vier Monate später, am Sonntag, dem 27. Mai 1832, das Hambacher Fest bei Neustadt. Es war nicht einfach nur ein Fest, es war die erste Großdemonstration der deutschen Geschichte. Es war, es ist das Geburtstagsfest der deutschen Demokratie.

Wäre ich dabei gewesen, ich hätte mich am Abend dieses Tages an den Neustädter Wirtshaustisch gesetzt und meine Eindrücke niedergeschrieben. Die 30 000 Menschen, so hätte ich geschrieben, sind im Rausch. Es ist der Rausch nach einem rauschhaften Fest, nach einer Volksversammlung, wie Deutschland sie noch nie gesehen hat. Die ganze Nacht wird im Städtchen geböllert, gefressen, gesoffen und jubiliert. Zum Übernachten reichen die Betten in den Gasthöfen ohnehin nicht aus, auch nicht die Massenquartiere, die auf Stroh in den Schulsälen eingerichtet worden sind. Es ist eine Nacht zum Schwelgen, eine Nacht der auftrumpfenden Genugtuung darüber, dass Generalkommissär Ferdinand von Andrian-Werburg mit seinem Versuch, das Fest zu verbieten und den Belagerungszustand über die halbe Rheinpfalz zu verhängen, gescheitert ist.

Auf tausend Festbesucher hatten sich vor vier Wochen die Organisatoren, Wirth und Siebenpfeiffer, eingestellt; die Plätze an den Tischen vor der Ruine des Hambacher Schlosses waren nummeriert, sie sollten den Gästen per Los zugewiesen werden. Doch dreißigmal so viele Menschen sind nun an diesem 27. Mai gekommen zu einer Großkundgebung, die sich die Abschüttelung innerer und äußerer Gewalt auf die Fahnen geschrieben hat – die Sitzordnung war rasch hinfällig.

Was für ein Tag! Vom frühen Morgen an war der ganze Berg mit einem Gewühl von Menschen bedeckt. Kokardenbuben hielten ihre Packen den Anstürmenden mit dem Ruf entgegen: Es lebe die Freiheit! Die Böller krachten, die Glocken läuteten von Neustadt her und von den Dörfern herauf, die Musik spielte, die Drehorgel akkompagnierte den Gesang der politischen Emigranten aus Polen, und ein Freiheitslied löste das andere ab: *Noch ist Polen nicht verloren* wechselte mit der *Marseillaise* und der Hymne, die Siebenpfeiffer zum Fest gedichtet hatte, auf die Melodie von Schillers *Reiterlied*: «Hinauf, Patrioten, zum Schloß, zum Schloß!» Von «festgeschlossenen Reihen» ist da die Rede und von der «Tyrannen Angesicht», vor dem «der freie Deutsche sich nicht» länger beuge: «Es keimet die Saat und die Hoffnung ist groß, / Schon binden im Geiste wir Garben. / Es reifet die Ähre mit goldnem Rand, / Und die goldne Erndt' ist das – Vaterland.»[1]

Es dauerte Stunden, bis der ganze Festzug oben war, allen voran die Bürgergarde mit Frauen und Mädchen, an die sich Siebenpfeiffer in der Einladung ausdrücklich gewandt hatte, weil die Politik sie nicht länger ausschließen dürfe. Jeder Festordner hatte eine Schärpe in den Sehnsuchtsfarben Schwarz-Rot-Gold umgelegt, und an der Spitze des Zuges trug der Bürger Philipp Abresch aus Neustadt die deutsche Trikolore; ins Rot des mittleren Streifens waren die Wörter: *Deutschlands Wiedergeburt* geschrieben. Seit diesem Festtag ist Schwarz-Rot-Gold die Farbe der deutschen Demokraten. Selbst die Bonbons waren schwarz-rot-gold eingewickelt; und der Devotionalienhandel blühte in diesen Farben.

Der komplette Landrat, die Versammlung der steuerkräftigsten Bürger Rheinbayerns, zog stolz auf die Burg, gefolgt von Deputationen aus Rheinpreußen, aus Baden und Hessen, aus Württemberg, Franken, Altbayern, Sachsen, Hannover, Westfalen, Nassau, Lichtenberg, Coburg und Frankfurt, gefolgt von Festbesuchern ebenfalls aus fast allen deutschen Staaten, dazu die Polen, Franzosen aus dem Elsass, die halbe Studentenschaft aus Heidelberg und Delegationen der Burschenschaften. Hambach ist in diesen Tagen aber auch Tummelplatz von Informanten und Konfidenten aller deutscher Staaten (Fürst von Metternich in Wien soll schon vorab ein halbes Dutzend Berichte erhalten haben). Chevauxlegers hatten längs des Weges zum Schloss Position bezogen und mussten alle halbe Stunde Rapport geben. Ein Mainzer Spitzel wurde enttarnt und für einige Stunden im Neustädter Rathaus eingesperrt.

Die bestellten Protokollanten und Obskuranten bekamen dann auch einiges zu hören: Unentwegt wurden Reden gehalten, Fahnen geschwungen, Gedichte proklamiert, Könige und Fürsten angeklagt, Bürgerrechte und freie Wahlen gefordert – und ein konföderiertes, republikanisches Europa. Die jungen Leute aus Heidelberg stimmten ein Lied an, der Refrain war heftig: «Fürsten zum Land hinaus! Jetzt kommt der Völkerschmaus».[2] Auch Johann Georg August Wirth hielt sich nicht zurück: Die Ursache des politischen Elends liege darin, dass «die Herzöge von Österreich und die Kurfürsten von Brandenburg» den größten Teil von Deutschland an sich gerissen hätten und «unter dem Titel der Kaiser von Österreich und der Könige von Preußen» nicht nur ihre eigenen Länder «nach orientalischen Formen» beherrschten, sondern «ihr Übergewicht über die kleineren Länder Deutschlands» benutzen würden, um auch «die Kräfte dieser dem System fürstlicher Alleinherrschaft und despotischer Gewalt dienstbar zu machen».[3]

Wirth forderte die Anklage der Monarchen wegen Verrats am Menschengeschlecht, Siebenpfeiffer stritt für ein Gesamtdeutschland ohne Schlagbäume und ohne lasche «Konstitutiönchen», die man dem Volk, wie in Bayern, nur als Spielzeug gegeben habe. «Es wird kommen der Tag [...]», kündigte er an. Siebenpfeiffer sah Deutschlands Aufgabe darin, im Herzen Europas verbindend zu wirken. Und er forderte die Gleichstellung der Frauen: Es wird kommen der Tag, an dem die Frau nicht mehr «dienstpflichtige Magd des herrschenden Mannes», sondern «freie Genossin des freien Bürgers» ist.[4] Dennoch: Zur Revolution, zur offenen Gewalt rief niemand auf. Allein der Stralsunder Schriftsteller Wilhelm Cornelius wünschte lauthals, mit einem Prügel in der Hand, den Totschlag aller Fürsten.

Ludwig Börne ist als Ehrengast aus Paris gekommen und hat so begeistert gelauscht, dass er gar nicht bemerkte, wie man ihm seine goldene Taschenuhr stahl. Schaubuden waren aufgebaut, Karussells drehten sich, die Leute redeten sich die Köpfe heiß und hungrig. Die einfachen Leute ließen sich von den Brot- und Wursthökerinnen und den Bier- und Weinwirten verköstigen, die mit ihren Karren durch die Menge rumpelten, es herrschte Volksfeststimmung. Die bessergestellten Herrschaften speisten, vor einem kurzen Schauer zur Mittagsstunde geschützt, für einen Gulden und 45 Kreuzer in einer weiten Laube.

Zum Abend hin kehrte die Menge zurück nach Neustadt. In den Gasthäusern steppte der Bär bis hinaus auf die Gassen. Die Nacht nach all den vielen Reden wird zu einer Nacht des Stolzes, einer Nacht der bier- und weinseligen Begeisterung, die nun eine Hambacher Revolution durch den Deutschen Bund rollen sieht. Ist das Übertreibung? Was kann schon Übertreibung sein nach so einem Tag, der eine einzige Übertreibung, eine einzige Steigerung aller Erwartungen gewesen ist?

So weit meine fiktive Reportage über diesen historischen 27. Mai 1832. So stelle ich ihn mir vor, auf der Basis der historischen Unterlagen und Berichte. Wie gerne wäre ich dabei gewesen!

Was ist weiter passiert? Auch am nächsten Tag noch wurden spontan ein paar Reden gehalten. Jetzt war auch Verwegeneres, weniger Verdauliches zu hören. Der junge Bürstenbinder Johann Philipp Becker aus Frankenthal, 23 Jahre alt und aus einer jakobinisch gesinnten Handwerkerfamilie stammend, Autodidakt und Mitarbeiter an Siebenpfeiffers *Westboten*, stellte die Gewaltfrage. «Hoffet nichts von den Fürsten», beschwor er die Umstehenden, «und protestiert nicht mehr, denn hinter den Verfügungen der Regierung sind Bajonette, hinter unseren Protestationen ist nichts. Darum können die Regierungen so weit gehen, wie sie wollen und mit uns machen was sie wollen. Sind wir bewaffnet, werden die Regierungen nicht mehr so keck seyn, gesetzwidrige Verfügungen zu erlassen. Dann können die Regierungen nicht mehr gehen so weit, wie sie wollen, und nicht mehr aus uns machen, was sie wollen.»[5]

Wie Becker später schrieb, hatten er und seine Freundesschar gehofft, «die ergrauten Volksfreunde, die grundgescheiten Doktoren und Professoren würden schon dafür sorgen, dass diese ungeheuere Versammlung nicht abläuft wie das Hornberger Schießen. Aus irgendeinem Winkel der Schlossruine würden schon Waffen und Munition zur Verteilung gelangen.»[6] Doch Wirth und Siebenpfeiffer verfügten als Waffe nur über ihre Feder und über die (vom Staat schon mehrfach versiegelten) Druckpressen. Wirth verlangte die Anklage der Fürsten, Siebenpfeiffer stritt für ein freies Gesamtdeutschland. Aber ohne Gewalt sollte es gehen, irgendwie anders, sagten sie, irgendwie im Rahmen der bestehenden Gesetze jedenfalls.

Jetzt, am Tag danach, saßen sie im Schießhaus der Neustädter Schützen zusammen mit führenden Liberalen, mit Buchhändlern, Studenten und Redakteuren aus dem ganzen Deutschen Bund. Einziger Punkt der Tagesordnung: Wie soll es weitergehen nach dem Fest der Hoffnung? Die Studenten wollen es wissen, sie bedrängen Siebenpfeiffer, er spricht vage von einer provisorischen Regierung, von einem Nationalkonvent, von einem permanenten Ausschuss, der nun die Aufgabe der überall im Land schon gegründeten Presse- und Vaterlandsvereine übernehmen und als Organ des Volkes Gesprächspartner des Frankfurter Bundestags sein soll, aber alles im Rahmen der geltenden Gesetze. Putsch oder Nicht-Putsch? Revolution oder nicht? Unsicherheit und Ratlosigkeit steigen. Revolutionäre Töne werden angeschlagen, doch die meisten Redner haben als einziges revolutionäres Mittel nur Petitionen an die Machthaber anzubieten.

Der Advokat Nikolaus Hallauer aus St. Wendel will, wie viele andere, mehr, sehr viel mehr: Er beantragt noch einmal und mit noch mehr Vehemenz die Bildung einer provisorischen Regierung. Aber nun lässt die Begeisterung der Deputierten nach, der festliche Taumel wird zum ängstlichen Zittern, und bei etlichen Delegierten kommen Zweifel auf, ob sie überhaupt legitimiert seien, so entscheidende Beschlüsse zu fassen. Also wird darüber abgestimmt, ob sich die versammelten Männer nun als Abgeordnete oder als Privatpersonen sähen. Die Mehrheit betrachtet sich als Privatpersonen, demnach also als nicht legitimiert. Und damit ist alles gelaufen und vorbei. Nikolaus Hallauer verlässt den Saal, weinend wie ein Schlosshund, und prophezeit den Zurückbleibenden: «Im Gefängnis sehen wir uns wieder!»[7] Die Versammlung geht ohne Ergebnis auseinander, allein die Herausgabe einer Festschrift und die Organisation weiterer Feste wurden beschlossen, überall im Deutschen Bund soll es nun Nationalfeste geben.

Der Spott ließ nicht lange auf sich warten. Er kam aus Paris, von Heinrich Heine: «Als die Frage der Kompetenz zur Sprache gekommen, als man darüber stritt, ob die in Hambach anwesenden Patrioten auch wirklich kompetent seien im Namen von ganz Deutschland eine Revolution anzufangen, da sind diejenigen, welche zur raschen Tat rieten, durch die Mehrheit überstimmt worden und die Entscheidung lautete: man sei nicht kompetent. O Schilda, mein Vaterland.»[8] War dieser Spott berechtigt? Siebenpfeiffer wusste, was natürlich auch Heine wusste: Eine Revolution zu diesem Zeitpunkt war zum Scheitern verurteilt.

Dennoch war der Schrecken in den Residenzen groß. Eine neue Welle der Repression rollte durch die Länder des Deutschen Bundes. Die Reform der deutschen Zustände, so hatte Siebenpfeiffer gesagt und geschrieben, bilde die Voraussetzung für eine liberale Reorganisation ganz Europas – und nichts konnte, wie der Historiker Hans-Ulrich Wehler bemerkt, «in den Ohren Metternichs und aller anderen Restaurationspolitiker bedrohlicher klingen als diese Attacke auf das gesamte konservative System».[9]

Die Regierungen zogen die Zügel scharf an. Der König von Bayern verhängte den Belagerungszustand über die Pfalz; bayerisches Militär rückte an. Viele der Hambacher Redner gingen ins Exil. Manche verstummten, andere machten weiter. Friedrich Schüler und sein Neffe Daniel Pistor wurden von Frankreich aus zu frühen Vorkämpfern der deutsch-französischen Freundschaft. Johann Philipp Becker blieb zunächst, überstand alle Prozesse und ging erst 1838 in die Schweiz; zehn Jahre später griff er von dort aus in die Revolutionskämpfe ein. Später entwickelte er sich zu einem Protagonisten der Arbeiterbewegung, ein überzeugter demokratischer Sozialist bis zu seinem Tod 1886 in Genf.

Auch Wirth und Siebenpfeiffer blieben und stellten sich der Justiz. Im Juni 1832 wurden sie festgenommen. Es wäre Siebenpfeiffer leicht gewesen, sich der Verhaftung zu entziehen: Er wurde Tage vorher gewarnt, Bürger bewachten seine Wohnung. Als die Soldaten kamen, mahnte er sie aber zur Ruhe, ließ sich im Triumphzug ins Gefängnis bringen – um seinen Kampf vor dem Geschworenengericht in Landau fortzuführen. In Landau lag eine bayerische Garnison, dort musste sich der Staat am wenigsten fürchten vor der außerparlamentarischen Opposition und einem wie Philipp Jakob Siebenpfeiffer. Dort wähnte man sich einigermaßen sicher vor dem verbotenen deutschen Preß- und Vaterlandsverein und seinen vielen Sympathisanten, sicher vor den neuen liberalen Ideen also, vor den Forderungen nach Pressefreiheit und nach einem freiheitlichen deutschen Einheitsstaat, vor allen Rufen nach Republik und Demokratie, vor den Attacken gegen die Fürstenherrschaft und Adelswirtschaft. Dort, in Landau, sollte nun ein Exempel statuiert werden.

Nach mehr als einem Jahr, am 29. Juni 1833, begann dann der Hochverratsprozess mit Hunderten Zeugen gegen Siebenpfeiffer, Wirth und weitere Beschuldigte wegen direkter Aufreizung zum Umsturz wie zur Bewaffnung gegen die Staatsgewalt durch Reden an öffentlichen Orten und durch Druckschriften. Der Prozess ist wohlprotokolliert. Franz Xaver Gabelsberger, der eine neue Kurzschrift erfunden hatte, stenografierte den Verhandlungsablauf Wort für Wort. Verhandelt wurde im Landauer Wirtshaus Zum Schwanen. Der von der Staatsregierung gemietete Saal fasste 700 Leute; an den 28 Verhandlungstagen drängten oft noch viel mehr herein. Etliche riefen «Vivat» bei den Verteidigungsreden und wurden sogleich verhaftet. Die Stimmung war explosiv – und sie wäre wohl explodiert, wäre nicht öffentlich verhandelt worden. Fürst von Wrede berichtete König Ludwig vom Geschehen und von der «beyspiellosen Frechheit, mit der die Angeklagten bisher ihre Vertheidigung geführt» hätten.[10]

Geschworene klagten in der Gerichtssitzung darüber, Soldaten hätten ihnen gedroht, sie «zusammenzuhauen», sollten sie nicht auf «schuldig» erkennen.[11] Die Geschworenen trauten sich trotzdem: Siebenpfeiffer und die anderen Hauptangeklagten wurden freigesprochen, ihre Vereidigungsreden als Flugschriften tausendfach verbreitet. Der König in München tobte. Die Regierung fasste nach, ließ Siebenpfeiffer wegen Beamtenbeleidigung vom Zuchtpolizeigericht Frankenthals zu zwei Jahren Haft verurteilen. Mithilfe von Freunden konnte der mittlerweile kränkliche Mann im November 1833 aus dem Gefängnis entkommen und mit seiner Familie über das Elsass in die Schweiz fliehen. Dort erhielt er nicht nur Asyl, sondern auch eine Anstellung als außerordentlicher Professor für Straf- und Staatsrecht, litt aber unter wirtschaftlichen Nöten. Über seine letzten Jahre ist wenig bekannt. 1835 starb seine Frau, die er sehr geliebt hatte. Wenige Jahre darauf, 1841, zeigte er erste Anzeichen einer psychischen Erkrankung.

Philipp Jakob Siebenpfeiffer starb am 14. Mai 1845 in der Privatirrenanstalt von Bümpliz bei Bern. Man muss sich Siebenpfeiffer, den unbändigen Freiheitskämpfer, am Lebensende in der Zwangsjacke vorstellen. Das sei, schreibt der saarpfälzische Historiker Bernhard Becker, «ein Symbol für den weiteren Verlauf der Geschichte bis 1945».[12]

Zum Weiterlesen

Martin Baus (Hg.), Macht und Freiheit – die Straße der Demokratie in Homburg und Zweibrücken. Ein Routenbegleiter, Homburg/Saarpfalz-Kreis 2011.

Martin Baus, Zürich? Algier? Bern! – Flucht und Exil von Philipp Jakob Siebenpfeiffer, in: Wilhelm Kreutz (Hg.), Deutsche im politischen Exil nach dem Hambacher Fest und der Revolution von 1848/49 (Schriften der Siebenpfeiffer-Stiftung, Bd. 11), Ostfildern 2020, S. 27–50.

Saarpfalz-Kreis (Hg.), Ein Leben für die Freiheit. Philipp Jakob Siebenpfeiffer, Konstanz 1989.

Elmar Wadle (Hg.), Philipp Jakob Siebenpfeiffer und seine Zeit im Blickfeld der Rechtsgeschichte (Schriften der Siebenpfeiffer-Stiftung, Bd. 1), Sigmaringen 1991.

Sylvia Zylka (Hg.), Philipp Jakob Siebenpfeiffer. Ein Leben für die Freiheit 1789–1845, Homburg 1992.

Ewald Grothe

Sylvester Jordan
(1792–1861)

Die modernste Verfassung ihrer Zeit

Wenn die erste Hälfte des 19. Jahrhunderts nach einem Wort des bekannten Staatsrechtlers und Soziologen Lorenz von Stein eine «Zeit der Verfassungen» genannt werden kann,[1] dann verkörperte Sylvester Jordan diese Ära ganz persönlich. Er wurde nachgerade zum «konstitutionellen Typus». Denn Jordan lehrte nicht allein das Verfassungsrecht, sondern er lebte mit ihm, und er litt unter dessen Umsetzung – und das ist ganz wörtlich zu verstehen. Vor allem aber verbindet sich mit seinem Namen die zweifellos wichtigste deutsche Verfassung bis zur ersten gesamtdeutschen Konstitution der Paulskirche, die kurhessische Verfassung von 1831. Für Karl Marx handelte es sich noch 1859 um «das liberalste Grundgesetz, [...] das je in Europa verkündet wurde».[2]

Es ist ein bemerkenswerter Zufall, dass Sylvester Jordan 1792 geboren wurde – also nur ein Jahr nach Erlass der beiden Verfassungen von Polen und Frankreich, mit denen die moderne europäische Verfassungsgeschichte nach dem zeitlichen Vorlauf der Vereinigten Staaten von Amerika einsetzte. Jordan kam am 30. Dezember 1792 in Omes, einem kleinen Ort nahe Innsbruck in der habsburgischen Grafschaft Tirol, zur Welt: ein «fröhlicher katholischer Tyroler», wie ihn der

< Sylvester Jordan, Lithografie von Valentin Schertle, nach einer verschollenen Daguerreotypie von Hermann Biow, 1848. Stadtmuseum Kassel.

Historiker Heinrich von Treitschke spöttisch charakterisierte.[3] Er war der Sohn eines trunksüchtigen Schusters und Tagelöhners, stammte also aus ärmlichen Verhältnissen und einer bildungsfernen Schicht. Umso bemerkenswerter vollzog sich sein Bildungsweg.

Mit Unterstützung von Mentoren besuchte Jordan ein Gymnasium in Innsbruck und ging nach seiner Matura 1811 nach München, um sich dort auf ein Theologiestudium vorzubereiten. Schließlich entschied er sich für Philosophie und Rechtswissenschaft, zog zum Studium an die bayerische Landesuniversität, damals noch in Landshut, und hielt sich für kurze Zeit auch in Wien auf. Bei aller Förderung war sein Bildungsweg ein entbehrungsreiches Vorhaben, dessen energische Umsetzung beeindruckend ist. Jordans Leitbilder, so konstatiert der Historiker Hellmut Seier, führten ihn weg «aus der sozialen und geistig-religiösen Enge der Herkunft, ohne indes radikal mit ihr zu brechen»: Er wurde «liberal, aber nicht Atheist; Reformer, aber nicht Revolutionär; wurde intellektuell und kritisch, aber ohne schroffen Bruch mit den altväterlich-vormodernen Denkweisen des Alpendorfs».[4]

Während Jordan nach seinem Studienabschluss 1815 am Landgericht im oberbayrischen Rosenheim eine Stelle als Schreiber und Gehilfe innehatte, erreichte ihn die Nachricht, dass seine Antwort auf eine Preisaufgabe der Universität Landshut den ersten Platz belegt hatte. Die Abhandlung wurde 1816 veröffentlicht unter dem umständlich klingenden, gleichwohl anspruchsvollen Titel *Versuch über die Frage: Ist die Eintheilung der Philosophie in die theoretische und praktische gültig, wenn die Philosophie in ihrem tiefsten Grund aufgefaßt wird?* Die Studie bewegte sich auf einem schwierigen Terrain, auf dem das Erbe der Aufklärung verhandelt wurde. Für Jordan wie für manche andere Zeitgenossen ging es darum, theoretische Grundsätze mit praktischen Aspekten zu verbinden. Damit war für ihn zugleich ein Lebensthema angesprochen: nämlich beides im Verfassungsstaat in Einklang zu bringen. Im Mai 1815 wurde Jordan zum Doktor der Philosophie promoviert, setzte sein Jurastudium fort und schloss dieses 1817 gleichfalls mit der Promotion ab.

Bereits in seinen ersten Schriften zeigte sich Jordan als ein Kind der Aufklärung, wobei man hier vor allem den österreichischen Josephinismus vor Augen haben sollte. Jedem Menschen stehe ein Selbstentfaltungs- und Selbstbestimmungsrecht zu, aber er dürfe seine Freiheit nur so einsetzen, «daß der vernünftige Freiheitsgebrauch Anderer dadurch nicht verletzt wird».[5] Allein der gebildete, vernünftige Mensch sei in der Lage, die Freiheit richtig zu nutzen.

Nach dem Ende seiner Tätigkeit in Rosenheim führte der zweifache Doktor die Geschäfte eines Anwalts beim Oberappellationsgericht in München, wobei er vor allem Abgeordnete des ersten bayerischen Landtags beriet. Hier kam er zum ersten Mal unmittelbar mit einer Verfassungsurkunde, der bayerischen von 1818, und der Arbeit in einem Parlament in Berührung. Dabei wurde Jordans Interesse an der theoretischen wie praktischen Arbeit mit einer Verfassung angeregt. Das Staatsgrundgesetz des Königreichs Bayern vom Mai 1818 zählte zu den ersten modernen Verfassungen des monarchischen Konstitutionalismus in Deutschland. Im Rückblick hat man diese Verfassung wie diejenigen des Großherzogtums Baden, des Königreichs Württemberg und des Großherzogtums Hessen-Darmstadt, die bis 1820 folgten, als süddeutschen Typus einer ersten Verfassungswelle im Deutschen Bund charakterisiert. In den vier süddeutschen Verfassungsstaaten ging es in erster Linie um die Integration neu hinzugewonnener Territorien und die Sicherung des Staatshaushalts durch verfassungsmäßig abgesicherte Steuererhebung. Aber die Verfassungen galten zunächst eher formell; faktisch wurden die Landtage in den 1820er-Jahren durch die Verwaltungen beherrscht.

Zunächst aber lag Jordans Augenmerk nicht auf der konstitutionellen Staatspraxis, sondern auf seiner akademischen Laufbahn, also der konstitutionellen Staatstheorie in der universitären Forschung und

Lehre. 1820 wurde er an der Universität Heidelberg habilitiert und erhielt die Lehrbefugnis als Privatdozent. Im Jahr darauf berief ihn die Juristische Fakultät der Universität Marburg zum außerordentlichen und schon ein Jahr später zum ordentlichen Professor für Staats- und Verfassungsrecht. Dieser traditionsreichen, fast 300 Jahre alten hessischen Hochschule, so überschaubar sie damals mit nicht einmal 300 Studenten bei rund 7000 Einwohnern auch war, blieb der bis dahin süddeutsch akademisch geprägte Jordan bis 1848 treu. Seine enge Verbundenheit mit Marburg spürte die Bevölkerung und brachte deshalb «ihrem» Jordan über Jahrzehnte großes Vertrauen und tiefe Verehrung entgegen. Als er 1826 nach Streitigkeiten mit dem von der Regierung bestellten Vizekanzler sein Amt als Prorektor der Universität niederlegte, veranstalteten die Studenten einen Fackelzug, um ihre Zufriedenheit mit seiner Amtsführung auszudrücken. Es sollte nicht seine letzte Ehrung in Marburg sein.

Jordans akademische Lehre deckte eine Vielzahl von Rechtsgebieten ab, las er doch bei der schmalen Besetzung der Juristischen Fakultät in Marburg neben Staatsrecht auch Völkerrecht, Strafrecht, Lehnrecht und deutsches Zivil- und Privatrecht. Sein eigentliches Interessen- und hauptsächliches Forschungsgebiet aber fand er im Verfassungsrecht, also in jenem Rechtsgebiet, in dem 1828 das erste seiner zwei Hauptwerke, die *Versuche über allgemeines Staatsrecht, in systematischer Ordnung und mit Bezugnahme auf Politik*, erschien. In dieser fast 500 Seiten umfassenden Darstellung, der 1831 ein ähnlich ausführliches Lehrbuch folgte, entwarf Jordan ein idealtypisches Modell der konstitutionellen Monarchie.

Der damalige Verfassungsstaat fußte nach Jordans Ansicht im Wesentlichen auf dem sogenannten Monarchischen Prinzip. Danach wurde das Staatsoberhaupt zwar durch eine Verfassung eingeschränkt, aber einige wichtige Vorrechte waren ihm verblieben. Dazu zählten die erbliche Thronfolge, ein Hausvermögen, das Entscheidungsrecht über

Krieg und Frieden, das Recht zur Landtagseinberufung und -entlassung sowie die Befugnis zur Ernennung der Minister und der obersten Richter. Dem Monarchen entgegengesetzt wurde ein Parlament, zeitgenössisch als Ständeversammlung oder Landtag bezeichnet. Dessen Abgeordnete wurden nach einem durch Besitz oder Einkommen begrenzten Männerwahlrecht bestimmt, ein Zensuswahlrecht, wie es damals allgemein und nicht nur in Deutschland üblich war. Dabei war die relative Anzahl der Wahlberechtigten in den deutschen Einzelstaaten mit teilweise um zehn Prozent der Bevölkerung deutlich höher als zur gleichen Zeit in England oder Frankreich. Der aus den Wahlen hervorgehende Landtag besaß die Mitbestimmung bei der Gesetzgebung, das heißt, er beriet Gesetze und unterbreitete der Regierung Vorschläge. Insgesamt führte dieses vernunftrechtlich konstruierte System zu einer «hinkenden Gewaltenteilung» zugunsten des Monarchen.[6] Jordan vertrat diese Vorrangstellung des Monarchen und verteidigte dieses Modell gegen seine demokratisch argumentierenden Kritiker, die seit den 1830er-Jahren das Prinzip der Volkssouveränität gegen den herrschenden monarchischen Konstitutionalismus in Stellung brachten.

Hatte sich Jordan bis 1830 ausschließlich seiner akademischen Lehrtätigkeit gewidmet, trat er zu Beginn seiner zweiten Lebenshälfte mit fast vierzig Jahren in die praktische Politik ein. Er wurde vom Akademischen Senat der Universität Marburg in die verfassunggebende Ständeversammlung gewählt, die in der Hauptstadt Kassel tagte. Das Kurfürstentum Hessen befand sich, angesteckt von den Unruhen im Gefolge der französischen Julirevolution, seit September 1830 im Aufruhr. Die gewalttätigen Proteste gegen Brotpreiserhöhungen, Zollschranken und politische Willkürmaßnahmen hatten den Kurfürsten schließlich zum Einlenken bewegt. Er berief einen Landtag ein, der zur Beruhigung der unzufriedenen Bevölkerung eine Verfassung ausarbeiten sollte. An der Spitze der sich nun formierenden Gruppe liberaler

Politiker standen akademisch gebildete Juristen, die Kasseler und Hanauer Bürgermeister, aber auch Beamte und Kaufleute – und Sylvester Jordan. Jordan wurde zum wissenschaftlich ausgewiesenen Kopf derjenigen, die in einem Verfassungsausschuss eine neue Konstitution konzipierten. Bei den Entwürfen der einzelnen Abschnitte war er für die allgemeinen Bestimmungen, die Befugnisse der Staatsregierung und die Rechte der «Untertanen» zuständig.

Jordan sah seine Rolle als einer von mehreren Verfassungsschöpfern. Zum einen war es sein Ziel, einen Kompromiss mit dem Kurfürsten und seiner Regierung zu erzielen, zum anderen stellte sich der Juraprofessor auf die Seite der Ordnung und formulierte einen Aufruf der Regierung an die Bevölkerung, Ruhe zu bewahren. In den Monaten zwischen Oktober und Dezember 1830 war Jordan mit Verfassungsentwürfen, Ausschusssitzungen und Treffen mit den beiden Landtagskommissaren beschäftigt, die im Auftrag des Kurfürsten und der Staatsregierung verhandelten. Am Silvestertag wurde der Regierung ein revidierter landständischer Entwurf übergeben, anschließend im Geheimen Kabinett mit dem Kurfürsten abgestimmt und schließlich von diesem am 5. Januar 1831 unterzeichnet.

Die auch von Marx gerühmte kurhessische Verfassungsurkunde stellt einen Kompromiss zwischen allen Beteiligten dar. Im Kern geht sie in einzelnen Regelungen über das zeitgenössisch Übliche hinaus und wird deshalb als radikalste Verfassung im Vormärz eingeschätzt. Dies gilt insbesondere für das weit ausgedehnte Wahlrecht, die Möglichkeit des Landtags zur Gesetzesinitiative, seine Pflicht zur Ministeranklage bei Verfassungsverletzungen der Regierung und den Verfassungseid der Bevölkerung. In Kurhessen kam es in den 1830er-Jahren zu mehreren spektakulären Prozessen gegen den Innen- und Justizminister Ludwig Hassenpflug vor dem Kasseler Staatsgerichtshof. Jordan war einer der Hauptverantwortlichen für diese Konstitution, zwar nicht ihr alleiniger Schöpfer oder Vater, aber ein maßgeblich

Mitwirkender. Seine «Leistung bestand darin, fortschrittliche und freiheitliche Akzente zu setzen».[7]

Auch für den Landtag, der vom April 1831 bis Juli 1832 zusammentrat, wurde der liberale Rechtsprofessor durch den Akademischen Senat der Universität Marburg von der Lehre beurlaubt und als Abgeordneter nach Kassel entsandt. Jordan hielt sich in diesen rund 16 Monaten sicher genauso oft in der kurhessischen Hauptstadt wie in seinem Wohnort und beruflichen Zuhause Marburg auf. Er zählte zu den im Plenum wie in den Ausschüssen besonders aktiven Mitgliedern der Ständeversammlung und genoss seine Rolle als wichtigster liberaler Gegenspieler der Regierung. Im November 1831 erregte er mit einem Antrag bundesweites Aufsehen, in dem er die Veröffentlichung der Protokolle der Deutschen Bundesversammlung in Frankfurt vorschlug. Zwar wurde diese Forderung vom Kasseler Außenministerium rigoros abgelehnt, aber die Popularität Jordans außerhalb Kurhessens stieg enorm. In Baden kursierte angeblich eine Unterschriftenliste zur Stiftung eines silbernen Pokals für den verehrten Helden des Fortschritts. Überhaupt herrschte zu Beginn der 1830er-Jahre in Deutschland eine ausgesprochene Verfassungseuphorie: Abgeordnetenfeste, Pokalübergaben, Dankadressen oder Verfassungsfeiern wurden an vielen Orten, vor allem in Süddeutschland, zelebriert. In Karlsruhe und im unterfränkischen Gaibach waren schon in den 1820er-Jahren Verfassungssäulen errichtet worden.

In Kassel galt 1831/32 die besondere Aufmerksamkeit dem in der kurhessischen Verfassungsurkunde angekündigten Gesetz gegen Pressevergehen. Erst nach Inkrafttreten eines solchen Gesetzes sollte die Pressefreiheit wirksam werden. Mitte April 1832 kam es zu der alles entscheidenden Abstimmung im Landtagsplenum: Zur Wahl stand ein gemäßigter Entwurf, bei dem auf das öffentliche und mündliche Gerichtsverfahren bei Pressevergehen verzichtet wurde. Demgegenüber gab es eine radikalere Vorlage, in der die für Liberale wichtige

Öffentlichkeit von Strafprozessen eingeführt wurde. Diese zweite Variante wurde von den entschiedenen Liberalen um Jordan befürwortet. Die knappe Abstimmungsniederlage der gemäßigten gegen die «ultraliberalen» Abgeordneten war eine Wegmarke des kurhessischen Parlamentarismus, zumal die Regierung unter ihrem neuen strikt konservativen Innenminister Hassenpflug bis zum Landtagsschluss Ende Juli 1832 und auch in den folgenden Jahren selbst der gemäßigten Variante des Pressegesetzes nicht zustimmte und damit die Gewährung der Pressefreiheit bis 1848 blockierte.

Mitte Juli 1832 veränderte sich das politische Klima in Deutschland entscheidend. Nach dem Hambacher Fest vom Mai, das auch in Kurhessen mit dem Wilhelmsbader Fest eine Nachahmung fand, und den darauf folgenden Bundesbeschlüssen gegen Vereine und Versammlungen verfügte die Kasseler Regierung unter Hassenpflug Ende Juli eine überraschende Landtagsauflösung, die einer regulären Landtagsschließung und damit auch einer drohenden Ministeranklage zuvorkam. Sylvester Jordan wurde bei seiner Rückkehr nach Marburg Mitte September 1832 mit Jubelstürmen empfangen. Begeisterte Einwohner errichteten eine Ehrenpforte aus sechs hohen Bäumen, umwunden von Eichengirlanden. Der stellvertretende Bürgermeister und fast 200 weiß und blau gekleidete Jungfrauen überreichten dem Verehrten ein eigens für ihn verfasstes Gedicht. Der Jubel kannte keine Grenzen, und die Feiern zu Ehren ihres Abgeordneten wurden mit einer nächtlichen Illumination beschlossen. Bewohner aus allen Gegenden Hessens sammelten Spenden für ein geplantes Denkmal in Marburg. Jordan war 1832 auf dem Höhepunkt seines Ruhmes angelangt.

Wenig überraschend war daher, dass die Kasseler Regierung versuchte, Jordan vom nächsten Landtag fernzuhalten. Bereits im Herbst 1832 verzögerte Innenminister Hassenpflug nicht nur die Landtagseröffnung, die eigentlich für den Januar 1833 verfassungsmäßig vorgeschrieben war. Er nutzte außerdem die in der Verfassung verankerte

Beurlaubungsklausel gegen Jordan. Danach mussten alle Staatsdiener, die in den Landtag gewählt wurden, vor Eintritt in das Parlament ihre Beurlaubung vom Dienst bei ihrer vorgesetzten Behörde beantragen, die auch verweigert werden konnte. Obwohl Jordan bestritt, dass diese Regelung überhaupt für ihn als Vertreter der Universität gelte, wurde sie gegen ihn eingesetzt und sein Eintritt in den Landtag damit verhindert. Alle Proteste dagegen nutzten nichts, sodass der Professor schließlich von selbst resignierte. Ob ihm bei einem persönlichen Gespräch Versprechungen durch Hassenpflug im Falle eines Mandatsverzichts gemacht wurden, lässt sich nicht definitiv belegen. «Müde von den mancherlei Kämpfen und Beschwerden, die ich während meiner landständischen Laufbahn zu bestehen hatte»,[8] verzichtete Jordan in den Folgejahren jedenfalls ganz auf die parlamentarische und politische Arbeit.

Doch mit dem Rückzug Jordans aus dem Kasseler Landtag war es bei der unnachgiebigen Haltung der Regierung nicht getan. Als nach dem Scheitern des Frankfurter Wachensturms im April 1833 Untersuchungen gegen die Urheber dieses Aufstandsversuchs gegen die Deutsche Bundesversammlung eingeleitet wurden, führten einige Spuren auch nach Marburg und in das unmittelbare Umfeld Jordans. Weder die polizeilichen noch die gerichtlichen Nachforschungen konnten klären, ob und in welchem Umfang der Staatsrechtler Kenntnisse von den revolutionären Plänen erhalten hatte. Ohne Zweifel fanden im Marburger Haus des Apothekers Döring, in dem Jordans Familie seit 1828 wohnte, konspirative Treffen statt. Auch ein angeblicher Besuch von Friedrich Ludwig Weidig, der 1834 mit Georg Büchner zusammen die radikale Flugschrift *Der Hessische Landbote* herausgab, war Gegenstand der Ermittlungen. Aber politische Äußerungen oder gar Aktivitäten Jordans im Zusammenhang mit diesen «revolutionären Umtrieben» konnte man ihm nicht nachweisen.

Dennoch wurde Jordan im August 1839 verhaftet und schließlich, nach fast vier Jahren Haft und Hausarrest, in einem Verfahren auf der Grundlage von fragwürdigen Indizien, zum Teil erzwungenen Zeugenaussagen und abenteuerlichen Vermutungen verurteilt. Das Obergericht befand ihn am 14. Juli 1843 der «negativen Beihilfe» zum Hochverrat für schuldig und verhängte eine Strafe von fünf Jahren Festungshaft, unter Anrechnung der Untersuchungshaft, sowie seine Entlassung aus dem Dienst.[9] Jordan wurde im Marburger Schloss inhaftiert, wo bis heute das sogenannte Jordan-Türmchen an der Südfassade an ihn erinnert. Erst im März 1845 erreichte er seine Freilassung gegen Kaution, und im Oktober desselben Jahres erfolgte in einem Revisionsverfahren ein nachträglicher Freispruch durch das Kasseler Oberappellationsgericht. Nach rund sechs Jahren Haft war Jordan ein körperlich und seelisch schwer angeschlagener Mann. Die liberale Bewegung sah in ihm ein Opfer des reaktionären Systems, das just auf jenem monarchischen Konstitutionalismus beruhte, den Jordan selbst staatstheoretisch vertreten hatte. Gleichwohl war es gänzlich unstrittig, dass das für die Göttinger Sieben gesammelte Geld feierlich der Familie Jordans übergeben wurde. Seine Marburger Gefangenschaft verherrlichte man in Gedichten und Erinnerungen.

Nur wenig später, im europäischen Völkerfrühling des Jahres 1848, erlebte Jordan gleichsam seine politische Wiedergeburt. Am 11. März des Jahres trat er nach 15 Jahren politischer Abstinenz erstmals wieder vor einer Volksversammlung in Marburg auf. Kurz darauf fand ein Fackelzug zu seinen Ehren statt. Und nur weitere zehn Tage später wurde er in den Siebzehnerausschuss entsandt, der eine neue Verfassung für den Deutschen Bund erarbeiten sollte. Ende März traf Jordan in Frankfurt am Main ein, wurde feierlich empfangen und zum Vizepräsidenten des Vorparlaments gewählt.

Auch in Kurhessen war es in der Zwischenzeit zum politischen Umschwung gekommen. Das liberale Märzministerium unter dem Hanauer Bürgermeister Bernhard Eberhard, einem ehemaligen Mitstreiter Jordans und Mitschöpfer der Verfassung von 1831, ernannte Jordan zum Gesandten beim Deutschen Bund. Dass der so hoch Verehrte nun nicht mehr Volks-, sondern Regierungsvertreter war, nahmen ihm nicht wenige Zeitgenossen, insbesondere aber die Demokraten übel. Dennoch war sein Ruhm noch so hoch, dass er in die Deutsche Nationalversammlung gewählt wurde. In der Paulskirche zählte Jordan zur linksliberalen Fraktion «Württemberger Hof», später «Landsberg», spielte hier aber – vermutlich auch verursacht durch seine körperliche Schwäche – nur eine Nebenrolle.

Seit Juli 1848 war Jordan als Bevollmächtigter Kurhessens bei der Provisorischen Zentralgewalt in Frankfurt tätig. Sein Abgeordnetenmandat legte er mit der Mehrheit seiner Kollegen im Mai 1849 nieder, als die Paulskirche bereits kurz vor ihrer Auflösung stand. Als auch in Kurhessen die Reaktion wieder die Oberhand gewann, wurde Jordan im Januar 1850 in den Wartestand versetzt, da man für ihn im diplomatischen Dienst keine Verwendung mehr hatte. Nachdem sein alter politischer Gegner Hassenpflug im selben Jahr erneut kurhessischer Minister geworden war, gab es für eine Wiederanstellung Jordans im Staatsdienst endgültig keine Chance mehr. Er zog 1850 von Frankfurt nach Kassel, wo er im April 1861 starb. Seine Beisetzung nutzte die Opposition, um für die Wiederherstellung der 1852 außer Kraft gesetzten Verfassung von 1831 zu demonstrieren, was ein Jahr später auch tatsächlich gelang.

Jordan hatte rund vierzig Jahre lang konstitutionelles Staatsrecht gelehrt, für es gelebt und unter ihm gelitten. Die von ihm mitgestaltete kurhessische Verfassung von 1831 machte deutsche Geschichte, denn in Kassel fanden mit die spektakulärsten Verfassungskämpfe zwischen Regierung und Parlament während des 19. Jahrhunderts statt. Die Verfassung überlebte ihren wichtigsten Schöpfer und Befürworter allerdings nur um rund fünf Jahre und ging 1866 zusammen mit dem Kurfürstentum Hessen unter. Das politische System des monarchischen

Konstitutionalismus, für das Jordan zeitlebens eingetreten war, hielt in Deutschland dagegen noch bis 1918.

Zum Weiterlesen

Sylvester Jordan, Versuche über allgemeines Staatsrecht, in systematischer Ordnung und mit Bezugnahme auf Politik, Marburg 1828.

Sylvester Jordan, Lehrbuch des allgemeinen und deutschen Staatsrechts. Erste Abtheilung, die Grundzüge des allgemeinen Staatsrechts, die geschichtliche und allgemeine Einleitung in das deutsche Staatsrecht und das deutsche Bundesrecht enthaltend, Cassel 1831.

Ewald Grothe, Verfassungsgebung und Verfassungskonflikt. Das Kurfürstentum Hessen in der ersten Ära Hassenpflug 1830–1837, Berlin 1996.

Ewald Grothe / Hellmut Seier (Bearb.), Akten und Briefe aus den Anfängen der kurhessischen Verfassungszeit 1830–1837, Marburg 1992.

Günter Kleinknecht, Sylvester Jordan (1792–1861). Ein deutscher Liberaler im Vormärz, Marburg 1983.

Hellmut Seier, Sylvester Jordan und die Kurhessische Verfassung von 1831, Marburg 1981.

Hans-Peter Becht*

Adam von Itzstein
(1775–1855)

Metternichs stiller Gegenspieler

* Mitarbeit Daniel Bussenius.

Die ersten drei Hauptkapitel dieses Buches sind der Zeit von der Mainzer Republik über den Vormärz bis zur Revolution der Jahre 1848/49 gewidmet – Adam von Itzsteins Leben ist mit jedem dieser drei Kapitel verknüpft. Alle politischen Umbrüche, demokratischen Aufbrüche dieser Jahrzehnte spiegeln sich in diesem Leben wider. Gleichwohl hat ihn die Geschichtswissenschaft stiefmütterlich behandelt. Dabei hätte sich vieles in der deutschen Geschichte ohne ihn in anderer Weise oder aber überhaupt nicht ereignet.

Er war ein glänzender Stratege, im Ton stets verbindlich, aber in der Sache hart. Er war kein Programmatiker, sondern ein strategisch denkender Pragmatiker. Und nicht zuletzt war er überzeugungsstark: ein politischer Netzwerker, der seine Mitstreiter zu gemeinsamem und koordiniertem Handeln zu gewinnen verstand. Dem entsprach sein Wesen: Stets blieb er jovial und zugewandt, stets ein treuer und hilfsbereiter Freund. In seiner Hallgartener Runde trafen sich Liberale und Demokraten aus ganz Deutschland, von Johann Jacoby bis Friedrich Daniel Bassermann. Sie wurde zur Keimzelle der Vormärz-Opposition, hier begann der Weg zur Paulskirche. Mit vollem Recht hielt ihn

< Adam von Itzstein, Bleistiftzeichnung von Philipp Winterwerb, 1848. Städel Museum, Frankfurt a. M.

der österreichische Staatskanzler Clemens Fürst von Metternich «für den einzigen gefährlichen Mann der badischen Opposition».[1]

Adam von Itzstein wurde am 28. September 1775 in Mainz als Sohn eines kurmainzischen Hofgerichtsdirektors geboren. In den Tagen der Mainzer Republik gehörte der Jurastudent dem Jakobinerklub an. Nach einigen beruflichen Zwischenstationen trat er in die Dienste des Fürsten zu Leiningen. Als das Fürstentum in der napoleonischen Zeit an Baden fiel, kam er 1810 zunächst als Oberamtmann nach Schwetzingen, schließlich ans Hofgericht in Mannheim.

1822 war Itzstein erstmals in den badischen Landtag in Karlsruhe gewählt worden und hatte schon im Jahr darauf bei der spektakulären Ablehnung des Militäretats Regie geführt. Die großherzogliche Regierung beantwortete diese parlamentarische Unbotmäßigkeit mit der Auflösung des Landtags und einer massiven Beeinflussung der nächsten beiden Wahlen. Man kann durchaus von Manipulationen sprechen, die dazu führten, dass Itzstein nicht wiedergewählt wurde. Zudem sollte er von Mannheim nach Meersburg am Bodensee, an das dortige Hofgericht, abgeschoben werden. Doch er scherte aus. Er machte als früherer Beamter des Fürsten zu Leiningen von einer Bestimmung des Reichsdeputationshauptschlusses von 1803 Gebrauch: Die Beamten der mediatisierten Staaten mussten von den neuen Landesherren zu gleichen Konditionen weiterbeschäftigt werden; zudem hatten diese Beamten im Falle einer Versetzung die freie Wahl, ob sie nicht lieber in Pension gingen. Itzstein ließ sich bei vollen Bezügen pensionieren – rund 1500 Gulden pro Jahr. Die offen verfassungsfeindlich agierende badische Regierung dürfte es für einen cleveren Schachzug gehalten haben, ihn losgeworden zu sein; die Zukunft sollte sie eines anderen belehren.

Adam von Itzstein blieb in Mannheim und machte fortan Politik, sein Gehalt gestattete es ihm. Dass er seit 1825 zudem ein Weingut in Hallgarten im Rheingau besaß, mehrte sein Vermögen. Der Jurist wurde einer der ersten Berufspolitiker in Deutschland. Für die folgenden 25 Jahre verkörperte er die Schaltzentrale der badischen Opposition, ob er sich nun gerade in Hallgarten aufhielt oder in Mannheim. Itzstein dürfte, vorsichtig geschätzt, mehr als tausend Briefe pro Jahr verschickt und mindestens rund 200 Gulden jährlich für Briefporto aufgewendet haben, das Jahresgehalt eines Volksschullehrers. Als er 1847/48 die Formierung des deutschen Nationalparlamentes koordinierte, war es wohl noch eine ganze Menge mehr. Auch in der politischen Presse Deutschlands blieb er stets präsent. Er schrieb für das *Bayerische Volksblatt*, den *Freisinnigen*, die *Deutsche Tribüne* von Johann Georg August Wirth, den *Wächter am Rhein*, die *Rhein- und Mainzeitung*, den *Zeitgeist* und höchstwahrscheinlich auch für die *Mannheimer Abendzeitung*, das führende deutsche Oppositionsblatt.

Als es 1831 wieder freie Wahlen in Baden gab, kehrte Itzstein in den Landtag zurück, dem er von da an bis 1849 angehören sollte und wo er beharrlich für die bürgerlichen Grundrechte stritt, nicht zuletzt für die Emanzipation der Juden. Seine sechsjährige Parlamentspause indes hatte Itzstein zur Netzwerkarbeit genutzt. Schon dieses erste Netzwerk war das Herzstück der späteren Hallgarten-Treffen, die sich seit 1839 nachweisen lassen, aber höchstwahrscheinlich bereits wesentlich früher stattfanden, wohl zunächst mit ausschließlich badischer Beteiligung. Später sollte hier Deutschlands Opposition zusammenfinden.

Und dennoch: Eine feste Einrichtung war der berühmte Hallgarten-Kreis nicht. Der unveränderliche Kern bestand aus nur sehr wenigen Menschen: Itzstein selbst, dem Dichter Heinrich Hoffmann von Fallersleben, einigen persönlichen Freunden und Louise Pfister. Ansonsten wechselte die Runde ständig, die sich da auf Itzsteins Gut mit Blick über den Rhein traf. Dass der Hallgarten-Kreis schwer zu fassen ist, hängt auch mit Itzsteins besonderer Gastfreundschaft zusammen. Immer wieder finden sich Hinweise darauf, dass einige seiner Freunde längere Zeit bei ihm wohnten, wie Hoffmann von Fallersleben. Itzsteins Briefen kann man vielerlei Hinweise auf solche Besuche entnehmen, bisweilen lebten die Gäste über Wochen in Hallgarten. Der Gastgeber war zweifellos ein angenehmer Gesellschafter, es fiel ihm leicht, Zugang zu anderen Menschen zu finden. Mancher Weggenosse wurde zum Freund, zum Beispiel Robert Blum: Johann Adam von Itzstein war der Taufpate von Blums Sohn Johann (Hans); man duzte sich, redete sich aber mit dem Nachnamen an. Anders als Friedrich Hecker oder Karl Theodor Welcker blieb Itzstein selbst für badische Minister ein Gesprächspartner, mit dem sie beim Abendessen politische Fragen erörterten.

Gewiss, der gesellige Teil der Hallgartener Treffen hatte auch mit dem Wein vom eigenen Gut zu tun, den Itzstein gern spendierte. Eine Schilderung der «frohen Stimmung jener schönen Pfingsttage» des Jahres 1847 ist brieflich überliefert: Hoffmann von Fallersleben trug eigene Gedichte vor und präsentierte einen «merkwürdigen Tanz», der Mannheimer Industrielle Paul Franz Giulini tat es ihm nach, beide tanzten zur Musik «der lieblichen Schröter», der Schwester eines Musikinstrumentenherstellers. «Wer musste nicht lachen und froh sein» – diese Bilanz des ausgelassenen Abends zog der Gastgeber seinerseits einige Wochen später in einem Brief an Hoffmann von Fallersleben.[2]

Itzsteins Ehefrau Katharina, geborene Korbach, starb 1833; vermutlich von diesem Zeitpunkt an führte ihm Louise Pfister, unverheiratet und Mitte dreißig, den Haushalt. Bemerkenswerterweise war sie die Tochter des Heidelberger Geheimrats Pfister, des obersten badischen «Demagogen»-Verfolgers. Die zahlreichen Briefstellen, die sich um Louise Pfister drehen, lassen aber erkennen, dass sie mehr als eine Haushälterin war. Sie nahm an den politischen Treffen teil und spielte eher die Rolle der Hausherrin. Ob es zwischen Itzstein und Louise Pfister auch eine tiefere Beziehung gab, lässt sich allerdings nicht mehr klären.

Und noch eine sehr viel spätere Briefpassage gehört in diesen Zusammenhang. Am 14. Juni 1852 schrieb Karl Georg Hoffmann an seinen damals 76 Jahre alten Freund Itzstein: «Du hast häufig Besuche und sogar von schönen Damen; so sollen kürzlich drei Grazien von Frankenthal bei Dir gewesen sein, welche Nachricht mich an die alten, schönen Zeiten auf Deinem herrlichen Gute erinnerte.»[3] Man sollte das Wort «Grazien» hier nicht überinterpretieren, aber Hoffmanns Nachsatz könnte darauf hindeuten, dass manch Hallgartener Abend ausgesprochen sinnenfroh verlief und sich nicht in Wein und Gesang erschöpfte.

Über ein Treffen im Frühjahr 1843 sind wir sogar noch detaillierter informiert, denn es hatte sehr konkrete politische Resultate. Man könnte es als Lehrstück unter der Überschrift «Wie stürzt man einen Minister» bezeichnen. Neun Jahre zuvor, im Jahre 1834, hatten sich die leitenden Minister der Staaten des Deutschen Bundes in Wien versammelt, um sich dort über ihre nachgerade hysterischen Ängste vor einer Revolution in Deutschland auszutauschen. Diese Ängste waren nicht nur durch die französische Julirevolution von 1830 genährt worden; auch das Hambacher Fest 1832 und vor allem der Frankfurter Wachensturm im Jahr darauf hatten panische Reaktionen ausgelöst.

Die in der Kaiserstadt versammelten Minister einigten sich im Geheimen auf sechzig Artikel, die sich vorwiegend gegen die Presse und die Universitäten richteten und, kurz gesagt, im Deutschen Bund ein Repressionssystem einrichten sollten, das noch über die Karlsbader Beschlüsse von 1819 hinausging. Österreichs Kanzler Metternich war sehr zufrieden: Die Beschlüsse böten die Gewähr für ein «kräftiges und entschiedenes Auftreten» sowie «ein rastloses Fortschreiten» der deutschen Regierungen in ihrem politischen Kurs, «ohne dass sie eine Hemmung von Seiten irregeleiteter Stände» befürchten müssten.[4] Die sechzig Artikel von größter Brisanz sollten streng vertraulich bleiben und blieben das auch – neun Jahre lang.

Vermutlich waren es der Arzt Johann Jacoby und der Publizist Ludwig Walesrode, beide aus Königsberg, die Itzstein eine Abschrift des geheimen Protokolls beschafften und sie ihm über Robert Blum zuleiteten. Beim Hallgartener Treffen im Frühjahr 1843 präsentierte Itzstein die Kopie seinen anwesenden Freunden – denen er allerdings auch nicht wirklich vorbehaltlos vertraute, denn er gab vor, «der Sohn eines deutschen Ministers» habe ihm das Protokoll zugespielt.[5] Selbst Friedrich Hecker, der die Vorgeschichte 25 Jahre später schilderte, kannte die wahre Herkunft der Abschrift offenbar nicht.

Nun aber zeigte sich Itzstein als Meister der Taktik: Um die Herkunft des Dokuments zu verschleiern, lancierte er mehrere Abdrucke – den ersten durch Wilhelm von Eichthal, den Herausgeber der *Deutschen Schnellpost für europäische Zustände und sociales Leben Deutschlands* in New York, mit dem Itzstein in Verbindung stand. Als Beilage zur *Schnellpost* erschien ein vollständiger Abdruck des Protokolls. Im Januar 1844 gab es dann eine im wahrsten Sinne des Wortes «deutsche Ausgabe», denn als Druckort war lediglich «Deutschland» angegeben. Um jede Möglichkeit auszuschließen, die Spur des Dokumentes zurückverfolgen zu können – immerhin handelte es sich ja um ein Staatsgeheimnis –, beschlossen die in Hallgarten Versammelten, die verwendeten Drucktypen sowie alle zur Papierherstellung verwendeten Geräte nur einmal zu benutzen. Natürlich wurde die Schrift nach Erscheinen sofort verboten. Als die Behörden von ihr erfuhren, war sie allerdings bereits verteilt, und zwar auf dem simpelsten aller möglichen Wege, nämlich per Post. Anfang Januar 1844 erhielt jeder Abgeordnete der badischen Zweiten Kammer ein Exemplar; Markgraf Wilhelm, Bruder des Großherzogs und Präsident der Ersten Kammer, bekam gleich mehrere, damit er sie verteilen konnte. Das klang nicht nur so, es *war* der pure Hohn.

Sigismund von Reitzenstein, 1834 noch Minister in Karlsruhe, hatte das Wiener Dokument badischerseits unterschrieben. Minister war er jetzt, im Januar 1844, zwar nicht mehr, aber nach wie vor fungierte er als der wichtigste reaktionäre Strippenzieher in der badischen Innenpolitik. Er war durch die Veröffentlichung derart kompromittiert, dass er schlagartig allen Einfluss verlor, zumal die Wiener Beschlüsse wieder und wieder publiziert und erörtert wurden. Spätestens im Laufe dieser Aktion wurde Itzstein bekannt und populär, nachgerade zu einer Symbolfigur des politischen Aufbruchs in Deutschland.

Zugleich zeigt dieser besondere Coup Itzsteins Vorgehen im Allgemeinen. Stets arbeitete er seinem Ziel überlegt entgegen, geduldig und flexibel. Itzstein war nicht nur der «gefährlichste Mann der badischen Opposition», wie Metternich meinte, sondern der Motor der innerdeutschen Entwicklung vor allem der 1840er-Jahre. Kein Rhetor, kein Tribun, handelte er umsichtig und leise, provozierte nur selten und wenn, dann wohldosiert und mit Bedacht. Wenn er den Gegner herausforderte, dann wusste er bereits, dass ihm der Sieg nicht mehr zu nehmen war. Seine erfolgreiche Vernetzungsarbeit blieb eine entscheidende Voraussetzung für die Entwicklung hin zur deutschen Nationalversammlung. Darüber hinaus besaß er unangefochtene Autorität als liberal-demokratischer Wegweiser – deutschlandweit.

Sein wachsender Ruhm spiegelte sich bald in vielen Würdigungen: Seine Landtagswahlkreise ehrten ihn alle; Ehrenbecher, die Ehrenbürgerurkunde der Stadt Mannheim, eine Medaille zu Itzsteins 20-jährigem Parlamentsjubiläum, Ehrengaben aus anderen Städten, darunter dem fernen Chemnitz, kamen hinzu und fanden ihren Platz in Hallgarten in einer Vitrine. Selbst eine 101 Fuß lange Dreimast-Bark mit Heimathafen Ueckermünde, ein Frachter mit einer Wasserverdrängung von rund 600 Tonnen, trug Itzsteins Namen. Personenkult war während des 19. Jahrhunderts im gesamten politischen Spektrum als Instrument im politischen Kampf gang und gäbe. Daneben diente er auch der Wahrung der historiografischen Lufthoheit, also dem Zweck, die «richtige» Version der Geschehnisse zu verbreiten. Im Falle Itzsteins war das in besonderem Maße erfolgreich, denn bald schon galt er, ohne je zum Populisten zu werden, als die liberale Lichtgestalt. Hoffmann von Fallersleben schrieb 1844 sogar ein eigenes Lied auf ihn, das *Itzstein-Lied*: «Vaterland, freue dich! / Deine Nacht wird immer heller: / Itzstein, unser Stern, / Leuchtet nah und fern. // [...] Laßt uns streben, laßt uns streiten / Auf der Freiheit Bahn, / Fortgehn mit dem Geist der Zeiten, / So wie Er getan!»[6]

Schon lange vor Beginn der Revolution hatte Itzstein seine Fäden über Baden hinaus gesponnen, vor allem nach Sachsen und Preußen hinein. Sein Netzwerk und er selbst waren denn auch entscheidend für das Zustandekommen der Versammlungen von Deutschlands führenden Liberalen im hessischen Heppenheim am 10. Oktober 1847 und in Heidelberg am 5. März 1848. Zu Letzterer hatte er selbst eingeladen, und dieses Treffen war der entscheidende Schritt zur Wahl der verfassunggebenden Nationalversammlung. Itzstein gehörte selbstverständlich dem in Heidelberg gebildeten Siebenerausschuss an, der ein Vorparlament einberufen sollte. Dieses wiederum hatte die Aufgabe, die Nationalversammlung vorzubereiten und die Wahlen zu organisieren.

Am 31. März 1848 trat das Vorparlament in Frankfurt am Main zusammen, ebenfalls schon in der Paulskirche. Von den 574 Mitgliedern hatte Itzstein viele zur Teilnahme aufgefordert, auch er selbst war natürlich dabei und wurde einer der Vizepräsidenten. Bis zum 4. April tagte dieses provisorische Gremium; danach bildete ein Ausschuss aus fünfzig seiner Mitglieder die «Brücke» zur Nationalversammlung, die sich nach erfolgter Wahl am 18. Mai konstituieren sollte. Auch bei diesen Fünfzig war Itzstein wieder dabei.

Im Wahlkreis des Städtchens Bretten bei Karlsruhe errang er sein Mandat für die Nationalversammlung. Er versäumte kaum eine Sitzung – der demokratisch-parlamentarische Weg war für ihn der einzig denkbare. Ob er den gewaltsamen Umsturz grundsätzlich ablehnte oder lediglich den Versuch für von vornherein aussichtslos hielt, lässt sich nicht definitiv entscheiden. Sein zutiefst rechtliches Denken spricht freilich deutlich gegen Itzstein als gewaltbereiten Revolutionär.

Während der ganzen Paulskirchenzeit versuchte er beständig, die parlamentarische Linke zusammenzuhalten. Das spiegelt sich in den beiden einzigen Hallgartener Teilnehmerlisten wider, die sich erhalten haben. Sie stammen von den Zusammenkünften am 5./6. und 12./13. August 1848.[7] Zu beiden Treffen erschienen ganz überwiegend Abgeordnete der Nationalversammlung, und ihre Namen lassen Rückschlüsse darauf zu, worum sich die Gespräche drehten. Itzstein hatte sich der linken Fraktion «Deutscher Hof» angeschlossen und spielte hier eine führende Rolle. (Die Fraktionen nannten sich nach den Hotels und Cafés, in denen sie tagten.) Vom Deutschen Hof hatte sich Ende Mai 1848 die radikale Fraktion «Donnersberg» abgespaltet. Eine weitere Abspaltung bereitete sich im August bereits vor: Der rechte Flügel des Deutschen Hofes machte sich im September als Fraktion «Nürnberger Hof» selbstständig. Es spricht vieles dafür, dass die beiden Hallgartener Zusammenkünfte im August 1848 dem Ziel dienten, die Reihen zusammenzuhalten, die Abspaltung des rechten Flügels zu verhindern und möglicherweise auch den Wiederanschluss der Fraktion Donnersberg zu erreichen. Itzstein war ein unbedingter Pragmatiker, und so dürfen wir getrost annehmen, dass er für den Fall des Scheiterns seiner Bemühungen einen Plan B besaß, der zumindest auf eine Zusammenarbeit der drei linken Fraktionen hinauslief, also eine Aktionseinheit der Linken anstrebte. Zu einer formellen Wiedervereinigung kam es tatsächlich nicht, und doch funktionierte die Kooperation der Paulskirchenlinken, wenn auch nicht bei jeder Abstimmung. Es waren etwa ein Drittel des Deutschen Hofs und je ein Viertel der Fraktion Donnersberg und des späteren Nürnberger Hofs an beiden Wochenenden in Hallgarten, darunter Parlamentarier wie Robert Blum, Josef Ignaz Peter und Alexander von Soiron.

Der Deputierte Itzstein blieb dem deutschen Nationalparlament bis zum bitteren Ende treu. Mit dem Kölner Franz Raveaux und anderen flüchtete er am 18. Juni 1849, nach der Auflösung des Rumpfparlaments in Stuttgart durch württembergisches Militär, nach Freiburg; das letzte Bollwerk der Revolution, die Festung Rastatt, fiel im Juli. Nach dem Zusammenbruch setzten sich Itzstein und Raveaux in die Schweiz ab. Von Thierachern im Kanton Bern kehrte Itzstein links des Rheins über Colmar und Straßburg im Oktober 1849 nach Hallgarten zurück. Im Dezember 1849 flüchtete er angesichts eines bevorstehenden Hochverratsprozesses erneut ins Elsass. Zwar setzte das Hofgericht Bruchsal am 8. Juli 1850 die Untersuchung wegen Hochverrats mangels Tatbestands aus, dessen ungeachtet wurde ihm noch im selben Monat die badische Staatsbürgerschaft aberkannt.

Erschöpft von seinen Fluchten, kehrte er schließlich – als Expatriierter – endgültig nach Hallgarten zurück. Wohl im Jahre 1853 erlitt Itzstein einen Schlaganfall, der seine geistigen Kräfte schwinden ließ. Am 14. September 1855 starb er auf seinem Gut; auf dem Hallgartener Friedhof, hoch über dem Rhein, wurde er neben seiner Frau beigesetzt. Der Spruch, der den Grabstein ziert, lässt noch einmal den geografisch so kurzen, aber politisch so weiten Weg von Mainz bis nach Frankfurt nachklingen: «Müde von den Jugendkämpfen deutscher Freiheit ruhet hier ein mutig Herz.»

Zum Weiterlesen

Der Beitrag fußt wesentlich auf einer Edition der Korrespondenz Adam von Itzsteins, die Helga Albrecht und der Verfasser derzeit für den Druck vorbereiten.

Hans-Peter Becht, Badischer Parlamentarismus 1819 bis 1870. Ein deutsches Parlament zwischen Reform und Revolution (Handbuch der Geschichte des deutschen Parlamentarismus), Düsseldorf 2009.

Hans-Peter Becht, Handbuch der badischen Ständeversammlung und des badischen Landtags 1819–1933, Stuttgart 2021, S. 298 f. (dort auch weitere Literatur).

Birgit Bublies-Godau, Johann Adam von Itzstein, in: Walter Schmidt (Hg.), Akteure eines Umbruchs. Männer und Frauen der Revolution von 1848/49, Bd. 3, Berlin 2010, S. 303–358.

Josef Roßkopf, Johann Adam von Itzstein. Ein Beitrag zur Geschichte des badischen Liberalismus, phil. Diss., maschinenschr., Mainz 1954.

Barbara Sichtermann

Louise Aston
(1814–1871)

Sie war so frei

Die Reformation hat einen interessanten, für die Emanzipation der Frauen bedeutsamen und noch gar nicht genug gewürdigten Nebeneffekt gehabt: den Pfarrhaushalt. Endlich gab es Pastoren, die eine Frau hatten und viele Söhne und Töchter. Intellektuelle Bildung verdankte sich seinerzeit immer noch oft theologischen Disputen. Lesen, schreiben und vor allem denken lernten Pastorentöchter sehr viel leichter und besser als die Mädchen im Adel oder im Bürgertum, wo man dem weiblichen Geschlecht von Lektüre jenseits der Bibel sehr abriet. Nun ist es richtig, dass auch Pastorentöchter zuvörderst die Heilige Schrift studieren sollten, aber wenn, wie es häufig vorkam, zum Pfarrhaushalt eine Bibliothek gehörte, ließ es sich kaum verhindern, dass die Mädchen auch zu Büchern griffen, die vom Geist der Antike oder der Aufklärung, von den Menschenrechten oder der Französischen Revolution handelten, wodurch dann die jungen Leserinnen eine Ahnung davon bekamen, was die Welt jenseits von Familie und Kirchspiel noch zu bieten hatte. Da bewahrheiteten sich zuweilen tief verwurzelte Befürchtungen konservativer Pädagogen: dass lesende Mädchen nicht mehr für die Ehe taugten. Dass sie rebellisch wurden, dass sie über Kategorien wie Freiheit und Gleichheit und Begriffe wie

< Louise Aston, Ölgemälde von Johann Baptist Reiter, um 1847, unter dem Titel *Die Emanzipierte*. Oberösterreichisches Landesmuseum, Linz.

Rechtsstaat und Demokratie nachdachten – mit womöglich unabsehbaren Folgen für die patriarchalische Ordnung.

Genauso geschah es im Haushalt des Pfarrers und Konsistorialrats Johann Gottfried Hoche und seiner Frau Louise Charlotte zu Gröningen bei Halberstadt. 1814 kam dort als jüngstes Kind die Tochter Louise zur Welt. Dieses Mädchen verbrachte viele Stunden lesend statt stickend am Fenster und wurde später eine der radikalsten Kritikerinnen der Konventionsehe, des Klerus und der Monarchie, sprich eine Vorkämpferin der Frauenemanzipation, der Republik und der Demokratie. Louise liebte ihre Eltern und verehrte ihren Vater, der auch Bücher schrieb – historische Studien über die Niederlande und ihre Kolonien sowie Romane. Sie wollte es ihm gleichtun und war deshalb sehr unglücklich, als die Eltern ihr erklärten, man habe einen Ehemann für sie gefunden und sie müsse nun tun, was Pflicht und Neigung aller jungen Mädchen sei, die ein Gott wohlgefälliges Leben führen wollten: heiraten. Der in Aussicht genommene Gatte war ein Engländer namens Samuel Aston, er führte im nahen Magdeburg einen erfolgreichen Betrieb für Dampfmaschinenbau. Dass er mehr als zwei Jahrzehnte älter war als die damals zwanzigjährige Louise und vier illegitime Sprösslinge hatte, dass sein Gesicht und seine Figur ihr grob und abstoßend erschienen, war noch nicht einmal das Schlimmste. Er hatte darüber hinaus nicht den leisesten Sinn für die Welt der Gedanken, der Geschichte, der Gedichte und der Theorien, für das, was in ihrem Leben an erster Stelle stand. Die Eltern wussten, dass ihre Louise eine Schwärmerin war, und sie zwinkerten einander hinter dem Rücken der Tochter zu. Wäre die erst mal heimgeführt von dem vielversprechenden Schwiegersohn und dann bald damit beschäftigt, ein Kindlein zu wiegen, würden sich die schriftstellerischen Ambitionen und sogenannten geistigen Interessen von selbst verflüchtigen. Sie trösteten ihre Kleine: «Warte nur ab!» Aber Louise war das alles ein Graus: der Mann Aston, seine Tätigkeit, die Fabrik, der Ehestand. Sie fügte sich in die Konvention, weil sie damals, 1834, noch eine gehorsame Tochter war. Aber sie wird später über ihre Heirat schreiben: «Verzweiflung sprach den Hochzeitssegen, sprach ihren Fluch am Traualtar.»[1]

Durch das viele Stöbern in der väterlichen Bibliothek hatte Fräulein Hoche das erworben, was man einen Begriff von Gesellschaftlichkeit nennen könnte. Sie hatte nämlich nicht nur Belletristik verschlungen, sondern auch Abhandlungen von John Stuart Mill, Charles Fourier und Henri de Saint-Simon. Sie erkannte, dass ihr Los, das «Verheiratet-Werden», kein unausweichliches Schicksal war, sondern ein sozialer Zwang, der mit einem bestimmten Geschlechterbild einherging. Dass ein anderes Leben möglich wäre. Gegen den nicht erwählten, sondern ihr aufgenötigten Ehemann erwuchs Louise die Kraft des Widerstands, die ihr in der Auseinandersetzung mit den Eltern gefehlt hatte. Sie lebte mit und neben Aston, wie es ihr gefiel, auch nachdem sie zwei Kinder geboren hatte, von denen das erste gleich wieder gestorben war. Sie ritt alleine aus, kam spät heim und lud wechselnde Freunde ins Haus. Samuel dachte erst, das vergehe, dann wurde er ungehalten, schließlich wütend. Er sprach von Scheidung. Das war Louise nur recht. Als das Urteil gefallen war, entdeckte sie, dass sie erneut schwanger war. Ein teilnahmsvoller Geistlicher vermittelte, Louise und Samuel heirateten noch einmal. Aber die Versöhnung hielt nicht. Nachdem das Kind zur Welt gekommen war – auch dieses Neugeborene lebte nicht lange –, nahm Louise die ihr verbliebene Tochter Jenny bei der Hand und verließ Aston nach nunmehr neun Jahren zum zweiten Mal, diesmal endgültig. Es war das Jahr 1844.

Ihr Ziel ist jene Stadt, aus der sie immer wieder interessante Neuigkeiten vernommen hat: Berlin. Die Gruppierung der «Lichtfreunde» kritisiert dort die Kirche, die Burschenschafter spotten über die Kleinstaaterei, die Jungdeutschen und die «Freien» greifen die Zensur an und die Junghegelianer den preußischen Absolutismus. Sie alle schauen nach Frankreich, wo es im Juli 1830 eine Revolution gegeben hat. Louise spürt, dass sich auch in deutschen Ländern vieles ändern muss, und sie will ihren Teil dazu beitragen. In dem Dichter Rudolf Gottschall gewinnt sie einen Freund und Liebhaber, sie verkehrt mit ihm in der Berliner Bohème, einer trinkfesten Truppe von Revoluzzern mit Bürgerschreck-Allüren. Max Stirner und Bruno Bauer gehören dazu. Hier ist man hocherfreut über den weiblichen Neuzugang, denn Frauen, die nicht nur mitzechen, sondern auch mitdiskutieren, gibt es nicht oft. Und dann ist die Neue auch noch schön. Louise legt sich den «Kneipnamen» Louis zu und genießt in der Hippel'schen Weinstube die Aufmerksamkeit ihrer Gefährten. Die französische Schriftstellerin George Sand ist ihr Vorbild, auf deren Spuren wandelt sie – in Hosen und mit einer Zigarre im Mundwinkel. Ihr erster Gedichtband *Wilde Rosen* geht beim Berliner Verlag Moeser und Kühn in Druck. Ein Vers daraus, zugleich ihr Lebensmotto: «*Freiem Leben, freiem Lieben / Bin ich immer treu geblieben.*»[2] Sie macht sich einen Namen als Dichterin und entschiedene Ehegegnerin.

Die preußische Zensur wird bei solchen Bekenntnissen hellhörig, und als Louise auch noch offen ausspricht, dass sie die Religion für ein Herrschaftsinstrument halte, ja für ein Trostpflaster, mit dem insbesondere Frauen für den Verzicht auf erotische Erfüllung im Diesseits entschädigt werden sollen, beschließt die Polizei, diese Dame zu überwachen. Es sind auch schon Beschwerdebriefe, sprich Denunziationsberichte, von Nachbarn im Präsidium eingegangen: «Durch ihre Verführungskünste und entsetzliche Ausschweifungen zieht eine gewisse Aston Männer jedes Standes und Alters zu sich herab; damit Männer ihr Einkommen und Vermögen dieser Buhlerin opfern müssen, hat sie im Verein mit Dichtern, Künstlern, Offizieren, Juden etc. ein Komplott gegen den Staat, den König und die Religion geschmiedet. Kann denn dieses Weib nicht aus Berlin verwiesen werden, da sie gerade die Seele dieser Verschwörung ist?»[3]

Im März 1846 wird Louise Aston als unerwünschte Person aus

Berlin ausgewiesen, ihr Einspruch verworfen. Die «Verweisung» ist eine beliebte Maßnahme des preußischen Staates, denn sie gestattet es, Störenfriede ohne lästigen Prozess loszuwerden. Louise aber wehrt sich. Sie verfasst die Streitschrift *Meine Emancipation, Verweisung und Rechtfertigung,* die bald in Brüssel erscheint und die Verfasserin bekannt macht. In diesem kleinen Werk, einem außerordentlichen Dokument, argumentiert Louise juristisch und verteidigt sich gegen all die Verdächtigungen und Unterstellungen, die eine Frau, welche allein, unabhängig und durch ihres Geistes Arbeit leben will, zu gewärtigen hat. Punkt für Punkt legt Aston dar, warum ihr seitens der Staatsgewalt Unrecht geschehe. In der Begründung für ihre Ausweisung hieß es, sie habe «Ideen geäußert und ins Leben rufen wollen, welche für die bürgerliche Ruhe und Ordnung gefährlich» seien. Was das denn wohl für Ideen seien, fragt sie. Ob das Zigarrenrauchen etwa eine gefährliche Idee sei, welche die öffentliche Ordnung ins Wanken bringe? Ob die «freie Liebe» so eine Idee sei oder «die Kühnheit, mit der die emanzipierten Frauen die Herren zum Tanze auffordern?» Sie besteht darauf, dass das Recht einen Unterschied machen müsse zwischen Ideen und Taten, Absichten und deren Ausführung, Idealen und Realitäten. Ihr Gewissen, ihre Überzeugungen, ihre innere Welt, die müssten frei und ganz ihr Eigen bleiben, so argumentiert sie.

Aber es bleibt dabei: Louise Aston muss Berlin verlassen. Sie geht mit Jenny nach Köpenick. Die Angelegenheit wird von der Presse skandalisiert, ist Stadtgespräch und inspiriert die Schriftstellerin Mathilde Franziska Anneke, die in der Revolution 1848/49 eine Rolle spielen wird, zu ihrer Streitschrift *Das Weib im Konflikt mit den sozialen Verhältnissen.* Auch der liberale preußische Diplomat und Schriftsteller Karl August Varnhagen von Ense stößt sich an Astons Exilierung auf dem Verordnungsweg. Er notiert: «Willkür und Ungerechtigkeit gegen Louise Aston verübt». Deren Exmann nutzt die Gunst der Stunde und strengt einen Sorgerechtsprozess um Jenny an, den er gewinnt. Louise muss die Tochter hergeben. Sie flüchtet sich in die Arbeit und vollendet ihren ersten Roman *Aus dem Leben einer Frau*, in dem sich die Pastorentochter Johanna aus der arrangierten Ehe mit einem doppelt so alten Industriellen befreit. Das Werk erscheint 1847 in Hamburg bei Hoffmann und Campe, dem Verlag Heinrich Heines und Hoffmanns von Fallersleben. Nachts kehrt Louise, als junger Mann verkleidet, immer wieder nach Berlin zurück, um dort in der Hippel'schen Weinstube mit den Gefährten über die Bedingungen der Demokratie zu diskutieren.

Mathilde Franziska Anneke gehört zu den wenigen aufgeklärten Zeitgenossinnen, die mit Louise auskommen. Den anderen ist sie einfach zu radikal. Für Frauenbildung und Gleichstellung kämpfen, das ist ja schon schwer genug. Aber freie Liebe? Und keinen Glauben? Das geht zu weit. Frauenrechtlerinnen wie die verdienstvolle Louise Otto-Peters machen da nicht mehr mit. Sie fürchten auch, dass die Mehrheit der Frauen in Stadt und Land, die auf dem Weg in die Emanzipation mitgenommen werden sollen, sich von einer Vorkämpferin ohne Anstand und Religion abgestoßen fühlen könnten. Die Schriftstellerin Emilie Spreu schreibt ein Schmähgedicht über Louise: *Ich werfe dir den Fehdehandschuh hin!* Die Art, wie Louise in der Öffentlichkeit auftrete, provokant und sittenlos, das sei nicht hinzunehmen. Wo bleibe die «edle Weiblichkeit» mit ihrer wahren Tugend? Louise hat längst genug von angeblich höherer Moral und niedrigerer erotischer Temperatur aufseiten der Frauen und dichtet trotzig zurück:

> Der Unschuld Lilien mögen euch umblühn,
> Das Roth der Schaam auf euern Wangen glühn […].
> Ich achte dennoch eure Tugend nicht,
> Verwerfe kühn eu'r heiliges Gericht!
> Seid des Gesetzes Hort, der Sitte Rächer,
> Des frommen Glaubens treuer Genius!
> Es lebt ein heil'ger Geist auch im *Verbrecher*.
> *Der Freie sündigt, weil er sünd'gen muß!*[4]

So kam es, dass Louise als Frau, welche die Emanzipation schon lebte, zu ihrer Zeit ziemlich allein war. Von ihren männlichen Mitkämpfern wurde sie besser verstanden; ihr Dichterfreund Rudolf Gottschall schrieb später über sie: «Da trat Louise Aston in mein Leben, erweckte in mir eine glühende Leidenschaft, umso mehr, als sie meinem eigenen Emanzipationsdrang auf allen Gebieten des geistigen und sinnlichen Lebens entgegenkam und mir das Ideal eines schönen, freien, nicht in die Ehe einphilistrierten Weibes war, wie es damals den jungdeutschen Phantasien und nicht bloß den meinigen vorschwebte.»[5]

Es beginnt das Jahr 1848, die Revolution bricht aus. Louise lebt auf. Sie ist Schriftstellerin und weiß das Wort zu führen wie einen Degen. Aber was sie wirklich will, ist den Degen führen wie das Wort. In ihrem zweiten Roman *Lydia* – erschienen bei Emil Baensch in Magdeburg 1848 – entwirft sie die Frauenfigur Alice von Rosen, die man als ihr Alter Ego verstehen kann: Alice trägt Hosen und eine Waffe, sie schreckt vor nichts zurück. Louises Problem mit ihrem Berufsstand und den vielen Kollegen, die auf Tribünen und in Zeitungen das große Wort führen – bis hin zu den Rednern und Schwadroneuren in der Paulskirche –, ist, dass eben alle nur reden. Louise will mehr, sie vermisst die Tat. In ihrem dritten Roman *Revolution und Contrerevolution* lässt sie ihre treffliche Alice als Geheimagentin mit Pistole unterm Männerwams agieren, immer aufseiten der Aufständischen, aber bereit und fähig, mit der Gegenseite zu verhandeln und im Verteidigungsfalle zu schießen. Wo Louise sich im März 1848 aufgehalten hat, wissen wir nicht genau. Es gibt die Vermutung, dass sie an der Seite eines neuen Partners, des Volksredners Friedrich Wilhelm Held, dabei gewesen sei, als in Berlin gekämpft wurde. Immerhin beschreibt sie in *Revolution und Contrerevolution*, erschienen 1849 bei J. P. Grohe in Mannheim, sehr genau, wie Barrikadenbau und Häuserkampf vor sich gegangen sind, stellt das Drama um die Märzgefallenen und das Grollen der Konterrevolution mit dem Air einer Eingeweihten dar. Was wir sicher wissen, ist, dass sie mit dem Freikorps von der Tann als Krankenschwester in den Kampf gegen die Dänen gezogen ist; es musste verhindert werden, dass Schleswig aus dem Deutschen Bund herausgetrennt würde. Dieser Waffengang hatte einen symbolischen Wert für die deutsche Einheit. Preußen schloss schon bald in Malmö einen Waffenstillstand, den alle Patrioten, die für Deutschland gestritten hatten, für verfrüht hielten. Auch Louise gehörte zu den Enttäuschten. Mehr noch aber litt sie darunter, dass die Zensur nach einer kurzen Phase der Liberalisierung wieder verschärft wurde. Dem preußischen General Friedrich von Wrangel, des Königs Exekutor bei der Niederschlagung der Revolution, widmete sie ihr Gedicht *Wrangels Monolog bei seinem Einzug in Berlin*:

Barrikaden? – Meinetwegen!
Mögen sie sich tausendfach
In und um die Straßen legen.
Will sie halten schon in Schach!
Aber Blätter?
Donnerwetter!
Keine Feder soll sich regen!
Sprach's und schlug sich an den Degen.[6]

Während des Feldzugs im Norden lernt Louise ihren zweiten Mann kennen, den Bremer Lazarettarzt Eduard Meier. Der gehbehinderte Doktor – er hatte sich 1845 einen Unterschenkel amputieren lassen müssen – teilt ihre Ideale, hofft wie sie auf die Republik und die Demokratie. Er bringt Louise sogar ein großes Opfer. Ihr schlechter Ruf hat sich auch in der Hansestadt verbreitet. Meier war für den Posten eines Klinikchefs im Gespräch; als man dort vernimmt, er sei mit einer gewissen Louise Aston verlobt, legt man ihm nahe, von einer Verheiratung mit dieser Dame abzusehen. Wenn er sich zu der berüchtigten Radikaldemokratin bekenne, werde man ihn mit dem hohen Posten nicht betrauen können. Doch Eduard Meier steht zu Louise, er heiratet sie – und bekommt den begehrten Chefposten tatsächlich nicht.

Die Revolution ist vorerst gescheitert, und Louises Traum, als Tatmensch dafür einzustehen, dass der Absolutismus falle, ist ausgeträumt. Sie gründet eine Zeitschrift, *Der Freischärler. Für Kunst und soziales Leben,* die gleich wieder verboten wird. Ihr letztes Werk, ein Lyrikband, erscheint 1850 im Verlag E. O. Weller, Leipzig. Es heißt *Freischärler-Reminiscenzen* und versammelt ihre leidenschaftlichsten politischen Gedichte. Eines davon heißt *Den Mördern Robert Blum's.* Im November 1848 war der Paulskirchenabgeordnete in Wien widerrechtlich zum Tode verurteilt und erschossen worden.

Wenn einst der Freiheit Hymnen schallen,
Die Schwerter wieder rein von Blut;
Dann will ich zu der Stätte wallen,
Wo Robert Blum, der Edle, ruht;
Dann schmück ich unter Thränen
In einer stillen Nacht,
Wenn sie mich schlummernd wähnen,
Sein Grab mit Blumenpracht.

Was soll uns *jetzt* die Klage frommen?
Mein Aug ist *heiß,* doch *thränenleer,*
Es wird der Tag des Kampfes kommen,
Die Leier nicht – es gilt den Speer!
Aus jeder Todeswunde
Ein Gott der Rache spricht:
Noch kennt ihr bis zur Stunde
Des Zornes Allmacht nicht![7]

Das Ehepaar Aston-Meier wird polizeilich überwacht, Meier mit Berufsverbot überzogen, es bleibt nur die Emigration. Vielleicht nach

Amerika – wie Mathilde Anneke und ihr Mann? Da erreicht den Doktor Meier ein Angebot. Mittlerweile tobt der Krimkrieg. Der Kaiserlich-Russische Militärbeauftragte lässt anfragen, ob Meier ein Lazarett auf der Krim leiten könne. Der sagt zu. Auswanderung ist auch für diesen Posten die Bedingung, zumal der Krieg nicht lange währt und sich eine Position in einem Krankenhaus bei Charkow anschließt. Nach einigen Jahren im zaristischen Russland verschlägt es das Ehepaar Aston-Meier nach Österreich, und im Jahre 1871 wechselt es nach Bad Liebenzell im Schwarzwald. Meier erhält dort eine Stelle als Badearzt. Wangen im Allgäu ist die nächste und letzte Station. Dort stirbt Louise Aston-Meier am 21. Dezember 1871. Die Diagnose hieß: Brustwassersucht. Wahrscheinlich litt sie an Tuberkulose. Sie wurde nur 57 Jahre alt. Auf ihrer Grabtafel an der Nordseite des Wangener Alten Friedhofs steht geschrieben: «Louise Aston-Meier. Nach Kampf Frieden». Ihr Mann folgte ihr zwei Jahre später. Auf seinem Grab, neben dem ihren, steht zu lesen: «Der mitleidsvolle Tod gönnt Ruh und Rasten / Dem mitleidlos gehetzten Einfuß Meier-Aston.» Die Zeit im rauen Osten war hart, das Bewusstsein der politischen Niederlage schwer zu tragen. In ihren letzten beiden Lebensjahrzehnten hat Louise Aston nichts mehr veröffentlicht, wahrscheinlich auch nicht mehr viel zu Papier gebracht. Der Kampf der Frauen für ihre völlige Gleichstellung, die auch dank ihres Einsatzes Teil der demokratischen Grundrechte geworden war, würde noch lange dauern. Aber sie war eine zuversichtliche Natur. Ihre Devise für die letzten Jahre hat sie selbst gedichtet: «Wenn einst der Freiheit Hymnen schallen …»

Zum Weiterlesen

Louise Aston, Aus dem Leben einer Frau, hg. von Karl-Maria Guth, Berlin 2013.

Louise Aston, Lydia, hg. von Karl-Maria Guth, Berlin 2015.

Louise Aston, Revolution und Contrerevolution, hg. von Karl-Maria Guth, Berlin 2013.

Louise Aston, Wilde Rosen / Freischärler-Reminiscenzen / Meine Emancipation. Gedichte und Autobiographisches, hg. von Karl-Maria Guth, Berlin 2015.

Germaine Goetzinger, Für die Selbstverwirklichung der Frau. Louise Aston in Selbstzeugnissen und Dokumenten, Frankfurt a. M. 1983.

Barbara Sichtermann, «Ich rauche Zigarren und glaube nicht an Gott.» Hommage an Louise Aston, Berlin 2014.

Barbara Wimmer, Die Vormärzschriftstellerin Louise Aston. Selbst- und Zeiterfahrung, Bern 1993.

Herfried Münkler

Georg Herwegh
(1817–1875)

Ein Republikaner in Wort und Tat

Der Dichter Georg Herwegh ist nur noch wenig präsent. Er war ein Starautor des Vormärz, mit Karl Marx und Richard Wagner befreundet, gut bekannt mit Turgenjew und Brahms, Bakunin und Lassalle, spielte in der 1848er-Revolution eine aktive Rolle und war ein scharfer Kritiker der Bismarck'schen Einigungspolitik. Während seine Gedichte zum Unterrichtskanon der DDR gehörten, verschwand sein Werk in der Bundesrepublik hinter dem Renommee seines Pariser Exilgefährten Heinrich Heine. Erst in letzter Zeit ist das Interesse an Herwegh wieder gewachsen. So gab es zu seinem 200. Geburtstag 2017 große Würdigungen in *Spiegel* und *Zeit*; 2019 wurde die sechsbändige Werkausgabe vollendet, wenig später erschien eine 600-seitige Biografie.

Das Urteil über Georg Herwegh hängt davon ab, ob man in ihm einen politischen Lyriker sieht, der wie kaum ein anderer für die demokratische Republik eingetreten ist, oder ob man auch seine Versuche direkten politischen Eingreifens in Betracht zieht, die eher durch politische Naivität als Urteilskraft gekennzeichnet sind, dazu die Phasen politischer Apathie, während derer er auch literarisch verstummte,

< Georg Herwegh, Bleistiftzeichnung von Emma Siegmund (Herwegh), 1842. Dichter- und Stadtmuseum Liestal, Schweiz.

weiterhin die diversen Liebesaffären bei gleichzeitiger finanzieller Abhängigkeit von seiner Frau Emma, die ihren Mann zum Ideal stilisierte, dem dieser indes nicht immer genügte. Eine Darstellung des Revolutionsdichters ist nicht möglich, ohne dabei auch von Emma Herwegh zu sprechen, bei der das Urteil freilich ebenfalls ambivalent ausfällt: Für die einen ist sie ein frühes Beispiel der Frauenemanzipation, für die anderen eine verwöhnte, in vermögenden Verhältnissen aufgewachsene Person, die, solange sie das aufgrund der väterlichen Apanage konnte, ein großbürgerliches Leben führte, die ihrem Mann aber auch in Zeiten der Not zur Seite stand. Wer von Georg Herwegh reden will, kann von Emma Herwegh nicht schweigen.

Die Herkunft der beiden hatte unterschiedlicher kaum sein können: Georgs Vater war Gastwirt, dessen bescheidenes Stuttgarter Lokal immer am Rande des Bankrotts stand. Charakterlich aufbrausend und jähzornig, war Gewalt gegen seine Frau an der Tagesordnung. Georgs Mutter entstammte einer alteingesessenen Apothekerfamilie in Balingen. Dass der Sohn aufs Gymnasium ging, war ihrem Einfluss zu verdanken. Auf die Scheidung der Eltern reagierte der damals 15-Jährige mit einer psychosomatischen Erkrankung. Von der Lehranstalt Maulbronn wechselte er aufs Tübinger Stift, eine protestantische Theologenschmiede, die bereits Georg Wilhelm Friedrich Hegel, Friedrich Hölderlin und Friedrich Wilhelm Joseph Schelling besucht hatten. Wie diese wurde auch Herwegh kein Pfarrer; er brach das Studium ab, um Mitarbeiter eines politisch-kulturellen Journals zu werden. Dann musste er zum Militär, für das er sich als ebenso unwillig wie ungeeignet erwies. Auf Zeit vom Militärdienst beurlaubt, ging er nach Zürich, damals ein Hotspot der deutschen politisch-literarischen Emigration. Hier erschienen 1841 seine *Gedichte eines Lebendigen.* Das Buch machte ihn mit einem Schlag berühmt.

Zu seinen Bewunderern gehörte auch Emma Siegmund, Tochter eines wohlhabenden Berliner Tuch- und Seidenkaufmanns, der vom

Judentum zum Protestantismus übergetreten war. Geboren in Magdeburg, im selben Jahr wie Herwegh, wuchs sie in Berlin auf. Sie war literarisch interessiert, erhielt Sprach-, Mal-, Klavier- und Reitunterricht und übte sich auch im Pistolenschießen. Emma Siegmund bewunderte Herwegh als neuen Stern am literarischen Firmament und wollte ihn persönlich kennenlernen. Die Gelegenheit dazu ergab sich anlässlich Herweghs Deutschlandreise, die ihn im November 1842 auch nach Berlin führte. Im März 1843 fand in der Schweiz die Hochzeit statt. Bei alldem war Emma die treibende Kraft, und Georg, von der energischen, ebenso gebildeten wie lebenspraktischen Frau und der Aussicht auf ein materiell sorgenfreies Leben angezogen, ließ sich treiben.

Der große Erfolg der *Gedichte eines Lebendigen* und die frühe Berühmtheit wurden für Herwegh zur biografischen Falle; ein vergleichbarer Erfolg war ihm kein zweites Mal beschieden. Außerdem trug das luxuriöse Leben an der Seite seiner Frau nicht zu literarischer Produktivität bei. In Paris, wohin das Ehepaar im Herbst 1843 übergesiedelt war, führte Georg ein dandyhaftes Leben und widmete seine Zeit ozeanografischen Studien. Eine längere Affäre mit Marie d'Agoult, der vormaligen Geliebten Franz Liszts, kam hinzu. Herwegh verwechselte obendrein literarische Bekanntheit mit politischem Einfluss. Er machte Fehler, die einem politisch Versierten nicht unterlaufen wären, und tappte in Fallen, die ihm seine Gegner gestellt hatten. Es dauerte zwei Jahrzehnte, bis er noch einmal an die poetische Kreativität seiner Frühphase anknüpfen konnte.

Politische Lyrik ist ein hartes Brot, denn ihre Wahrnehmung hängt von ihr günstigen Konstellationen ab. Das war bei den *Gedichten eines Lebendigen* der Fall, die wie ein frischer Wind das biedermeierliche Deutschland durchwehten und den revolutionären Aufbruch von 1848 in lyrischem Schwung vorwegnahmen – etwa wenn Herwegh in dem Gedicht *Der Freiheit eine Gasse!* einen Bogen vom antihabsburgischen Freiheitskampf der Schweizer im 14. Jahrhundert zum europäischen

Befreiungskampf seiner eigenen Zeit schlug und dabei den Deutschen eine führende Rolle zuwies:

Wenn alle Welt den Mut verlor,
Die Fehde zu beginnen,
Tritt Du, mein Volk, den Völkern vor,
Laß Du Dein Herzblut rinnen!
Gib uns den Mann, der das Panier
Der neuen Zeit erfasse,
Und durch Europa brechen wir
Der Freiheit eine Gasse![1]

Oder, einiges aggressiver, die letzte Strophe des *Aufruf* betitelten Gedichts:

Reißt die Kreuze aus der Erden!
Alle sollen Schwerter werden,
Gott im Himmel wird's verzeih'n.
Gen Tyrannen und Philister!
Auch das Schwert hat seine Priester,
Und wir wollen Priester sein![2]

Und schließlich *Das Lied vom Hasse*, dessen vier Strophen jedes Mal enden: «Wir haben lang genug geliebt / Und wollen endlich hassen!»[3] Der Hass gilt den Tyrannen und erlischt erst, wenn deren Macht zu Asche geworden ist.

Neben den politischen Kampfliedern beherrschte Herwegh freilich auch differenziertere Töne, in denen er sich mit jener politischen Lyrik auseinandersetzte, in der die vorherrschende Stimmung zum Ausdruck kam. So war im Verlauf der Rheinkrise von 1840, als von französischer Seite Ansprüche auf das linke Rheinufer geltend gemacht wurden, in Deutschland eine nationalistische Lyrik entstanden, etwa Max Schneckenburgers *Die Wacht am Rhein* oder Nikolaus

Beckers *Rheinlied* mit den Versen: «Sie sollen ihn nicht haben, / Den freien deutschen Rhein.» Herwegh nahm das Freiheits-Thema in dem Gedicht *Protest* auf und wendete es gegen die preußische Herrschaft am Rhein: «Singt alle Welt: Der *freie* Rhein! / So sing' doch ich: Ihr Herren, nein! / Der Rhein, der Rhein könnt' freier sein.»[4] Oder in dem anlässlich der Gutenberg-Feiern verfassten Gedicht *Der beste Berg*:

Es ist ein Berg auf Erden,
Der Gutenberg genannt,
Der soll besungen werden
Wohl auf und ab im Land.

Er heget keine Feste,
Er pfleget keinen Wein,
Und wird doch stets der beste
Von allen Bergen sein.
[...]

Zu lang war dem Kyffhäuser
Des Rotbarts Todesnacht,
Da ist für seinen Kaiser
Der gute Berg erwacht.

Zuschanden heißt er werden
Der Raben schwarzes Werk,
Der beste Berg auf Erden,
Das ist der Gutenberg.[5]

Die ironische Leichtigkeit Herweghs kam vor allem im liberalen Bürgertum an, während seine politischen Kampflieder vorwiegend in den unterbürgerlichen Schichten, dem «vierten Stand», verbreitet waren.

Der Verlust des anfänglichen Elans hat viele Gründe; zwei davon sind Herweghs Sich-Einlassen auf die praktische Politik sowie die Kontroversen mit anderen Dichtern, die er in eigenen Gedichten kritisiert, was diese kontextabhängig machte und den Verfasser als zänkisch und kleinlich erscheinen ließ. Für Heine etwa war Herwegh allzu politisch: «Nur in deinem Gedichte / Lebt jener Lenz, den du besingst.» Das war nicht nur anerkennend gemeint, denn Heine monierte, Herweghs poetischer Elan habe ihn zu weit von der Wirklichkeit entfernt: «Herwegh, du eiserne Lerche, / Mit klirrendem Jubel steigst du empor / Zum heilgen Sonnenlichte!» – aber dann: «Herwegh, du eiserne Lerche, / Weil du so himmelhoch dich schwingst, / Hast du die Erde aus dem Gesichte / Verloren – Nur in deinem Gedichte / Lebt jener Lenz, den du besingst.»[6]

Diese «Erde» sollte Herwegh schon bald nach seinem Zusammentreffen mit Heine zu Gesicht bekommen. In *An den König von Preußen* hatte er zurückhaltend in die optimistische Erwartung an Friedrich Wilhelm IV. eingestimmt, der im Juni 1840 preußischer König geworden war. Das Gedicht endet mit der Strophe:

Nun schweig', du ehernes Gedicht!
Des Fürsten Mund wird bitter schmollen.
Ich weiß, man hört die Sänger nicht,
Man stellt die Freien vor Gericht
Und wirft sie in die Schar der Tollen.
Gleichviel – wie er auch immer schmollt
Ich hab' gethan, was ich gesollt;
und wer, wie ich, mit Gott gegrollt,
Darf auch mit einem König grollen.[7]

Friedrich Wilhelm hatte mehrere zu langjährigen Gefängnisstrafen verurteilte Dichter begnadigt und einigen sogar Leibrenten bewilligt, sodass Herwegh glauben konnte, bei ihm Gehör zu finden, als er im

November 1842 während seines Berlinaufenthalts zu einer Audienz beim König eingeladen wurde.

Das Gespräch wurde zum Desaster; offenbar sprach nur der König, und Herwegh gelang es nicht, seine Anliegen vorzutragen. Außerdem hatte er niemanden dabei, der den Gesprächsverlauf aus seiner Sicht festhielt, sodass die Darstellung des Palasts die öffentliche Wahrnehmung bestimmte. Dass die Sache nicht gut gelaufen war, scheint Herwegh schnell klar geworden zu sein, wie ein Brief an Karl Marx zeigt, in dem er erläuterte, warum er nicht zu Wort gekommen war. Um das nachzuholen, schrieb er einen Brief an den König, den er unter politischen Freunden zirkulieren ließ – mit der Folge, dass dieser Brief bald darauf in der Zeitung zu lesen war. Unter dem Vorwurf der Majestätsbeleidigung wurde Herwegh aus Preußen ausgewiesen und der Vertrieb seiner Bücher und Schriften verboten. Er hatte das Gegenteil des Bezweckten erreicht.

Im Herbst 1843 übersiedelten die Herweghs nach Paris, wo sich Georg, in vertrauter Nähe zur Emigrantenszene, unter anderem zu Marx und Bakunin, mit der Philosophie des Materialismus beschäftigte, engen Kontakt zu deren führenden Vertretern Carl Vogt und Jacob Moleschott hielt und eigene Studien zum Ursprung des Lebens im Meer anfertigte. Die Beschäftigung mit solchen Fragen war keineswegs abwegig, nachdem Herwegh sich unter dem Einfluss Ludwig Feuerbachs, mit dem ihn eine lebenslange Freundschaft verband, von der christlichen Gottesvorstellung ab- und weltimmanenten Evolutionsvorstellungen zugewandt hatte. Das naturwissenschaftliche Dilettieren, das Herwegh zu einem interessanten Gesprächspartner in den Pariser Salons machte, hinterließ jedoch keine bleibenden Spuren. In einem weiteren Gedicht *(Simplizissimus I.)* hat Heine den Pariser Dandy Herwegh mit dem engagierten Dichter von dessen früherem Parisaufenthalt verglichen und dabei ein wenig vorteilhaftes Bild gezeichnet: «Als ich dich sah zum ersten Mal, /

War fremd dir alles galante Gehöfel; / Es deckten die plebejischen Hände / Noch nicht Glacé-Handschuhe von Rehfell. // […] Du trugest dich zu jener Zeit / Ganz nach der allerneusten Mode / Von Schwäbisch-Hall – und dennoch, damals / War deines Lebens Glanzperiode.»[8] Herwegh war den Versuchungen des luxuriösen Lebens, das ihm Emmas Geld eröffnet hatte, nicht gewachsen und gab sich allen Vergnügungen und Abwechslungen hin, die das mondäne Paris zu bieten hatte.

Das änderte sich schlagartig im Februar 1848, als es in Paris zum Aufstand gegen den Bürgerkönig Louis-Philippe kam. Herwegh, der sich an der revolutionären Bewegung beteiligte, erkannte darin den Startschuss für die Revolution in Europa, bei der es um die Wiederherstellung Polens, die Einheit Italiens und die Befreiung Ungarns von der Herrschaft der Habsburger gehe; über allem schwebte der Traum von einer «europäischen Republik».[9] Entscheidend war für ihn aber die Revolutionierung Deutschlands, die er nach den Aufständen in Wien und Berlin von Frankreich aus weiter vorantreiben wollte. Das Mittel dazu waren für ihn die annähernd 60 000 deutschen Handwerker in Paris, welche die französische Gesellschaft noch einmal «unterschichteten». Viele von ihnen waren in konspirativen Zirkeln organisiert. Aus ihnen wollte Herwegh eine bewaffnete Legion formen, die dem linksrepublikanischen Flügel der deutschen Revolutionäre zum Sieg verhelfen sollte.

Karl Marx, aus dem Brüsseler Exil nach Paris gekommen, war strikt dagegen: Was Paris anbetraf, setzte er auf den Fortgang der Revolution dort, die, wie im *Kommunistischen Manifest* vorhergesagt, zu einem Kampf zwischen Proletariat und Bourgeoisie führen werde, und bei diesem Kampf würden die proletarisierten deutschen Handwerker in Paris gebraucht. In Deutschland dagegen gehe es um eine bürgerliche Revolution, die gegen die gesellschaftliche Dominanz des Adels und den bürokratischen Staat gerichtet sei, und dabei werde das Eindringen bewaffneter Revolutionäre von außen eher hinderlich sein. Marx selbst ging nach Köln, wo er Chefredakteur der *Neuen Rheinischen Zeitung* wurde. Herwegh dagegen organisierte in Paris den Aufbau einer Deutschen Legion, dabei tatkräftig unterstützt von seiner Frau Emma. Die Zeit der Taten, von der beide geträumt hatten, schien gekommen, um die Zeit der Worte abzulösen.

Das Unternehmen stand jedoch unter einem unglücklichen Stern: Es fehlte an Geld und Waffen, die französische Regierung unterstützte das Vorhaben nur halbherzig, weil sie internationale Verwicklungen befürchtete. Und auch die Begeisterung der deutschen Handwerker dafür hielt sich in Grenzen: Es waren weniger als tausend Mann, die, unzulänglich bewaffnet, schließlich den Rhein überquerten, um den Freischaren Friedrich Heckers und Gustav Struves zu Hilfe zu eilen. Die aber hatten sich nach verlorenen Gefechten bereits aufgelöst, sodass die Legionäre in Eilmärschen der Schweizer Grenze zustrebten, um sich in Sicherheit zu bringen. Bevor sie die Schweiz erreicht hatten, wurden sie von württembergischem Militär bei Dossenbach gestellt und unter Zurücklassung von Gefallenen und Gefangenen zersprengt. Gemeinsam mit Emma, die ihn auf dem Kriegszug begleitete und in der Anfangsphase Aufklärungsdienste geleistet hatte, gelang Herwegh als Bauer verkleidet die Flucht in die Schweiz. Das unrühmliche Unternehmen hatte ein bitteres Nachspiel, denn schon bald zirkulierten in der deutschen Öffentlichkeit Berichte, wonach Herwegh auf der Flucht unter der Abdeckung eines von seiner Frau gelenkten Wagens versteckt gewesen sei – sich also feige aus dem Staub gemacht habe. Emma Herwegh ist in dem Bericht über die Intervention, der von ihr unter dem Titel *Zur Geschichte der deutschen demokratischen Legion aus Paris* und der sarkastischen Autorenangabe «von einer Hochverrätherin» 1849 veröffentlicht wurde, dieser Lüge und anderen Verleumdungen entgegengetreten, konnte sie aber nicht aus der Welt schaffen. Ihr fulminantes Büchlein zeigt jedenfalls, dass allen Beteiligten die Aussichtslosigkeit der Aktion rasch klar wurde – und endet mit einem Hoch auf die demokratische und soziale Republik.

Als Revolutionär wie Literat war Herwegh damit vorerst desavouiert. Er begann eine mehrjährige Liebesbeziehung mit der Ehefrau seines russischen Freundes Alexander Herzen, die, zunächst gegenüber den jeweiligen Ehepartnern geheim gehalten, dann doch nicht zu verheimlichen war und zum Dauerthema in den Emigrantenkreisen wurde. Offene Beziehungen waren seit Charles Fouriers utopischen Entwürfen ein Thema in linken Kreisen, aber Herwegh und Natalie Herzen verheimlichten ihr Verhältnis nach den Vorgaben der bürgerlichen Moral und täuschten dabei Ehepartner und Freunde. Schließlich kam es zu einer Duellforderung Herweghs an Herzen (der bürgerliche Ehrenkodex war auch in antibürgerlichen Kreisen maßgeblich), der dieser aber nicht nachkam. Von Nizza aus, wo beide Paare zeitweilig in demselben Haus gelebt hatten, gingen die Herzens nach London und Georg nach Zürich, während Emma zunächst in Nizza blieb.

In Zürich freundete sich Herwegh unter anderem mit dem dort als politischer Emigrant lebenden Richard Wagner an und war damit beschäftigt, frühere Kontakte, etwa zu Bakunin und Feuerbach, wiederherzustellen und neue Beziehungen, unter anderem zu Ferdinand Lassalle und Franz Liszt, aufzubauen. Herwegh war von nun an ein in Intellektuellen- und Künstlerkreisen gut vernetzter Mann. Er schrieb kleinere Artikel für einige Zeitungen, aber weil die Honorare zum Leben nicht reichten, musste er seine von ihm getrennt lebende Frau um finanzielle Unterstützung bitten. Schließlich söhnte Emma Herwegh sich mit ihm aus, zog mit den Kindern nach Zürich und trug durch Privatunterricht zum Lebensunterhalt der Familie bei. Als politischer Dichter machte Herwegh erst 1863 wieder von sich reden, als er auf Drängen Lassalles das *Bundeslied* für den Allgemeinen Deutschen Arbeiterverein schrieb, das mit der Strophe beginnt:

Bet' und arbeit'! ruft die Welt,
Bete kurz! Denn Zeit ist Geld.
An die Thüre pocht die Noth –
Bete kurz! denn Zeit ist Brot.

Und in dessen Fortgang sich die berühmte Strophe findet:

Mann der Arbeit, aufgewacht!
Und erkenne Deine Macht!
Alle Räder stehen still,
Wenn Dein starker Arm es will.[10]

Herwegh, in seinen politischen Anfängen Konstitutionalist, dann Republikaner und radikaler Demokrat, hatte sich unter dem Eindruck der Verelendung großer Teile der Arbeiterschaft, die mit der Industrialisierung einherging, zum Sozialisten entwickelt. Das materielle Elend, in das er und die Familie geraten waren (Emmas Vater hatte die Apanage drastisch gekürzt und seine Tochter schließlich enterbt), dürfte ihm den Wechsel vom Pariser Dandy zum Arbeiterdichter erleichtert haben. In Baden-Baden, wohin die Herweghs schließlich zogen, führte man ein zurückgezogenes Leben. Herwegh schrieb wieder politische Gedichte, in denen er sich gegen ein von den Habsburgern oder Hohenzollern geführtes Deutschland aussprach und auf eine republikanische Lösung setzte. Nach dem Deutsch-Französischen Krieg von 1870/71 und der Annexion Elsass-Lothringens, gegen die Herwegh scharf opponierte («Lothringen wollt ihr? Gebt Polen zurück!»[11]), brach sich seine Enttäuschung über die Deutschen in dem Gedicht *Der schlimmste Feind* Bahn:

Dies Volk, das seine Bäume wieder
Bis in den Himmel wachsen sieht
Und auf der Erde platt und bieder
Am Knechtschaftskarren weiter zieht;

Dies Volk, das auf die Weisheit dessen
Vertraut, der Ross' und Reiter hält,
Und mit Ergebenheitsadressen
Frisch, fromm und fröhlich rückt ins Feld.

Diese scharfe Absage an Bismarcks Politik endet mit der Strophe:

Gleich Kindern laßt ihr euch betrügen,
Bis Ihr zu spät erkennt, o weh! –
Die Wacht am Rhein wird nicht genügen,
Der schlimmste Feind steht an der Spree![12]

Und im *Epilog zum Kriege* distanziert er sich energisch von Preußen-Deutschland:

Schwarz, weiß und roth! um Ein Panier
Vereinigt stehen Süd und Norden;
Du bist im ruhmgekrönten Morden
Das erste Land der Welt geworden:
Germania, mir graut vor Dir![13]

Den begeisternden Schwung der frühen Gedichte hat der späte Herwegh nicht mehr erreicht. Der bittere Sarkasmus der späten Gedichte ist nicht zuletzt Ausdruck der Enttäuschung, die für ihn der Fortgang der deutschen Geschichte darstellte. Am 7. April 1875 ist Herwegh in Lichtental bei Baden-Baden gestorben, und seinem Wunsch entsprechend hat Emma ihn in der Schweiz, in republikanischer Erde, bestatten lassen, in Liestal bei Basel. Sie selbst hat ihren Mann um fast drei Jahrzehnte überlebt. Sie zog von Baden-Baden nach Paris, wo sie sich in den Kreisen kritischer Literaten und Intellektueller bewegte, bestaunt und geehrt als die Verkörperung eines alternativen Wegs der deutschen Geschichte.

Zum Weiterlesen

Georg Herwegh, Werke und Briefe. Kritische und kommentierte Gesamtausgabe, hg. von Ingrid Pepperle in Verbindung mit Volker Giel u. a., 6 Bde., Bielefeld 2005–2019.

«Freiheit überall, um jeden Preis!» Georg Herwegh 1817–1875. Bilder und Texte, bearb. von Heidemarie Vahl/Ingo Fellrath, Stuttgart 1992.

Horst Brandstätter (Hg.), Im Interesse der Wahrheit. Emma Herweghs «Zur Geschichte der deutschen demokratischen Legion aus Paris, von einer Hochverräterin», Lengwil 1998.

Michail Krausnick, Die eiserne Lerche. Die Lebensgeschichte des Georg Herwegh, Weinheim 1993.

Michail Krausnick, Nicht Magd mit den Knechten. Emma Herwegh, eine biographische Skizze (Marbacher Magazin 83), Marbach 1998.

Dirk Kurbjuweit, Die Freiheit der Emma Herwegh. Ein Roman, München 2017.

Stephan Reinhardt, Georg Herwegh. Eine Biographie. Seine Zeit – unsere Geschichte, Göttingen 2020.

Wilhelm Bleek

Friedrich Christoph Dahlmann
(1785–1860)

Von den Göttinger Sieben zur Paulskirche

Sein Rausschmiss wurde zum Triumph: Als ihm der König von Hannover im Dezember 1837 abrupt seine Göttinger Professur entzog und ihn aus dem Königreich verbannte, führte dies Friedrich Christoph Dahlmann auf den Gipfel seiner Popularität. Jetzt kannte ganz Deutschland seinen Namen.

Was war vorgefallen? Im Juni 1837 hatte König Wilhelm IV., der gleichermaßen im Vereinigten Königreich von Großbritannien, Schottland und Irland sowie in Hannover herrschte, ohne legitimen Nachfahren das Zeitliche gesegnet. In London bestieg die Nichte des verstorbenen Königs, die junge Queen Victoria, den Thron, in Hannover, das keine weibliche Thronfolge zuließ, ihr alter Onkel Ernst August. Dieser militärisch erprobte und hochkonservative Haudegen setzte nach seiner Krönung als Erstes das hannoversche Staatsgrundgesetz von 1833 außer Kraft, das ihm zu liberal dünkte, und hob es dann am 1. November 1837 gänzlich auf; zudem entband er alle hannoverschen Staatsdiener von ihrem Eid auf diese Verfassung.

An der hannoverschen Landesuniversität in Göttingen witterte eine Gruppe von universitätspolitisch engagierten und reformbereiten Professoren einen königlichen Verfassungsbruch. Sie verwahrten sich

< Friedrich Christoph Dahlmann, Lithografie von Franz Hanfstaengl nach einer Zeichnung von Friedrich Pecht, 1838. Städtisches Museum Göttingen.

in einem von Dahlmann entworfenen Schreiben vom 18. November 1837 an das Universitätskuratorium dagegen, dass die nach ihrer Ansicht seit 1833 rechtsgültige Verfassung «allein auf dem Wege der Macht zu Grunde» gehen sollte.[1]

Diese nichtöffentliche Eingabe von sieben Professoren wurde zur berühmten «Protestation der Göttinger Sieben». Mehr durch Zufall geriet der Text einem Studenten für eine halbe Stunde in die Hände, der flugs über Nacht die Vervielfältigung organisierte. Gruppen von jeweils zehn Studenten stellten per Diktat über tausend Kopien her, durch herbeigeholtes Bier beflügelt. Diese Abschriften schickten die Studenten nicht nur an ihre Eltern, sondern auch an deutsche und ausländische Zeitungsredaktionen.

Der König erfuhr erst Ende November aus einer englischen Zeitung, dass sich sieben seiner Professoren gegen sein Machtwort verwahrt hatten. Am 12. Dezember 1837 enthob Ernst August die aufmüpfigen Gelehrten ihrer Göttinger Lehrstühle und verwies darüber hinaus drei von ihnen, den Historiker Dahlmann, den Germanisten (und Märchensammler) Jacob Grimm und den Literaturhistoriker Georg Gottfried Gervinus, als angebliche Verbreiter der Protestation des Landes.

Sechs der sieben Entlassenen griffen umgehend zu der ihnen vertrauten geistigen Waffe, der Feder, und verfassten Schriften zur Rechtfertigung ihrer Protestation. Dahlmann als ihr Wortführer konzentrierte sich als ein an den Quellen orientierter Historiker in seiner Abhandlung *Zur Verständigung*, die wegen der Zensur nur im schweizerischen Basel erscheinen konnte, auf eine aktenmäßige Dokumentation des Streites mit dem hannoverschen König. Für ihn lag dem hannoverschen Verfassungsstreit ein Konflikt zwischen Recht und Unrecht zugrunde: «Ich kämpfe für den unsterblichen König, für den gesetzmäßigen Willen der Regierung, wenn ich mit den Waffen des Gesetzes das bekämpfe, was in der Verleitung des Augenblicks der sterbliche König im Widerspruch mit den bestehenden Gesetzen beginnt.»[2] Von diesem Grundverständnis ausgehend, rechtfertigte der vormärzliche Politiklehrer ein passives Widerstandsrecht gegen die Obrigkeit, insbesondere gegen verfassungswidrig zustande gekommene Wahlen, Volksvertretungen und Steuererhebungen.

In ganz Deutschland – mit Ausnahme des Königreichs Hannover – entfaltete sich in Sympathieadressen und Publikationen eine Solidaritätskampagne für die Göttinger Sieben. Höhepunkt wurde eine materielle Unterstützungsaktion für die stellungslosen Gelehrten. Von Leipziger Bankiers und Verlegern ausgehend, die zur selben Zeit auch den Bau der ersten deutschen Ferneisenbahn von der Messestadt nach Dresden vorantrieben, wurde Geld zur Weiterzahlung der Gehälter an die Sieben gesammelt. Die Annahme dieser milden Gabe widerstrebte zunächst der Mehrheit der Entlassenen, doch Dahlmann überzeugte sie vom symbolischen Wert einer «vaterländischen» Zuwendung.

Bettine von Arnim, der von der Romantik inspirierten Freundin der Brüder Grimm, gelang es 1840 durch ihre bezirzende Fürsprache, Friedrich Wilhelm IV., der kurz zuvor den preußischen Thron bestiegen hatte und auf seine schöngeistigen Interessen stolz war, nicht nur zur Anstellung der Brüder Grimm an der Königlichen Akademie der Wissenschaften zu Berlin zu bewegen, sondern auch ihren königlichen Freund zur Berufung Friedrich Christoph Dahlmanns auf einen Lehrstuhl an der rheinisch-preußischen Universität in Bonn zum November 1842 zu überreden. Damit konnte der Verein zur Unterstützung der Göttinger Sieben seine Sammeltätigkeit einstellen; die Restsumme ging an die notleidende Familie des seit 1838 inhaftierten Marburger Staatsrechtsprofessors und kurhessischen Verfassungspolitikers Sylvester Jordan.

In den fast fünf Jahren seiner akademischen Stellungslosigkeit ist Friedrich Christoph Dahlmann zu einem Helden des liberalen deutschen Bürgertums und Idol seiner Rechtschaffenheit aufgestiegen. Die von ihm organisierte Protestation der sieben Göttinger Professoren und ihre Vertreibung durch den königlichen Autokraten in Hannover war neben dem Hambacher Fest von 1832 das größte Medienereignis des deutschen Vormärz.

Das unbeugsame Gefühl für Recht und Gerechtigkeit war Dahlmann bereits in die Wiege gelegt worden. Er wurde am 13. Mai 1785 in Wismar geboren. Sein Vater wie sein Großvater hatten das Amt eines rechtsgelehrten Syndikus ausgeübt, bevor sie beide zu Bürgermeistern der traditionsreichen Hansestadt gewählt worden waren. Wismar, an einer Ostseebucht zwischen Lübeck und Rostock gelegen, stand damals noch unter der Herrschaft der schwedischen Krone und genoss die, im Vergleich zu dem rückständischen, auf Leibeigenschaft basierenden Herzogtum Mecklenburg, freiheitlicheren Verhältnisse des nordischen Königreichs.

Da seine beiden älteren Brüder bereits Rechtswissenschaften studierten, um in der Nachfolge ihrer Vorfahren eine städtische Amtskarriere einzuschlagen, konnte Dahlmann seinen Neigungen folgend klassische Philologie an den Universitäten Halle und Kopenhagen studieren. Nach der Promotion und Habilitation wurde er 1812 durch Vermittlung seines Onkels mütterlicherseits, welcher der für Schleswig und Holstein zuständigen Kanzlei am Kopenhagener Hof vorstand, auf eine außerordentliche Professur an der Kieler Universität berufen – Schleswig und Holstein waren damals noch mit dem Königreich Dänemark in Personalunion verbunden. Bald danach übernahm Dahlmann auch das Amt des Sekretärs der «Fortwährenden Deputation der schleswig-holsteinischen Prälaten und Ritterschaft». Während es den ständischen Repräsentanten mehr um die Bewahrung ihrer alten Privilegien ging, entwickelte Dahlmann in seiner Funktion als eine Art von Politikberater seine Konzeption einer «guten Verfassung» als einigendem Band nicht nur für die beiden deutschen Herzogtümer des dänischen Königs, sondern auch als Zukunftsvision für ein ganzes deutsches Vaterland.

Dahlmanns Beschäftigung mit der Geschichte der frühneuzeitlichen Bauernrepublik Dithmarschen im Westen Holsteins führte ihn zu einem Verständnis von landschaftlicher Selbstverwaltung, das später in der demokratischen Genossenschaftslehre Otto von Gierkes und seines Schülers Hugo Preuß fortgeführt wurde. Doch diese historisch und verfassungstheoretisch begründeten Vorstellungen des Kieler Extraordinarius stießen weder beim dänischen König und dessen Kopenhagener Zentralbürokratie noch beim Deutschen Bund unter Metternich auf Gegenliebe, so nahm Dahlmann schließlich Abschied von seiner unterbezahlten Stellung in Kiel.

In Göttingen konnte der zum Historiker gewordene Altphilologe seinem Lehramt in der Geschichtswissenschaft die ganze Palette der sogenannten Staatswissenschaften hinzufügen. An deren Spitze stand die Lehre von der Politik, zu der Dahlmann 1835 sein Hauptwerk über *Die Politik, auf den Grund und das Maaß der gegebenen Zustände zurückgeführt* veröffentlichte. In ihm entwickelte er seine verfassungspolitischen Vorstellungen auch nach seiner Mitarbeit an der Ausarbeitung des hannoverschen Staatsgrundgesetzes von 1833 weiter. Eine «gute Verfassung» beruhte nach seiner von Aristoteles und Montesquieu inspirierten Konzeption auf der Ausbalancierung von monarchischen, aristokratischen und demokratischen Strukturen, vorbildhaft in der von ihm bewunderten englischen Verfassungsordnung verwirklicht.

Nachdem Mitte März 1848 auch in Deutschland und selbst im beschaulichen Bonn am Rhein, wo Dahlmann seit nun fünf Jahren lehrte, die Revolution ausgebrochen war, bemühte er sich, seinen Teil dazu beizutragen, sie in geordnete, das heißt verfassungspolitische Bahnen zu lenken. Der 63-jährige Gelehrte empfand es als eine Ehre, als ihm die preußische Regierung, an deren Spitze nun reformgesinnte Repräsentanten des rheinischen Wirtschaftsbürgertums getreten waren, die Vertretung Preußens in dem Vertrauensmännergremium übertrug, das in Frankfurt am Main eine «Revision der Bundesverfassung auf wahrhaft zeitgemäßen und nationalen Grundsätzen» beraten sollte.[3]

Kaum in Frankfurt auf dem mittelrheinischen Dampfschiff angekommen, wurde Dahlmann von den Vertrauensmännern der anderen deutschen Staaten mit der Ausarbeitung des Entwurfs einer deutschen Reichsverfassung beauftragt. In nur einwöchiger Arbeit, bei der ihm sein Göttinger Mitprotestant Wilhelm Eduard Albrecht (als nun Leipziger Juraprofessor) beistand, konnte Dahlmann, noch bevor die verfassunggebende Nationalversammlung gewählt und zusammengetreten war, einen ausgefeilten Text vorlegen. Grundlegend für den Organisationsteil dieses Verfassungsentwurfs war die Beibehaltung monarchischer Staatsspitzen, doch über den einzelstaatlichen Dynastien sollte als Reichsoberhaupt ein Erbkaiser thronen, der mit seinem fürstlichen Haus seinen dauerhaften Sitz in der alten Krönungsstadt am Main nehmen sollte.

Wichtiger aber: Dahlmann konzipierte für seinen Verfassungsentwurf einen Katalog von Grundrechten, bei denen entsprechend seinem staatsbürgerlichem Freiheitsverständnis politische Grundrechte wie die Pressefreiheit, die Versammlungs- und Vereinsfreiheit, das Petitionsrecht und die Öffentlichkeit der Ständeversammlungen im Mittelpunkt standen. Erstmals in der verfassungsgeschichtlichen Entwicklung Deutschlands wurde unter den Grundrechten auch die «Freiheit der Wissenschaft» aufgeführt – hier spielten sicherlich die persönlichen Erfahrungen Dahlmanns im hannoverschen Verfassungskonflikt eine Rolle.

Die bedeutsamste Nachwirkung des Dahlmann'schen Verfassungsentwurfs vom April 1848 betrifft dessen Überschrift: «Entwurf des deutschen Reichsgrundgesetzes». Entgegen dem aus der Entstehungsgeschichte der bundesrepublikanischen Verfassung stammenden Verständnis, dass 1949 mit Rücksicht auf den vorläufigen Charakter der westdeutschen Staatsgründung im geteilten Deutschland der vermeintlich anspruchsvollere Terminus einer «Verfassung» vermieden werden sollte, hatte für Dahlmann als historisch orientiertem Politiklehrer das alteuropäische Wort eines «Grundgesetzes» eine weitaus größere normative Kraft. Darunter verstand er die materialen, unverbrüchlichen und unabänderlichen Grundlagen einer politischen Ordnung, die in ihrer Kraft und Stabilität noch über die formalen und wandelbaren Grundsätze einer Staatsverfassung hinausgingen. In diesem Sinne hatte Dahlmann schon die wesentlich von ihm entworfene hannoversche Verfassung von 1833 als «Staatsgrundgesetz» bezeichnet.

Zum Zeitpunkt der Fertigstellung des Dahlmann'schen Entwurfs war bereits absehbar, dass die zu wählende deutsche Nationalversammlung die bestimmende verfassunggebende Kraft sein würde. Friedrich Christoph Dahlmann sollte zu den prominentesten Köpfen dieser deutschen Konstituante gehören. Doch bevor er am 18. Mai 1848 zusammen mit 383 anderen Volksvertretern feierlich in die Frankfurter Paulskirche einziehen konnte, erlitt der Bonner Gelehrte eine ihn und die deutsche Öffentlichkeit schockierende Niederlage: Der protestantische Dahlmann hatte bei der Wahl in seiner überwiegend katholischen Heimatstadt am Rhein das Nachsehen gegenüber einem zwar politisch gleichgesinnten, aber rechtgläubigen Juraprofessor. Auf diese Nachricht hin erreichte ihn innerhalb einer Woche eine wahre Flut von Wahlangeboten aus allen deutschen Gegenden. Gewählt wurde Dahlmann schließlich in sechs Wahlkreisen, je dreien im Königreich Hannover und im Herzogtum Holstein. Der Bonner Geschichts- und Politikprofessor nahm die Wahl im holsteinischen Segeberg an, weil er dort mit 98,8 Prozent aller abgegebenen Stimmen den maximalen Zuspruch erreicht hatte.

Dahlmann hielt im Verlauf der nächsten zehn Monate in der Paulskirche sechs lange Reden, hauptsächlich zu entscheidenden Fragen der konstitutionellen Organisation des künftigen Deutschen Reiches. Seine Beiträge hatten den Charakter von wohlausgearbeiteten Vorlesungen, ihm war – im Gegensatz zu anderen in diesem Buch gewürdigten Mitgliedern der Frankfurter Nationalversammlung – keine rhetorische Gabe geschenkt. Auch drang Dahlmanns eher schwache Stimme in der notorisch schlechten Akustik der Paulskirche kaum durch. Dahlmanns hauptsächliches Tätigkeitsfeld in der Nationalversammlung war deren Verfassungsausschuss, der im Sarasin'schen Haus am Großen Kornmarkt 12 tagte. Dahlmann war es, der große Teile der «Verfassung des Deutschen Reiches» formulierte, die am 27. März 1849 von der Nationalversammlung angenommen und am folgenden Tag zusammen mit der Wahl des preußischen Königs zum Kaiser der Deutschen ausgefertigt wurde. Der nach langen Verhandlungen im Frühjahr 1849 von einer parlamentarischen Mehrheit erreichte Verfassungskompromiss knüpfte dabei in vielem an Dahlmanns Vertrauensmännerentwurf vom April 1848 an. Wichtig war Dahlmann vor allem die Einrichtung einer zweiten, föderalen Parlamentskammer: Sie sollte die deutschen Länder repräsentieren.

Doch in der Zwischenzeit hatten sich die politischen Gewichte von den revolutionär gestimmten und reformbereiten Kräften wieder auf die reaktionäre Seite der alten Gewalten mit den Fürsten und den Militärs an der Spitze verschoben. Daran war auch Friedrich Christoph Dahlmann mit seinem unerbittlichen Eintreten für den Anschluss des ganzen Herzogtums Schleswig einschließlich des überwiegend Dänisch sprechenden Nordschleswig an das zu gründende Deutsche Reich nicht unschuldig. Im Auftrag der Frankfurter Nationalversammlung führte Preußen im Sommer 1848 einen Krieg gegen Dänemark, der militärisch höchst erfolgreich war, den Preußen aber Ende August unter dem Druck der europäischen Großmächte Russland und Großbritannien mit einem im schwedischen Malmö geschlossenen Waffenstillstand einstellen musste. Auf die Nachricht von dieser als Niederlage empfundenen Vereinbarung brach in der Frankfurter Nationalversammlung der Sturm aus – und Friedrich Christoph Dahlmann stand an seiner Spitze. In einer für seine Verhältnisse fulminanten Rede heizte er die Stimmung mit dem nationalistischen Argument an, dass die Ehre Deutschlands auf dem Spiel stehe. Am Abend des 5. September 1848 stimmte eine knappe Mehrheit gegen den Malmöer Waffenstillstand, «sistierte» ihn, wie es in der Rechtssprache hieß. Diese knappe Mehrheit setzte sich aus allen linken und den meisten Volksvertretern des linken Zentrums, aber nur wenigen Mitgliedern aus Dahlmanns eigener Fraktion der rechten Mitte zusammen.

Die von Dahlmanns politischer Richtung angeführte Reichsregierung trat, wie zuvor von ihr angekündigt, zurück, und Erzherzog Johann von Österreich, der Reichsverweser, beauftragte noch am selben Abend den Bonner Professor mit der Bildung einer neuen Regierung. Man munkelte schon von einem «Ministerium Dahlmann-Blum». Doch Dahlmann dachte nicht daran, sich mit der von ihm als revolutionär verabscheuten Linken um Robert Blum einzulassen, und gab schon am folgenden Abend den Auftrag zur Regierungsbildung an den Reichsverweser zurück. Nach zwei chaotischen Wochen wurde der Waffenstillstand dann mit knapper Mehrheit doch noch angenommen und eine neue Reichsregierung aus der gleichen politischen Richtung wie das abgetretene Ministerium gebildet. Diese Kehrtwendung der Parlamentsmehrheit aus realpolitischer Einsicht, die manchem Enragée schon wie ein Verrat an der Revolution erschien, erlaubte aber keine schlichte Fortsetzung des vorherigen Kurses, zumal die Entscheidung in Frankfurts Handwerker- und Arbeiterschaft Unruhe und schließlich einen Sturm auf die Paulskirche ausgelöst hatte, der nur mit militärischer Gewalt abgewehrt werden konnte.

So offenbarte sich in der Krise um den Malmöer Waffenstillstand die Ohnmacht der reformbereiten Repräsentanten des deutschen Bürgertums nicht nur in außenpolitischer, sondern auch in innenpolitischer Hinsicht. Vielfach wurde Friedrich Christoph Dahlmann, auch und besonders von seinen politischen Gesinnungsgenossen, die Schuld dafür zugeschoben. Sein Ruhm aus Vormärztagen erhielt durch diese Episode einen gehörigen Knacks. Für Rudolf Haym, der ebenfalls der rechten Mitte angehörte, wurde mit Dahlmanns Verhalten in der Krise um den Malmöer Waffenstillstand offenbar, «dieser Mann sei zwar gewiß ein Charakter, aber gewiß kein Staatsmann».[4]

Friedrich Christoph Dahlmann war weder ein Anhänger der Demokratie noch der Republik. Eine Herrschaft des Volkes lehnte dieser Altliberale mit der üblichen Skepsis des Bildungsbürgertums gegen den unwissenden «Pöbel» ab, aus dem in Deutschland erst zu Ende seines Lebens das Proletariat als gebildete und organisierte Arbeiterschaft hervorgehen sollte. Zeit seines Lebens war Dahlmann aus Motiven historischer Anhänglichkeit ein entschiedener Verfechter der Monarchie, obwohl er dreimal in seinem Leben erfahren musste, dass Könige ihn bitter enttäuschten, ja demütigten.

Dem ungeachtet blieb Dahlmann ein überzeugter Künder des Konstitutionalismus: des Primats einer nicht nur formalen, sondern auch materialen Verfassungsordnung. Die Herrschaft der Verfassung als des Grundgesetzes der staatsbürgerlichen Ordnung sollte nach Dahlmanns Auffassung auf einem Konsens zwischen der monarchischen Obrigkeit und der staatsbürgerlichen Volksvertretung beruhen. Im April 1849 schien sich diese Idealvorstellung in der Paulskirche durch das Zustandekommen einer großen Koalition von der gemäßigten Rechten über die Mitte bis hin zur gemäßigten Linken zu erfüllen. Dahlmann stimmte nun dem allgemeinen (Männer-)Wahlrecht zu, auch weil er nach der Verankerung des öffentlichen Schulwesens in der Verfassung die Chance sah, die Unterschichten an das Bildungsbürgertum heranzuführen.

Doch Friedrich Wilhelm IV. von Preußen enttäuschte den Professor, der am Rhein zum Apostel der preußischen Mission bei der Herstellung der deutschen Einheit geworden war. Dahlmann wurde Mitglied jener Kaiserdeputation der Nationalversammlung, die Anfang

April 1849 nach Berlin reiste, um dem preußischen König die erbliche Kaiserkrone der Deutschen anzubieten. Dass Friedrich Wilhelm schnöde absagte, weil er, in einem anachronistischen Gottesgnadentum befangen, keine Krone aus den Händen des Volkes empfangen wollte und auch im Gegensatz zu Dahlmann ein großdeutsches, kein kleindeutsches Reich im Sinn hatte, war der Schlussstein in Dahlmanns von Enttäuschungen gezeichnetem politischen Leben.

Friedrich Christoph Dahlmann starb am 5. November 1860 in Bonn. Die Gründung des Bismarckreiches von 1867/71, erzwungen durch militärische Siege und einen Bund der Fürsten, wäre diesem Altliberalen wahrscheinlich aufgestoßen, das autoritäre System des wilhelminischen Reiches hätte ihm widerstrebt. Zu Zeiten der Weimarer Republik blockierte seine monarchistische Grundeinstellung die Rezeption seines Gedankengutes. Erst als 1949 in Dahlmanns letzter Heimatstadt am Rhein die Bundesrepublik gegründet wurde, besann man sich in Wissenschaft und Öffentlichkeit auf sein ideelles Erbe. Den Anfang machte Karl Dietrich Bracher, der in Bonn nicht nur mit seinem Lehrstuhl für Politikwissenschaft und Zeitgeschichte an die zwischenzeitlich unterbrochene Tradition der älteren von Dahlmann verkörperten Lehre von der Politik anknüpfte. Bracher hielt auch aus Anlass des 100. Todestages Dahlmanns Anfang Dezember 1960 einen Gedenkvortrag, in dem er die bundesrepublikanische Aktualität der Überlegungen seines vormärzlichen Vorgängers zum Primat der Verfassungsbewegung über die Herstellung der nationalen Einheit, zur Bedeutung des Widerstandsrechtes und zum Wert der staatsbürgerlichen Bildung herausstellte.

Wenn man unter Demokratie nicht nur die Mechanismen einer Ausübung der Volkssouveränität, sondern im weiteren Sinne die normative Verfasstheit eines staatsbürgerlichen Gemeinwesens versteht, gehört auch Friedrich Christoph Dahlmann trotz aller professoralen Altertümlichkeit seiner Sprache und seinen eher konservativen Auffassungen mit seinen konstitutionalistischen Grundüberzeugungen in die politische Traditionslinie, die zu unserer heutigen demokratischen Rechts- und Verfassungsordnung führte.

Zum Weiterlesen

Friedrich Christoph Dahlmann, Die Politik auf den Grund und das Maaß der gegebenen Zustände zurückgeführt, Göttingen 1835; Leipzig ^{2}1847.

Friedrich Christoph Dahlmann, Die Politik, hg. von Wilhelm Bleek (Bibliothek des Deutschen Staatsdenkens, Bd. 7), Frankfurt a. M./Leipzig 1997.

Wilhelm Bleek, Friedrich Christoph Dahlmann. Eine Biographie, München 2010.

Wilhelm Bleek/Bernhard Lauer (Hg.), Protestation des Gewissens. Die Rechtfertigungsschriften der Göttinger Sieben, Kassel 2012.

Karl Dietrich Bracher, Über das Verhältnis von Politik und Geschichte. Gedenkrede auf Friedrich Christoph Dahlmann (Alma Mater. Beiträge zur Geschichte der Universität Bonn, H. 10), Bonn 1961.

III.
Die Revolution 1848 und das Parlament in der Paulskirche

Christopher Clark

Robert Blum
(1807–1848)

Mann des Volkes, Märtyrer der Revolution

Am 13. August 1845 bestieg Robert Blum den Morgenzug von Dresden, wo er sich um Theaterangelegenheiten gekümmert hatte, nach Leipzig, wo er wohnte. Er kam in eine Stadt, die sich in Aufruhr befand. Freunde holten ihn am Bahnhof ab und brachte ihn à jour: Am Abend zuvor waren bei Zusammenstößen zwischen Soldaten und Bürgern acht Menschen getötet und vier verwundet worden. In Leipzig braute sich ein Aufstand zusammen. Blum war der bekannteste Demokrat der Stadt, ein Mann, dessen Urteil und dessen Integrität weithin geschätzt wurden. Sein Umgang mit der Situation würde mit darüber entscheiden, welchen Fortgang die Krise nahm.

Die Ereignisse dieses Tages markieren einen Wendepunkt in Blums Leben. Sie beleuchten gleichsam die einzigartige Mischung aus Fähigkeiten und Wesenszügen, die Robert Blum in seinen lebenslangen Kampf um Demokratie einbrachte.

Auslöser für den Aufruhr in Leipzig war die Ankunft von Prinz Johann, dem Bruder des sächsischen Königs, am Tag zuvor gewesen. Politische Spannungen hatten sich im Königreich Sachsen schon seit 1843 aufgebaut und stetig verschärft, nachdem König Friedrich

< Robert Blum, Lithografie von Valentin Schertle nach einer verschollenen Daguerreotypie von Hermann Biow, 1848. Stadtgeschichtliches Museum Leipzig.

August II. den Haudegen Julius Traugott von Könneritz zu seinem Regierungschef ernannt und damit eine Phase antidemokratischer Repression eingeleitet hatte. Als am Abend des 12. August der Prinz und seine Entourage mit Offizieren und Leipziger Honoratioren im Hôtel de Prusse dinierten, versammelte sich vor dem Gebäude, auf dem Roßplatz, eine Menschenmenge. Steine flogen und zerschmetterten die Fensterscheiben des Hotels.

Aus der Leipziger Garnison des Königlich-Sächsischen Heeres wurden Truppen herbeigerufen. Im Verlauf des Tumults verloren einer oder mehrere der kommandierenden Offiziere die Nerven, und es ergingen Schießbefehle. Acht Demonstranten wurden tödlich getroffen, vier verwundet. Es stellte sich heraus, dass die meisten der Opfer von hinten erschossen worden waren, als sie vor den anrückenden Soldaten wegliefen. Unter den Getöteten war Gotthelf Heinrich Nordmann, ein beim Verlag Brockhaus beschäftigter Korrektor; er war aus seiner Haustür getreten, um zu sehen, was vorging, als ihn eine Kugel in den Brustkorb traf. Er hinterließ eine Witwe und fünf Waisen.

Dies alles erfuhr Robert Blum am folgenden Tag nach seiner Ankunft am Leipziger Bahnhof. Inzwischen hatten radikale Studenten zu einer Massenkundgebung vor dem Schützenhaus aufgerufen, dem Heim des Leipziger Schützenvereins, einem großen Anwesen am Rande der Innenstadt. Blum begab sich eilends dorthin, sein Eintreffen sorgte für große Begeisterung. Es war für ihn eine ganz neuartige Erfahrung – er hatte schon des Öfteren im Kreise Gleichgesinnter Reden gehalten, aber noch nie vor einer wütend erregten Menge gestanden, die in erwartungsvolles Schweigen verfiel, gespannt darauf wartend, was er ihr zu sagen hatte. Und was er zu sagen hatte, war in mancher Hinsicht eine Überraschung. Blum spornte nicht etwa die Wut seiner Zuhörer an; er mahnte vielmehr zu Ruhe und Zurückhaltung: «Verlasst den Boden des Gesetzes nicht», rief er der Menge zu.[1] Anstatt sich zu unnützen Racheakten hinreißen zu lassen, müssten die Bürger alles daransetzen, praktische Forderungen an die Obrigkeit zu stellen. Er rief sie auf, in einem Schweigemarsch zum Rathaus zu ziehen und den Stadtrat zur Rede zu stellen.

Das war ein kluger Schachzug. Die Stadtregierungen in den deutschen Staaten waren als gewählte Repräsentanten der Bürgerschaft gegenüber verantwortlich und daher für Kritik und Diskussion zugänglicher als die lokalen Statthalter der Zentralregierung. 1848 würden sie, übrigens auch in vielen anderen europäischen Städten, als Durchgangsstationen der Revolution fungieren. Fast lautlos bewegte sich der Zug der Zehntausend Richtung Zentrum, zum Marktplatz, wo das mächtige Rathaus stand. Eine Abordnung formierte sich. Und als die Delegierten die Räumlichkeiten des Stadtrats betraten, war es Blum, der als Wortführer hervortrat und die unerwartet moderaten Forderungen der empörten Bürgerschaft vortrug: eine feierliche Beerdigung der Erschossenen, Aufrechterhaltung der Ruhe und Ordnung in der Stadt ausschließlich durch die «Communalgarde», Rückzug der königlichen Truppen aus dem Stadtgebiet und Austausch der Garnison sowie eine «strenge Untersuchung» der Vorfälle vom 12. August. Blum hielt an diesem pragmatischen Programm die Folgetage über fest, auch in der Trauerrede, die er an den Särgen der Erschossenen hielt und in der er der Empörung der Bevölkerung und der politischen Entschlossenheit der Bürgerschaft einen bemerkenswert verhaltenen Ausdruck verlieh.

Die Schriftstellerin Louise Otto-Peters, Vorkämpferin für die Rechte der Frau, war dabei, als Blum sprach. Sie lauschte der «klangvollen Stimme», mit der er sich an die Menge wandte, und betont rückblickend, Blum habe nichts «Dämonisches» an sich gehabt, nichts von einer «grausamen Natur». Vielmehr habe er mit seiner «Besonnenheit mitten in der Begeisterung und durch das Schlagende seiner Worte und Gründe [...] eine Art von Zauber auch auf die aufgeregtesten Massen» ausgeübt.[2] Für einen Augenblick hatte ein Einzelner – ein intelligenter, energischer Autodidakt höchst bescheidener Herkunft – die Geschicke einer Stadt in seinen Händen gehalten.

Die herausragenden Facetten von Robert Blums Begabung und Naturell treten bereits in dieser Episode hervor: die Bereitschaft, sich mit Obrigkeiten anzulegen; die Rednergabe; eine volltönende Stimme, die weit reichte (wichtig in einer Zeit, in der es noch keine elektrische Verstärkungstechnik gab); das persönliche Charisma eines «Mannes aus dem Volk», dessen untersetzte Gestalt und schlichtes Auftreten es «kleinen Leuten» leicht machten, ihn als einen der Ihren zu akzeptieren; ein Nimbus der Redlichkeit und Verlässlichkeit; eine Neigung zu gemäßigten statt extremen Lösungen; und schließlich die Fähigkeit, zwischen höchst unterschiedlichen Kommunikationswelten zu agieren – dem Marktplatz und dem Parlament. Das waren und blieben die Kennzeichen von Robert Blums kurzer Karriere als Politiker.

Am 10. November 1807 war er in Köln zur Welt gekommen. In einer posthum veröffentlichten autobiografischen Skizze erinnerte er sich an seine Kindheit in dem Häuschen am Fischmarkt als eine Zeit der bitteren Not. Sein Vater verdiente einen kargen Lebensunterhalt als Böttcher. Nach dem Tod des Vaters 1815 verlegte sich die Mutter auf Heimarbeiten als Näherin. Robert half ihr beim Nähen und Stopfen und kümmerte sich um seine kleinen Geschwister. Die zweite Ehe der Mutter mit einem Rheinschiffer, der die napoleonischen Kriege mitgemacht hatte und Alkoholiker war, brachte kaum Besserung. In den Hungerjahren 1816/17 reichte der Tageslohn des Stiefvaters oft nicht einmal für das tägliche Brot.

Das Milieu war katholisch durch und durch. Der Dom stand nur einen Steinwurf vom Haus der Familie entfernt. Robert wurde von Priestern unterrichtet und diente in seiner Gemeindekirche als Messdiener, für ein Taschengeld, das er seiner Mutter nach Hause brachte. Sein Verhältnis zu den vielen Priestern, mit denen er als Kind in Berührung kam, war ambivalent. Zu manchen entwickelte er eine freundschaftliche und ihn fördernde Beziehung. Es waren diese Geistlichen aus seiner Kirchengemeinde, die als Erste die Intelligenz des Jungen erkannten. Es kam allerdings auch zu frühen und prägenden Konflikten. Als Robert einmal die Beichte nutzte, um seine Zweifel am Dogma der Dreifaltigkeit zu äußern, «schreckte der Priester zurück, als ob ihm eine Schlange entgegenzische», und meldete seinen Kollegen die ketzerischen Gedanken des Jungen.[3] Von einem improvisierten Tribunal vernommen, blieb der Knabe renitent. Als Erwachsener sagte Blum sich entschieden von der Kirche los. Er schloss sich dem Deutschkatholizismus an, einer 1844/45 von dem jungen schlesischen Geistlichen Johannes Ronge gegründeten dissidenten Bewegung, die den Katholizismus von Rom emanzipieren und mit aufgeklärt-humanistischen Idealen versöhnen wollte.

Da die Familie das Schulgeld für das Gymnasium nicht aufbringen konnte, ging der 14-Jährige von der Schule ab und suchte sich eine Lehrstelle. Nach zwei abgebrochenen Lehrzeiten bei unfähigen Meistern verbrachte Blum ein paar trostlose Jahre bei einem Gelbgießer, für den er hauptsächlich stupide Hilfsarbeiten erledigte. Spätestens seit 1827 arbeitete er für den Laternenfabrikanten Johann Wilhelm Schmitz, eine Anstellung, die ihm die Chance eröffnete, als Vertreter und Kundenberater durch ganz Deutschland zu reisen. Welche Richtung sein weiteres Leben nehmen würde, war jedoch nach wie vor offen, und als die Laternenfabrik Schmitz 1830 zumachte, war der inzwischen 23-jährige Blum noch immer ein Suchender.

Die Wende kam mit einer Anstellung beim Kölner Stadttheater unter Friedrich Sebald Ringelhardt. In dessen Diensten blieb Blum, zuerst in Köln und dann in Leipzig, bis 1847. Er lernte schnell *by doing* und arbeitete sich vom Handlanger und Assistenten zum unentbehrlichen Prokuristen und Chefbuchhalter in Ringelhardts kleiner, aber vielgliedriger Theaterkompanie hoch. Sein mageres Gehalt reichte für die Gründung eines bescheidenen Haushalts, zuerst 1837 mit Adelheid

Mey, die jedoch schon 102 Tage nach der Heirat an den Folgen einer Fehlgeburt starb, danach mit Jenny Günther, der Schwester eines guten Freundes.

Einem Menschen, dessen Geldmittel und dessen Aufstiegschancen nie seinen Talenten entsprochen hatten, eröffnete das Theater viele Möglichkeiten. Obschon ein wichtiger Teil der bürgerlichen Kultur, war es doch nicht ausgesprochen bürgerlich – es war eine Welt, in der gesellschaftliche Stellung und Herkunft weniger zählten als Leidenschaft und Charisma. Es galt, Verträge auszuhandeln, ein Ensemble aus Schauspielern unterschiedlichsten Renommees und Könnens zu führen, ehrgeizige schöpferische Ideen mit der Notwendigkeit, möglichst viele Eintrittskarten zu verkaufen, unter einen Hut zu bringen, den Kontakt zu Kommunalbehörden zu pflegen und Kritiker zu umgarnen (oder sie in der Presse zu attackieren, wenn sie einen Verriss geschrieben hatten): Diese Welt des kleinen Geldes und der großen Egos erforderte politisches und diplomatisches Geschick höchster Güte. Und wichtig: Blum verkehrte jetzt mit Menschen, die an die Bedeutung und die Macht des Wortes glaubten.

Schon als Jugendlicher war er zu einem passionierten Autodidakten geworden. Jede freie Minute nutzte er für die Lektüre. Er war bekannt für die Fähigkeit, lesend durch die Stadt zu spazieren, wobei er es irgendwie fertigbrachte, Hindernissen auszuweichen, ohne im Lesen innezuhalten. (Kollisionen kamen vor, aber sie waren selten.) Im Verlauf der 1830er- und 1840er-Jahre feilte er an seinem Stil. Seine Gedichte waren meist technisch einwandfrei, wenn auch nicht sonderlich bedeutend; seine Dramen blieben ausladende, wenig bühnentaugliche epische Panoramen, blieben Lesedramen. Dagegen offenbaren seine politischen Schriften einen Mann, der die großen Fragen seiner Zeit mit stetig wachsender Souveränität und Treffsicherheit anging.

Zu Blums Lebzeiten gab es in Europa keine politischen Parteien, die sich darauf verstanden hätten, ihre Mitglieder zu disziplinieren oder sie auf eine programmatische Generallinie festzulegen; Parteien waren damals nicht mehr als lose Netzwerke oder Vereinigungen gleichgesinnter Individuen. Wie seine Zeitgenossen, so tauschte auch Blum Ideen und Anschauungen mit einem sich ständig erweiternden Kreis gleichgesinnter Freunde aus und baute sich Schritt für Schritt seine politische Philosophie zusammen. Dabei bewegte er sich von gemäßigt liberalen auf zunehmend radikalere und demokratischere Positionen zu. In den 1830er-Jahren noch Anhänger einer konstitutionellen Monarchie, näherte er sich zu Beginn der Revolutionen des Jahres 1848 republikanischen Überzeugungen an. Die «Soziale Frage» – ein Begriff, der für das moralische Unbehagen angesichts der Armut und extremen sozialen Ungleichheit stand – interessierte ihn anfänglich nur peripher, vielleicht weil er, anders als viele einflussreiche Leute, die sich zum Thema Armut äußerten, selbst in Armut aufgewachsen war. Doch im Verlauf der 1840er-Jahre rückte die Frage der sozialen Gerechtigkeit zunehmend ins Zentrum seines Denkens.

Die Rolle, die Robert Blum in den politischen Netzwerken seiner Zeit spielte, eröffnete ihm Chancen, seine Argumente zu schärfen und seine eigene Position klar herauszuarbeiten. Seine Stimme war mit tonangebend im Hallgarten-Kreis, einer losen Gruppierung liberaler und demokratischer Aktivisten um den großen liberalen Organisator Adam von Itzstein. Blum gehörte zu den wichtigsten Autoren der *Sächsischen Vaterlands-Blätter*, einer dreimal wöchentlich erscheinenden Oppositionszeitschrift, die seit 1840 die Forderung nach Pressefreiheit erhob und um Geldspenden für die Opfer politischer Verfolgung warb. Von 1843 an gab Blum den Almanach *Vorwärts!* heraus, für den einige der bekanntesten Autoren aus dem demokratischen Spektrum Texte beisteuerten, darunter Johann Jacoby, Hoffmann von Fallersleben und Robert Prutz. Im Dezember 1845 gründete er den Leipziger Redeübungsverein. Das war zwar eine Tarnkappe für einen radikalen Debattierklub, doch war der Name mehr als nur Spielerei:

Blum legte großen Wert auf Gesprächs- und Redekultur, sie war für ihn Teil der politischen Freiheit. «Die Beredsamkeit», schrieb er in einem Artikel für das *Theater-Lexikon*, «gedeiht nach empirischen Beweisen nur unter einer freien Staatsverfassung und verfällt mit ihr.» Die Redekunst erfordere gedankliche Klarheit, gutes Urteilsvermögen, einen lebendigen Geist, «ein kräftiges, wohlklingendes Organ und den höchsten Anstand im Vortrag».[4] Diese Worte lesen sich wie ein Selbstporträt.

Blums Denken kreiste um einen Komplex von Begriffen und Konzepten – Freiheit, Fortschritt, Gerechtigkeit –, die er in einem überraschend strengen Sinn als kommunizierende Röhren mit der Fähigkeit zu wechselseitiger Verstärkung wahrnahm. Das zentrale Bindeglied war die «Einheit». Nur ein einiges Volk könne den Kampf um die Freiheit erfolgreich führen. Nur eine einige Nation könne Recht und Gerechtigkeit auch auf internationaler Ebene durchsetzen. Einheit sei jedoch nicht möglich ohne ein Mindestmaß an sozialer und rechtlicher Gleichheit. In einem kurzen Aufsatz über «Einheit» schrieb Blum, das Streben nach Einheit sei untrennbar mit dem Kampf um Freiheit verbunden, sei doch die Uneinigkeit innerhalb und zwischen den Nationen immer eine Folge der von den Mächtigen praktizierten Politik nach der Devise «trenne und herrsche!». Die Segmentierung der Völker in «Stände, Bekenntnisse, Vermögensklassen, Zünfte und tausend andere Splitter» versetze reaktionäre Regime in die Lage, einzelne Teilgruppen der Gesellschaft an sich zu binden, hindere diese daran, sich zusammenzutun, und halte sie dadurch in einem Zustand der Ohnmacht.[5] Aus all dem folge, dass der Kampf um Einheit zugleich ein Kampf um Demokratie sein müsse, weil Einheit unvereinbar sei mit der Aufspaltung der Gesellschaft in aktive und passive Bürger. Wie fast alle seine radikaldemokratischen Zeitgenossen bezog Blum in diesen seinen Traum von politischer Einheit und Emanzipation nur die Männerwelt ein – auch wenn er häufig seinen Respekt vor den kulturellen und geistigen Leistungen von Frauen bekundete. Er sei, lobte Louise Otto-Peters später, «einer der Ersten» gewesen, «der mich in meinen Bestrebungen für die Frauen ermuthigte».[6]

Blum nahm gerade an einer Spendengala im Leipziger Hôtel de Pologne zugunsten der notleidenden schlesischen Weber teil, als die Nachricht von der Februarrevolution in Paris eintraf. Im Laufe der folgenden Monate sollte der Kampf um ein demokratisches Deutschland sein Talent, seine Tatkraft und sein Leben aufzehren.

Blums Reise nach Frankfurt am Main, wo er im Frühjahr 1848 sein Mandat im Vorparlament wahrnahm, wurde zu einem der Höhepunkte seines Wirkens. Auf der gemächlichen Fahrt von Leipzig nach Frankfurt – durch Meere von schwarz-rot-goldenen Fahnen und begeisterte Einwohnerspaliere – füllte sich der Zug bei Zwischenaufenthalten mit lokalen Größen der liberalen und demokratischen Bewegung. Blum stellte fest, dass er zu einer nationalen Berühmtheit geworden war. Der Anblick junger Frauen, die ihm mit Taschentüchern zuwinkten und ihm Blumen zuwarfen, berauschte ihn. Es war, als fügten sich die Motive seines Lebens in eine neue, traumwandlerische Wirklichkeit ein.

Die erste Begeisterung verflog schnell, als das Vorbereitungsgremium seine Arbeit aufnahm. Blum gehörte zu den radikaleren Politikern in einem Plenum mit einer soliden Mehrheit an Gemäßigten und Liberalen. Andererseits hielt er viel von der Würde der parlamentarischen Politik und sah in ihr das einzig taugliche Mittel für die Kanalisierung der ungestümen Kräfte einer aus dem Ei schlüpfenden Demokratie. Er schloss sich wohlweislich nicht den Radikalen an, die wütend aus dem Hohen Haus stürmten, wenn sie mit einem Beschluss nicht einverstanden waren. Mit seinem Unwillen, die Brücken zu den liberaleren Gruppierungen abzubrechen, handelte er sich die Verachtung der hartleibigen Linken ein. Als die badischen Radikalen Hecker und Struve sich aus dem Vorparlament verabschiedeten, um im deutschen Süden einen Aufstand zu beginnen mit dem Ziel, die ersehnte Republik gewaltsam zu errichten, war Blum entgeistert: «Hecker und Struve haben das Land verrathen nach dem Gesetz – das wäre [eine] Kleinigkeit», schrieb er am 3. Mai 1848 an seine Frau. «Aber sie haben das Volk verrathen durch ihre wahnsinnige Erhebung; es ist mitten im Siegeslauf aufgehalten; das ist ein entsetzliches Verbrechen.»[7]

Das Vorparlament tagte nur eine knappe Woche. Nach den Wahlen trat dann am 18. Mai erstmals die verfassunggebende Nationalversammlung zusammen. Blum zog für den Wahlkreis Leipzig in die Paulskirche ein. Die Linke zusammenzuhalten erwies sich als praktisch nicht zu lösende Aufgabe. Blum war der anerkannte Wortführer einer als «Holländischer Hof» bekannten Gruppierung, benannt – wie viele der anderen Fraktionen – nach dem Hotel oder Café, in dem sie sich trafen. Links von ihnen saß der «Donnersberg», eine buntscheckige Gruppe radikaler Linker, die oft gegen Blum und seine Getreuen votierte. Blums Schwager Johann Georg Günther gehörte dieser Gruppe an. Im Juli 1848 spaltete sich Blums Fraktion im Streit über die polnische Frage. Blum machte sich nicht nur für die Emanzipation der Juden, sondern auch für eine Resolution stark, welche die «Wiederherstellung eines unabhängigen Polens» forderte, unter Rückgabe von preußisch okkupierten Gebieten. Sein Mitstreiter Wilhelm Jordan, ein völkischer Nationalist, hielt entschieden dagegen und packte bald seine Sachen, um eine eigene Splittergruppe zu gründen. Zum großen Knall kam es im September, nachdem Preußen, das unter dem Druck der deutschen Nationalbewegung den Dänen Schleswig-Holstein entreißen sollte, mit diesen in Malmö einen Waffenstillstand geschlossen hatte. Das Frankfurter Parlament sah sich düpiert; die Linke brachte die Mehrheit dazu, gegen Malmö zu stimmen. Kurz darauf votierte das Haus in Sorge um die preußische Reaktion dann doch dafür. In Frankfurt begann es zu brodeln, Militär zog auf, Barrikaden wurden errichtet. Blum sah sich genötigt, das Parlament gegen «das Volk» zu verteidigen – eine unbehagliche Rolle für den berühmten Volkstribun.

«Die Zersplitterung Deutschlands», schrieb Blum am 4. Oktober an Jenny, «hat nicht blos Staaten und Stämme auseinander gerissen, sie frißt sogar wie ein böses Geschwür an einzelnen Menschen und trennt sie von ihren Genossen, von aller nothwendigen Gemeinsamkeit.»[8] Die aus der parlamentarischen Minderheitserfahrung resultierenden Enttäuschungen, das dauernde Bemühen um Vermittlung zwischen einander feindlich gesinnten Fraktionen und die endlosen Bruderkämpfe innerhalb der Linken zehrten ihn aus. «Nie bin ich so lebens- und wirkensmüde gewesen, wie jetzt.»[9] Sein Entschluss, sich einer nach Wien entsandten Delegation des Parlaments anzuschließen – dort bahnte sich gerade eine neue, radikalere Episode der Revolution an –, speiste sich zweifellos aus dem Gefühl der Vergeblichkeit, das in Frankfurt Besitz von ihm zu ergreifen begann. Hinzu kam die Überzeugung, Wien sei jetzt im Begriff, zur neuen Bühne der deutschen Revolution zu werden, zu dem Ort, an dem das gesamte Projekt entweder seinen Durchbruch erlebe oder endgültig scheitere.

Als Robert Blum am 17. Oktober 1848 in der Kaiserstadt eintraf, hatte er nur noch etwas mehr als drei Wochen zu leben. Am Tag seiner Ankunft schlossen österreichische Truppen unter Feldmarschall Windisch-Graetz einen äußeren Ring um die Stadt. Tief beeindruckt von der Courage und Entschlossenheit der Revolutionäre, entschied Blum, sich in ihren Kampf einzureihen. Als Windisch-Graetz am 22. Oktober in einer Proklamation verkündete, Wien befinde sich in der Hand einer Verbrecherbande, konterte Blum mit einem ebenso beißenden wie brillanten Artikel für die Zeitschrift *Der Radikale*. In der Tat, schrieb er, seien Verbrecher und Banditen dabei, ihre Hand nach der Stadt auszustrecken – in Gestalt von Windisch-Graetz und seinen Offizieren.

Am 25. Oktober wurde Blum in das Corps d'Élite der Verteidiger Wiens aufgenommen. Es war eine Aufnahme ehrenhalber, denn Blum besaß keinerlei militärische Erfahrung. Er war vom Wehrdienst freigestellt worden wegen seines schlechten Augenlichts, Folge einer Masernerkrankung in seiner Kindheit. Der Widerstand der Barrikadenkämpfer in der Innenstadt war aussichtslos. Das Militär triumphierte schnell. Am 4. November wurde Blum in seinem Hotel festgenommen, am 8. November vor ein Kriegsgericht gestellt und umstandslos zum Tode verurteilt. Am folgenden Morgen wurde er hingerichtet. Seinen Protest unter Verweis auf seinen Status als Abgesandter des deutschen Parlaments und seine parlamentarische Immunität wischten Windisch-Graetz und Ministerpräsident Felix Fürst zu Schwarzenberg vom Tisch. Sie waren entschlossen, an Blum, der zur Inkarnation der Revolution geworden war, ein Exempel zu statuieren.

Der Tod durch Erschießen, vollzogen von einem Exekutionskommando im Morgengrauen des 9. November 1848 im Vorort Brigittenau, knapp nördlich des Stadtzentrums, sollte die öffentliche Erinnerung an Blums Leben und Wirken für lange Zeit verstellen. Sein herzzerreißender Abschiedsbrief an seine Frau bleibt einer der am hellsten nachglühenden deutschen Prosatexte des 19. Jahrhunderts. Etliche der vielen Gedichte und Lieder auf Robert Blum erinnern an ein letztes Gespräch, das er mit einem der Offiziere geführt haben soll, die ihn zur Hinrichtungsstätte führten. Als dieser eine Träne über Blums Wange rollen sah, versuchte er, den zum Tode Verurteilten zu trösten. Blum, so heißt es, habe diese Geste mit dem Satz quittiert: «Nicht der Abgeordnete Blum weint, nur der Gatte und Vater!»[10] Ob dieser Satz tatsächlich so gesagt wurde oder nicht: Die Träne fand ihren Widerhall und Nachhall in der nationalen Erinnerung der Deutschen, und sei es nur weil sie Robert Blum als einen treuen Menschen mit Privatleben zeigte, den es in die Politik und ins öffentliche Leben verschlagen hatte. In einem Eintrag Blums zu dem Stichwort «Der Held», verfasst 1841 für das *Theater-Lexikon*, heißt es, die Dichter hätten durch «Überschwenglichkeit in der Ausstattung der Roman- oder Theater-Helden» mitgeholfen, den Idealtypus des Helden in Verruf zu bringen. «Wenn der Held das Interesse fesseln soll, so muß sich neben der idealen

Haltung desselben das Reinmenschliche durchaus geltend machen, und er darf dem Bereiche menschlicher Schwächen und Verirrungen nie ganz entrückt sein.»[11]

Sosehr Blums Tod uns berühren mag, er sollte uns nicht von der Bedeutung seines Lebens ablenken, eines Lebens, das dem Kampf um die Institutionen und die Ethik der Demokratie gewidmet war. In einer Zeit, in der die Demokratie sich in aller Welt mächtigen Feinden gegenübersieht, sollten wir uns Robert Blums großes Ziel ins Gedächtnis rufen: die Politik der Straße mit der Politik des Parlaments und selbst radikalen Widerspruch mit dem Respekt vor geltendem Recht, mit der Achtung vor den demokratischen Institutionen zu verbinden; dazu unermüdlich Brücken zu bauen zwischen Fraktionen und Parteien – und, ganz wichtig, auch im Eifer des politischen Gefechts niemals zu vergessen, dass die Demokratie etwas Kostbares ist, für das es sich einzustehen und zu kämpfen lohnt.

Aus dem Englischen von Karl Heinz Siber

Zum Weiterlesen

Bundesarchiv (Hg.), «Für Freiheit und Fortschritt gab ich alles hin.» Robert Blum (1807–1848). Visionär, Demokrat, Revolutionär, Berlin 2006 – eine exzellente Aufsatzsammlung, zusammengestellt von Martina Jesse und Wolfgang Michalka.

Manfred Hettling, Revolution als kognitive Struktur? Der Totenkult für Robert Blum und der Maiaufstand in Dresden 1849, in: Martina Schattkowsky (Hg.), Dresdner Maiaufstand und Reichsverfassung 1849. Revolutionäres Nachbeben oder demokratische Politische Kultur?, Leipzig 2000, S. 81–105.

Eugene J. Newman, Restoration Radical. Robert Blum and the Challenge of German Democracy (1807–1848), Boston 1974.

Peter Reichel, Robert Blum. Ein deutscher Revolutionär, Göttingen 2007.

Ralf Zerback, Robert Blum. Eine Biografie, Leipzig 2007.

Sabine Freitag

Friedrich Hecker
(1811–1881)

Der Traum von der deutschen Republik

Wenn die Leute fragen, lebt der Hecker noch?
Könnt ihr ihnen sagen: Ja, er lebet noch.
Er hängt an keinem Baume, er hängt an keinem Strick.
Er hängt nur an dem Traume der deutschen Republik.

(Aus dem Heckerlied, *das im 19. Jahrhundert vor allem von Studenten gern gesungen wurde.)*

Wer schon zu Lebzeiten Eingang ins revolutionäre Liedgut gefunden hat, den darf man sicherlich als Kultfigur bezeichnen. Friedrich Hecker war eine solche Kultfigur. Hecker und der Traum von einer deutschen Republik – das gehört seit der Revolution von 1848/49 zusammen, und jedes öffentliche Bekenntnis zu ihm meinte stets auch das Bekenntnis zur demokratischen Republik. Gleichwohl mutet dieser Hecker-Kult zunächst ein wenig seltsam an, denn Heckers spektakulärste politische Aktion erwies sich zugleich als sein größter politischer Fehlschlag: Die von ihm am 12. April 1848 in Konstanz ausgerufene badische Republik fand durch die Begegnung mit preußischen und hessischen Bundestruppen bereits nach einer Woche ihr rasches Ende. Hecker, dem jetzt standrechtliche Erschießung wegen Hochverrats drohte, musste die Flucht ins Schweizer Exil antreten. Doch trotz dieses Fehlschlags und trotz seines frühzeitigen Ausscheidens aus dem Revolutionsgeschehen avancierte er in der öffentlichen Wahrnehmung besonders in Südwestdeutschland zu einer Art edelmütigem Bilderbuch-Revolutionär. Zeitgenössische Darstellungen zeigen ihn als Freischärler mit breitkrempigem Hut und angesteckter Hahnen-

< Friedrich Hecker, Lithografie von Valentin Schertle, 1846. Reiss-Engelhorn-Museen, Mannheim.

feder in weiter Bluse und hohen Stiefeln, das Gewehr zur Seite, dem Italiener Garibaldi gleich und dem Ungarn Kossuth.

Die Zeitgenossen wussten sehr wohl, dass Friedrich Hecker nicht nur der aktionistische Rädelsführer und Revolutionär war. Er war vor allem der gut ausgebildete, aus wohlhabenden Verhältnissen stammende, mit Redetalent und Kampfgeist ausgestattete Jurist und Politiker, der sich im Vormärz schnell einen über die Landesgrenzen des kleinen Großherzogtums Baden hinausgehenden Namen als unermüdlicher Streiter für politische Freiheit, umfassendes Gemeinwohl und Schutz vor staatlicher Willkür gemacht hatte. 1811 im Kraichgau geboren, hatte er schon als Kind die bürgerliche Entrüstung seines Vaters Josef Hecker miterlebt, der sich als Verwaltungsbeamter über die adlige Verschwendungssucht und Misswirtschaft im Großherzogtum empörte, die auf der Ausbeutung der ärmeren Bevölkerung beruhte. Als Neunjähriger auf das neuhumanistische Lyzeum in Mannheim geschickt, begeisterte sich der Schüler für die griechischen und römischen Republiken, weil deren Bestand wesentlich von ihren tugendhaften und frugalen Bürgern abhing. Und während seines Studiums der Rechtswissenschaften an der Universität Heidelberg in den 1830er-Jahren machte Hecker schließlich die Bekanntschaft einer Reihe vernunftrechtlich geprägter Professoren, die aus ihrer Bewunderung für die Französische Revolution, für die von Napoleon eingeführten Verwaltungsreformen und die durch den *Code civil* garantierten bürgerlichen Rechte kein Hehl machten. Geschichtsvorlesungen zogen Hecker indes besonders an, vielleicht weil sie seinen intellektuellen Erwartungen am meisten entsprachen. Er war kein philosophischer Kopf, aber ein guter und gründlicher Eklektiker. An der philosophischen Herleitung von Grundsätzen war er weniger interessiert als an empirisch fundierter Rechtsgeschichte, die ihm Ideen und Anregungen für die Einrichtung eines funktionierenden Rechtsstaates und damit einer besseren und gerechteren Zukunft liefern konnte.

Ein Leben im Staatsdienst unter vormärzlicher Zensurlast und Gängelung kam für den 1838 am Großherzoglichen Oberhofgericht zugelassenen Advokaten und Prokurator Friedrich Hecker nicht in Betracht. Zu sehr hätte ihm eine Beamtenstellung das freie Agieren und Argumentieren beschnitten. Als freier Anwalt in Mannheim konnte er sich dagegen als «Rechtsfreund des Volkes»[1] begreifen und als Abgeordneter der zweiten Kammer der badischen Ständeversammlung in Karlsruhe, in die Hecker Anfang der 1840er-Jahre durch eine Nachwahl gelangte, am Fortschritt einer guten Gesetzgebung mitwirken. In der Kammer zeigte sich dann sein nie nachlassendes Bestreben, die bereits 1818 im Großherzogtum Baden eingeführte Verfassung ganz im liberalen Sinne als einen Vertrag zwischen Fürst und Volk auszulegen, der auch Minister und Regierung an Pflichten band, auf deren Vernachlässigung das Volk mit Widerstand antworten durfte.

Schnell sprach es sich herum, dass in der Kammer ein neuer Stern aufging, der einen Generationswechsel einläutete. Heckers rhetorisches Talent war ein Glückfall für die politische Praxis, etwa in den Diskussionen über ein neues Strafrecht und Strafprozessrecht, in denen er sich als begabter Vermittler zwischen akademischer Rechtswissenschaft und parlamentarischer Debatte erwies. Es gelang ihm, komplexe Sachverhalte allgemein verständlich zu erklären, ohne Argumente zu verwässern. Hecker, der sich 1844 als einer der wenigen für die Abschaffung der Todesstrafe aussprach, wollte die Ständeversammlung nicht mit langen Reden und tiefen philosophischen und religiösen Spekulationen aufhalten, sondern erklärte einfach, er halte das Recht auf Leben für ein unveräußerliches Gut, das man nicht als einen veräußerlichen Gegenstand in den «socialen Vertrag» einbringen könne. Folglich habe auch der Staat kein Recht, über die Grenzen dieses «socialen Vertrags» hinaus den Menschen des ersten Guts zu berauben, das dieser gar nicht zum Gegenstand einer Veräußerung machen könne.[2] Es folgten dann alle Argumente, die bis heute gegen die Todesstrafe vorgebracht werden, um mit dem Hinweis zu schließen, dass sich der Staat mit einem einzigen falsch vollstreckten Todesurteil um alle Glaubwürdigkeit bringe.

In dieser Art und Weise ging es mit Heckers Kammerbeiträgen in den nächsten Jahren munter weiter. Mit Blick auf die durch die Industrialisierung bedingten Strukturveränderungen, das Problem der Massenverarmung und Kriminalität, kurzum mit Blick auf die «soziale Frage», warnte er energisch vor einer Verschärfung der Strafgesetzgebung. Stattdessen verlangte er vom Staat weitreichende Investitionen in die Bildung seiner Bürger, denn es müsse im Interesse des demokratischen Rechts- und Verfassungsstaates liegen, vernünftige, rationale, gut ausgebildete Bürger hervorzubringen. Deshalb setzte sich Hecker auch engagiert für eine Besserstellung der Volksschullehrer ein und verlangte eine strikte Trennung von Kirche und Staat, was für ihn auch eine strikte Trennung von Kirche und Schule bedeutete. Demokratische Staatsform und aufgeklärte Bürger, das gehörte für Hecker unabdingbar zusammen – nur an Bürgerinnen hat er in diesem Zusammenhang, anders als Mitstreiter wie Gustav Struve oder Robert Blum, nicht gedacht.

Heckers Einsatz in der zweiten Kammer der badischen Ständeversammlung zielte auf die Herstellung einer demokratischen Ordnung, die (männliche) politische Partizipation in wachsendem Maße ermöglichen sollte. Aus Untertanen sollten freie, souveräne Bürger werden. Die Erfolge seines Engagements waren allerdings bescheiden, denn die Ständeversammlung hatte lediglich beratende Funktion, das Recht zur Gesetzesinitiative und -verabschiedung lag immer noch beim Großherzog und seiner Regierung – die so gut wie alles blockierte. Heckers politische Radikalisierung erfolgte schrittweise durch die Unbeweglichkeit und Starrheit des politischen Systems, durch den schwindenden Zusammenhalt der Opposition, aber sicherlich auch aufgrund seines unruhigen und leidenschaftlichen Wesens, das Stillstand verabscheute. Gesundheitlich angegriffen und erschöpft, unternahm Hecker 1847 in der kammerfreien Zeit erst einmal eine Reise über Marseille nach Algerien, um als blondbärtiger Mitteleuropäer in der Sommerhitze Nordafrikas auf einem Esel reitend das Atlasgebirge zu überqueren. Danach ging es ihm besser. Im September fand in Offenburg unter seiner maßgeblichen Mitwirkung eine große Kundgebung der liberalen und demokratischen Opposition statt, auf der auch soziale Forderungen laut wurden. Doch die politische Erlösung sollte sich erst einige Monate später einstellen: Am 22. Februar 1848 brach in Paris die Revolution aus, der Bürgerkönig Louis-Philippe wurde vor die Tür gesetzt, und die sich rasch ausbreitende Kunde davon führte im angrenzenden Baden zu spontanen Volksversammlungen. Ihre Vielzahl und Größe lieferten Hecker den Beweis dafür, dass die allzu lang ertragene politische Unterdrückung und wirtschaftliche Unzufriedenheit auch im Großherzogtum zu einem grundsätzlichen Wandel der politischen Verhältnisse führen könnten. Die Saat, die besonders sein politischer Ziehvater Adam von Itzstein durch die Koordination der liberalen Opposition im Vormärz gesät hatte, schien aufzugehen. Allerorten, über Ländergrenzen hinweg, wurden die gleichlautenden Märzforderungen nach Presse-, Vereins- und Versammlungsfreiheit, nach Einberufung eines deutschen Nationalparlamentes, Schwurgerichten und Volksbewaffnung, Vereidigung des Militärs auf die Verfassung, staatsbürgerlicher Gleichheit und Ministerverantwortlichkeit formuliert. Die Gleichheit dieser Forderungen sprach für ein hohes Maß an geglückter Vernetzung und Absprache.

Zweifellos versetzten die aufgewühlte Stimmung im Land, die raschen Zugeständnisse der überforderten und verängstigten Regierungen und die landesweiten Kundgebungen, auf denen man nach ihm verlangte, Hecker in nervöse Euphorie. Doch sein historischer Instinkt warnte ihn bereits: Es musste nun alles darauf ankommen, die Gunst der Stunde und die freigesetzte Energie zu nutzen, um Fakten zu schaffen, die es den reaktionären Regierungen nicht erlauben würden, sich zu erholen. Als Hecker Ende März 1848 zur Teilnahme am Frankfurter Vorparlament eingeladen wurde, in dem über die Wahlmodalitäten zur ersten gesamtdeutschen Nationalversammlung beraten werden sollte, schien es ihm dringend geboten, als sichtbares Zeichen für die Übernahme der politischen Führung das Vorparlament in eine permanent tagende Institution zu verwandeln, um damit einen «Sammelpunkt der Revolution» zu schaffen. Dieser Sammelpunkt sollte als Anlaufstelle und Koordinationszentrale der Revolution dienen, bis die gewählte Nationalversammlung mit der eigentlichen Verfassungsarbeit beginnen konnte. Hecker verwies in seinem Permanenz-Antrag auf das Vorbild der *Virginia Bill of Rights*, in welcher im Jahr der Unabhängigkeitserklärung der Vereinigten Staaten 1776 die amerikanischen Grundvorstellungen von Freiheitsrechten und Volkssouveränität verkündet worden waren – und zwar von Männern, die sich selbst dazu ermächtigt hatten. Hecker hätte sich eine solche revolutionäre Selbstsetzung auch für das Vorparlament gewünscht, als sichtbares Zeichen für das Volk, das «in seinen geistigen, politischen und materiellen Gütern mit Vertrauen» auf die Versammlung schaue: «Wenn wir nicht beisammen bleiben und nicht die einzige Drohung, die uns auf legalem Wege zu Gebote steht, nämlich die des Beisammenseins, gebrauchen, so haben wir die Sache der Freiheit um fünfzig Jahre zurückgeschoben.»[3] Wie wenige seiner Zeitgenossen hat Hecker die Revolution als echte Revolution ernst genommen und sie mit dem «Pathos des Neubeginns» (Hannah Arendt) verknüpft. Ihm ging es um die radikale und konsequente Beseitigung alter Herrschaftsstrukturen, um die Abschaffung des nimmersatten Molochs Monarchie, um die Schaffung einer demokratischen Republik. Doch Heckers Permanenz-Antrag wurde mit 368 gegen 148 Stimmen abgelehnt. Dies war eine deutliche Absage an die Möglichkeit, die Revolution mit revolutionären Mitteln fortzusetzen. Die Kluft zwischen gemäßigten Liberalen und radikalen Demokraten war immens gewachsen.

Hecker kehrte nach Mannheim zurück und widmete sich seiner Landtagsarbeit, fürchtete aber spätestens nach der Verhaftung des radikalen Journalisten Josef Fickler seine eigene Festnahme, da seine politischen Einstellungen bekannt waren. Der Fortgang der Geschichte ist bekannt: Hecker reiste über französischen Boden nach Konstanz, stellte sich an die Spitze der Volksbewegung und rief die badische Republik aus. Der für sechs Tage geplante Marsch nach Karlsruhe sollte zu einer riesigen lebendigen Massenpetition anwachsen, die den Großherzog zur Abdankung zwingen sollte. Damit wäre das kleine Baden zum leuchtenden republikanischen Vorbild für ganz Deutschland geworden. Es ist anders gekommen. Weder marschierten die freundlich grüßenden Schwarzwaldbauern mit, noch liefen, wie erhofft und erwartet, die Soldaten der Bundestruppen über. Zudem starb, von einer verirrten Kugel getroffen, kurz nach der Unterredung mit Hecker der Oberbefehlshaber der Bundestruppen, General Friedrich von Gagern, ein Bruder des späteren Paulskirchenpräsidenten – ein Vorfall, der Hecker noch im amerikanischen Exil umtrieb. Durch den Ausgang des Unternehmens wurde er zur Persona non grata. Die liberale Mehrheit der Paulskirche verweigerte Hecker kurz darauf, wie zu erwarten, die Aufnahme in die Nationalversammlung, obwohl ihn ein Schwarzwälder Wahlkreis gleich zwei Mal dort hineingewählt hatte.

Als Hecker im September 1848 aus der erzwungenen und für ihn unerträglichen Passivität des Schweizer Exils nach Amerika aufbrach, tröstete ihn der Gedanke, unter dem Sternenbanner der noch jungen Republik nicht nur eine neue Heimat finden, sondern endlich auch freie Luft atmen zu können. Zwar kehrte er während der Reichsverfassungskampagne im Frühjahr 1849 noch einmal nach Europa zurück, konnte aber wegen der endgültigen Niederschlagung des letzten badischen Aufstandes deutschen Boden nicht mehr betreten. Seine Familie begleitete ihn nun zurück nach Illinois, wo Hecker sein Auskommen als Farmer in St. Clair County suchte. Viele demokratisch gesinnte Freiheitskämpfer, die in den deutschen Staaten nach der Revolution von 1848/49 strafrechtlich verfolgt wurden, folgten seinem Beispiel und verließen Europa in Richtung Amerika. Wie Hecker verschwanden die meisten von ihnen in den Anfangsjahren aus der Öffentlichkeit und versuchten als Farmer, Landvermesser, Zimmermann oder Lehrer ihre Existenz zu sichern.

Doch es sollte nicht allzu lange dauern, bis viele von ihnen, darunter Männer wie Franz Sigel, August Willich, Lorenz Brentano und Carl Schurz, erneut auf der politischen Bühne erschienen: 1856 bei der Gründung der Republikanischen Partei, 1860 bei der Wahl Abraham Lincolns zum Präsidenten und schließlich ausgesprochen zahlreich als Soldaten und Offiziere im Amerikanischen Bürgerkrieg von 1861 bis 1865. Selbst der inzwischen eingebürgerte fünfzigjährige Hecker verkaufte 1861 Land, um mit dem Erlös seinen eigenen Freiwilligenverband auszustatten und in den Krieg zu ziehen. Es gab viele Gründe, warum sich die *Forty-Eighters*, wie die emigrierte Führungselite der deutschen Revolution in Amerika genannt wurde, am Krieg beteiligten. Man wollte sich des inzwischen erworbenen Bürgerrechts würdig erweisen, den Erhalt der Union sichern und die Ausbreitung der Sklaverei als eines verachtenswerten Wirtschaftssystems in den neuen Territorien der Vereinigten Staaten verhindern.

Doch bei aller Loyalität gegen ihre neue republikanische Heimat, die den *Forty-Eighters* nach dem Bürgerkrieg noch beachtliche Karrieren als Verleger, Journalisten, Diplomaten oder Politiker ermöglichte, verloren sie nie ihr altes Heimatland aus den Augen. Aus der Sicht souveräner Demokraten kommentierten sie die deutschen Entwicklungen in zahlreichen deutsch-amerikanischen Zeitungen, aber auch in der deutschen Presse. Die von Bismarck zustande gebrachte deutsche Reichseinheit 1870/71 wurde auch in Amerika zunächst von allen freudig begrüßt. 1873 reiste Hecker sogar selbst nach Deutschland, um die neuen Verhältnisse in Augenschein zu nehmen. Während er in seiner alten Heimat Baden, wo die Erinnerung an 1848 lebendig geblieben war, begeistert empfangen wurde, reagierte die konservative und nationalliberale Presse empfindlich darauf, dass Hecker sich mit lobender Anerkennung des jungen Kaiserreiches zurückhielt. Man warf ihm vor, ein ewig Gestriger zu sein, der sich der Realpolitik verschließe und den Fortschritt nicht anerkennen wolle. Hecker hingegen, der durchaus einen gewissen Wohlstand im Deutschen Reich wahrnehmen konnte, vermisste dennoch die vollständige Verwirklichung politischer Freiheit. Besondere Sorge bereiteten ihm die Gängelung der Presse, ein Strafgesetzbuch, das Majestätsbeleidigung unter hohe Strafe stellte, die feindselige Stimmung gegen Juden und die sichtbare Aufwertung alles Militärischen. Zwar schien ihm eine «Reaction wie früher unmöglich», doch bemerkte er zugleich «ein Gefühl der Stram[m]heit und Stärke, das einst sich selbst geltend machen wird».[4] Zurück in Amerika war Hecker jedenfalls froh, wieder freie Luft zu atmen.

Mit Blick auf die weiteren Entwicklungen im Deutschen Kaiserreich teilten viele *Forty-Eighters* Heckers Einschätzung. Anlass zu beständiger Kritik über den Atlantik hinweg blieben die in ihren Augen nicht konsequent demokratisch eingerichteten politischen Institutionen mit einem Erbkaiser an der Spitze, einem in seiner Wirkungsmacht immer noch beschränkten Parlament und einer Reichsverfassung, die, anders als die Paulskirchenverfassung, auf eine dezidierte Aufnahme von Menschen- und Bürgerrechten verzichtete. Dies alles entsprach nicht ihren Vorstellungen von einem demokratischen Verfassungs- und Rechtsstaat, der auf der Idee der Volkssouveränität beruht. Die deutsch-amerikanischen Radikaldemokraten – darunter natürlich auch Hecker – beharrten als frühe «Verfassungspatrioten» (Dolf Sternberger) darauf, dass sich die staatliche Einheit nicht über eine exklusive ethnische

Nationalität, sondern durch die Idee eines freiwilligen Zusammenschlusses aller zu einem politischen Körper bestimmen müsse, der die Egalität seiner Bürger im politischen Prozess garantierte und die Grundbedingungen gemeinschaftlichen Zusammenlebens sicherte. Zumindest Friedrich Hecker hat es nie als Unglück betrachtet, die zweite Hälfte seines Lebens in den Vereinigten Staaten von Amerika verbracht zu haben. Er sei nun mal, wie er zwei Jahre vor seinem Tod 1879 an Carl Schurz schrieb, «ein unverbesserlicher Anhänger der republikanischen Staatsform» und könne nicht verzweifeln.[5]

Zum Weiterlesen

Friedrich Hecker, Die Erhebung des Volkes in Baden für die deutsche Republik im Frühjahr 1848, Basel 1848, Straßburg ²1848 (Reprint Köln 1997).

Charlotte Brancaforte (Hg.), The German Forty-Eighters in the United States, New York u. a. 1989.

Alfred G. Frei (Hg.), Friedrich Hecker in den USA. Eine deutsch-amerikanische Spurensicherung, Konstanz 1993.

Sabine Freitag, Friedrich Hecker (1811–1881). Biographie eines Republikaners, Stuttgart 1998.

Wolfgang Haaß, Friedrich Hecker. Leben und Wirken in Dokumenten und Wertungen der Mit- und Nachwelt, Angelbachtal o. J. [1981].

Wolfgang Hochbruck / Ulrich Bachteler / Henning Zimmermann (Hg.), Achtundvierziger / Forty-Eighters. Die deutschen Revolutionen von 1848/49, die Vereinigten Staaten und der amerikanische Bürgerkrieg, Münster 2000

Daniel Nagel, Von republikanischen Deutschen zu deutsch-amerikanischen Republikanern. Ein Beitrag zum Identitätswandel der deutschen Achtundvierziger in den Vereinigten Staaten 1850–1861, St. Ingbert 2012.

Irina Hundt

Mathilde Franziska Anneke (1817–1884)

Eine radikale Demokratin auf zwei Kontinenten

Mathilde Franziska Anneke zählt zu den herausragenden Demokratinnen des 19. Jahrhunderts, sowohl in Deutschland wie auch in ihrer zweiten Heimat, den USA. Zeit ihres Lebens setzte sie sich als Schriftstellerin, Journalistin, Revolutionärin, Pädagogin und nicht zuletzt als Kämpferin gegen die Sklaverei für die demokratischen Grundrechte aller Menschen ein. Vor allem aber ist ihr Name eng mit den Anfängen der Frauenemanzipation und dem Kampf der Frauen für ihre Gleichberechtigung verbunden, der auch heute noch nicht beendet ist.

Das außergewöhnliche Leben der Mathilde Franziska Anneke begann am 3. April 1817 auf dem großväterlichen Gut Ober-Leveringhausen bei Sprockhövel in der zur wohlhabenden märkisch-westfälischen Oberschicht gehörenden Familie des Domänenrats Carl Giesler und seiner Frau Elisabeth. Die erstgeborene Mathilde wuchs in einem gemischt-konfessionellen Elternhaus auf, das für seine aufgeklärte und tolerante Atmosphäre bekannt war. Sie genoss eine für die damalige Zeit ungewöhnliche Mädchenerziehung – einschließlich der Freiheit, schon als Kind allein in der schönen Gegend um Blankenstein an der Ruhr, wo der Vater von 1820 an als Domänen-Direktor

< **Mathilde Franziska Anneke, Fotografie (Ausschnitt) von unbekannter Hand, um 1860.**

die königlich-preußischen Güter verwaltete, auf ihrem Pony frei umherschweifen zu dürfen. Ihre fundierte, vorwiegend private Bildung wurde durch Anregungen ergänzt, die sie beim Lauschen der geistvollen Unterhaltungen im Freundeskreis der Familie erhielt, zu dem auch der preußische Reformer Freiherr vom Stein gehörte, der Taufpate ihres Vaters. Das alles prägte den Charakter und die Eigenschaften Mathildes: neben starker Bindung an die Familie und an ihre Heimat ein fröhliches Gemüt, praktischer Sinn, Eigenständigkeit und Beharrlichkeit. Gepaart mit überdurchschnittlicher Intelligenz, einer lebhaften Fantasie und Belesenheit, die sie schon früh zu eigenen poetischen Versuchen motivierte, bildete sich so eine ganz eigene, souveräne Persönlichkeit heraus.

Charakterstärke und Mut bewies die junge Mathilde, als die Familie durch Börsenspekulationen des Vaters zusehends verarmte und ihre Ehe, die sie als 19-Jährige mit dem aus reicher Familie stammenden Mülheimer Weinhändler Alfred von Tabouillot eingegangen war, bald in einem Desaster endete. Kurz nach der Entbindung der Tochter Johanna (Fanny) im Jahre 1837 verließ sie ihren Mann, der sich als Trinker und Despot entpuppt hatte, und klagte auf Scheidung. Am Ende des drei Jahre dauernden Gerichtsprozesses stand sie mittellos da und gesellschaftlich ruiniert. Aber sie war frei – und behielt das Sorgerecht für das Kind.

Sie entschied sich für die literarische Laufbahn und trat 1839 als bekennende Katholikin mit religiösen Gedichten, Gebet- und Erbauungsbüchern an die Öffentlichkeit. Diese frommen Schriften brachten ihr zwar Erfolg, jedoch keine finanzielle Absicherung. Mit Hartnäckigkeit und Ausdauer versuchte sie sich in anderen Literaturgattungen, machte Übersetzungen und erinnerte sich später an «jenes Gefühl einer unterdrückten Tagelöhnerin […] als ich nur von diesem Lohn mein und meines Kindes Leben fristete».[1]

In der Bischofsstadt Münster, wohin sie 1839 gezogen war, fand sie

Zugang zu westfälischen Literaturkreisen und konnte ihr organisatorisches Talent rasch entfalten, indem sie Texte von Dichtern und Schriftstellern aus verschiedenen Generationen, literarischen und politischen Richtungen in den Anthologien *Damen-Almanach* und *Producte der Rothen Erde* zusammenbrachte, unter ihnen Elise von Hohenhausen, Annette von Droste-Hülshoff und Louise von Bornstedt. Ihr Bekanntheitsgrad wuchs, und Zeitungsredaktionen luden sie ein, kleine Artikel zu schreiben, die den Anfang ihres umfangreichen, noch wenig erschlossenen journalistischen Werks markieren.

Die Lektüre der damals viel diskutierten Schriften des Jungen Deutschlands zur Frauenfrage, der Romane von George Sand und des Buches *Über die bürgerliche Verbesserung der Weiber* (1792) von Theodor von Hippel in Verbindung mit eigener bitterer Erfahrung förderte bei Mathilde das Nachdenken über die gesellschaftliche Situation der Frauen und die Herausbildung eines neuen Selbstverständnisses. Sie begann sich von der Religion zu distanzieren, was sie schließlich zu einer gänzlichen Lösung vom christlichen Glauben und zum Freidenkertum führte.

Bekannt geworden mit einer Gruppe junger oppositioneller Literaten und Offiziere, die von den Behörden mit Misstrauen beobachtet wurde und im Ruf eines berüchtigten «Communisten-Clubs» stand, verschärfte sich bei Mathilde die kritische Sicht auf die sozialen und politischen Zustände, und bald wurde sie in der Stadt als «Communisten-Mutter» verspottet. Zu den aktivsten Teilnehmern des Clubs zählte der Artillerieleutnant Fritz Anneke, in dem Mathilde die «Seele» ihres «ganzen Lebens»[2] und einen ebenbürtigen Lebensgefährten finden sollte. Anneke, Absolvent der Artillerie- und Ingenieurschule in Berlin, gehörte zur Generation gut ausgebildeter junger Offiziere, die ihre mathematisch-naturwissenschaftlichen Kenntnisse im Studium der Geisteswissenschaften zu vervollkommnen suchten. Vor allem die Beschäftigung mit der Hegel'schen Philosophie in ihrer junghegelianischen Prägung führte zur kritischen Auseinandersetzung mit dem herrschenden System und «gebar in dem Offizierskorps selbst eine Oppositionspartei».[3] Aufgrund seiner Bildung, seiner Ehrprinzipien und seines Gerechtigkeitssinns genoss Anneke hohes Ansehen unter den jungen Kameraden. Eine Rolle spielte dabei sein offenes Bekenntnis zu kommunistischem Gedankengut, das in Anlehnung an die Ideen von sozialer Gleichheit und Gütergemeinschaft der französischen Frühsozialisten wie Babeuf, Saint-Simon, Cabet und des englischen Sozialisten Robert Owen sowie an den Arbeiterkommunismus des Deutschen Wilhelm Weitling viel Zuspruch im vormärzlichen Deutschland fand.

Wegen seiner politischen Ansichten aus dem Militärdienst entlassen, zog Fritz Anneke Ende März 1847 nach Köln, ins Zentrum der rheinischen Oppositionsbewegung; eine Woche darauf folgte ihm Mathilde. In der evangelischen Kirche von Neuwied schlossen sie am 3. Juni den Bund der Ehe, die nicht nur auf einer tiefen Liebe beruhte, sondern eben auch auf der gemeinsamen politischen Überzeugung und auf gegenseitiger Unterstützung.

Obwohl Mathilde nicht in allem mit Louise Aston einverstanden war, ergriff sie 1846 öffentlich für die Schriftstellerin Partei, als diese aus Berlin ausgewiesen wurde und kurz darauf eine Broschüre mit weitgehenden Emanzipationsvorstellungen veröffentlichte. In der Fritz gewidmeten Streitschrift *Das Weib im Conflict mit den socialen Verhältnissen* verteidigte Mathilde nicht nur ihre Kollegin und Schicksalsschwester, sondern übte zugleich scharfe Kritik an der «christlichen Gesellschaft», in der die Frauen, «befangen unter dem Zwange der Verhältnisse, genährt von Jugend auf an Vorurtheilen», zum «Dulden und Dienen»[4] genötigt würden. Gleichzeitig appellierte Mathilde an die Geschlechtsgenossinnen, sich ihrer prekären Situation bewusst zu werden, ihre Unterdrückung, ihre Rechtlosigkeit und Bevormundung nicht länger zu ertragen und sich «aus den Fesseln der Sclaverei»[5] zu befreien.

In Köln gründeten die Annekes ein «ästhetisches Kränzchen von lauter Communisten», was Mathilde in einem ihrer Briefe kommentierte: «Ha! Münster bekommt ein Schaudern! Hier sind die Kommunisten sehr beliebte Leute [...]».[6] Und in der Tat gab es in Köln zahlreiche Anhänger der kommunistischen Ideen, von denen einige in einer Gemeinde des Bundes der Kommunisten organisiert waren. Den Kern des «Kränzchens» bildeten ebenfalls Mitglieder des Bundes: Fritz Anneke und mindestens noch drei andere Männer. Außer Mathilde waren vier weitere Frauen dabei: Emilie Emma Bunteschu, die unter ihrem Mädchennamen von Hallberg sozialkritische Gedichte schrieb, Elise Brinkmann sowie Ida Anneke, die Schwester von Fritz, und Franziska Rollmann, spätere Hammacher, eine lebenslange Freundin Mathildes. Zweimal wöchentlich kam die Gruppe zusammen, um zu «lesen und singen und disputieren», aber auch den «Detailhandel der Propaganda»[7] zu betreiben. Das «Kränzchen», das zum Schluss etwa zwei Dutzend Mitglieder zählte, existierte bis zum März 1848, als die Februarrevolution in Paris das Rheinland erfasste und die Mitglieder vom Debattieren zum Handeln übergingen.

Auch die Eheleute Anneke tauchten in die tagespolitische Arbeit ein, beteiligten sich an vielen Aktionen, zum Beispiel an der eindrucksvollen Massenkundgebung vom 3. März vor dem Rathaus, auf der unter anderem Fritz sprach und dem Oberbürgermeister die «Forderungen des Volkes» nach demokratischen Reformen übergab, oder bei der Gründung des Kölner Arbeitervereins im April. Über diese und andere revolutionäre Ereignisse in Köln schrieb Mathilde Berichte für mehrere Zeitungen, darunter die Augsburger *Allgemeine Zeitung*, das führende liberale Blatt jener Zeit. Gleichzeitig bereiteten sie, ihr Mann und dessen Freund Friedrich von Beust, ebenfalls ehemaliger Offizier, die Herausgabe einer «sozial-demokratischen» Tageszeitung vor, welche «die Interessen aller Klassen des arbeitenden Volks»[8] vertreten sollte.

Als Fritz Anfang Juli verhaftet wurde und Beust nicht in Köln war, musste die hochschwangere Mathilde das ganze Unternehmen fast allein bewältigen. Sie besorgte alles Notwendige für Druck und Vertrieb, besuchte regelmäßig ihren Mann im Gefängnis, um mit ihm heimlich alle Details der Redaktion zu besprechen, schrieb Artikel und organisierte ein Netz von Korrespondenten. Sogar die Geburt des nach dem Vater benannten Sohnes Fritz am 21. Juli 1848 ließ sie nicht lange innehalten.

Am 10. September 1848 erschien die erste Nummer der *Neuen Kölnischen Zeitung für Bürger, Bauern und Soldaten* (NKZ) unter der Losung der rheinisch-westfälischen Demokraten: «Wohlstand, Freiheit und Bildung für Alle!» Das Programm und der Leitartikel hielten die radikal-republikanische Ausrichtung des Blattes fest: Schaffung sozialer Gerechtigkeit durch die Beseitigung der spätfeudalen Verhältnisse und die Gründung einer demokratisch-sozialistischen Gesellschaft im vereinten Deutschland. In einer der Leserschaft gemäßen Sprache wurden Berichte über das Revolutionsgeschehen in allen europäischen Ländern und größere Artikel zu brennenden gesellschaftlichen Fragen verfasst. Wie ein roter Faden zog sich durch die Zeitung Mathildes Ruf: «Die rothe Republik ist die demokratische, soziale Republik [...] weil sie das Glück und die Freiheit für Alle will [...].»[9]

Im Aufbau, der Zielsetzung und personell stand die NKZ der seit Juni ebenfalls in Köln herausgegebenen *Neuen Rheinischen Zeitung. Organ der Demokratie* (NRhZ) nahe, deren Redaktion Karl Marx leitete und zu deren Mitarbeitern Friedrich Engels, Georg Weerth, Ernst Dronke und seit Oktober 1848 Ferdinand Freiligrath gehörten. Als die NRhZ wegen Ausweisung und Strafverfolgung mehrerer Redaktionsmitglieder 1849 eingestellt wurde, empfahl Marx die NKZ seinen Abonnenten und Korrespondenten als einziges «noch übrig gebliebenes Organ der socialen Demokratie».[10] Und für Mathilde wiederum blieb die Marx'sche NRhZ auch im Rückblick «ein Leuchtturm» im Sturm der Revolution, «die mit den Blitzen der Gedankenmacht an dem alten Bau der gesellschaftlichen Zustände gerüttelt hatte».[11]

Nachdem Ende September 1848 der Belagerungszustand über Köln verhängt und kurzzeitig die demokratische Presse verboten worden war, wagte Mathilde, die NKZ unter dem Titel *Frauen-Zeitung* weiterzuführen und damit die Frauen direkt anzusprechen. Gleich in der ersten Nummer vom 27. September veröffentlichte sie den Leitartikel «Kirche und Schule» zur in der Frankfurter Nationalversammlung heftig geführten Diskussion über die Trennung von Kirche und Staat, in dem sie einen konfessionsfreien Unterricht und eine demokratische Bildung für alle Kinder forderte. Nach zwei Ausgaben wurde die *Frauen-Zeitung* ebenfalls verboten und konnte erst im Oktober unter ihrem ursprünglichen Namen wieder erscheinen.

Zusätzlich zur redaktionellen Arbeit organisierte Mathilde die Verteidigung ihres Mannes und seiner Mitangeklagten im bevorstehenden Gerichtsprozess. Dabei konnte sie sich auf die Hilfe der NRhZ stützen, die in mehreren Artikeln die Verhaftung Fritz Annekes und den Prozess als Beispiel der reaktionären Taktik entlarvte, «die Revolution im Prinzip an[zuerkennen]», aber «in der Praxis die Konterrevolution zu vollziehen».[12] Von demselben Standpunkt aus verfasste Mathilde die Broschüre *Der politische Tendenz-Prozeß gegen Gottschalk, Anneke und Esser*, in der sie ihr publizistisches Talent erneut bewies.

Nach Fritz' Freispruch Ende Dezember 1848 leiteten beide die NKZ gemeinsam weiter, und Mathilde veröffentlichte zahlreiche Gedichte und Besprechungen der Publikationen von Autorinnen sowie Berichte über Frauenaktivitäten. Außerdem bemühte sie sich, mithilfe von Emma Bunteschu einen demokratischen Frauenverein und eine eigene Frauenzeitung zu gründen.

Die revolutionären Erhebungen im Mai 1849 in Südwestdeutschland bedeuteten für viele Demokraten – auch für die Annekes – nicht nur den Kampf für die von der Nationalversammlung angenommene Reichsverfassung, welche die Schaffung eines liberal-konstitutionellen Bundesstaates mit einem Fürsten an der Spitze vorsah, sondern auch für eine spätere soziale Republik. Deswegen brachte Mathilde Fanny und Fritz in Sicherheit und reiste ihrem Mann nach, der zu dieser Zeit schon die Pfälzer Artillerie in der badisch-pfälzischen Revolutionsarmee kommandierte. Sie wurde Ordonanzoffizier in seinem Stab, und da zu ihren Aufgaben auch die Übermittlung von Meldungen und Befehlen gehörte, stellte man ihr ein Pferd zur Verfügung. So blieb sie als sattelfeste Amazone auf den Bildern und als ausgezeichnete Reiterin in den Erinnerungen der Zeitgenossen festgehalten. Das Ehepaar Anneke beteiligte sich zuletzt an den Kämpfen um die Festung Rastatt, und bevor diese von preußischen Truppen Anfang Juli eingeschlossen wurde, konnten Mathilde und Fritz über Straßburg in die Schweiz fliehen.

Von den Stationen ihrer Flucht aus setzte Mathilde die Berichterstattung für die *Westfälische Zeitung* fort und begann zugleich, ihre Erlebnisse in den *Memoiren einer Frau aus dem badisch-pfälzischen Feldzuge* aufzuschreiben – nicht zuletzt zur Verteidigung ihres Mannes, der mit dem Vorwurf konfrontiert war, durch die Flucht aus Rastatt Verrat an der Revolution begangen zu haben. Von den badischen Behörden steckbrieflich gesucht und in der permanenten Angst, verhaftet und an die preußischen Militärgerichte ausgeliefert zu werden – Fritz' Name stand ganz oben auf der Liste der zum Tode bestimmten Kommandeure –, gelang es den Annekes, zusammen mit den beiden Kindern im Oktober 1849 von Le Havre nach New York überzusetzen.

In der Emigration konnte Mathilde nicht nur ihr politisches und frauenemanzipatorisches Engagement unbeirrt fortsetzen, sondern auch andere Facetten ihrer Persönlichkeit unter den veränderten Umständen entfalten. Sie arbeitete in den ersten Exiljahren eng mit Wilhelm Weitling zusammen, der sie zu seiner «Partei der Arbeiter» und zu den Mitarbeitern seines Wochenblattes *Republik der Arbeiter* zählte. Ihr besonderes rhetorisches Talent offenbarte Mathilde als Rednerin in den deutschen Gemeinden und – nachdem sie Anschluss an die seit ihrer Entstehung mit der Antisklavereibewegung verbundene amerikanische Frauenbewegung gefunden hatte – als eine gefragte Agitatorin für das Frauenstimmrecht und gegen die Sklaverei. Die Annekes, die sich zuerst in Milwaukee niederließen, zogen 1852 nach Newark bei New York, wo Mathilde nach dem Vorbild der NKZ die *Deutsche Frauen-Zeitung. Central-Organ der Vereine zur Verbesserung der Lage der Frauen* gründete. Jedoch änderte die Publizistin jetzt ihre Prioritäten: Die sozialen Belange des arbeitenden Volkes rückten zugunsten der Frauenemanzipation in den Hintergrund. Erneut erläuterte sie die Notwendigkeit, die soziale Lage der Frauen zu verbessern, ihr Recht auf Arbeit, Bildung und politische Partizipation, dabei verknüpfte sie auch weiterhin die weibliche Emanzipation mit der Emanzipation der Arbeiter, bezog Stellung gegen die Sklaverei und stellte ihren Leserinnen und Lesern die führenden amerikanischen Feministinnen Ernestine L. Rose, Elizabeth Cady Stanton und Susan B. Anthony vor.

Immer wieder erschrak sie über die Demokratiedefizite ihrer neuen Heimat, die doch damals weltweit als «Vorbild der Freiheit» galt. Vor allem in der Sklaverei erkannte sie das Erzübel der USA und plädierte für radikale Formen des Protests. 1859 solidarisierte sie sich mit John Brown, dem Anführer eines Sklavenaufstandes, und unterstützte die Aktionen des radikalen Abolitionisten Sherman M. Booth, in dessen junger, halbindigener Frau, der Schriftstellerin und Übersetzerin Mary, sie eine vertraute Freundin und Mitautorin fand.

1858 traf Mathilde und Fritz Anneke ein schwerer Schlag: Der zehnjährige Sohn Fritz und seine dreijährige Schwester Irla starben an den Pocken, was die Familie veranlasste, zurück nach Milwaukee zu ziehen. Schmerzlich empfand Mathilde auch die unglückliche berufliche Situation ihres Mannes, den sie immer wieder aufmuntern musste. In

Erwartung eines neuen revolutionären Aufbruchs verfolgten beide nach wie vor aufmerksam die politische Entwicklung in Europa und waren bereit, «propagandistisch auf[zu]treten und die Revolution, wo immer sie auftreten mag, [zu] unterstützen».[13] Als in Italien die Unabhängigkeitsbewegung an Fahrt aufnahm, reiste Fritz Anneke im Mai 1859 nach Südeuropa, um bei erster Gelegenheit unter die republikanische Flagge zu treten. Er ließ sich in Zürich als Korrespondent nieder und holte ein Jahr später seine Familie nach.

Zu Beginn des Bürgerkriegs zwischen den Nord- und Südstaaten kehrte Fritz 1861 in die USA zurück und meldete sich zur Unionsarmee. Wie fast alle Achtundvierziger sahen die Annekes in diesem Bürgerkrieg die Fortsetzung der Kämpfe von 1848/49, und Mathilde leistete ihre Unterstützung von der Schweiz aus mit republikanisch konnotierten Berichten und Analysen für die deutsche und deutschamerikanische Presse.

Die fünf Jahre Mathildes in der Schweiz gehörten zu den produktivsten ihres Lebens. Mit ihrer journalistischen Arbeit und mit mehreren belletristischen Werken, darunter die gegen die Sklaverei gerichteten Novellen *Die Sclaven-Auction* und *Die gebrochenen Ketten* sowie der Roman *Uhland in Texas*, zählte sie zu den wenigen Autorinnen, die sich in Deutschland und in den USA behaupten konnten.

In der Schweiz traf sie alte und fand neue Freunde, viele von ihnen ehemalige Achtundvierziger. Darunter waren auch Ottilie und Alexander Kapp, die erfolgreich ein Knaben- und Mädchen-Institut in Zürich leiteten, wo Mathilde ihre Arbeit beobachten und Erfahrungen sammeln konnte. Mit der Tochter der Kapps, Cäcilie, einer ausgebildeten Lehrerin, «ein sehr energisches [...] Mädchen»,[14] wie Mathilde sie charakterisierte, ging sie im Sommer 1865 nach Milwaukee zurück und gründete zusammen mit ihr das «Milwaukee Töchter-Institut», in dem sie nach und nach ihre Vorstellungen von einer gleichwertigen Bildung für Mädchen umsetzen konnte. So führte sie zum Beispiel die damals in der Mädchenbildung noch ungewohnten naturwissenschaftlichen Fächer ein und war bemüht, ihre Schülerinnen zu selbstbewussten Persönlichkeiten zu erziehen.

Neben der pädagogischen Tätigkeit engagierte sich Mathilde weiter aktiv in der Bewegung für das Frauenstimmrecht. Als Vertreterin der Deutschamerikanerinnen und als gefeierte Rednerin nahm sie an Wahlrechtsaktionen und an etlichen Frauenkongressen teil. 1869 wurde sie zur Vizepräsidentin und Vertreterin des Staates Wisconsin im Vorstand der National Woman Suffrage Association gewählt und trat für die Gründung einer internationalen Liga für Menschenrechte und universalen Frieden auf. 1872 gehörte sie zu den Initiatoren des aus der «Partei der radikalen Demokratie» hervorgegangenen gleichnamigen Vereins und 1876 zu den Gründungsmitgliedern des sozialistischen Frauenvereins Milwaukee, eines Zweigs der Dritten Sektion der Internationalen Arbeiter-Assoziation.

Die erfolgreiche Arbeit Mathilde Annekes in den 1870er-Jahren wurde durch weitere schwere persönliche Verluste überschattet: 1872 verstarb nach einem Unfall ihr Mann im Alter von 54 Jahren und 1877 die älteste Tochter Fanny. Auch ihre eigene Gesundheit verschlechterte sich rapid, als ihre rechte Hand durch eine Blutvergiftung gelähmt wurde. Öffentlich trat sie zum letzten Mal beim Frauenkongress in Milwaukee im Juni 1880 mit einer glänzenden Eröffnungsrede auf. Noch im Januar 1884, einige Monate vor ihrem Tod, bekam sie von Susan B. Anthony eine Einladung, beim nächsten Frauenkongress zu sprechen. Mit tiefem Bedauern lehnte Mathilde die Einladung ab, versicherte aber, solange ihr Gehirn arbeite und ihr Herz schlage, sollten ihre «besten Gedanken» und ihr «innigster Herzschlag»[15] den Kämpferinnen für die Frauenrechte gelten.

Am 25. November 1884 starb Mathilde Franziska Anneke und wurde neben ihrem Mann auf dem Forest Home Cemetery in Milwaukee beigesetzt.

Zum Weiterlesen

Marion Freund, Mathilde Franziska Anneke (1817–1884) – «Ihr Auftreten, ihre Gesten, ihre Redekunst waren einfach großartig», in: Walter Schmidt (Hg.), Akteure eines Umbruchs. Männer und Frauen der Revolution von 1848/49, Bd. 4, Berlin 2013, S. 13–60.

Marion Freund, Progressive Emanzipation – Bildungspolitische Innovation – Journalistisch-literarische Renovation. Mathilde Franziska Annekes Leben und Wirken in den USA, in: Birgit Bublies-Godau/Anne Meyer-Eisenhut (Hg.), Deutschland und die USA im Vor- und Nachmärz. Politik – Literatur – Wissenschaft, Bielefeld 2018, S. 207–234.

Manfred Gebhardt, Mathilde Franziska Anneke. Madame, Soldat und Suffragette. Biographie, Berlin (Ost) 1988.

Karin Hockamp/Wilfried Korngiebel/Susanne Slobodzian (Hg.), «Die Vernunft befiehlt uns, frei zu sein!» Mathilde Franziska Anneke (1817–1884). Demokratin, Frauenrechtlerin, Schriftstellerin. Beiträge der wissenschaftlichen Tagung zu ihrem 200. Geburtstag am 28. April 2017 in Sprockhövel, Münster 2018.

Rüdiger Hachtmann

Johann Jacoby
(1805–1877)

Bürgermut vorm Königsthron

Am Morgen des 2. November 1848 erhielt die Preußische Nationalversammlung eine Mitteilung, die sie erschrecken ließ. Das in Berlin tagende Abgeordnetenplenum, das den Auftrag hatte, für den neben Österreich größten deutschen Einzelstaat eine Verfassung auszuarbeiten, war am 22. Mai, also vier Tage nach der Deutschen Nationalversammlung, zusammengetreten und deutlich linksliberaler als sein Frankfurter Pendant. Was hatte nun die Parlamentarier so schockiert? Es war die Mitteilung, dass der preußische König Friedrich Wilhelm IV. aus eigener Machtvollkommenheit und ohne die Abgeordneten vorher zu informieren, geschweige denn zu konsultieren, einen neuen Ministerpräsidenten ernannt hatte. Dieser neue Ministerpräsident war nicht irgendwer: Graf Friedrich Wilhelm von Brandenburg war ein illegitimer Verwandter des Königs und galt den Zeitgenossen als «Altpreuße vom Scheitel bis zur Sohle». Seine Ernennung war eine Provokation. Der Monarch informierte zudem das Parlament nicht selbst, sondern ließ seine Entscheidung durch den gerade ernannten neuen Ministerpräsidenten in einem knapp gehaltenen Brief mitteilen. Das war ein eindeutiger Bruch mit den Gepflogenheiten, die seit der März-

‹ **Johann Jacoby, Fotografie von Herrmann Prothmann, um 1855.**

revolution üblich geworden waren. Der König handelte nicht mehr im Konsens mit dem Parlament, er diktierte diesem seine Bedingungen.

Noch am selben Tage, gegen 16.30 Uhr, beschloss das preußische Abgeordnetenhaus eine Adresse an den König. Dort wurde festgestellt, «eine Regierung unter den Auspizien des Grafen Brandenburg» sei «ohne Aussicht, eine Majorität in der Versammlung und Vertrauen im Lande zu gewinnen».[1] Eine Deputation, angeführt vom Parlamentspräsidenten Victor von Unruh, sollte dem König noch am selben Abend die Adresse überreichen.

In Potsdam angekommen, begab sich die Abordnung, so berichtete Unruh dem Parlament am folgenden Tage, «sofort nach Sanssouci, fand aber keinen Minister anwesend». Unruh sah sich «daher genöthigt, mich an den dienstthuenden Flügel-Adjutanten», Edwin von Manteuffel, «zu wenden, und ersuchte denselben, die Deputation bei Sr. Majestät anzumelden».[2] Edwin von Manteuffel, der spätere Feldmarschall, behandelte die Abgesandten der Volksvertretung mit demonstrativer Geringschätzung. Er erwiderte, Deputationen würden «nur durch Vermittlung verantwortlicher Minister», im konkreten Falle also durch Mitglieder des gerade vom König eingesetzten, vom Parlament jedoch abgelehnten Kabinetts Brandenburg, «bei Sr. Majestät eingeführt». Gnädig schickte der Adjutant die Deputation nicht gleich fort, sondern ließ die Parlamentarier nach diesem Bescheid warten. Nach einiger Zeit kam er zurück und sagte, «er könne die angenehme Nachricht mittheilen, daß soeben eine Depesche des Ministeriums eingegangen sei, worin Se. Majestät dringend gebeten werde, die Deputation zu empfangen». Tatsächlich erschien der König. Unruh als der Sprecher der Deputation verneigte sich tief und verlas in ehrerbietigem Ton die vom Parlament beschlossene Adresse. «Se. Majestät haben aber eine Antwort darauf nicht ertheilt», stellte Unruh am nächsten Morgen in der Preußischen Nationalversammlung knapp fest.

So weit Unruhs Bericht. Der allerdings war unvollständig. Was der Parlamentspräsident am 3. November schamhaft verschwieg, brachte erst der demokratische Abgeordnete Carl d'Ester «unter der größten Unruhe» der Versammlung und damit der Öffentlichkeit zu Gehör: «Nachdem der König die Adresse aus den Händen des Präsidenten [von Unruh] empfangen hatte, und ohne von diesem angeredet worden zu sein, den Saal verlassen wollte, trat [Johann] Jacoby einige Schritte vor und sprach die Worte: Majestät! Wir sind nicht bloß hierher gesandt worden, um eine Adresse zu übergeben. Wir wollen Ew. Majestät über die Lage des Landes Bericht erstatten. Wollen Ew. Majestät uns nicht Gehör geben? – Nein! sagte der König! Darauf eilte Jacoby dem sich entfernenden König noch einige Schritte weiter nach und rief in brüskem Tone: Das ist eben das Unglück der Könige, daß sie die Wahrheit nicht hören wollen!»[3]

Wer war dieser Johann Jacoby? Warum waren seine Worte so mutig, obwohl doch acht Monate zuvor bereits eine Revolution stattgefunden hatte? Welchen weiteren Lebensweg beschritt Jacoby, nachdem er mit seinen unbotmäßigen Äußerungen den preußischen Monarchen und mit diesem nicht nur die Hochkonservativen in Preußen provoziert hatte, sondern auch bei einem erheblichen Teil der Liberalen auf Ablehnung gestoßen war?

Geboren wurde Johann Jacoby am 1. Mai 1805 in Königsberg als jüngstes Kind des jüdischen Kaufmanns Gerson Jacoby und seiner Frau Lea Jonas. Von 1823 bis 1828 studierte er an der Universität seiner Heimatstadt Medizin. Seit 1829 arbeitete er als Arzt am jüdischen Krankenhaus in Königsberg.

Ein Jahr später machten ihn grundstürzende Entwicklungen in Europa zum politischen Aktivisten. In Paris war die Ära der Reaktion durch die Julirevolution von 1830 schlagartig beendet worden. Dadurch ermuntert, versuchten polnische Freiheitskämpfer von November 1830 an das Königreich Warschau in einem Aufstand von der zaristischen Herrschaft zu befreien (die Erhebung scheiterte im September des folgenden Jahres). Wenige Wochen nach Beginn war dort die Cholera ausgebrochen und hatte sich schnell verbreitet. Im Mai 1831 reiste Jacoby in den russisch beherrschten Teil Polens, um sich als einer der ersten preußischen Ärzte genauer über diese Epidemie zu informieren. Gleichzeitig nahm er Kontakt zu den Aufständischen auf und behandelte verwundete Freiheitskämpfer. Kurze Zeit nach seiner Rückkehr, im Juli 1831, erreichte die Cholera seine Heimatstadt Königsberg. Für sein großes medizinisches Engagement auch hier erhielt er viel Anerkennung, wurde aber vom ostpreußischen Oberpräsidenten beschieden: «Einen Orden, eine Auszeichnung, wissen Sie, können Sie nicht bekommen. Sie sind Jude!»[4] Es war nicht zuletzt diese Erfahrung der Diskriminierung, die Jacoby zum radikalen Demokraten machte. «Je schwerer gerade mich die Ketten drücken, desto inniger muß ich die Freiheit für alle wünschen.»[5]

Obgleich «in der deutschen Kultur aufgewachsen und tief mit ihr verwachsen» und (wie Edmund Silberner, einer seiner Biografen, betont hat) «den geistigen Wurzeln des Judentums ziemlich entfremdet [und] an die jüdische Religion gefühlsmäßig nicht gebunden»,[6] gehörte Jacoby bis zu seinem Tod der jüdischen Gemeinde seiner Heimatstadt an. Allerdings war für ihn selbstverständlich, dass er sich nicht nur für die «Sonderrechte der Juden», sondern für die Freiheit und politische Gleichheit aller Menschen einsetzte, ungeachtet ihrer Konfession und gleichgültig, welcher Nationalität und sozialen Schicht sie angehörten.

Im Februar 1841 erregte Jacoby mit der zunächst anonym verfassten, später unter seinem Namen vielfach wiederaufgelegten Schrift *Vier Fragen, beantwortet von einem Ostpreußen* enormes Aufsehen, auch über die Grenzen der Hohenzollernmonarchie hinaus. Provokant wirkte vor allem seine Forderung nach einer «echten Teilnahme des Volkes an der Politik».[7] Die Abschaffung der Monarchie forderte er in seiner Schrift (noch) nicht, aber deren Umwandlung in ein konstitutionelles Königtum mit einem starken Parlament. Ermutigt sah sich Jacoby durch die Thronbesteigung Friedrich Wilhelms IV. und dessen anfängliche Versuche, sich zu einem Reform-König zu stilisieren: Ende Dezember 1841 wagte der Hohenzollernmonarch eine Lockerung der Zensur, die er kaum ein Jahr später wieder zurücknahm, erschrocken darüber, dass viele Schriftsteller und Journalisten sich schon im Besitz völliger Meinungsfreiheit glaubten und in einer Unmenge von Artikeln scharfe Kritik an den herrschenden Zuständen übten. Vor allem die politisierende Wirkung, die von Jacoby und seinen *Vier Fragen* ausging, hatte dem Monarchen nachdrücklich gezeigt, wie «gefährlich» die Pressefreiheit sein konnte. Anfang 1843 wurden auch Karikaturen der Zensur unterworfen, die Zensurbehörden organisatorisch gestrafft und Jacoby selbst des Hochverrats wegen Majestätsbeleidigung angeklagt. Auf das Drängen des Königs hin wurde er vom Königsberger Oberlandesgericht zu zweieinhalb Jahren Festungshaft verurteilt. Das Berliner Kammergericht als Berufungsinstanz hob das Urteil jedoch auf und sprach ihn frei.

Jacoby war durch seine Schrift und den Prozess zu einem der wichtigsten Repräsentanten der erstarkenden demokratischen Bewegung geworden. Am sogenannten Vereinigten Landtag, der am 11. April 1847 zusammentrat, aus den Standesvertretungen der preußischen Provinzen gebildet worden war und in den Augen der Krone ein Ventil für den zunehmenden politischen Druck sein sollte, kritisierte er die «Leisetreterei» der liberalen Abgeordneten. Anfang 1848, mit der Pariser Februarrevolution und den Märzrevolutionen in Wien und Berlin, schien der Freiheit endlich der Weg gebahnt. Dass der Völkerfrühling des Revolutionsjahres freilich schon früh an Grenzen stieß, zeigte sich, als Jacoby mit seiner Kandidatur für die Deutsche Nationalversammlung in Frankfurt am Main knapp scheiterte. Konservative und Liberale machten ihm zum Vorwurf, dass er im Fünfziger-Ausschuss, der die Wahlen im Deutschen Bund vorbereitete, sowie im Frankfurter Vorparlament für die Abtretung des preußisch beherrschten Posen an einen zu bildenden eigenständigen polnischen Staat eingetreten war: Eine demokratische Nationsbildung, das war Jacobys Überzeugung, dürfe nicht auf der Unterdrückung nationaler Minderheiten basieren und schließe imperiale Träume aus.[8]

Auch seine Kandidatur für die Preußische Nationalversammlung war in Königsberg nicht erfolgreich. Er gelangte erst über eine Nachwahl in Berlin in das erste echte Parlament der Hohenzollernmonarchie, das an Bedeutung dem Frankfurter Pendant kaum nachstand. Denn – dies war vielen Demokraten insbesondere in Preußen bewusst – ein demokratisches Deutschland konnte es nur geben, wenn zuvor die (neben der Habsburgermonarchie) größte Hegemonialmacht von Grund auf demokratisiert worden war. In der Preußischen Nationalversammlung, die nicht ein so dezidiertes und vielfältiges Fraktionswesen ausbildete wie das Frankfurter Parlament, wurde Jacoby schon im Frühling 1848 zu einem wichtigen Sprecher der linken Fraktion.

Mutig war der Auftritt Johann Jacobys am 2. November 1848 nicht nur gegen den Monarchen, der ernsthaft glaubte, er regiere noch «von Gottes Gnaden». Mutig war Jacoby auch mit Blick auf die Parlamentsdelegation. Deren Mitglieder waren schwer entrüstet. Während der König im Nebenzimmer verschwand, «traten fast alle Abgeordnete an Jacoby hinan [sic!] und drückten ihm ihr Befremden über sein Benehmen aus».[9] Statt gegen die provozierend schnöde Behandlung der Deputation durch den König zu protestieren, «desavouierte» man lieber den aufmüpfigen Jacoby. Dieser sprach nur für die entschiedene Linke, eine Minderheit in der Preußischen Nationalversammlung. Die meisten Volksvertreter scheuten den offenen Konflikt mit der Krone. Ihnen ging der «Männerstolz vor Königsthronen» (Friedrich Schiller) ab. Bei Jacoby war es zudem nicht «Stolz». Der ging dem uneitlen

Jacoby völlig ab. Es war vielmehr Mut, der ihn auszeichnete. Die übrigen Abgeordneten, bis auf d'Ester, hielten sich dagegen an die längst überholte absolutistische Etikette, wonach Bürger «ihrem» König Adressen nur ehrerbietig überreichen, jedoch von sich aus keine Fragen und Äußerungen an den Monarchen richten durften – schon gar nicht solche eigentlich schlichten Feststellungen, dass es «das Unglück der Könige» sei, «daß sie die Wahrheit nicht hören wollen».

Dabei hätten die Mitglieder der Parlamentsdeputation und ebenso die Preußische Nationalversammlung fraktionsübergreifend allen Grund gehabt, Jacoby dankbar zu sein. Denn der König provozierte die Parlamentarier zusätzlich noch mit einer eindeutigen Geste: Während der Parlamentspräsident die offizielle Adresse der Preußischen Nationalversammlung verlas, kehrte der Hohenzoller ihm demonstrativ den Rücken zu und faltete die Schöße seines Uniformrocks auseinander – eine Geste, welche die berühmte Aufforderung Götz von Berlichingens an den kaiserlichen Hauptmann versinnbildlichen sollte. Was er gegenüber der Abgeordnetendeputation nur andeutete, sprach er wenig später im Vertrautenkreis unverblümt aus, indem er Goethes *Götz von Berlichingen* zitierte.[10]

Einige Tage zuvor hätte Friedrich Wilhelm seine ordinäre Verachtung der Parlamentarier noch nicht so offen zum Ausdruck zu bringen gewagt. In den letzten Oktobertagen hatten sich jedoch die politischen Verhältnisse in Europa grundlegend gewandelt. Etwa zeitgleich mit der Audienz der Abgeordnetendeputation am 2. November war in Potsdam die telegrafische Nachricht eingetroffen, dass «Wien völlig unterworfen» sei. Nach der Pariser Junischlacht, die das Ende der französischen Revolution von 1848 markierte, hatte die europäische Gegenrevolution mit der blutigen Unterdrückung der Wiener Oktoberrevolution die zweite europäische Revolutionsmetropole ausgeschaltet.

Auch weil sie an der Schwelle der europäischen Revolutionswende standen, fanden die Worte Jacobys ein enormes Echo in der Öffentlichkeit – und wurden unsterblich. Die Resonanz war, wie nicht anders zu erwarten, geteilt. Vor allem die Hochkonservativen schäumten vor Wut. Die Anfang Juli 1848 gegründete *Kreuz-Zeitung*, das erste hochkonservative Massenblatt im deutschen Raum, bediente sich in ihrer Ausgabe vom 14. November judenfeindlicher Klischees, um die konservativ-bürgerliche «Volksmeinung» gegen Jacoby zu mobilisieren. Sie nannte Jacobys Entgegnung auf das arrogante Auftreten Friedrich Wilhelms den «Strahlenglanz jüdischer Unverschämtheit».

Während die Erzkonservativen ihren ganzen Hass über den «jüdischen Jakobyner» ausschütteten, der sich gegenüber dem König «unverschämt» und «trotzig» verhalten und «eigenmächtig das Wort angemaßt» habe, erhielt Jacoby aus zahlreichen Städten Dankadressen. Berlins radikaler Demokratischer Klub, der mit Abstand größte politische Verein der Hohenzollernresidenz, feierte ihn in einer Erklärung: Es sei an der Zeit, «endlich eine von Fürstenlaunen unabhängige Grundlage der Volksfreiheit und des Volksglückes zu erlangen!»[11] Am Abend des 5. November zogen mehrere Tausend Berliner mit Fackeln vor das Hotel Mylius, das Versammlungslokal der demokratischen Abgeordneten. Jacoby dankte in der ihm eigenen bescheidenen Art: «Was ich getan habe, ist nichts weiter als die Pflicht jedes Bürgers, dem das Wohl des Vaterlands, dem die Freiheit am Herzen liegt. Worte verhallen machtlos an dem Ohre der Könige. Zum Schutz der Freiheit, der blutig errungenen Volkssouveränität bedarf es der kühnen tapferen Tat.»[12] Auch er und die in der preußischen Hauptstadt starke demokratische Bewegung konnten freilich nicht verhindern, dass wenige Tage später in Berlin die Gegenrevolution gleichfalls triumphierte und General Friedrich von Wrangel mit mehr als 10 000 Soldaten die Stadt besetzte.

Nach dem Scheitern einer von Jacoby mitinitiierten Kampagne zur Steuerverweigerung gegen den Gewaltstreich der preußischen Krone und nach der Auflösung der Preußischen Nationalversammlung wurde er Anfang Januar 1849 in das – noch nach einem allgemeinen und gleichen Wahlrecht bestimmte – Preußische Abgeordnetenhaus gewählt, für die radikaldemokratische «rote Hochburg» Berlin. Ende Mai 1849 wechselte Jacoby als Nachrücker in die Paulskirche. Als die Abgeordneten aus Frankfurt vertrieben worden waren, gehörte er auch dem Rumpfparlament in Stuttgart an, das keinen Monat später von württembergischem Militär aufgelöst wurde. Dem Urteil eines der Biografen Jacobys zufolge gehörten seine Reden dort wie zuvor schon in Berlin «zu den sachlichsten, kürzesten und am wenigsten oratorischen, die 1848 in den deutschen Volksvertretungen gehalten wurden».[13]

Im Sommer 1849 war die republikanisch-radikale Demokratie ebenso gescheitert wie der moderate Liberalismus, der auf eine «Vereinbarung mit der Krone» gesetzt und vergeblich gehofft hatte, die deutschen Fürsten überzeugen zu können, dass die Zeit des Monarchentums «von Gottes Gnaden» abgelaufen sei. Zahllose Demokraten wurden ins Exil und in die Emigration gezwungen. Jacoby floh in die Schweiz, stellte sich allerdings dem Gericht, nachdem er wieder wegen politischer Delikte angeklagt wurde. Auch diesmal wurde er von einer – 1849/50 noch unabhängigen – Justiz freigesprochen.

Die große Mehrheit der Liberalen erlag Mitte der 1860er-Jahre den Sirenengesängen Bismarcks. Jacoby dagegen äußerte schon zu Beginn des Krieges gegen Österreich lakonisch: «Die Leute sind von preußischem Größenwahnsinn befallen, kriegstoll und ruhmtrunken.»[14] Auf die Bildung des Norddeutschen Bundes reagierte er am 6. Mai 1867 in einer Rede im Preußischen Abgeordnetenhaus, dessen Mitglied er seit 1862 wieder war, mit den geradezu prophetisch anmutenden Worten: «Die Verkümmerung der Freiheitsrechte hat noch niemals ein Volk zu nationaler Macht und Größe geführt. Geben Sie dem ‹obersten Kriegsherrn› absolute Machtvollkommenheit, und Sie proklamieren den Völkerkrieg! Deutschland – in staatlicher Freiheit geeint – ist die sicherste Bürgschaft für den Frieden Europas; unter preußischer Militärherrschaft dagegen ist Deutschland eine ständige Gefahr für die Nachbarvölker, der Beginn einer Kriegsepoche.»[15]

Am 20. September 1870, keine drei Wochen nach der Schlacht von Sedan im Deutsch-Französischen Krieg, wurde Jacoby erneut verhaftet. Der Generalgouverneur für die preußischen Ostseeküsten ließ ihn als Kriegsgefangenen in die Festung Boyen bei Lötzen (poln. Giżycko) bringen. Vorgeworfen wurde ihm, dass er sechs Tage zuvor die deutsche Kriegsführung sabotiert habe – weil er auf einer größeren Versammlung die Anwesenden aufgefordert hatte, sie sollten «unbeirrt durch den Siegestaumel des Augenblicks Protest erheben gegen jede Vergewaltigung der Bewohner von Elsass-Lothringen. Nur wer die Freiheit anderer achtet, ist selber der Freiheit wert.»[16] Aufgrund seiner Prominenz und des großen Aufsehens, das seine Verhaftung erregte, wurde er einen guten Monat später wieder freigelassen.

Angesichts seiner vehementen Kritik am aufkommenden imperialen Nationalismus des neuen Reiches und seines Festhaltens an radikaldemokratischen Grundsätzen war es konsequent, dass Jacoby am 2. April 1872 seinen Betritt zur Sozialdemokratischen Arbeiterpartei (SAPD) erklärte. Unmittelbar veranlasst wurde seine Entscheidung dadurch, dass am 26. März 1872 Wilhelm Liebknecht und August Bebel zu zwei Jahren Festungshaft verurteilt worden waren, weil sie sich gegen den Krieg gegen Frankreich exponiert und die Bismarck'sche Politik kritisiert hatten.

Am 10. Januar 1874 wurde Jacoby über die SAPD-Liste in den Reichstag gewählt. Die Annahme des Mandats lehnte er allerdings aus Alters- und Gesundheitsgründen ab. Ebenfalls 1874, drei Jahre vor seinem Tod am 6. März 1877, zog er ein Resümee seines Lebens und Wirkens. Es sei für ihn «schmerzlich» gewesen, dass viele seiner Freunde aus den Jahren 1848/49 «nun auf einmal – vom Machtschwindel erfasst – das Banner der Freiheit beiseite stellten». Er selbst sei den «demokratischen Freiheitsidealen seiner Jugend unwandelbar treu geblieben trotz allem Wechsel der Dinge».[17]

Zum Weiterlesen

Johann Jacoby, Briefwechsel 1816–1849, hg. von Edmund Silberner, Hannover 1978.

Ernst Ludwig von Gerlach, Von der Revolution zum Norddeutschen Bund. Politik und Ideengut der preußischen Hochkonservativen 1848–1866. Aus dem Nachlaß von Ernst Ludwig v. Gerlach, hg. von Hellmut Diwald, Teil 1: Tagebuch 1848–1866, Göttingen 1970.

Walter Grab, Der deutsch-jüdische Freiheitskämpfer Johann Jacoby, in: ders./Julius H. Schoeps (Hg.), Juden im Vormärz und in der Revolution, Stuttgart/Bonn 1983, S. 352–374.

Rüdiger Hachtmann, Berlin 1848. Eine Politik- und Gesellschaftsgeschichte der Revolution, Bonn 1997.

Peter Schuppan, Johann Jacoby, in: Karl Obermann u. a. (Hg.), Männer der Revolution von 1848, Bd. 1, Berlin 1987, S. 239–275.

Edmund Silberner, Johann Jacoby. Politiker und Mensch, Bonn/Bad Godesberg 1976.

Rolf Weber, Johann Jacoby, Köln 1988.

Julius H. Schoeps

Gabriel Riesser
(1806–1863)

Gleiche Rechte für die Juden:
Eine Rede macht Geschichte

In der prachtvollen neugotischen Eingangshalle des Hamburger Rathauses finden wir sein Porträt in Stein gemeißelt, neben dem anderer geschichtsnotorischer Bürger der Hansestadt: Gabriel Riesser. Rechtsanwalt, Publizist und Politiker, war er einer der prominentesten jüdischen Intellektuellen im Deutschland des 19. Jahrhunderts. Einer angesehenen Rabbiner-Familie entstammend, wirkte er nicht nur als entschiedener Streiter für die rechtliche und gesellschaftliche Emanzipation der jüdischen Bevölkerung, sondern machte sich im Revolutionsjahr 1848 als Abgeordneter und zeitweiliger Vizepräsident des Frankfurter Paulskirchenparlaments einen in Deutschland geachteten Namen.

Gabriel Riessers Geburtsjahr 1806 war das Jahr, in dem napoleonische Truppen weit nach Deutschland vordrangen und Städte wie Berlin und Riessers Heimatstadt Hamburg besetzten. Doch die napoleonische Okkupation brachte zugleich auch neue Freiheiten für die jüdische Bevölkerung. Die Französische Revolution hatte für die Emanzipation der Juden in Frankreich gesorgt, davon profitierten nun auch die Juden in Deutschland. Der Aufbruch währte indessen nur

< Gabriel Riesser, Lithografie von Philipp Winterwerb, 1849. Graphische Sammlung der Museumslandschaft Hessen Kassel.

kurz, nach 1815 wurden in Deutschland die Uhren vielerorts wieder zurückgestellt.

Die Forderung nach Gleichberechtigung und Gleichstellung der deutschen Juden, in der ersten Hälfte des 19. Jahrhunderts immer häufiger artikuliert, sah Gabriel Riesser nie als möglichen Gunsterweis oder Geschenk an. Für ihn ging es um ein der jüdischen Bevölkerung grundsätzlich zustehendes Recht, gleichgültig in welchem Staat, Fürstentum oder in welcher Grafschaft in Deutschland Juden ansässig waren. Dass mit der angestrebten Gleichstellung auch die Übernahme von Pflichten und Lasten verbunden sein würde, verstand sich für Riesser von selbst – darauf hat er immer wieder hingewiesen.

Dass Gabriel Riesser sich zu einem der bekanntesten Vorkämpfer für die Rechte der Juden entwickelte, hängt wohl in erster Linie mit persönlichen Erfahrungen und Enttäuschungen zusammen. Die schmerzhaften Zurückweisungen, die er nach seinem Studium der Rechte in Kiel, München und Heidelberg erfuhr, dürften prägend gewesen sein. Riesser konnte zwar 1826 in Heidelberg promovieren, aber zur Habilitation wurde er als Jude weder in Heidelberg noch in Jena zugelassen.

Gabriel Riesser hätte wohl problemlos eine akademische Laufbahn einschlagen oder ein Notariat übernehmen können, wenn er bereit gewesen wäre, zum Christentum überzutreten. Es hätte die christliche Taufe bedeutet, die Heinrich Heine spöttisch das «Entrébillet zur europäischen Kultur» genannt hat. Diesen Schritt, zu dem zahlreiche Zeitgenossen, wenn auch mit Bedenken, sich entschlossen, wie etwa Heine selbst, aber auch Männer wie der Schriftsteller Ludwig Börne, der Jurist Eduard Gans oder der Komponist Felix Mendelssohn Bartholdy, lehnte Riesser für sich entschieden ab. Den Akt der Taufe sah er als unwürdig an, als Verrat am Judentum.

Zum ersten Mal öffentlich zur sogenannten Judenfrage hat Riesser sich nach der Julirevolution in Frankreich 1830/31 geäußert, in einer

Schrift mit dem Titel *Über die Stellung der Bekenner des Mosaischen Glaubens in Deutschland*. Hier fordert er die bedingungslose Gleichstellung der Juden, ohne dass dem der Zwang zum Konfessionswechsel vorausgehen solle.

Es müsse aufhören, schreibt Riesser, dass Juden nicht zu staatlichen Ämtern zugelassen oder von bestimmten Handwerksberufen und vom Ackerbau ausgeschlossen werden. Die Juden, wenn sie erst einmal den übrigen Staatsbürgern rechtlich gleichgestellt seien, davon zeigte sich Riesser überzeugt, würden sich dann wie alle anderen verhalten und sich keinesfalls den bürgerlichen Pflichten entziehen – etwa dem Zahlen von Steuern, dem Militärdienst oder anderen Verpflichtungen.

Es war der Grundsatz der Willensnation, der bewusst gewollten Gemeinschaft von ansässigen Bürgern unterschiedlicher religiöser Herkunft, den Riesser leidenschaftlich vertrat. In gewisser Weise argumentierte er damals schon ähnlich wie in unseren Tagen der Philosoph und Soziologe Jürgen Habermas, der, einen Begriff des Politikwissenschaftlers Dolf Sternberger aufnehmend, vom «Verfassungspatriotismus» spricht und damit im Prinzip eine modernisierte Form der Willensnation ins Spiel bringt.

Gabriel Riesser hat vielleicht sogar noch etwas radikaler als Habermas gedacht, als er seinerzeit bezweifelte, dass es überhaupt so etwas wie objektive Merkmale für den Begriff und die Zugehörigkeit zu einer Nation gebe. Letztlich, so meint Riesser, seien es allein Gefühle subjektiver Zugehörigkeit, die entscheidend seien. Wer zur deutschen Nation gehören wolle, der müsse sich zu dieser Nation bekennen. Deutscher könne nur sein, wer sich als ein Deutscher begreife und wie ein Deutscher fühle.

«Es giebt nur eine Taufe, die zur Nationalität einweihte», bemerkte Riesser gegenüber dem Heidelberger Theologen Heinrich E. G. Paulus, «das ist die Taufe des Bluts in dem gemeinsamen Kampf für Freiheit und Vaterland.»[1] Damit spielte er auf die Befreiungskriege 1813 bis 1815 an, in denen zahlreiche Juden als Freiwillige gegen Napoleon mitgekämpft hatten und für Deutschland gefallen waren. Mit diesem Einsatz und dem dabei geleisteten Blutzoll, meinte Riesser, hätten die Juden den vollgültigen Anspruch auf die deutsche Nationalität erworben.

Als die öffentliche Debatte um die bürgerliche Gleichstellung der Juden in den deutschen Staaten noch vor 1848 Fahrt aufnahm und sich immer mehr Widerstand gegen die Gleichstellung regte, beschloss Riesser, eine Zeitschrift herauszubringen, mit der er die Emanzipationsforderungen publizistisch unterstützen und vorantreiben wollte. Das Blatt mit dem schlichten Namen *Der Jude*, das den Untertitel «Periodische Blätter für Religion und Gewissensfreiheit» trug, war darauf angelegt, die Emanzipationsforderungen der Juden mit den allgemeinen Forderungen des sichtlich erstarkenden Liberalismus in Deutschland zu verbinden.

Der Titel stieß seinerzeit auf einige Verwunderung, vielfach löste er auch Irritationen aus. Man meinte, er sei von Riesser genommen worden, um zu provozieren. Das stritt Riesser zwar ab, aber er konzedierte, ihn mit Bedacht gewählt zu haben, um das Anliegen der Gleichstellung voranzutreiben.

In der Zeitschrift, deren erste Nummer im April 1832 bei Hammerich & Lesser in Altona erschien und die Johann Jacoby eine «mutige Protestation gegen vielhundertjährige Unbilden» nannte,[2] druckte Riesser in den darauffolgenden Jahren bis 1835 unter anderem eine Reihe von Debatten aus den Volksvertretungen in Bayern, Baden, Kurhessen und Hannover ab und versah sie mit persönlich gehaltenen Kommentaren. Den Vorwurf etwa, Juden seien üble Betrüger, seien Schacherer und würden als Landwirte nichts taugen, wies er empört zurück. Dies seien an den Haaren herbeigezogene «freche Lügen», denen entschieden entgegengetreten werden müsse.

«Alle Ausschließungen ohne Ausnahme, die die Gesetze über die Bekenner einer Religion verhängen», antwortete Riesser allen Emanzipationsgegnern, würden der Wahrheit, der Vernunft und der Redlichkeit zuwiderlaufen.[3] Bemüht, so zu argumentieren, dass er keinen Anstoß erregte, bestand Riesser darauf, dass Juden wegen ihres Judeseins nicht ausgegrenzt werden dürften. Damit formulierte er, wie der Historiker Michael A. Meyer treffend festgestellt hat, «zum erstenmal als Ideologie das Beharren auf dem Recht, das eigene Judesein zu definieren und beizubehalten, ohne damit irgendeine bürgerliche oder politische Benachteiligung zu erleiden».[4]

Dabei hatte auch er in Hamburg zu kämpfen: Als Anwalt, als Notar wurde er nicht zugelassen. So verfasste er zusammen mit dem Hamburger Bankier Salomon Heine, dem Onkel des Dichters Heinrich Heine, Ende 1834 eine Denkschrift, die er beim städtischen Rat einreichte. In ihr wurden die «bürgerlichen Verhältnisse» der Hamburger Juden eingehend behandelt. Im Einzelnen forderten die beiden Autoren nicht nur die Aufnahme der in Hamburg geborenen Juden in die Handwerksinnungen, sondern auch die Zulassung zur Advokatur.

Bei aller Vorsicht und Umsicht, dem Streit ist Gabriel Riesser nicht immer aus dem Weg gegangen. So legte er sich nicht nur mit Heinrich Heine an, sondern bezog auch gegen den zeitweiligen Freund von Karl Marx, Bruno Bauer, und dessen Schrift *Die Judenfrage* (1843) Position. Besonders scharf kritisierte er das judenfeindliche Pamphlet *Über das Verhältnis der Juden zu den christlichen Staaten* (1833/1843) des Juristen und Schriftstellers Karl Streckfuß, eine Schrift, gegen die auch der Königsberger Arzt und Demokrat Johann Jacoby zu dieser Zeit ins Feld zog.

Als Gabriel Riesser nach einem kurzzeitigen Exil in Kurhessen 1840 wieder nach Hamburg zurückkehrte, wo endlich eine Ausnahmeregelung in Kraft getreten war, nach der er nun doch als Advokat und Notar zugelassen wurde, begann er sich verstärkt um jüdische Angelegenheiten zu kümmern. Riesser war nicht religiös im engeren Sinne, sondern war das, was man im deutschen Judentum vor 1933 einen «Drei-Tage-

Juden» genannt hat, ein Jude also, der nur an den hohen Feiertagen die Synagoge besucht, sich aber sonst aus seinem Judentum nicht mehr sehr viel macht. Die jüdische Gemeinde in Hamburg hat diese Einstellung nicht davon abgehalten, Riesser als einen der Ihren wertzuschätzen und ihn mit Ehrenämtern zu überhäufen.

So wurde er 1840 zum Mitglied der Direktion des Hamburger Tempelvereins bestellt. Dieser bereits 1817 gegründete Verein gilt als eine der ersten Synagogengemeinden in Deutschland, die sich um eine Reform der Gottesdienstliturgie und der Gebetbücher bemühte. Im sogenannten Hamburger Tempelstreit kam es zu heftigen Auseinandersetzungen, die sich an der Neuauflage des Tempelgebetbuches entzündeten. Der Oberrabbiner Isaac Bernays, einer der Wegbereiter der modernen Orthodoxie, verfügte über das Gebetbuch der Reformer eine Art Bann.

Riesser verfasste daraufhin eine Verteidigungsschrift, die beim Rat eingereicht wurde. Er tat das, obwohl es ihm zutiefst widerstrebte, in Religionsangelegenheiten die Obrigkeit anzurufen. Staat und Religion, meinte er, seien getrennte Bereiche und sollten tunlichst auseinandergehalten werden. Der Staat, das war Riessers Überzeugung, die er ganz im Sinne seines großen Vorbildes Moses Mendelssohn äußerte, habe Neutralität zu wahren und dürfe sich in religiöse Fragen nicht einmischen.

Der besagte Streit zwischen den jüdischen Traditionalisten und den Neuerern regte Heinrich Heine in seinem 1844 veröffentlichten *Wintermärchen* zu spöttisch-satirischen Versen an: «Die Juden theilen sich wieder ein / In zwey verschiedne Parteyen; / Die Alten gehn in die Synagog; / Und in den Tempel die Neuen. // Die Neuen essen Schweinefleisch, / Zeigen sich widersetzig, / Sind Demokraten; die Alten sind / Vielmehr aristokrätzig. // Ich liebe die Alten, ich liebe die Neu'n, / Doch schwör' ich beim ewigen Gotte, / Ich liebe gewisse Fischchen noch mehr, / Man heißt sie geräucherte Sprotte.»[5]

Gabriel Riesser, der sich für die Gleichstellung der deutschen Juden mit immer größerer Intensität einsetzte, war kein Freund des revolutionären Umsturzes, sondern plädierte für das Einschlagen eines gemäßigten Kurses. Was ihm als bürgerlichem Liberalen vorschwebte, war auch nicht die Republik, schon gar nicht eine solche nach jakobinischem Vorbild und mit Gewalt herbeigeführte. Er befürwortete vielmehr die Einführung einer konstitutionellen Monarchie. An der Spitze Deutschlands sollte ein Kaiser stehen, kein Präsident. Den preußischen König Friedrich Wilhelm IV. sah er dafür als die geeignete Person an.

Als man 1848 daranging, in Frankfurt am Main die Nationalversammlung einzuberufen, der unter anderem die Aufgabe zukommen sollte, eine Verfassung auszuarbeiten, erhielt Gabriel Riesser Sitz und Stimme im Vorparlament. In diesem Gremium, einer Versammlung von 574 Männern aus allen deutschen Staaten und den vier freien Städten Frankfurt, Bremen, Lübeck und Hamburg, das die Arbeit der Nationalversammlung vorbereiten sollte, plädierte Riesser am 1. April 1848 für ein demokratisches Wahlrecht, nach dem jeder volljährige Deutsche unabhängig von seinem Stand, seinem Vermögen und der Religionszugehörigkeit wahlberechtigt und wählbar sein sollte.

Am 18. Mai, nach der Wahl, trat die Nationalversammlung in der Paulskirche zusammen. Riesser, der als Abgeordneter des Herzogtums Lauenburg entsandt worden war, fiel alsbald durch seine Redebegabung auf und wurde später sogar zum Vizepräsidenten des Frankfurter Parlaments gewählt. Riesser vor allem ist es zu verdanken, dass die Forderung nach Gleichstellung der Juden nicht aus dem Blickfeld der Abgeordneten rückte. Auch hier zeigte er sich umso streitbarer, je größer die Widerstände wurden. So, als der Stuttgarter Abgeordnete Moritz Mohl bei der Beratung der Verfassung eine Sondergesetzgebung für Juden forderte, mit der damals gängigen Behauptung, Juden könnten der deutschen Nation nicht angehören. Vielmehr, so meinte Mohl, seien sie ein eigener Volksstamm, dessen Mitglieder sich mit den Deutschen nicht vermischen würden. Riesser stand daraufhin auf und hielt eine seiner großen Reden, deren Klarheit der Argumente, wie es heißt, eine «unwiderstehliche Wirkung» auf das Parlament ausübte.[6]

«Ich nehme das Recht in Anspruch», heißt es in Riessers Plädoyer, das in die Annalen der deutsch-jüdischen Beziehungsgeschichte als eine der großen und folgenreichen Reden für die Rechte der Juden einging – «Ich nehme das Recht in Anspruch», rief Riesser, «vor Ihnen aufzutreten im Namen einer seit Jahrtausenden unterdrückten Classe, der ich angehöre durch die Geburt [...]. Sollen wir Juden es für unser Unglück erachten, daß wir deutsch reden? Sollen wir darum schlechter behandelt, soll uns die Freiheit vorenthalten werden dürfen [...]?»[7] Er glaube nicht, fuhr Riesser fort, «daß es möglich ist, gleiche Rechte zu geben für active und passive Wählbarkeit, für das hohe Werk der Gesetzgebung, so lange noch die verletzendsten Ausnahmegesetze in niederen Sphären bestehen [...]. Vertrauen Sie der Macht des Rechts, der Macht des einheitlichen Gesetzes und dem großen Schicksale Deutschland's. Glauben Sie nicht, daß sich Ausnahmegesetze machen lassen, ohne daß das ganze System der Freiheit einen verderblichen Riß erhalten [...] würde.»[8] Mit großer Mehrheit wurde Mohls Antrag abgewiesen.

Gabriel Riesser, in den Verfassungsausschuss gewählt, in dem auch Friedrich Christoph Dahlmann saß, beteiligte sich in Frankfurt maßgeblich an der Ausarbeitung der im Frühjahr 1849 veröffentlichten «Grundrechte des deutschen Volkes». In dieser «Deklaration der Rechte», wie sie allgemein genannt wurde, waren die volle Gleichberechtigung für die Bekenner aller Konfessionen, die Freiheit des Gewissens und die Möglichkeit des Eingehens einer freien bürgerlichen Ehe unter Angehörigen verschiedener Konfessionen festgelegt. Zahlreich waren die Reden, die Riesser in Frankfurt hielt; die Rede vom 28. August 1848 war seine wichtigste.

Einen weiteren Höhepunkt in Riessers parlamentarischem Wirken stellt seine berühmte zweistündige «Kaiserrede» vom 21. März 1849 dar, in der er die Zuhörer zu regelrechten Beifallsstürmen hinriss. Zu dieser viel umjubelten (auf der Linken allerdings auch mit Gelächter quittierten) Rede, in der Riesser nicht nur vom «geschichtlichen Aufgehen Preußens in Deutschland» sprach, sondern auch für die konstitutionelle Monarchie warb, lassen sich zahlreiche zeitgenössische Kommentare nachweisen. Der Staatsrechtler Robert von Mohl etwa (ein Bruder Moritz [von] Mohls), der ebenfalls dem Verfassungsausschuss angehörte, meinte: «Vielleicht das Großartigste, was je in der Reichsversammlung gesprochen wurde»,[9] das sei aus dem Munde eines deutschen Juden gekommen.

Liest man heute die in Frankfurt gehaltenen Reden und blättert in den Schriften Gabriel Riessers, so beeindrucken nach wie vor jene Passagen, mit denen er in seiner Zeitschrift *Der Jude* für die Einheit Deutschlands warb und zugleich für die Verwirklichung von Recht und Freiheit eintrat. «Bietet man mir», schreibt Riesser, «mit der einen Hand die Emancipation, auf die alle meine innigsten Wünsche gerichtet sind, mit der andern die Verwirklichung des schönen Traumes von der politischen Einheit Deutschlands mit seiner politischen Freiheit verknüpft, ich würde ohne Bedenken letztere wählen: denn ich habe die feste, tiefste Überzeugung, daß in ihr [der politischen Einheit] auch jene [die Emanzipation der Juden] enthalten ist.»[10]

Nach dem Ende des Paulskirchenprojektes und der preußischen Unionspläne (den Deutschen Bund durch einen kleindeutschen Nationalstaat zu ersetzen), für die er sich eingesetzt hatte, zog Riesser sich aus der großen überregionalen Politik weitgehend zurück. Gescheitert war er nicht: Unter Berufung auf die Frankfurter Grundrechte gestand Hamburg Juden jetzt das Bürgerrecht zu; zehn Jahre später garantierte ihnen die Verfassung von 1860 die vollständige Gleichstellung. Riesser engagierte sich zwar noch in der Hamburger

Bürgerschaft und setzte sich unter anderem für die Zivilehe ein. Deren endgültige Einführung in Hamburg hat er aber nicht mehr miterlebt. Ein gewisses Gefühl der Befriedigung dürfte es ihm im Oktober 1860 bereitet haben, dass er zum Obergerichtsrat am Hamburger Obergericht ernannt wurde. Mit dieser Ernennung, drei Jahre vor seinem Tod, war Riesser der erste Jude, der es in Deutschland in ein Richteramt schaffte.

Im Rückblick bleibt die Erinnerung an einen Mann, dessen politische Verdienste unbestreitbar sind. Gabriel Riesser setzte sich im Vormärz und in der Revolution von 1848 als entschiedener Vorkämpfer für Freiheit, Gleichheit und Gerechtigkeit ein, wohlgemerkt trat er dabei nicht nur für die Juden, sondern für alle Deutschen ein, gleichgültig ob sie Christen oder Juden waren. Es war ein offensives öffentliches Bemühen, mit dem er in die Chronik der Freiheit Eingang gefunden hat, seine große Frankfurter Rede zur Emanzipation der Juden hat deutsche Geschichte geschrieben. Dass wir heute in einem demokratischen Rechtsstaat leben, ist, so gesehen, auch Gabriel Riesser zu verdanken, der zu seinen Lebzeiten die Voraussetzungen dafür mit geschaffen hat.

Zum Weiterlesen

Gabriel Riesser, Gesammelte Schriften, hg. im Auftrag des Comité der Riesser-Stiftung von M. Isler, 4 Bde., Frankfurt a. M./Leipzig 1867 (Nachdruck, Bibliothek des deutschen Judentums, hg. von Julius H. Schoeps, Hildesheim 2001).

Gad Arnsberg, Gabriel Riesser als deutsch-jüdischer Intellektueller und liberaler Ideologe, in: Menora. Jahrbuch für deutsch-jüdische Geschichte 2 (1991), S. 81–104.

Ludwig Geiger, Gabriel Riesser, in: Die Deutsche Literatur und die Juden, Berlin 1910, S. 212–230.

Arno Herzig, Gabriel Riesser, Hamburg 2008.

Uri R. Kaufmann, Ein jüdischer Deutscher. Der Kampf des jungen Gabriel Riesser für die Gleichberechtigung der Juden 1830–1848, in: Aschkenas. Zeitschrift für Geschichte und Kultur der Juden 13, H. 1 (2003), S. 211–236.

Peter Rawert, Deutsch oder heimatlos. Ein Porträt von Gabriel Riesser zum 150. Todestag, in: Die Zeit, Nr. 18 vom 25. April 2013.

Julius H. Schoeps, Gabriel Riesser. Demokrat – Freiheitskämpfer – Vordenker (Jüdische Miniaturen, Bd. 256), Berlin/Leipzig 2020.

Moshe Zimmermann, Hamburgischer Patriotismus und deutscher Nationalismus. Die Emanzipation der Juden in Hamburg 1830–1865, Hamburg 1979.

Christian Jansen

Jakob Venedey (1805–1871) und Henriette Obermüller-Venedey (1817–1893)

Im Kampf für einen demokratischen Nationalstaat

Ob es heute in Deutschland eine zweite Familie mit einer derart eindrucksvollen demokratischen Tradition gibt? Bei den Venedeys beginnt sie, wie die moderne Demokratie überhaupt, mit der Französischen Revolution. Schon Jakob Venedeys Vater Michael (1770–1846), dessen Eltern innerhalb der Kölner Stadtmauern einen Bauernhof betrieben, beteiligte sich im Dezember 1789 an einem gewaltsamen Protest im Geiste der Revolution vor der Kölner Hauptwache, der brutal niedergeschlagen wurde. Der Jurastudent wurde verletzt und musste sein Studium unterbrechen, das er erst 1792 in Bonn fortsetzen konnte. Als im Herbst 1794 die französische Nordarmee die klerikale Herrschaft in Kurköln beendete, stellte sich Michael Venedey der neuen Regierung zur Verfügung. In verschiedenen Positionen arbeitete er für sie und warb auf zahlreichen Veranstaltungen für eine linksrheinische Republik (nach Mainzer Vorbild), später für den Anschluss an Frankreich. Venedey sympathisierte mit den Jakobinern und gründete in Köln verschiedene Vereine, deren wichtigsten, den «Konstitutionellen Zirkel», er als frühe demokratische «Partei modernen Stils» (Axel Kuhn) organisierte. Noch keine dreißig, war er

< Jakob Venedey, Daguerreotypie von Hermann Biow, 1848. Museum für Kunst und Gewerbe, Hamburg.
Henriette Obermüller-Venedey, Fotografie von unbekannter Hand, 1863.

eine wichtige Gestalt in der demokratischen Revolution, reorganisierte Justiz und Polizei, bis der Staatsstreich Napoleons 1799 einen autoritären Umschwung brachte. Venedey zog sich daraufhin aus der aktiven Politik zurück, arbeitete als Anwalt, hielt aber an seinen Zielen fest und verteidigte Arme und politisch Verfolgte.

Doch nicht nur der Vater, auch Jakob und Henriette Venedeys Sohn, der Rechtsanwalt Martin Venedey (1860–1934), war politisch aktiv und vertrat von 1891 bis 1919 den Wahlkreis Konstanz als demokratischer (freisinniger) Abgeordneter im badischen Landtag, war Fraktionsvorsitzender und von 1913 bis 1917 Vizepräsident des Parlaments. Im Ersten Weltkrieg wurde er Pazifist und engagierte sich in der Weimarer Republik an der Seite so prominenter Freunde wie des Friedensnobelpreisträgers Ludwig Quidde und Hellmut von Gerlachs in der Deutschen Friedensgesellschaft, im Reichsbanner Schwarz-Rot-Gold und in der Deutschen Demokratischen Partei, gehörte also zu jener Minderheit der Liberalen, welche die Weimarer Reichsverfassung bis zum Ende verteidigte. Auch seine fünf 1902 bis 1920 geborenen Söhne, Jakob und Henriette Venedeys Enkel, waren demokratisch engagiert. Hermann, der zweitälteste (1904–1980), war wie sein Vater Mitglied im verfassungstreuen Reichsbanner, widersetzte sich 1933 als Assessor an einem Konstanzer Gymnasium unter Berufung auf seinen Amtseid dem Hissen der Hakenkreuzfahne, da er unter dieser Fahne nicht als Lehrer arbeiten könne. Von den lokalen Nazis verfolgt, floh er mit seiner Familie in die Schweiz, wo er ohne Arbeitserlaubnis lebte, ständig von Abschiebung bedroht, und erst 1942 als politischer Flüchtling anerkannt wurde. Nach der Befreiung kehrte er sofort nach Konstanz zurück und wurde schnell Schulleiter, engagierte sich für Demokratie und die europäische Aussöhnung. Sein älterer Bruder Hans (1902–1969) wurde als sozialdemokratischer Gemeinderat im März 1933 in «Schutzhaft» genommen, konnte aber ebenfalls in die Schweiz entkommen. Im Oktober 1945 ernannte ihn die US-Militärregierung zum hessischen

Innenminister. Er setzte sich unter anderem für das Grundrecht auf Asyl ein, aber auch für die Vereinigung von SPD und KPD, was zum Parteiausschluss und Rücktritt vom Ministeramt führte. Auch in der folgenden fünften Generation bleibt die Familie Venedey der demokratischen Tradition treu, von Konstanz bis Berlin.

Doch nun zu Jakob selbst, dem Historiker, Journalisten und Paulskirchenabgeordneten Jakob Venedey, und seiner Frau Henriette Obermüller-Venedey, einer Frauenrechtlerin und Unternehmerin. Ihre Familie, die Obermüllers aus Karlsruhe, hatte ebenfalls eine rebellische Tradition. Dies erklärt zumindest teilweise, warum Henriette Konventionen infrage stellte und sich für Demokratie und Demokraten begeisterte. Den ungewöhnlichen Familienhintergrund illustriert die Tatsache, dass gleich drei ihrer Cousins 1833 am Frankfurter Wachensturm beteiligt waren, dem Versuch von etwa hundert Aktivisten, darunter viele demokratische Burschenschafter, durch die Erstürmung der Frankfurter Haupt- und Konstablerwache eine Revolution auszulösen. 1837 heiratete Obermüller im Alter von zwanzig Jahren einen weiteren Cousin – auch er politisch aktiv – und folgte ihm nach Le Havre, wo er eine Auswanderungsagentur betrieb für alle, die am deutschen Elend verzweifelten. Denn die durch die Revolutionen von 1830 und das Hambacher Fest ausgelöste Aufbruchsstimmung war schnell vom «System Metternich» erstickt worden. In Le Havre lernte Obermüller 1838 Jakob Venedey kennen.

Dessen Biografie ist exemplarisch für den demokratischen Nationalismus, der sich – nach den Impulsen aus Frankreich und dem von Jakobs Vater mitgestalteten Republikanismus – in Turnvereinen und Burschenschaften organisierte. Bereits als Schüler in Köln eckte Venedey im restaurativen Klima nach den Karlsbader Beschlüssen 1819 an: Er sympathisierte mit der Turnerbewegung, musste die Schule verlassen und bis zum Abitur Privatunterricht nehmen. Als Jurastudent in Bonn und Heidelberg engagierte er sich in der Burschenschaft, die ihn

1827 zum Burschentag delegierte, wo er erstmals ein bundesweites Treffen der Opposition erlebte. Der zentrale Begriff und Wert des demokratischen Nationalismus und im Denken Venedeys war «Volk» in einer doppelten politischen Bedeutung: einerseits ethnisch als Sprach-, Kultur- und Abstammungsgemeinschaft mit einem spezifischen «Volksgeist» und «Volkstum», andererseits demokratisch als Souverän in einer künftigen Gesellschaftsordnung. Aus dieser doppelten politisch-emotionalen Aufladung resultierte die Attraktivität des demokratischen Nationalismus mit dem Verspechen, dazuzugehören und mitzubestimmen, aber auch eine Überhöhung des Eigenen und Authentischen, die mit einer Abwertung alles Fremden einherging.

Venedeys politisches Engagement führte den promovierten Rechtsgelehrten und Journalisten in weitere radikale Organisationen. 1832 engagierte er sich im Preß- und Vaterlandsverein, einer demokratisch-nationalistischen Partei, welche auch die größte politische Kundgebung des Vormärz organisierte, das Hambacher Fest, an dem Venedey begeistert teilnahm. Erneut kam es danach zu einer Verfolgungswelle. Im August 1832 wurde er verhaftet. Doch er konnte bald aus dem Gefängnis entkommen und emigrierte nach Frankreich. Dort lebte er unter ungezählten deutschen Flüchtlingen und Migranten. Venedey befreundete sich mit Heinrich Heine, sprach 1837 am Grab Ludwig Börnes auf dem Père-Lachaise – zeitlebens setzte er sich für die Gleichstellung der Juden ein. Er schrieb für deutsche Zeitungen wie die Augsburger *Allgemeine* und engagierte sich weiter in demokratischen Vereinen. Der bedeutendste war der von ihm 1834 mitgegründete sozialistische Bund der Geächteten, den er aber bald wieder verließ. Hier zeigt sich ein weiteres Merkmal der frühen demokratischen Politik, die Instabilität ihrer Organisationen, die vorwiegend ihrer permanenten Verfolgung und dem deshalb unsteten Leben der Aktivisten geschuldet ist, aber auch ihrem wenig kompromissfähigen Eigensinn.

Wie viele Emigranten kehrte Venedey bei den ersten Anzeichen der Revolution im März 1848 nach Deutschland zurück und wurde Mitglied des Frankfurter Vorparlaments. Kurz darauf wählten ihn die Bürger des kleinen Landgrafentums Hessen-Homburg in die deutsche Nationalversammlung, wo er gleichwohl als «Venedey aus Köln» im Protokoll steht. Als einer der aktivsten Abgeordneten erlangte er dort dank der breit medialen Wahrnehmung seine größte Wirksamkeit.

Der Platz reicht hier nur für wenige Zitate, die Venedeys Vorstellungen von Volk, Demokratie und einem künftigen Reich illustrieren mögen. Das Volk, das waren für Venedey nicht die Massen auf der Straße, sondern die politisch interessierten Bürger, welche die Nationalversammlung gewählt und damit zum Sitz der Volkssouveränität gemacht hatten. In einer Grundsatzrede über die Schaffung einer provisorischen revolutionären Exekutive stellte er «Emeute» (Aufruhr) und «Barricade» dem «Volksgeist» entgegen, den die Paulskirche repräsentiere. «Sie werden in allen Revolutionen zwei Elemente thätig finden: Geist und Faust, Wort und Emeute, Gedanke und Barricade. Die Barricade kommt, wenn man unverständig genug war, den Geist zu leugnen. Wenn aber die Barricade gesiegt hat, tritt das Mißverhältniß ein, daß die Barricade, die Faust, die Flinte, die Sense sich einbildet, sie allein hätten Recht. Und allemal und überall, wo dieß geschieht, liegt hierin ein großes Nationalunglück.» In Berlin und Wien seien die Revolutionen während der Märzereignisse «in die Hände der Barricade, der Emeute gefallen. Hier in der Paulskirche liegt sie dagegen in den Händen der ganzen Nation, [...] es sind 45 Millionen, die uns hierher geschickt haben. Hier müssen wir den *Geist der Revolution* durcharbeiten, wenn die Revolution nicht immer wieder mit der Faust der Emeute dreinschlagen soll.»

Diese Sichtweise bürdete der Paulskirche eine ungeheure Verantwortung auf, der Venedey mit großer Ernsthaftigkeit gerecht zu werden versuchte. Er blieb zeitlebens ein entschiedener Kämpfer für den Parlamentarismus, und wenn er auch eine starke Exekutive befürwortete, so musste das letzte Wort das Parlament haben. Sein Demokratieverständnis zeigt sich an vielen Stellen, etwa wenn er sich gegen jede Einschränkung des aktiven und passiven (Männer-)Wahlrechts aussprach. Oder wenn er forderte, die «Grundrechte des deutschen Volkes», in deren Tradition die Artikel 1 bis 19 unseres Grundgesetzes stehen, 100 000 Mal drucken zu lassen und überall zu verteilen, was die provisorische Reichsregierung aber ablehnte.

Venedeys ethnisches Verständnis von Volk und Nation führte ihn nicht nur zur Ablehnung der kleindeutschen Lösung ohne Österreich, auf die sich die Nationalversammlung mehrheitlich verständigte – er blieb Großdeutscher. Er gehörte auch zu der Minderheit, die Polens Wiedergeburt unterstützte und verlangte, dass Preußen polnische Gebiete, vor allem die Provinz Posen, an den neu zu gründenden polnischen Staat abtrete. Selbst viele Demokraten folgten in der berüchtigten Polendebatte den Argumenten vom «gesunden Volksegoismus», während Jakob Venedey, Robert Blum, Arnold Ruge, Ludwig Simon und wenige andere für Fairness und Weitsicht plädierten.[1]

Die von der Revolution geweckten Erwartungen und der Widerstand aller Großmächte gegen die ersehnte großdeutsch-demokratische Reichsgründung radikalisierten den Nationalismus. Spätestens als im Herbst 1848 die europäischen Mächte mit dem Vertrag von Malmö die provisorische Revolutionsregierung übergingen und den schleswig-holsteinischen Aufstand gegen Dänemark beenden wollten, waren sich fast alle deutschen Nationalisten einig, dass die Einheit nur durch einen oder mehrere Kriege zu erreichen sei. In der Debatte über diesen Vertrag redete sich Venedey in Rage, «daß wir ein *neues* Reich schaffen müssen, daß wir es auf die Gefahr schaffen müssen, mit der ganzen Welt in Krieg zu kommen, um ein einiges Deutschland zu werden». Sein Zorn richtete sich gegen die preußische Regierung, sie lasse die Deutschen in Schleswig-Holstein im Stich: «Ich bin der Überzeugung, [...] daß man uns nur umso mehr achten wird, wenn man weiß, daß wir sagen: ‹Wir wollen kämpfen, sobald es sich darum handelt, die Ehre Deutschlands zu retten.›» Er bekam für diese Tirade «vielstimmiges Bravo vom Centrum und von der Linken».[2]

Man sieht: Der demokratische Nationalismus war keineswegs pazifistisch; das künftige Reich sollte zu den Weltmächten gehören. Deshalb schuf die Paulskirche bereits im Juni 1848 eine Reichsflotte, die einerseits die Aufständischen in Schleswig-Holstein unterstützen und andererseits deutsche Handelsschiffe schützen sollte. Auch hier war Venedey engagiert, zum einen in der Debatte um die Ausgestaltung der Reichskriegsflagge, zum anderen mit einem Antrag, der unterstreicht, wie ernst es ihm mit der deutschen Seemacht war. So forderte er, «daß das erste deutsche Schiff, das ein feindliches Kriegsschiff einbringt von mehr als 20 Kanonen, einen Preis von 50 000 Thalern erhält, und daß der Name des Capitäns sich verewige in der Marine, indem das erste Schiff, welches vom Stapel läuft, seinen Namen trägt und so fort, so lange es Kriegsschiffe gibt».[3] Die Kaufkraft von 50 000 Talern entspricht einer halben Million Euro.

Nach der gewaltsamen Auflösung des Rumpfparlaments im Juni 1849 ging Venedey nach Schleswig-Holstein, wo der Unabhängigkeitskrieg andauerte. Durch Artikel in den wenigen weiter erscheinenden demokratischen Zeitschriften versuchte er, den Aufstand zu unterstützen. Er beschuldigte die gemäßigten Liberalen an der Spitze der schleswig-holsteinischen Unabhängigkeitsbewegung wie Friedrich Christoph Dahlmann, Georg Waitz, Wilhelm Beseler und Karl Francke, die bereits in der Paulskirche als kleindeutsche Liberale seine Gegner waren, die Schleswig-Holstein-Frage nicht «aus dem Gesichtspunkt der Nationalität» zu betrachten. In diesem Zusammenhang kritisierte er, dass sie Grenzen der historisch gewachsenen Territorien nicht antasten wollten. Dies erzeuge neue Ungerechtigkeiten, da in einem deutschen Schleswig-Holstein die Dänen ebenso eine Minderheit wären wie die Deutschen in Schleswig-Holstein unter dänischer Herrschaft. Venedey plädierte für eine ethnisch-sprachliche Grenze. Er akzeptierte als Konsequenz einer solchen «rationalen» Grenzziehung den Verlust Nordschleswigs. Es dauerte noch Jahrzehnte und forderte weitere kriegerische Auseinandersetzungen, bis die Grenze nach der Volksabstimmung 1920 so gezogen wurde, wie von Venedey vorgeschlagen – eine Grenze, die beide Länder inzwischen zu guten Nachbarn gemacht hat.

Seine Suche nach demokratisch fundierten Grenzen verband sich in durchaus zeittypischer Weise mit einer mystischen Aufladung des Volks- und Nationsbegriffes: Die norddeutschen «Volksstämme» würden «zu dem Edelsten» gehören, «was deutsche Art je schuf». Sie hätten «in beispiellosen Schlachten die Bluttaufe ihres Deutschthums erneuert». Das «Deutschthum» dieser «kerngesunden Menschen» zeige «bei hoher Bildung patriarchalische Einfalt, bei schlichter Milde eiserne Ausdauer, bei Schlangenklugheit Taubenunschuld».[4] Der demokratische Nationalismus operierte immer wieder mit der auf Johann Gottfried Herder zurückgehenden Vorstellung von unterschiedlichen «Volkscharakteren».

Mit seiner ethnischen Definition der Nation war Venedey Teil einer breiten Mehrheit unter den damaligen Demokraten. In anderen Fragen führten seine politischen Positionen zu Streit. So Ende Januar 1850, als Venedey sich für die Teilnahme an den Wahlen zum Erfurter Unionsparlament aussprach. Die preußischen Demokraten hatten beschlossen, sie zu boykottieren, um gegen das neue Dreiklassenwahlrecht zu protestieren. Obwohl auch Venedey das Dreiklassenwahlrecht ablehnte, plädierte er für Widerstand *innerhalb* der Institutionen, auch wenn unter dem neuen Wahlrecht und wegen der Repression keine starke demokratische Opposition in den Landtagen zu erwarten war. Das Parlament blieb für ihn der wichtigste Ort der politischen Auseinandersetzung.

In dieser Zeit begegnete er – vermittelt durch Adam von Itzstein –

Henriette Obermüller wieder. Sie war mit ihrem Mann schon 1845 aus dem Exil in Le Havre nach Baden zurückgekehrt. Das Ehepaar hatte in Durlach einen Weinhandel aufgemacht. Von 1847 an warb sie bei zahlreichen öffentlichen Auftritten in Baden für eine demokratische Republik; «die Republicanische Staatsform» erschien ihr «als die einzig Menschenwürdige».[5] Im Frühsommer 1849 unterstützte sie die Kämpfer in der Reichsverfassungskampagne, nach der Niederlage floh sie mit ihrem Mann nach Frankreich. Doch kehrten beide im November 1849 nach Baden zurück und stellten sich den Behörden. Sie wurden als Hochverräter inhaftiert. Aber während ihr Mann zwei Jahre Haft im Zuchthaus Bruchsal absitzen musste (und Anfang 1853, wohl infolge der Haftbedingungen, vierzigjährig an Lungentuberkulose starb), stand sie nur unter Hausarrest. Im Juni 1854 heiratete Henriette Obermüller Jakob Venedey und folgte ihm ins Exil nach Zürich, wo er sich als Historiker habilitierte, aber wegen seiner politischen Haltung, die sich auch in seinen historischen Schriften äußerte, keine Professur bekam.

Denn Venedey gehörte zu einer Gruppe demokratischer Historiker, die nach 1849 versuchten, «Volksgeschichte» – und damit einen heute vergessenen Vorläufer der modernen Sozial- und Alltagsgeschichte – zu etablieren. Seine wichtigsten Mitstreiter waren Georg Friedrich Kolb, Karl Hagen und Karl Mayer. Ihr Vorbild war Wilhelm Zimmermann, dessen 1841 bis 1843 veröffentlichte Geschichte des Bauernkriegs 1856 in einer überarbeiteten Auflage erschien und bis heute als Standardwerk gilt. Der Jurist und Paulskirchenkollege Heinrich Simon diskutierte mit Venedey die Konzeption von dessen vierbändiger *Geschichte des deutschen Volkes,* die er 1853 bis 1862 publizierte. Simon wies ihn auf Macaulays *History of England* hin und lobte besonders «‹die innere Geschichte›, wie ich [...] sagen möchte – die Schilderung des Lebens des Volks während einer gewissen Periode – also die wahre, eigentliche Geschichte des Volkes. Lange, ehe ich Macaulay gelesen, war es mir ein Lieblingsgedanke, in dieser Weise eine Geschichte des d[eutschen] V[olkes] zu geben, etwa von hundert zu hundert Jahren ein Gemälde.»[6] Im Gegensatz zum vorherrschenden Historismus interessierten sich Venedey und seine Mitstreiter nicht nur für die Geschichte «großer Männer» und Staaten, sondern auch für die Gesellschaft, das «Volk», das Alltägliche und Durchschnittliche. Sie harren der Wiederentdeckung.

Venedeys Opus magnum verkaufte sich schlecht, und sein Verleger Franz Duncker, ein linksliberaler Gesinnungsgenosse, versuchte auch noch, das Honorar auf die Hälfte zu drücken. So war Jakob Venedey froh, dass seine Frau ein kleines Vermögen gerettet hatte, von dem sie 1858, nach der Rückkehr aus Zürich, eine Pension in Oberweiler (nahe Badenweiler) im Schwarzwald einrichtete: das «Gast- und Rasthaus Venedey». Dies war ein bisher kaum gewürdigter Beitrag zur Demokratisierung des Reisens. Denn gerade die Demokraten reisten viel, um sich überregional auszutauschen und zu koordinieren. Sie waren um günstige Unterkünfte verlegen, in denen kein Spitzel lauschte. Auf diese Einkünfte war die Familie unbedingt angewiesen, bis Venedey 1869 als Korrespondent der Wiener *Neuen Freien Presse,* zwei Jahre vor seinem Tod, zum ersten Mal ein regelmäßiges Gehalt bezog.[7]

Henriette Venedey engagierte sich während dieser Zeit in der internationalen Frauenbewegung, arbeitete mit am Genfer *Journal des femmes.* Ihr Mann stritt derweil weiter für die demokratische Nation. Immer wieder trommelte er für einen «Volkskrieg», der allein die deutsche Einheit bringen könne – und zwar nicht nur um den französischen Widerstand zu brechen, sondern auch um die deutschen «Stammesunterschiede» zu überwinden. 1859, im Konflikt zwischen Habsburg und Sardinien sowie Frankreich, rief er zu einem neuen antinapoleonischen Krieg auf. Neutralität spiele nur den Feinden der deutschen Einheit, Frankreich und Russland, in die Hände: «Kämpft, blutet, siegt für das einige Deutschland[,] und ihr werdet das einige deutsche Parlament von den Schlachtfeldern [...] heimbringen!» Nur nach einem Nationalkrieg könne ein künftiges deutsches Parlament den Partikularismus überwinden: «Wenn erst das Blut aller deutschen Stämme im bewußten Kampfe für das Eine Deutschland auf den Schlachtfeldern des kommenden Krieges zusammengeflossen, gemeinsam die deutsche Erde getränkt, gemeinsam das deutsche Banner geweiht hat – dann könnt ihr ruhig ein zweites Parlament berufen, sicher, daß der Schwabe und Preuße, der Sachse und Baier, der Österreicher und Holsteiner das im Blut und Schlachtenfeuer gestählte Bewußtsein haben werden, Brüder eines und desselben Volkes zu sein.»[8]

Doch der demokratisch-föderalistische großdeutsche Nationalismus, für den Jakob Venedey sich zeitlebens engagierte, scheiterte in den 1860er-Jahren in mehreren Etappen an den politischen Realitäten. Erst misslang der Plan, Schleswig-Holstein durch eine Volkserhebung zu befreien, wofür die Nationalbewegung 1863/64 Tausende Freiwillige aus den Turnvereinen mobilisiert und viel Geld gesammelt hatte. Diese sollten die Dänen vertreiben – wie wenige Jahre zuvor Garibaldi mit Freiwilligenmilizen in Süditalien die Bourbonenherrschaft beseitigt hatte. Preußen und Österreich aber wollten eine solche revolutionäre Aktion unbedingt verhindern und eroberten Schleswig-Holstein kurzerhand mit ihren Armeen ohne jede Beteiligung der Freiwilligen. 1866 scheiterte dann im preußisch-deutschen Krieg die großdeutsche Idee, die allerdings in Österreich nie populär gewesen war. Schlimmer noch: Preußen verdoppelte durch innerdeutsche Annexionen sein politisches und ökonomisches Gewicht. Von da an war nur noch eine großpreußische Reichsgründung realistisch, und zwar unter Führung der freiheits- und demokratiefeindlichen aristokratisch-militärischen Elite Preußens und mit dem allen Demokraten verhassten «Junker» Bismarck als unangefochtenem Dominator. Denn durch das Nachgeben der Nationalliberalen im Verfassungskonflikt nach dem Sieg Preußens über den Deutschen Bund 1866 waren die Demokratisierung und Parlamentarisierung des Hohenzollernstaates gescheitert.

So gelang 1871 zwar die Nationalstaatsgründung, aber sie hatte mit dem 1849 von der Paulskirche entworfenen kleindeutschen Reich außer dem demokratischen Wahlrecht nur wenig gemein. Das Deutsche Reich entstand als Fürstenbund im Spiegelsaal von Versailles, fern von Deutschland, der Reichstag sollte ohnmächtig bleiben. Und der Traum von einer Parlamentarisierung Deutschlands erfüllte sich erst nach dem Untergang des Kaiserreichs. Jakob Venedey starb unmittelbar nach der Reichsgründung am 8. Februar 1871 in Oberweiler. In seinem letzten Buch war er noch einmal nach Köln in sein Elternhaus zurückgekehrt. *Die deutschen Republikaner unter der französischen Republik* heißt es, und es schildert das Engagement seines Vaters und die Anfänge der Demokratie in Deutschland.

Henriette Venedey überlebte ihren Mann um mehr als zwanzig Jahre. Sie gab ihr öffentliches Engagement für die Association Internationale des Femmes und für die Versöhnung mit Frankreich auf und widmete sich ihrem Gasthaus und der Familie. Die zu Lebzeiten unerfüllten Hoffnungen dieses ungewöhnlichen, kämpferischen Demokratenpaares bündelt ein Satz, den Jakob Venedey bereits 1848 in der Paulskirche formuliert hat: «Die Zeit ist gekommen, wo der Volksgeist als solcher, die *Selbstherrschaft der Nation* durchgerungen sein will.»[9]

Zum Weiterlesen

Die wichtigste Erforscherin der Familie Venedey ist Birgit Bublies-Godau, die an einer umfassenden Biografie Jakob und Henriette Venedeys arbeitet.

Birgit Bublies-Godau, Venedey, in: Neue Deutsche Biographie, Bd. 26, Berlin 2016, S. 746–753.

Birgit Bublies-Godau (Hg.), «Dass die Frauen bessere Democraten, geborene Democraten seyen …». Henriette Obermüller-Venedey. Tagebücher und Lebenserinnerungen 1817–1871, Karlsruhe 1999.

Birgit Bublies-Godau, Gegen den Strom. Das Leben und Werk des rheinischen Politikers, Publizisten und Historikers Jakob Venedey (1805–1871), in: Jahrbuch zur Liberalismus-Forschung 7 (1995), S. 149–163.

Christian Jansen, Einheit, Macht und Freiheit. Die Paulskirchenlinke und die deutsche Politik in der nachrevolutionären Epoche (1849–1867), Düsseldorf ²2005.

Axel Kuhn, Jakobiner im Rheinland. Der Kölner Konstitutionelle Zirkel von 1798, Stuttgart 1976.

Susanne Schötz

Louise Otto-Peters
(1819–1895)

«Dem Reich der Freiheit werb' ich Bürgerinnen»

Ihr erstes Gedicht, so wird berichtet, schrieb sie 1831; da war sie zwölf. Es sind Verse zur Feier der Einführung einer Verfassung in ihrem Heimatland Sachsen. Und politisch – im engsten wie im weitesten Sinne des Wortes – sollten ihr Leben und Werk bleiben bis zu ihrem Tod, 64 Jahre sowie ungezählte Texte und Bücher später. Louise Otto-Peters ist die wohl bedeutendste deutsche Feministin des 19. Jahrhunderts und zählt als sozialkritische Autorin und Demokratin zu den herausragenden Persönlichkeiten des deutschen Geisteslebens. Geboren wurde sie am 26. März 1819 in Meißen. Sie wuchs in einer Musik, Theater und Literatur liebenden Familie auf; der Vater war Jurist. Ihre erste Bildung erwarb sie in kleinen Privatschulen. Da es für Mädchen damals noch keine Gymnasien oder Ähnliches gab, wurde auf ihren Wunsch hin die Konfirmation um ein Jahr verschoben; denn mit der Konfirmation war spätestens die Schulzeit protestantischer Mädchen abgeschlossen – und so konnte sie noch etwas länger zur Schule gehen. Mit dem Tod der Eltern 1835/36 endete diese erste glückliche Lebensphase.

In den folgenden stillen Jahren las sie viel. Mit wachem Geist suchte sie die großen gesellschaftlichen Veränderungen ihrer Zeit zu ergründen. Die Begegnung mit dem Elend von Klöpplerinnen und fabrik-

< **Louise Otto-Peters, Fotografie von unbekannter Hand, um 1860.**

industriellen Spinnerinnen 1840 im Erzgebirge, einem Zentrum der Frühindustrialisierung Sachsens, erschütterte sie. Sie wurde zu einem Schlüsselerlebnis. Die soziale Frage und insbesondere die Not der Arbeiterinnen sollten sie von da an ihr Leben lang beschäftigen.

Doch 1840 war zugleich ein Jahr der Hoffnung auf persönliches Glück. Sie lernte den Dresdner Juristen und Literaten Gustav Müller kennen, einen politischen Zeitgenossen, der im Kreise vormärzlicher Oppositioneller verkehrte. Er förderte Louise Ottos Begeisterung für Literatur und ihr Interesse am Zeitgeschehen, machte sie mit den neuesten belletristischen wie politischen Büchern bekannt und wollte sie bei der Veröffentlichung eines Gedichtbandes unterstützen. Doch der Traum einer gemeinsamen Zukunft zerrann jäh, als Müller 1841, wie schon zuvor ihre Mutter und zwei Geschwister, an Tuberkulose starb.

Nach diesem erneuten Schicksalsschlag wandte sie sich autodidaktischen Studien zu. Neben antiken Klassikern, Hegel und Feuerbach las sie vor allem sozialkritische Dichter, Literaturwissenschaftler und Historiker sowie einiges aus der Medizin und den Naturwissenschaften. Jetzt begann auch ihre Auseinandersetzung mit der gesellschaftlichen Rolle von Frauen. Die Lektüre der Romane George Sands und Vorträge des Historikers Eduard Vehse über die gesellschaftliche Stellung und die Bildungssituation von Frauen in Deutschland im Vergleich zu der in Amerika, England und Frankreich ließen sie ganz neu über die vielfach eingeschränkte, ja teilweise völlig rechtlose Stellung von Frauen in Ehe und Familie, in Wirtschaft, Gesellschaft und Staat nachdenken. Sie wollte nun vor allem als politische Dichterin und Schriftstellerin wirken und sich «im Dienste einer besseren Zukunft»[1] den «Interessen des Vaterlandes» und des eigenen Geschlechts widmen.[2]

Zu Ostern 1843 erschien ihr erster Roman bei Adolph Wienbrack in Leipzig. Bis zu ihrem Lebensende sollten etwa dreißig meist mehrbändige Romane folgen. Hinzu kamen Novellen, Erzählungen, Gedichtbände, Opernlibretti, Literatur-, Theater- und Musikkritiken, Essays, biografische Porträts, kulturhistorische und frauengeschichtliche Studien und nicht zuletzt gesellschafts- und frauenpolitische Beiträge unterschiedlichen Umfangs.

Am Beginn ihrer literarisch-publizistischen Karriere waren die Kontakte zu Autorenkollegen und Verlegern in Leipzig wichtig, hatte sich die Stadt doch zum vormärzlichen Zentrum des gegen fürstliche Willkür opponierenden deutschen Verlagswesens entwickelt. Zu ihnen gehörten Männer des Jungen Österreich, die vor der Zensur und vor polizeilicher Verfolgung aus ihrer Heimat geflohen waren: Karl Herloßsohn, Karl Beck, Hermann Rollett, Eduard Mautner und Alfred Meißner. Herloßsohn, aber auch Ernst Keil und Franz Brendel und vor allem der aus Köln stammende Robert Blum öffneten der jungen Frau ihre Blätter und regten sie zur Auseinandersetzung mit brisanten Themen der Zeit an, so mit dem «Communismus», der deutschkatholischen Bewegung um Johannes Ronge, der Judenemanzipation (die sie entschieden einforderte!), mit der Not und dem Elend hungernder Arbeiterfamilien oder dem Projekt einer deutschen Nationaloper.

Gleich ihre erste Artikelfolge 1843/44 über «Frauen und Politik» in den von Robert Blum herausgegebenen *Sächsischen Vaterlands-Blättern* erregte Aufsehen. Sie gilt als publizistischer Auftakt der Frauenemanzipationsbewegung in Deutschland. Louise Otto begründet darin das Recht und die Pflicht der Frauen, an den Angelegenheiten des Staates teilzuhaben, und plädiert für eine veränderte, dem gesellschaftlichen Wandel angepasste Bildung und Erziehung der Mädchen zu größerer Selbstständigkeit. Pointierter Ausdruck ihrer freiheitlichen, demokratischen Haltung und ihrer großen Erwartung bevorstehender gesellschaftlicher Veränderung sind auch ihr sozialkritischer Roman *Schloss und Fabrik*, der 1846 nur zensiert erscheinen durfte, und ihr erster Gedichtband *Lieder eines deutschen Mädchens* von 1847. Als er herauskam, wurde sie von ihrem Umfeld als «Lerche des Völkerfrühlings» gefeiert.[3]

Die Zeit der Revolution von 1848/49 durchlebte Louise Otto mit großer Begeisterung, sie bezeichnete das Jahr 1848 später als ein Jahr des Heils und des Aufschwungs, «wie kein anderes, das ich erlebt», als «heiliges Jahr der Freiheit: 1848».[4]

Ihre vielen Aktivitäten zeigen: Sie unterstützte entschieden die deutsche Nationalbewegung und engagierte sich zugleich als Demokratin und Feministin. Nun wurde sie deutschlandweit bekannt. Davon zeugt das biografische Porträt (mit Abbildung) von ihr, das Ernst Keil in seiner Zeitschrift *Der Leuchtthurm* im April 1849 veröffentlichte. Sie wurde damit als einzige Frau neben so bekannten Männern der Revolution wie Robert Blum, Gustav Struve, Friedrich Hecker und Heinrich von Gagern für ihre Verdienste im Kampf um Einheit und Freiheit geehrt.

Und in der Tat: Louise Otto gehörte in Meißen und Leipzig zu den Mitbegründern der demokratischen Vaterlandsvereine, obwohl sie als Frau gar nicht Mitglied werden durfte. Sie half in Meißen bei der Durchführung der Wahlen zur Frankfurter Nationalversammlung, obwohl sie selbst kein Wahlrecht besaß. Sie unterstützte Meißner Arbeiter bei der Organisation von Versammlungen und dem Verfassen von Petitionen. Nur im (von Emil Ottokar Weller, Herman Semmig und Karl Albrecht gegründeten) Demokratischen Verein und späteren Sozialistischen Klub Leipzigs wurden Frauen gleichberechtigt zugelassen; auch hier war sie dabei.

Aus der Vielzahl ihrer Aktionen und Aktivitäten ragen vor allem drei heraus, die sich ergänzen und ihr demokratisch-feministisches Verständnis widerspiegeln.

Erstens ihre «Adresse eines Mädchens», die im Mai 1848 zuerst in der *Leipziger Arbeiter-Zeitung* erschien und später in anderen Blättern nachgedruckt wurde. Sie appelliert darin an den sächsischen Innenminister und eine vom liberalen Märzministerium eingesetzte Kommission, die Wirtschaftsreformen plante, bei der Neuorganisation der

Arbeit die Frauen nicht zu vergessen. Sie verweist auf die dringliche Notwendigkeit staatlicher Abhilfe gegen die Dumpinglöhne von Fabrikarbeiterinnen, Tagelöhnerinnen, Strickerinnen, Näherinnen und gegen männliche Angriffe auf erwerbstätige Frauen. Und sie setzt sich für Kindergärten ein, um Mutterrolle und Erwerbstätigkeit vereinbar zu machen – eine geradezu moderne Idee.

Zweitens der Artikel «Mein Programm als Mitarbeiterin einer Frauenzeitung» in der von Louise Dittmar herausgegebenen Zeitschrift *Die Sociale Reform*, die zu Beginn des Jahres 1849 erschien. Hierin plädiert sie für bessere Bildungs- und Erwerbsmöglichkeiten für Frauen, damit sie ein selbstständiges und selbstbestimmtes Leben führen können. In der Ehe und Familie sollen sie nicht länger Magd und Dienerin, sondern Gefährtinnen und Ebenbürtige der Männer sein. Und sie fordert das Stimmrecht für Frauen. Louise Otto gehört damit nicht nur in Deutschland, sondern weltweit zu den ersten Personen, die öffentlich das Frauenwahlrecht verlangen – ein Meilenstein in der Geschichte der Frauenemanzipation, der Demokratiebewegung und des Parlamentarismus. Mit diesem umfassenden Ansatz einer Demokratisierung der patriarchalen Geschlechterordnung und -beziehungen, der Bildung und Berufstätigkeit, Ehe und Familie und staatsbürgerliche Teilhabe einschloss, war sie dem Denken ihrer Zeit weit voraus. Sie legte so bereits in der Mitte des 19. Jahrhunderts einen alternativen bürgerlichen Geschlechterentwurf vor – jenseits der dominierenden Vorstellung vom Letztentscheidungsrecht des Mannes in allen Angelegenheiten und seinem Wirken in der Sphäre des Erwerbs, von Wissenschaft und Kunst, Staat, Politik und öffentlichem Leben und vom Platz der Frau als Gattin, Hausfrau und Mutter im Inneren des Hauses, in Ehe und Familie.

Drittens gründete sie – auch aus der Enttäuschung heraus, dass ihre weitgehenden Vorstellungen nur von wenigen geteilt wurden und die sonst so freiheitlich und demokratisch auftretenden Herren Revolutionäre 1848/49 vergaßen, Frauenrechte zu fordern – die *Frauen-Zeitung* als ein Organ zur Artikulierung von Fraueninteressen. Sie erschien von 1849 bis 1852/53 unter dem Motto «Dem Reich der Freiheit werb' ich Bürgerinnen» und gibt Einblick in das mitteleuropäische demokratische Netzwerk, dessen Teil sie war. Eine Reihe seiner Angehörigen, Männer wie Frauen, publizierte in Ottos Blatt. Manche Bekanntschaft oder Freundschaft konnte von ihr später, bei der Gründung des Allgemeinen Deutschen Frauenvereins und der Herausgabe der Vereinszeitschrift *Neue Bahnen,* reaktiviert werden.

Nach der Niederschlagung der Revolution war es Frauen seit 1850 in den deutschen Staaten verboten, Mitglied eines politischen Vereins zu sein und an Versammlungen politischen Inhalts teilzunehmen; ein Verbot, das reichsweit erst 1908 außer Kraft gesetzt wurde. In Sachsen erlaubte ein neues Pressegesetz nur noch männlichen Personen, die im Besitz des Landtagsstimmrechts waren, als verantwortliche oder mitverantwortliche Redakteure tätig zu sein. Als Herausgeberin der *Frauen-Zeitung* kommentierte Louise Otto das als «neue Unmündigkeitserklärung der Frauen» und «Beleidigung und Zurücksetzung eines ganzen Geschlechts».[5] Sie selbst blieb im Visier der Obrigkeit. Ihr Name war der erste auf einer Liste von 117 Personen, die in der Amtshauptmannschaft Meißen als Demokraten politisch überwacht wurden. Viele Gesinnungsgenossen mussten in Haft, manche gingen ins Exil. Otto wandte sich historischen Themen und Schriften zur Kunst zu. Sie passte ihr Schreiben dem Wandel der Presse an; mit ihrem historischen Roman *Nürnberg* von 1859 gelang ihr ein echter Erfolg.

Am stärksten beeinflusst hat ihr persönliches Schicksal in jener Zeit die Inhaftierung des Publizisten und Schriftstellers August Peters, mit dem sie seit Januar 1849 eine Liebesbeziehung verband. Infolge seiner Teilnahme an den Kämpfen der Reichsverfassungskampagne musste er von 1849 bis 1856 diverse Zuchthausstrafen verbüßen; Louise Otto unterstützte ihn, wo sie konnte. 1858 heirateten sie und lebten seit

1860 in Leipzig. Beide schrieben für die *Mitteldeutsche Volks-Zeitung*, ein demokratisches Blatt, und waren in den Schillerverein und andere Organisationen der neu erstarkenden Nationalbewegung involviert. In der gemeinsamen Leipziger Zeit begann Louise Otto wieder, offen zu Frauenthemen zu publizieren. Doch August Peters, von der langen Haft gezeichnet, starb 1864, und ihr Leben änderte sich erneut.

Louise Otto-Peters erlangte nun als wichtigste Initiatorin, Pionierin und Theoretikerin der deutschen Frauenbewegung im 19. Jahrhundert ihre größte Bedeutung. Im Frühjahr 1865 war sie an der Gründung des Leipziger Frauenbildungsvereins (FBV) beteiligt und initiierte die Einberufung einer gesamtnationalen Frauenkonferenz. Deren wichtigstes Ergebnis war die Gründung des Allgemeinen Deutschen Frauenvereins (ADF) unter Otto-Peters' Vorsitz am 18. Oktober 1865 in Leipzig. Damit nahm die organisierte Frauenbewegung Deutschlands ihren Anfang – und hierin besteht die bleibende Bedeutung des ADF innerhalb der sich später stark ausdifferenzierenden Bewegung.

Louise Otto-Peters aber stand nun fast bis zu ihrem Lebensende sowohl an der Spitze des ADF als auch des Leipziger FBV, der sich als Lokalverein des ADF verstand. An ihrer Seite wirkten lange Jahre Auguste Schmidt, Henriette Goldschmidt und Amalie Winter. Louise Otto-Peters agierte wie keine andere als Visionärin und Realpolitikerin und verband ihr Schreiben und Publizieren mit praktischem Handeln. In einer regelrechten Medienoffensive nutzte sie Presse und Buch, um demokratisch-feministisches Bewusstsein und Denken zu verbreiten und das eigene Konzept von Frauenemanzipation im gesellschaftspolitischen Diskurs zu verankern. Neben dem Vereinsblatt des ADF *Neue Bahnen*, das alle zwei Wochen erschien, publizierte sie nun sämtliche ihrer größeren Schriften zur Frauenfrage, wie *Das Recht der Frauen auf Erwerb*, die *Genius-Trilogie* und *Frauenleben im Deutschen Reich*. Hinzu kamen Romane, Novellen, Erzählungen, Zeitschriftenbeiträge und 1890 die Geschichtsdarstellung *Das erste Vierteljahrhun-*

dert des Allgemeinen Deutschen Frauenvereins. Ihre Texte zeigen eine hellwache Analytikerin gesellschaftspolitischer Entwicklungen im In- und Ausland mit einem besonderen Interesse an der Verbesserung der Situation von Frauen. Sie verdeutlichen das ambivalente Verhältnis der Autorin zum Kaiserreich, dessen Militarismus sie ebenso kritisierte wie die Verweigerung des Wahlrechts und der privatrechtlichen Gleichstellung der Frauen. Andererseits aber nutzte sie die vorhandenen Spielräume zur Vernetzung mit Gleichgesinnten. Dabei gelang es ihr, den ADF stark mit ihren Auffassungen und Vorstellungen zu beeinflussen.

Im Unterschied zu anderen, bald entstehenden Vereinen, die sich der Lage bestimmter Frauengruppen zuwandten, wie der Lette-Verein in Berlin oder kirchliche Vereine, beruhte der ADF auf dem von ihr vorgezogenen Prinzip der Selbsthilfe und Selbstorganisation. Männer konnten hier nicht Mitglied werden, was anfangs auf heftige Kritik stieß. Doch Frauen sollten lernen, selbstständig zu denken, zu entscheiden und zu handeln. Das zielte auf die Selbstermächtigung von Frauen und auf die Etablierung einer öffentlichen Kultur des solidarischen weiblichen Miteinanders ab. Der ADF war zudem ein Projekt aller Frauen unabhängig von Alter, Familienstand, Religions- oder Klassenzugehörigkeit und schloss explizit Teilhabemöglichkeiten für Arbeiterinnen ein. Schließlich lag seine Aufmerksamkeit zwar zunächst auf der Verbesserung von Bildungs- und Erwerbsmöglichkeiten als Grundlage eines selbstbestimmten Lebens, doch bestand das grundsätzliche Vereinsziel in der Gleichberechtigung der Frauen mit den Männern auf allen Gebieten.

Seine Mitglieder entwickelten eine Vielzahl von Ideen und Projekten. So gab es neuartige Angebote für Mädchen und Frauen, wie Sonntags- und Fortbildungsschulen, Lesezimmer und Bibliotheken, Haushalts-, Landwirtschafts- und Handelsschulen, Nähmaschinenunterricht, Mägdeherbergen, Speiseanstalten, Stellenvermittlungsbüros,

Kindergärten, Kindergärtnerinnenseminare und Mädchenhorte. Der ADF forderte die Öffnung neuer Erwerbsfelder für Frauen durch den Staat und in den Gemeinden, zum Beispiel in Krankenhäusern, Strafanstalten, in der Armenpflege und Kinder- und Jugendfürsorge. Dort, wo er nicht selbst tätig werden konnte, wandte er sich auf dem Weg von Petitionen an Länderregierungen und Reichstag. In seinen Petitionen verlangte der ADF die Anstellung von Frauen im Post- und Telegrafendienst, die Schaffung von Seminaren für Volksschullehrerinnen, die Öffnung des höheren Lehramts- und Medizinstudiums an den Universitäten für Frauen und die privatrechtliche Gleichstellung der Frauen in Ehe und Familie.

Was der ADF in Gang setzte, war nicht weniger als Frauenpolitik in Deutschland. Über das organisatorische Instrument des Vereins gelang es den Frauen, eigene Anliegen in die öffentliche Diskussion einzubringen. So klein mancher Schritt gewesen sein mag – in der Summe erzeugten all diese Schritte eine enorme gesellschaftspolitische Wirkung und veränderten die Gesellschaft des Kaiserreichs nachhaltig. Die ungleichen Rechte der Frauen und die Forderung, dem ein Ende zu machen, wurden ein Thema, das trotz vehementer Widerstände aus der öffentlichen Debatte nicht mehr verschwand. Das revolutionierte jahrtausendealte patriarchale Denktraditionen und Geschlechterbeziehungen.

Anfangs von 35 Frauen gegründet, gehörten dem ADF vor dem Ersten Weltkrieg 14 000 Mitglieder an. Die 1894 unter Führung des ADF gegründete Dachorganisation Bund Deutscher Frauenvereine aber zählte 1913 schon zwischen 500 000 und einer Million Mitglieder; die bürgerliche Frauenbewegung war zur Massenbewegung geworden. Erste Erfolge erzielte sie auf dem Gebiet der sozialen Arbeit für Mädchen und Frauen im kommunalen Raum und auf dem Feld der Bildung und Erwerbsarbeit. Der größte war die schrittweise Öffnung der deutschen Universitäten seit 1900 und die allmähliche Zulassung von

Frauen zu akademischen Berufen. Die Novemberrevolution brachte dann 1918 das Frauenwahlrecht; gleiche Rechte in Ehe und Familie ließen weitere Jahrzehnte auf sich warten und wurden zuerst in der DDR und etwas später in der Bundesrepublik gewährt.

Louise Otto-Peters, gestorben am 13. März 1895 in Leipzig, erlebte die großen Erfolge der Frauenbewegung nicht mehr. Als wichtigste Pionierin der deutschen Frauenbewegung trat sie schon 1848/49 für die vollständige rechtliche Gleichstellung von Männern und Frauen ein. Sie sah darin aber nur eine Grundlage, nicht das Ziel der Emanzipation. Sie ging, wie die meisten in ihrer Zeit, von der natürlichen Wesensverschiedenheit von Männern und Frauen aus. Sie hielt diese Verschiedenheiten jedoch nicht für einen Grund zur Einschränkung und Unterdrückung des einen Geschlechts durch das andere, sondern für den entscheidenden Grund dafür, dass Frauen und Männer unter der Nutzung ihrer spezifischen, ebenbürtigen Fähigkeiten zusammenwirken sollten, um – gleichsam als unvollkommene Hälften eines größeren, edleren Ganzen – gemeinsam eine humane, bessere Gesellschaft zu schaffen. Im Unterschied zu manchen Mitstreiterinnen leitete sie aus der Verschiedenheit keine Beschränkung weiblichen Engagements auf spezifische Aufgaben, zum Beispiel in der Kindererziehung, der Krankenpflege und Wohlfahrt, ab. Sie war ganz im Gegenteil überzeugt, dass weibliche Fähigkeiten überall nützlich seien, ob in Ehe und Familie, in Wirtschaft, Justiz, Politik, Wissenschaft und Kunst oder im ehrenamtlichen Wirken zum Nutzen der Allgemeinheit.

Ihr Konzept spezifischer Weiblichkeit, des «Ewig-Weiblichen», und ihre grundsätzliche Orientierung an einem System der Zweigeschlechtlichkeit sind inzwischen Kritik unterworfen. Transgender, Intersex, ein von den möglichen Ausprägungen her schwer fassbares «drittes Geschlecht» haben unsere Vorstellungen und Überzeugungen verändert. Dagegen hat sich ihre aus konsequent demokratischem

Denken resultierende Zukunftsvision nicht überlebt. Sie zielt auf die freie Entfaltung der individuellen Fähigkeiten jedes Menschen ab, um zur Höherentwicklung und Vervollkommnung der Menschheit beizutragen: «Das *Ziel ist die Harmonie der Menschheit,* und diese ist solange nicht hergestellt, so lange noch ein Mensch daran gesetzlich oder gesellschaftlich gehindert ist, *sich selbst mit sich und seiner Umgebung* in Harmonie zu setzen und *er ist* daran gehindert, *so lange* es ihm nicht möglich oder doch von anderen Menschen erschwert wird, *sich selbst und seine Fähigkeiten zu entfalten* und zu *benutzen im Interesse seiner selbst in freier Selbstbestimmung* wie des *Allgemeinen in freiwilliger* Unterordnung und Hingebung.»[6]

Diese Vision der egalitären Relevanz aller Menschen besitzt auch im 21. Jahrhundert Strahlkraft. Sie hat dort, wo allgemeine Menschen- und Bürgerrechte in einer Verfassung verankert sind, eine Grundlage; das ist noch längst nicht überall auf der Welt der Fall. Den damit verbundenen Anspruch einzulösen bleibt allerdings eine beständige Aufgabe – individuell wie kollektiv. Angesichts der neuerlich wachsenden Bedrohung durch Rassismus, Antisemitismus, Antifeminismus und andere menschenverachtende Ideologien ist das dringlicher denn je.

Zum Weiterlesen

Carol Diethe, The life and work of Germany's founding feminist Louise Otto-Peters (1819–1895), New York 2002.

Ute Gerhard, Unerhört. Die Geschichte der deutschen Frauenbewegung, Reinbek bei Hamburg 1990.

Angelika Schaser, Frauenbewegung in Deutschland 1848–1933, Darmstadt [2]2020.

Susanne Schötz, Louise Otto-Peters (1819–1895), in: Sächsische Lebensbilder, Bd. 7: Leipziger Lebensbilder. Der Stadt Leipzig zu ihrer Ersterwähnung vor 1000 Jahren, hg. von Gerald Wiemers, Sächsische Akademie der Wissenschaften zu Leipzig, Stuttgart 2015, S. 411–460.

Susanne Schötz, Am Beginn der Bewegung. Strategien der Traditionsstiftung bei Louise Otto-Peters, in: Angelika Schaser / Sylvia Schraut / Petra Steymans-Kurz (Hg.), Erinnern, vergessen, umdeuten? Europäische Frauenbewegungen im 19. und 20. Jahrhundert, Frankfurt a. M. 2019, S. 22–54.

Susanne Schötz, Zukunftsentwürfe weiblicher Emanzipation bei Louise Otto-Peters und August Bebel, in: Werner Rellecke / Alexandra Stanislaw-Kemenah / Susanne Schötz (Hg.), Zur Geschichte der politischen Partizipation von Frauen in Sachsen (Publikation der Sächsischen Landeszentrale für politische Bildung 2021, im Erscheinen).

Uwe Timm

Carl Schurz
(1829–1906)

Ein deutscher Revolutionär
als amerikanischer Staatsmann

Revolutionär, Fluchthelfer, Emigrant, Wahlhelfer für Abraham Lincoln, amerikanischer Botschafter, General, Innenminister – Carl Schurz hat ein wahrlich bewegtes Leben gelebt. Geboren am 2. März 1829 in Liblar bei Köln, der preußischen Rheinprovinz, aufgewachsen in einer gutbürgerlichen Familie auf einem Schlossgut, dessen Verwalter sein Großvater war. Die Solidität der eigenen Familie, die Gemeinschaft der auf dem noch feudal geführten Gut Arbeitenden ließen Carl Schurz in einer von materiellen Sorgen freien Umgebung aufwachsen. Zum Erleben von Freiheit trug die rurale Landschaft bei, insbesondere der Wald, dem zeit seines Lebens seine Liebe und Bewunderung galt. Viele Jahre später, nach einem abenteuerlichen Leben, erließ er als Innenminister der Vereinigten Staaten von Amerika Gesetze, die das Abholzen des Waldes nur unter der Bedingung einer Wiederaufforstung erlaubten.

Die harmonische, biedermeierliche Welt seiner Kindheit zerbrach, als der Vater, ein Lehrer, sich als Kaufmann etablieren wollte und ein Eisenwarengeschäft eröffnete, das wenig später bankrottging. Der Vater kam ins Schuldgefängnis. Zwar konnten Verwandte ihn daraus freikaufen, aber die Reputation der Familie war zerstört.

< **Carl Schurz, Fotografie von Mathew Brady, New York, um 1860.**

Carl Schurz musste das Marzellengymnasium in Köln verlassen, ging nach Bonn und machte dort als Externer seine Reifeprüfung. Von 1847 an studierte er an der Bonner Universität Philologie und Geschichte, wurde Mitglied und später Sprecher der Burschenschaft Frankonia.

In seinen *Lebenserinnerungen* beschreibt Schurz die national gefärbte Stimmung unter den Studenten als «Kyffhäuserromantik», als Sehnsucht, die zahlreichen Fürstentümer Deutschlands in einem einigen, starken Reich zu vereinen. Die spätere Gründung des Deutschen Reichs durch Bismarck – unter dem Primat des Adels und des Militärs – verhalf dieser diffusen Sehnsucht zur Realität.

Einen so anderen, radikal demokratischen Geist erkannte der Student Schurz in dem Kreis, der sich um Gottfried Kinkel, einen jungen, charismatischen Professor für Literatur- und Kunstgeschichte, versammelt hatte. Dem von Pressezensur, Versammlungsverbot und einer verknöcherten Bürokratie bestimmten Preußen stellten diese jungen Leute ihre Forderungen entgegen: «freie Rede, freie Presse, freies Versammlungsrecht, Freizügigkeit, Gleichheit vor dem Gesetz, freigewählte Volksvertretung mit gesetzgebender Gewalt, Minister-Verantwortlichkeit, Selbstverwaltung der Gemeinden, Bewaffnung des Volkes, Bürgerwehren mit selbstgewählten Offizieren usw.».[1]

Als die Pariser Februarrevolution von 1848 den «Bürgerkönig» Louis-Philippe stürzte und vertrieb, wurden in ganz Europa revolutionäre Bewegungen in Gang gesetzt, die in den feudalistisch-bürokratischen Obrigkeitsstaaten demokratische Rechte einforderten.

In Berlin kam es Anfang März zu Bürgerversammlungen, Demonstrationen, schließlich zu Kämpfen, 900 Barrikaden wurden errichtet. Soldaten marschierten auf, es gab 303 Tote und viele Verwundete unter den Demonstranten. Dem preußischen Militär, da für den Straßenkampf nicht ausgebildet, entglitt die Situation; es musste aus der Stadt zurückgezogen werden. Prinz Wilhelm, der spätere Kaiser Wilhelm I., der ein hartes Vorgehen gegen die Demonstranten verlangt hatte, floh – eine Demütigung – unter dem bürgerlichen Namen Wilhelm Oelrichs nach England. Am 19. März 1848 trug man die Toten vor das Schloss. Mit dem Ruf «Hut ab!» wurde der preußische König Friedrich Wilhelm IV. von der aufgebrachten Menge gezwungen, den Hut vor den aufgebahrten Revolutionären zu ziehen.

In diesen Märztagen radikalisierte sich auch die Gruppe um Kinkel und Schurz. Der zwanzigjährige Carl Schurz studierte damals die Französische Revolution und las die Werke ihrer Wortführer. Kinkel und Schurz übernahmen als Redakteure die von der demokratischen Partei gegründete *Bonner Zeitung*. Schurz, der eigentlich Dramatiker werden wollte, schrieb nun im Arbeitsfuror täglich einen, zuweilen sogar mehrere Artikel. Er wanderte mit Professor Kinkel und anderen Studenten hinaus aufs Land, um dort mit Bürgern und Handwerkern zu diskutieren und demokratische Vereine zu gründen. Diese Art der Aufklärung, der Agitation, wie Schurz schreibt, erinnert an die ein Jahrhundert später von Antonio Gramsci entwickelte Hegemonietheorie. Die Veränderung der bestehenden Gesellschaftsverhältnisse kann nicht allein durch Gewalt erreicht werden, sondern braucht die Einsicht der Bevölkerung, braucht genaue Kenntnisse davon, wie die Macht der Herrschenden abgesichert ist, denn das leisten nicht nur Polizei und Militär, sondern auch die Schulen, die Vereine und Universitäten. Sie sind mit ihren «organischen Intellektuellen» wichtige Stützen des «herrschenden» Konsenses. Dieser muss durch eine neue Konsensbildung verändert und zum allgemeinen Interesse werden, also zur Voraussetzung für eine grundlegende gesellschaftliche Veränderung. Für eine Konsensbildung ist wiederum eine genaue Sprache notwendig, die möglichst exakt die Wirklichkeit erfasst und darstellt.

Interessanterweise führt Schurz diese politisch-pädagogische Methode auf seinen jungen Gymnasiallehrer Heinrich Bone zurück, dessen er in seinen *Lebenserinnerungen* anrührend gedenkt. Bone praktizierte eine aus heutiger Sicht moderne Methode: wie das Lernen zu lernen ist. Fragen nach dem Warum und Wie, also nach einem selbstständig kritischen Denken, stehen im Vordergrund, nicht das Auswendiglernen. Entscheidend ist die Genauigkeit der Sprache und ihre Überprüfbarkeit an dem Wahrgenommenen, ist «die Fähigkeit, so zu sehen, so wahrzunehmen, daß man sich über das Wahrgenommene vollständige Rechenschaft geben und es zu klar anschaulicher Darstellung bringen kann».[2] Eine Methodik, die dann auch das Denken von Schurz auszeichnet. Er hat stets einen klaren Blick für die gesellschaftlichen Verhältnisse gehabt, sie genau analysiert, sich vor Wunschdenken gehütet und im Politischen immer das Mögliche vom Wünschbaren unterschieden. Auch das muss erwähnt werden, Schurz schrieb ein klares, anschaulich rhythmisches Deutsch, das Karl Kraus in der *Fackel* bewundernd zitiert.

Am 15. November 1848 gelingt es den demokratischen Kräften unter Führung von Kinkel und Schurz, die städtischen Behörden in Bonn unblutig zu entmachten, ein zehnköpfiger Sicherheitsausschuss wird gewählt, die Stadttore werden besetzt. Die Revolutionäre bringen die Stadt unter ihre Kontrolle. Allerdings ist die Regierung des Sicherheitsausschusses nur von kurzer Dauer, bereits am 20. November besetzen preußische Truppen ebenfalls kampflos die Stadt.

Ein halbes Jahr später, am 28. März 1849, wird nach langer Diskussion vom ersten frei gewählten gesamtdeutschen Parlament eine Reichsverfassung verabschiedet. Substanzielle Teile dieser Reichsverfassung sollten genau hundert Jahre später in das Grundgesetz der Bundesrepublik Deutschland eingehen: die Unverletzlichkeit der Person, die Meinungs- und Pressefreiheit, die Glaubens- und Gewissensfreiheit, das Demonstrationsrecht und die Vereinigungsfreiheit.

Schurz schildert in seinen *Lebenserinnerungen* dieses Parlament in der Paulskirche, dem er wegen seiner Jugend nicht angehören konnte, zwar mit Sympathie, dennoch recht kritisch. «Aber das Parlament», so schreibt er rückblickend, «litt an einem Übermaß von Geist, Gelehrsamkeit und Tugend und an einem Mangel an derjenigen politischen Erfahrung und Einsicht, die erkennt, daß das Bessere oft der Feind des Guten ist und daß der wahre Staatsmann sich hüten wird, die Gunst der Stunde zu verscherzen, indem er durch eigensinniges Bestehen auf dem Minderwesentlichen die Erreichung des Wesentlichen gefährdet. Die Welt hat wohl nie eine politische Versammlung gesehen, die eine größere Zahl von edlen, gelehrten, gewissenhaften und patriotischen Männern in sich schloß, und es gibt vielleicht kein ähnliches Buch, reicher an gründlichem Wissen und an Mustern hoher Beredsamkeit als die stenographischen Berichte des Frankfurter Parlaments. Aber ihm fehlte das Genie, das die Gelegenheit erkennt und rasch beim Schopf ergreift; – es vergaß, daß in gewaltsam bewegter Zeit die Weltgeschichte nicht auf den Denker wartet. Und so sollte ihm alles mißlingen.»[3]

28 der deutschen Staaten hatten sich für die Reichsverfassung ausgesprochen, Preußen weigerte sich weiterhin, diese Verfassung anzuerkennen. Dennoch erklärte das Frankfurter Nationalparlament, an seiner Reichsverfassung festzuhalten, und forderte am 4. Mai 1849 das deutsche Volk auf, die Verfassung zur Geltung zu bringen. Der junge Schurz hielt diese Forderung für einen Aufruf, zu den Waffen zu greifen, um in der Reichsverfassungskampagne die demokratischen Errungenschaften zu verteidigen. Kinkel schreibt in der *Neuen Bonner Zeitung,* jetzt gehe es darum, die Republik zu retten: «Knute oder Freiheitsmütze, Bürgerkrieg oder Freiheit».[4] In der Pfalz und in Baden wurden provisorische Regierungen ausgerufen, wobei vor allem die badische Verfassung auf eine demokratische und soziale Republik zielte.

In Bonn beschließen Kinkel und Schurz, das Zeughaus im nahe gelegenen Siegburg zu stürmen. Man will in den Besitz der dort gelagerten Waffen kommen. Am 10. Mai machen sich an die hundert

Mann, meist Studenten, auf den Weg, werden aber, noch bevor sie das Zeughaus erreichen, von preußischen Dragonern aufgehalten und auseinandergetrieben. Eine, wie es auch Carl Schurz in seinen *Lebenserinnerungen* einschätzt, revolutionäre Farce.

Kinkel und Schurz kehren nicht nach Bonn zurück, sondern gehen in die Pfalz. Carl Schurz dient als Oberleutnant und Adjutant von Fritz Anneke, dem Kommandeur der pfälzischen Volkswehr-Artillerie. Schlecht ausgerüstet und unprofessionell geführt, versuchen die revolutionären Truppen, die Reichsverfassung zu verteidigen. Sie werden von der Operationsarmee unter dem Oberbefehl des aus England zurückgekehrten preußischen Prinzen Wilhelm zurückgedrängt und in der Festung Rastatt eingeschlossen.

Die Belagerung dauerte vom 30. Juni bis zum 23. Juli 1849. Kurz vor der Kapitulation gelingt Schurz mit einem Kameraden die Flucht aus der Festung durch einen Abwasserkanal. In einem Boot rudern sie über den Rhein ins Elsass. Von dort zieht Schurz weiter nach Zürich. Er hat diese abenteuerliche Flucht in seinen *Lebenserinnerungen* anschaulich beschrieben, wie auch seine Situation als Emigrant, die von Verfolgung, tiefer Verzweiflung und finanzieller Not bestimmt war – ein Schicksal, das er mit anderen Emigranten teilte. 19 Kämpfer wurden nach der Kapitulation von den preußischen Truppen im Festungsgraben Rastatts standrechtlich erschossen.

Das Misslingen der Revolution führte zu einer tiefen kollektiven Depression unter den deutschen Demokraten und Republikanern. Zig Todesurteile wurden verkündigt, etwa tausend Angeklagte zu Zuchthausstrafen verurteilt. Der Triumph der Reaktion zerstörte auf Jahrzehnte die Möglichkeit einer freien, sich selbst bestimmenden Gesellschaft. Dabei schien es im März 1848, als Friedrich Wilhelm IV. sich vor den gefallenen Kämpfern verneigen musste, noch so, als hätte in Preußen die Revolution gesiegt. Denn in dem Ruf «Hut ab!» schwang eine andere, dem Monarchen wohlbekannte Drohung mit: «Kopf ab!»

Das wäre der Ruf nach der Republik gewesen. Gefordert wurden aber lediglich eine konstitutionelle Verfassung und die deutsche Einheit. Der Preußenkönig machte Zugeständnisse, die er, wenige Monate nachdem die Revolution niedergeschlagen war, wieder zurücknahm. Aus Schurz' Sicht war es nicht gelungen, die Fakten zu schaffen, die den Fürsten die deutsche Einheit und eine konstitutionelle Verfassung abverlangt hätten. So konnten einige Monate später die konservativen, monarchistischen Kräfte des Adels, der Bürokratie und des Militärs die errungenen demokratischen Positionen wieder zurückdrängen.

Schurz überwand nach einem Jahr im Schweizer Exil seine Resignation mit dem Entschluss, seinen Freund Gottfried Kinkel aus dem preußischen Zuchthaus zu befreien – ein abenteuerliches Unterfangen. Kinkel war gefasst und zum Tode verurteilt worden. Das Urteil wurde vom Gericht in Gefängnis umgewandelt, dann aber durch den persönlichen Befehl des Prinzen Wilhelm zur Zuchthausstrafe verschärft. Kinkel saß unehrenhaft und in entwürdigender Zuchthauskleidung mit Mördern und Räubern zusammen und musste Säcke nähen. Eine Maßnahme, die symbolhaft die Aufständischen als Kriminelle kennzeichnen sollte. Schurz reiste von der Schweiz unter dem Namen seines Vetters Heribert Jüssen nach Preußen, nahm klandestin Kontakt zu Johanna, Kinkels Ehefrau, auf, die als Schriftstellerin, Komponistin und engagierte Vorkämpferin der Frauenbewegung wirkte. Beide sammelten Geld von republikanischen Sympathisanten ein und arbeiteten einen detaillierten Plan aus, wie Kinkel aus dem gut gesicherten Spandauer Zuchthaus befreit werden könnte. Schurz gelang es, einen Gefängniswärter zu bestechen, Kassiber wurden zu Kinkel geschmuggelt, Schlüssel weitergereicht, eine Kutsche bereitgestellt, der Fluchtweg genau geplant und festgelegt, wo Pferde gewechselt werden mussten. Schurz steckte sich zwei Pistolen und ein Messer in den Gürtel. Er war zur Gegengewalt bereit. Ein erster Versuch scheiterte, ein zweiter in der darauffolgenden Nacht vom 6. auf den 7. November 1850 gelang.

Während in einer nahen Gastwirtschaft die Gefängniswärter bei einer Bowle feierten, konnte Kinkel über das Dach und mithilfe eines Seils entkommen. Die Freunde flohen nach Rostock, wo sie bei einem liberalen Reeder Unterkunft fanden und sich am 17. November 1850 nach Edinburgh in Schottland einschifften.

Diese gelungene Flucht liest sich in den *Lebenserinnerungen* wie eine kunstvoll gearbeitete Novelle. Die Befreiung Kinkels wurde in den demokratischen und republikanischen Kreisen Deutschlands als ein Fanal des lebendigen Widerstands gefeiert. Der preußische Obrigkeitsstaat war blamiert.

Schurz reiste in die Schweiz und nach Frankreich, um Kontakte unter den europäischen Revolutionären zu knüpfen, lebte in Paris, wurde dort verhaftet und ausgewiesen, reiste zurück nach London, wo er, von preußischen Spitzeln beobachtet, seinen Lebensunterhalt mit Deutsch- und Musikunterricht bestritt. Am 6. Juli 1852 heiratete er in London in der freien Gemeinde die Tochter eines wohlhabenden Hamburger Fabrikanten, Margarethe Meyer, die später den ersten Kindergarten in den Vereinigten Staaten gründen sollte. Eine ihrer Schwestern hatte zwei Jahre zuvor den charismatischen Gründer der deutschkatholischen Bewegung, Johannes Ronge, geheiratet, der 1849 ebenfalls nach London gegangen war. Mit Schurz' Heirat, der Gründung einer Familie – das Paar sollte fünf Kinder bekommen –, war, darf man vermuten, seine Entscheidung gefallen, sich nicht mehr als Berufsrevolutionär zu betätigen. Schurz schreibt in seinen *Lebenserinnerungen,* dass seine Hoffnung und die vieler Genossen auf eine neue revolutionäre Situation in Europa mit dem Aufstieg Louis Napoleon Bonapartes und seiner plebiszitär abgesicherten diktatorischen Regierung in Frankreich erloschen war.

Schurz wanderte mit seiner Frau 1852 in die Vereinigten Staaten aus, sie lebten zunächst in Philadelphia und ließen sich dann in Watertown, Wisconsin, nieder. Er arbeitete als Landverkäufer, engagierte sich in der neu formierten, damals entschieden fortschrittlichen Republikanischen Partei und trug, indem er deutschstämmige Wähler mobilisierte, zum Sieg Abraham Lincolns bei den Präsidentschaftswahlen 1860 bei. Dieser ernannte Schurz bei seinem Amtsantritt zum Botschafter in Spanien.

Lange hielt es Carl Schurz in Madrid nicht aus. Am 12. April 1861 hatte der Amerikanische Bürgerkrieg begonnen, und Schurz, ein kämpferischer Gegner der Sklaverei, kehrte in die Vereinigten Staaten zurück und trat in die Unionsarmee ein. Er, der als Oberleutnant der revolutionären Volkswehr-Artillerie gedient hatte, stieg in wenigen Monaten zum Brigadegeneral und schließlich zum Generalmajor auf. Er kommandierte eine Division und nahm an den Schlachten von Bull Run, Chancellorsville, Gettysburg sowie Chattanooga teil.

Seine spätere Beschreibung der Gemetzel hat nichts verherrlichend Heroisches, sondern lenkt den Blick auf die Leiden, die Schmerzen der Opfer. Schonungslos und detailgenau beschreibt er die Folgen des Krieges, die Verwüstungen, die das Unionsheer in den Südstaaten hinterließ. Im Jahr 1864 verließ er für kurze Zeit seinen Posten, um für Lincoln den Wahlkampf zu organisieren, und nahm dann 1865 endgültig seinen Abschied von der Armee.

Schurz gründete eine republikanische Zeitung, die *Detroit Post*, und zog 1867 nach St. Louis, wo er Miteigentümer und Redakteur der deutschsprachigen *Westlichen Post* wurde. Im Dezember des Jahres kehrte er dann erstmals wieder in die alte Heimat, nach Deutschland, zurück und, nachdem er Erkundigungen eingezogen hatte, ob ein Haftbefehl gegen ihn noch Gültigkeit habe – was verneint wurde –, auch nach Preußen. In Berlin traf er, der ehemalige Revolutionär und Fluchthelfer, am 28. Januar den Kanzler des Norddeutschen Bundes und Ministerpräsidenten Preußens, Otto von Bismarck. Schurz hat das Treffen in seinen *Lebenserinnerungen* ausführlich beschrieben. Bismarck trug die Uniform aufgeknöpft, gab sich jovial, scherzte, befragte

Schurz genau über die Vereinigten Staaten von Amerika, kredenzte einen Rheinwein, sagte, gern würde er mit Schurz zum Spandauer Zuchthaus fahren und sich dort nochmals von ihm die Befreiung Kinkels am Ort erklären lassen, wenn es ihm seine Stellung als Kanzler nicht verböte. Schurz ist in seiner Beschreibung durchaus dem geistvollen Charme und der schon sichtbaren geschichtlichen Bedeutung Bismarcks erlegen. Die Einigung Deutschlands, ein Herzensziel der Demokraten und Republikaner von 1848, sollte gut zwanzig Jahre später durch Bismarcks Gewaltpolitik gelingen, allerdings unter dem Primat des Adels und des Militärs – was zur Hypothek für die deutsche Geschichte wurde.

1869 wählte der Bundesstaat Missouri Carl Schurz in den Senat. Er vertrat dieses Amt als erster gebürtiger Deutscher bis 1875. Zu diesem widerständigen, politisch-moralischen Vorstellungen verpflichteten Leben gehört, dass er sich gegen die unter dem Präsidenten Ulysses S. Grant um sich greifende Korruption in der Republikanischen Partei stellte. Er versuchte, eine unabhängige Reformpartei, die Mugwump, zu gründen, die Republikaner und Demokraten vereinen sollte. Das Projekt gab er jedoch noch vor den Präsidentschaftswahlen von 1876 auf.

Im Jahr darauf wurde Carl Schurz als Innenminister von Präsident Rutherford B. Hayes in dessen Kabinett berufen. Schurz' Arbeit war bestimmt vom Kampf gegen Korruption, gegen eine undurchsichtige Ämtervergabe. Er bemühte sich um die Gleichstellung der Afroamerikaner. Hinzu kommt der im Sinne der Aufklärung zu verstehende, aus heutiger Sicht problematische Versuch, die Indianer sesshaft zu machen, sie zu «zivilisieren». Er wies ihnen wie sein Vorgänger Reservate zu, entzog aber dem Kriegsministerium die Zuständigkeit für diese und unterstellte sie der zivilen Verwaltung.

Nach dem Ende seiner Amtszeit als Innenminister 1881 arbeitete Schurz als Journalist und Redner, schrieb Leitartikel für *Harper's*

Weekly, agierte als Repräsentant und Generalvertreter der Hapag, der Hamburg-Amerikanischen Packetfahrt-Actien-Gesellschaft, und wurde 1898 zum stellvertretenden Vorsitzenden der antiimperialistischen Vereinigung gewählt, die sich gegen die Annexion der Philippinen durch die USA im Gefolge des Spanisch-Amerikanischen Krieges stellte.

Ein bis ins hohe Alter tätiges Leben, das, nach einwöchigem Krankenlager, am 14. Mai 1906 in New York zu Ende ging. Sein Freund, der Schriftsteller Mark Twain, lobte in seinem Nachruf in *Harper's Weekly* an Schurz die «unbefleckte Ehrenhaftigkeit, seinen unangreifbaren Patriotismus, seine hohe Intelligenz, seinen Scharfsinn». Er nannte ihn seinen «Lotsenbruder».[5]

In Berlin gibt es neun teils renovierte und frisch gereinigte Bismarck-Denkmale. Kein Denkmal erinnert an den Demokraten Carl Schurz. Aber in New York steht eines.

Zum Weiterlesen

Carl Schurz, Lebenserinnerungen, hg. von Daniel Göske, mit einem Essay von Uwe Timm, 2 Bde., Göttingen 2015.

Rudolf Geiger, Der deutsche Amerikaner. Carl Schurz. Vom deutschen Revolutionär zum amerikanischen Staatsmann, Gernsbach 2007.

Walter Keßler, Carl Schurz. Kampf, Exil und Karriere, Köln 2006.

IV.
Reichsgründung und Kaiserreich

Dieter Langewiesche

Ludwig Bamberger (1823–1899)

Der deutsche Nationalstaat – Lebenstraum und Enttäuschung

Es war ein abenteuerliches Leben, geprägt von den Umbrüchen der Epoche. Vom revolutionären Demokraten 1848/49 zum Liberalen der Reichsgründungsära, vom zum Tode verurteilten Flüchtling zum Abgeordneten im Reichstag; vom Kommandanten einer Revolutionstruppe in der Pfalz zum «Pressesprecher» Bismarcks im Deutsch-Französischen Krieg; vom Exilanten zum wohlhabenden Bankier in Paris, der nach Deutschland zurückkehrt, um für die Politik zu leben; vom liberalen Innenarchitekten des jungen Nationalstaats an Bismarcks Seite zu dessen entschiedenem Gegner; vom «roten Bamberger» der Revolutionszeit zum geheimen Vertrauten des 99-Tage-Kaisers Friedrich III. und dessen Gemahlin Viktoria; vom Herzensrepublikaner zum «Vernunftmonarchisten».[1] Ein bewegtes Leben, reich an Erfahrungen. Wie prägten sie Ludwig Bambergers politisches Engagement, seine Vorstellungen vom Staat und von der Gesellschaft? Was bedeutete es für ihn, Jude zu sein?

Geboren am 22. Juli 1823 in eine wohlhabende Mainzer Familie, wuchs er seiner rheinischen Vaterstadt auf. Der älteste Sohn sollte das elterliche Geschäft, ein Handels- und Bankunternehmen, fortführen, Ludwig durfte unbeschwert in Gießen, Heidelberg und Göttingen stu-

< **Ludwig Bamberger im Foyer des alten Reichstagsgebäudes an der Leipziger Straße, Berlin. Fotografie von Julius Braatz, 1889.**

dieren. Welchen Berufsweg er nach dem juristischen Examen und der Promotion wählen würde, war noch unklar – der Staatsdienst blieb ihm als Juden verschlossen –, da veränderte 1848 mit einem Schlag die Revolution das Leben in Deutschland. Die politische Zukunft schien offen, und er wollte sie mitgestalten. Er erkannte die Bedeutung der Presse und überzeugte den Besitzer der *Mainzer Zeitung*, ihn einzustellen, 24 Jahre jung, politisch ein unbeschriebenes Blatt. Seine Leitartikel machten ihn in Mainz und über die Region hinaus schnell bekannt. Er ließ sie noch im ersten Revolutionsjahr als Buch erscheinen.[2] Politischer Schriftsteller blieb er sein Leben lang, in der Presse meldete er sich immer wieder zu Wort.

Seine Abneigung gegen die deutsche Vielstaatlichkeit hatte Bamberger lebenspraktisch im Großherzogtum Hessen «erlernt», von der Revolution erwartete er den deutschen Nationalstaat. Daran maß er die Frankfurter Nationalversammlung und kritisierte sie scharf wegen ihres zögernden Kurses, der auf föderative Einheit setzte – eine bekrönte Revolution, die vor den Thronen und damit auch vor den deutschen Einzelstaaten haltmacht. Bamberger hingegen forderte den unitarischen Nationalstaat, möglichst als Republik. Staatsbürgerliche Freiheit sah er mit staatlicher Einheit untrennbar verwoben. Sein Ideal war der große Nationalstaat mit starkem Parlament. Im kleinen Staat werde klein gedacht und klein gehandelt. In ihm, schrieb er 1848, entstehe nicht das «Bewußtsein [...], thätiges Mitglied eines Verbandes zu sein, der die Aufgabe hat, nach Innen und Außen die Geschicke des Menschengeschlechts zu entwickeln». Deshalb habe in der deutschen Kleinstaaterei die Revolution mit «vandalischen Thaten» begonnen, mit «barbarischen Judenverfolgungen» – es war in einigen ländlichen Regionen zu pogromartigen Ausschreitungen gekommen –, deshalb der völlige Mangel an «staatsmännischen Talenten» in den neuen Regierungen, die einen republikanischen Nationalstaat, der «die Souveränetät der Landesherren in sich verschlingt», verhindern sollten.

Bamberger setzte auf eine Revolution ohne Gewalt. Doch als er sah, dass die Fürsten nicht mit dem «Opfer der Thronentsagung» der Republik den Weg ebnen würden, rief er zum Kampf. «Wir haben so lange die Knechtschaft mit Gut und Blut bezahlt, warum sollten wir nicht einmal auch die Freiheit damit bezahlen dürfen?» Er war bereit dazu und ging in der letzten Revolutionsphase im Frühjahr 1849 in die Pfalz, um mit bewaffneten Freiwilligen zu verteidigen, was in der Revolution erreicht worden war, vor allem die Frankfurter Verfassung, die Grundrechte des deutschen Volkes. Doch er erkannte rasch die Aussichtslosigkeit, sich dem regulären Militär, angeführt von Preußen, entgegenzustellen, und floh mit anderen in die Schweiz. Das hinderte Gerichte nicht, ihn in Abwesenheit mehrfach zu verurteilen und schließlich sogar zum Tode. Nach Deutschland zurückzukehren blieb ihm bis zur Amnestie von 1866 verwehrt.

Zu dieser Zeit war aus dem jungen Revolutionär im Exil ein vermögender Bankier geworden. In der Schweiz hatte er noch geplant, mit Freunden nach New York auszuwandern, um sich dort als Rechtsanwalt niederzulassen. Doch er nahm das Angebot an, als «Lehrling» in einem Londoner Bankhaus zu beginnen, dessen Besitzer zu seiner Verwandtschaft gehörten. Mit deren Hilfe konnte er bereits 1851 ein eigenes kleines Geldinstitut in Rotterdam gründen. Nun war es ihm endlich möglich, seine langjährige Braut Anna Belmont zu heiraten. Gemeinsam gingen sie 1853 nach Paris, wo Bamberger in das Bankhaus eines Onkels eintrat. Das Wissen, das er hier erwarb, machte ihn bei seiner Rückkehr nach Deutschland zu einem gefragten Experten beim Aufbau der Reichsbank und der Gründung der Deutschen Bank, deren Verwaltungsrat er bis 1872 angehörte. Die Ausgestaltung der Finanzverfassung des neu geschaffenen Reiches in den 1870er-Jahren wäre ohne ihn wohl nicht so zügig gelungen. Vor allem aber erlaubte ihm das Vermögen, das er in seinen Pariser Jahren erwarb, sich ab 1867, als er aus dem Exil zurückkehrte, ganz der deutschen Politik zu widmen.

Zunächst als Abgeordneter des Zollparlamentes in Berlin und dann von 1871 bis 1893 als einer der bekanntesten und einflussreichsten Liberalen im Reichstag.

In den Revolutionsjahren hatte Bamberger auf die deutsche Republik gehofft, nach seiner Rückkehr setzte er realistisch auf den Nationalstaat als Monarchie. Der italienische Weg zum Nationalstaat, der die Einzelstaaten mit ihren Thronen einschmolz, wäre ihm lieber gewesen als der deutsche, der von der Vielstaatlichkeit in den föderativen Nationalstaat führte. Deshalb stellte er Cavour über Bismarck. Beide haben den Nationalstaat ermöglicht, doch der unitarische in Italien biete stärkere Garantien für bürgerliche Selbstbestimmung als der föderative in Deutschland. Erst im Alter sah er in kleinen Ländern einen «Zufluchtsort gegen die Omnipotenz der Junker».[3] Doch nur als Notbehelf. Einzig die «geistige Erziehungskraft des Großstaates» halte das «Gesamtbewußtsein auf der Höhe des großen Lebens». Dies «war für mich und blieb das Ideal des politischen Lebens». Das einstige Exil in der kleinen föderativen Schweiz und sein Altersdomizil dort ließen ihn nicht umdenken.

Der Nationalstaat von 1871 erfüllte sein Ideal des Großstaates. Dass er in den entscheidenden Kriegsmonaten an der nationalstaatlichen Einigung in der Nähe Bismarcks als dessen «Pressesprecher» ein wenig mitwirken durfte, verdankte er wohl seinem Buch *Monsieur de Bismarck*, das 1867 zunächst in französischer Sprache, dann in deutscher und in englischer Übersetzung erschienen war.[4] Mit ihm wollte er der französischen Öffentlichkeit den Sieg Preußens im innerdeutschen «Bruderkrieg», das Ausscheiden Österreichs aus der deutschen Nationalpolitik, die preußischen Annexionen in Norddeutschland und die Gründung des von Preußen dominierten Norddeutschen Bundes als notwendige Etappen auf dem Weg zur deutschen Einheit nahebringen – ein Fortschrittsweg, so meinte Bamberger, und nicht die Politik eines reaktionären Junkers an der Spitze der preußischen

Regierung. Auch im Zollparlament – einer der Brücken zwischen dem vereinten Norden und den süddeutschen Staaten – warb Bamberger für den Nationalstaat.

In ihm werde sich die «civilisatorische Mission Deutschlands» entfalten.[5] Dazu bedürfe es eines starken Parlaments. Doch von Beginn an argwöhnte er, Bismarck beabsichtige, «den Parlamentarismus durch die Parlamente zu tödten».[6] In den ersten Jahren nach der Reichsgründung gelang es den Liberalen, die Vereinheitlichung des jungen Staates voranzutreiben. Man sprach von der liberalen Ära, Bamberger hat sie im Reichstag maßgeblich gestaltet. Alle Gesetze zur Geld- und Währungspolitik trugen seine Handschrift. Er wurde zum Vater der neuen deutschen Gemeinschaftswährung, der Mark. Doch ihm blieb bewusst, dass die Gestaltungsmacht des Reichstages nur überdauern würde, wenn sie institutionell abgesichert wurde. Das gelang nicht. Die Ursachen analysierte Bamberger mit intellektueller Schärfe und sprachmächtiger Polemik. So auch 1874 in der Artikelserie «Zur Physiologie des Reichstags».[7]

Parlamentarismus ist erreicht, wenn der Reichstag die Regierung einsetzen und stürzen kann. Dazu braucht man aber überhaupt erst einmal eine Regierung, ein «Ministerium». «Wir haben aber keines. Wir haben nur den einen und untheilbaren Reichskanzler.» Reichsministerien einzurichten genüge nicht, wenn weiterhin die Minister aus der Beamtenschaft kämen. Wer das «Joch der Subalternität» getragen habe, sei «nicht geschaffen, Minister zu sein». Um aus dem Parlament die politische Führung zu gewinnen, brauche Deutschland einen politischen Kulturwandel. Das Volk müsse die aus der Kleinstaaterei ererbte politische Genügsamkeit endlich ablegen, das «Ideal der constitutionellen Parteiregierung» müsse durchgesetzt werden, um das neue Deutschland zum modernen Staat zu entwickeln. Im Alter wurde Bamberger immer skeptischer, und kurz vor seinem Tod zog er eine bittere Bilanz. Alle innenpolitischen Fronten, an denen die Liberalen und ihre Gegner gekämpft hatten, sah er in «Deutschland in den Hintergrund gedrängt durch den Alles beherrschenden Kampf zwischen der modernen bürgerlichen und der feudalen agrarischen Welt».[8] Er dachte nun an eine liberal-sozialdemokratische Allianz, die er stets ausgeschlossen hatte. Sein Gesellschaftsbild sperrte sich dagegen.

In seiner Altersbilanz bekräftigte er sein gesellschaftspolitisches Credo. Im eigenen Lebensweg ist es angelegt: Individuelle Leistung entscheidet. Es sei «nach wie vor der Einzelne mit seinem Verstand und seinen Trieben, wie sie immer waren und immer sein werden, das bewegende Prinzip der Welt geblieben [...], ihrer Kultur, ihres Fortschritts». Was die Gesamtheit verbraucht, müsse der Einzelne erarbeiten. Die «Schaffenskraft der Individuen ist so unerschöpflich und so sehr vom Geist der Neuzeit befruchtet, daß sie auch alle Uebel, die ihr Gesetzgeber anthun, siegreich überwindet.» Die Gegenwart bezeuge es: Nie zuvor sei die «Summe von Wohlfahrt» so groß wie heute gewesen.

Dieses Gesellschaftsbild und die Fortschrittssicherheit, die es trotz aller politischen Enttäuschungen durchdringt, erklären seinen Widerstand gegen vieles, was die Zeit prägte: gegen die staatliche Sozialgesetzgebung, den «Kathedersozialismus» und die Sozialdemokratie, gegen Bismarcks Schwenk vom Freihandel zum Schutzzoll und was sonst noch als «Schutz der nationalen Arbeit» angepriesen wurde, gegen jede Form von Verstaatlichung, gegen die Kolonialpolitik. Das alles entsprach nicht seiner Lebenserfahrung. Er hatte sein Leben eigenverantwortlich gestaltet, der politischen Niederlage 1849 getrotzt, sich vom Exilanten, dem die Todesstrafe drohte, zum wohlhabenden Bankier emporgearbeitet, er wagte den Schritt zurück nach Deutschland und stieg auf zum einflussreichen Politiker. Doch das Kaiserreich blieb ihm trotz aller Reformen, an denen er mitgewirkt hatte, zu illiberal, um ihm weitere Macht anzuvertrauen. Als 1889 der Reichstag über das Gesetz zur Invaliden- und Altersversicherung beriet, verurteilte er es als weiteren Schritt hin zum Militärstaat mit «sozialistischen Anschauungen». Große Bevölkerungsgruppen würden zu «Heloten» mit «Pensionsberechtigung» entwürdigt – «eine neue Wendung in der Geschichte des deutschen Volkes».[9] Bambergers Gesellschaftsbild erklärt auch seine bitteren Diagnosen über die politische Schwäche des deutschen Bürgertums.

«Der Socialismus ist nichts anderes als die höchste Steigerung der Reaction!»[10] Diese Überzeugung gab Bamberger nie auf, wenngleich er im Alter erkannte, dass sich die Sozialdemokratie zur Reformpartei wandelte. Abneigung gegen sie und Kampf gegen die «Kathedersozialisten» liefen zusammen. Diese «Sozialisten» auf Lehrstühlen mit ihrem «geläuterten Communismus» sah er auf dem Weg zur kulturellen Hegemonie, die den politischen Gestaltungswillen des Bürgertums lähme und die staatliche Bürokratie durchdringe. In seiner Polemik war er nicht zimperlich. Die Volkswirtschaftslehrstühle seien zur «eng verbrüderten Camorra» geworden, die sich der «professoralen Inzucht» verdanke. Das trage dazu bei, «die Staatsmacht unter dem Vorwand des allgemeinen Besten den Wünschen einer bevorzugten Klasse, der agrarischen, dienstbar zu machen».[11]

Bambergers Gesellschaftsbild enthüllt die Schwierigkeiten der Liberalen im Deutschen Kaiserreich, sich auf die industriekapitalistische Gesellschaft einzustellen. Selbst er, der als Bankier im Pariser Exil lernte, wirtschaftlich global zu handeln, hatte weiterhin ein frühbürgerliches Gesellschaftsmodell vor Augen, das man als «klassenlose Bürgergesellschaft» (Lothar Gall) charakterisiert hat. In Bambergers Worten: «Das Bürgerthum im wahren Sinne schließt alle Elemente des Volkes in sich ein», es sei «das eigentliche Triebwerk der modernen Cultur».[12] Doch der deutsche Bürger erfülle nicht seine historische Aufgabe. Diese Klage durchzieht Bambergers Schriften spätestens seit der innenpolitischen Wende Ende der 1870er-Jahre. Abgerechnet mit ihr hat er 1881 in seiner Schrift *Die Secession*, die großes Aufsehen erregte. Bamberger gehörte damals zu den «Sezessionisten», die sich von der nationalliberalen Fraktion trennten und in die Opposition zu Bismarck gingen. In dieser Schrift entwarf er, der leidenschaftliche Parlamentarier und Streiter für ein machtvolles Parlament, ein Bild vom Deutschen Kaiserreich, das nach den hoffnungsvollen Anfängen der liberalen Ära in eine Krise gerät, die er allen voran dem Bürgertum anlastet. Die Geschichtsschreibung in der Bundesrepublik hat an dieses kritische Bild angeknüpft. «Am wenigsten von allen großen Kulturländern hat Deutschland die politische Kraft seines Bürgertums gezeitigt. Damit übereinstimmend haben sich die feudalistischen Ideen in Deutschland am meisten erhalten, und die sozialistischen Ideen haben sich in Deutschland mehr und höher hinauf Anhang verschafft als bei irgend einem anderen Volke.»[13]

Ludwig Bamberger verfiel trotz dieser Diagnose nicht in Pessimismus. Davor bewahrte ihn sein fester Glaube an die Kraft des Individuums, die sich auch in Deutschland bewähren werde. «Nur die Klugheit und Ehrlichkeit, welche die Menschen in ihren Privatangelegenheiten anwenden, erhält die Welt und treibt sie vorwärts [...]. Auf dieser aus der Erfahrung gewonnenen Überzeugung beruht mein unerschütterliches individualistisches Bekenntniß [...]. Ein Individuum, das sich aus eigner Kraft um eine Sprosse der wirtschaftlichen Leiter hinaufarbeitet, ist für die Gesamtentwicklung wertvoller als hundert, die von vormundschaftlichen Wohlfahrtsanstalten – angeblich – hinaufgezogen werden.»[14]

Sah Bambergers Gesellschaftsbild diesen individuellen Weg nach oben, den er selber gegangen war, auch für Frauen vor? Als er 1867 aus dem Exil in die deutsche Politik zurückkehrte, bewegte er sich in einem Männerraum. In Wahlversammlungen und Parlamenten musste er Männer überzeugen; an sie wandten sich seine Schriften. In der Revolution hatte er jedoch in einer Dankesrede für die Fahne, die Mainzer Frauen für einen Turnverein bestickt hatten, ein Bild der politischen Frau entworfen, das weit über die Vorstellungen hinausging, die selbst unter Demokraten damals üblich waren.[15] Er nannte die Fahne Zeichen eines «Bundes, dessen Inhalt ist: die Beteiligung der Frauen am öffentlichen Leben, an der großen menschlichen Bewegung». Der «Eintritt des weiblichen Geschlechts» in das öffentliche Leben werde helfen, die Zukunftsziele zu erreichen. «Die Beschränkung der Weiber auf das Gefühlsleben» sei nichts als «eine parfümierte Sklaverei, als eine christlich-germanische Serailstheorie». Frauen würden die Politik nicht mehr scheuen, sobald der politische Raum sich ändere. Daran zu arbeiten sei die Aufgabe aller. Dass «jedes Geschlecht dies in der Weise thue, wie es seiner Natur gemäß ist, versteht sich von selbst».

Wie auch immer dieser Vorbehalt gemeint war, nie nahm Bamberger die Forderung nach Gleichstellung der Frau zurück, den die Rede aus seiner revolutionären Lebensphase bezeugt. Dafür spricht auch, wie er die Rolle von Frauen in den oppositionellen Salons schildert, in denen er in seiner Pariser Zeit verkehrte. Er bewunderte den «Kultus der Intelligenz», den er hier kennenlernte, wie auch die «Verbindung des schöngeistigen und des geschlechtlich freien Lebens in seinen verschiedenen Abstufungen». Zu Letzterem gehörten die Lesbierinnen aus der «vornehmsten Welt», die in Paris sich offen bewegten.[16]

Bamberger war einer der bekanntesten jüdischen Liberalen im Kaiserreich. Doch «niemals» sei er als Jude hervorgetreten, betonte eine jüdische Zeitschrift 1899 in ihrem Nachruf. Er habe viel gespendet, «und stets ohne Rücksicht auf das religiöse Bekenntniß».[17] Bamberger war nicht religiös, schrieb auch Anna von Helmholtz, als sie um ihren «treuen Freund» trauerte, der «ein großes Stück meines Lebens bedeutete. [...] Er war ein Europäer und ein gütiger großartiger Mensch [...]. Morgen begraben wir ihn, natürlich ohne jeden Geistlichen, das hatte er so bestimmt. Jude war er nicht mehr, Christ war er nie geworden – alle Religion war ihm ‹Kirche› und als Solche nicht verständlich.»[18]

Dass man Jude sein konnte, ohne zu religiös zu sein, verstand die christliche Freundin nicht. Doch Ludwig Bamberger wurde als Jude geboren und blieb es bis in den Tod. Er heiratete die Jüdin Anna Belmont, er verdankte europäischen jüdischen Familiennetzwerken seinen Berufsweg als Bankier im Jahrzehnt des Exils, er registrierte Antijüdisches in seinem Umfeld und litt unter dem Rassen-Antisemitismus, der im deutschen Nationalstaat in den 1870er-Jahren aufkam, er hat seine *Erinnerungen* und *Geheimen Tagebücher* seinem jüdischen Freund Paul Nathan anvertraut, und er starb als Jude. Auf dem jüdischen Friedhof an der Schönhauser Allee in Berlin wurde er neben seinem Reichstagskollegen, dem großen Liberalen Eduard Lasker, beerdigt. Eine Inschrift erinnert an ihr «gemeinsames Streben für Deutschlands Einheit und Freiheit».

Im 19. Jahrhundert sei das Leben weltlich geworden, ohne «Spekulation aufs Jenseits», zeigte sich bereits der junge Bamberger überzeugt.[19] Er wollte nicht, dass Religion sein Leben bestimmt. Die «vollständige soziale Trennung zwischen Christen und Juden» in Rotterdam, wo er geheiratet und eine Bank gegründet hatte, war ihm «widerwärtig». Ihre «Frömmigkeit» halte Protestanten wie Juden trotz rechtlicher Gleichstellung in ihrem «Lager» fest. «Als ich nach Frankreich kam, atmete ich auf. Dort wußte man damals von diesem Gegensatz überhaupt nichts; man konnte jahrelang unter Familien verkehren, ohne daß nach der Konfession gefragt wurde.»[20] Als er 1867 nach Deutschland zurückkehrte, war das anders, doch erst seit der Mitte der 1870er-Jahre sei das gesellschaftliche Klima antijüdisch vergiftet worden. Dennoch blieb er überzeugt, die Gegenwart sei säkular und ertrage den «Fanatismus des Glaubens» nicht mehr. An seine Stelle sei der «Fanatismus der Rasse» getreten.[21] Diesem trat Bamberger 1880 mit seiner Schrift *Deutschtum und Judentum* entgegen.[22]

Der Antisemitismus habe auch andere europäische Gesellschaften erfasst, aber «nur ausnahmsweise hat anderwärts die Polemik den niedrigen boshaften Ton angeschlagen, der ihr in Deutschland anhaftet».

Bamberger antwortete auf eine Debatte, die der angesehene Historiker Heinrich von Treitschke ausgelöst hatte. Deshalb legte er die geschichtliche «Absurdität» der Vorstellung ethnisch «reiner» Nationalstaaten offen. Vor allem ging es ihm darum, den Rassen-Antisemitismus als innenpolitisches Kampfinstrument bloßzustellen. Der «Kultus der Nation», den die Gründung des Nationalstaates auslöste, habe «den Haß gegen andere Nationen» begünstigt. «Von diesem Haß gegen das Fremdartige jenseits der Grenze bis zum Haß gegen das, was sich etwa noch als fremdartig in der eigenen Heimat ausfindig machen läßt, ist nur ein Schritt. Je mehr Haß, desto mehr Tugend! Wo der Nationalhaß nach außen seine Schranke findet, wird der Feldzug nach innen eröffnet.» So habe der Antisemitismus zum Sammelbecken der Reaktion gegen den Liberalismus als Vorkämpfer der Moderne werden können.

Als Bamberger sich 1880 an die Öffentlichkeit wandte, gab er sich optimistisch. Die Konfessionen hätten es gelernt, «daß es im Hause Gottes der Wohnungen viele giebt», und auch der «Rassengegensatz» werde überwunden, «denn nicht allezeit werden, wie gegenwärtig, Bildung und Humanität ans Kreuz geschlagen sein». Privat äußerte er sich zur selben Zeit voller Sorge. Lasker vertraute er an, mit einem Freund habe er «jeden Tag die Frage» erörtert, «wohin man auswandern könne? Aber auf der bis jetzt entdeckten Welt finden wir doch so recht nichts, und so wird man es schon aushalten müssen.»[23] Dass er sich 1893 nicht mehr zur Reichstagswahl aufstellen ließ, begründete Bamberger gegenüber einem Vertrauten mit dem «Ekel und Abscheu», den er empfunden hatte, als Antisemiten in den Reichstag eingezogen waren und einen großen Teil der Kollegen – er sprach von drei Vierteln – das nicht gestört habe. Der «Antisemitismus treibt mich fort. [...] Doch sage ich das nicht laut, um die Methode nicht zu unterstützen.»[24]

Ludwig Bamberger hat wohl nie daran gedacht, dem antisemitischen Druck durch Konversion auszuweichen. Er blieb ein nicht religiöser Jude. In seinem Leben verwirklichte er, was der Philosoph Charles Taylor religiöse «Alternativenpluralisierung» nennt.[25] Sich dafür zu entscheiden verlangte damals Mut. In großen Teilen der deutschen Gesellschaft stieß er damit auf Ablehnung. Auch deshalb schied er 1893 aus der aktiven Politik aus, sechs Jahre später, am 14. März 1899, starb er in Berlin. Der Nationalstaat erfüllte seinen Lebenstraum, dessen innere Ausgestaltung enttäuschte Bamberger zutiefst.

Zum Weiterlesen

Bismarcks großes Spiel. Die geheimen Tagebücher Ludwig Bambergers, hg. von Ernst Feder, Frankfurt a. M. 1933 (mit ausführlicher Einführung in Bambergers Leben).

Ernest Hamburger, Juden im öffentlichen Leben Deutschlands. Regierungsmitglieder, Beamte und Parlamentarier in der monarchischen Zeit. 1848–1918, Tübingen 1968, S. 284–296 (L. Bamberger).

Dieter Langewiesche, Liberalismus in Deutschland, Frankfurt a. M. ^{4}1995.

Rosemarie Schuder, Ludwig Bamberger. Volksvertreter im Schatten Bismarcks, Guben 2013.

Marie-Lise Weber, Ludwig Bamberger, Stuttgart 1987.

Ludwig Zucker, Ludwig Bamberger and the Rise of Anti-Semitism in Germany, 1848–1893, in: Central European History 3, H. 4 (1970), S. 332–352.

Norbert Lammert

Ludwig Windthorst
(1812–1891)

Katholischer Streiter gegen den autoritären Staat
und «schärfster politischer Kopf» im Reichstag

Im Deutschen Kaiserreich hat alles seine Ordnung!» Das ist die Botschaft, die Anton von Werners Monumentalgemälde «Eröffnung des Reichstages im Weißen Saal des Berliner Schlosses durch Wilhelm II.» vermittelt. Es zeigt die Zeremonie vom 25. Juni 1888 und fasst die monarchisch geprägte Ordnung des Reiches prägnant zusammen. Im Zentrum steht der Kaiser, der seine Parlamentsrede vorträgt, eingerahmt von den Regierungsmitgliedern im Bildvordergrund und den Fürsten der Teilstaaten im Hintergrund. Der Reichskanzler, Otto von Bismarck, wurde vom Maler unter dem Kaiser platziert. Bismarck hat die Schlüsselposition zwischen Reichstag und Bundesrat sowie zwischen diesen Organen und dem Kaiser inne. Auf der linken Bildseite stehen die Abgeordneten dem Kaiser und seiner Regierung sowie den Fürsten gegenüber. Von den mehr als 300 Parlamentariern sind 39 als Porträts ausgearbeitet, der Rest verschwindet in der Menge. In vorderster Reihe und dem Betrachter am nächsten steht eine Person mit weißem Haar und Brille, den Blick auf den Kaiser gerichtet – Ludwig Windthorst, der Kopf der Zentrumspartei.

Das Gemälde wurde 1893 vollendet, also fünf Jahre nach dem Ereignis. Zu diesem Zeitpunkt war Bismarck längst nicht mehr Reichs-

‹ Ludwig Windthorst im Foyer des alten Reichstagsgebäudes an der Leipziger Straße, Berlin. Fotografie von Julius Braatz, 1889.

kanzler und Windthorst bereits tot. Deshalb ist es bemerkenswert und keineswegs ein Zufall, dass Windthorst an so prominenter Stellte platziert worden ist. Es geht auf den ausdrücklichen Wunsch des Kaisers zurück, der Windthorst als den «schärfsten politischen Kopf im Parlament» beschrieb[1] – aber mit dem ihn kaum mehr verband als die persönliche Abneigung gegen Bismarck.

Ludwig Windthorst ist untrennbar mit der Etablierung des Parlamentarismus in Deutschland verbunden, insbesondere mit der Formierung des politischen Katholizismus. Bemerkenswert bleibt darüber hinaus die Rolle, die er im langwierigen Prozess der Annäherung der Konfessionen spielte, der schließlich 1945 in die Gründung einer überkonfessionellen christlich-demokratischen Union mündete.

Das Land, in das Windthorst 1812 auf dem Gut Kaldenhof in Ostercappeln bei Osnabrück geboren wurde, hatte mit dem Deutschland von heute nicht viel gemein. Das Heilige Römische Reich deutscher Nation war wenige Jahre zuvor erloschen. Deutschland – ein Flickenteppich von mehr und meist weniger selbstständigen Territorien – befand sich politisch in einer diffusen Übergangsphase zwischen nationalen Einheitsbestrebungen und demokratischen Veränderungserwartungen.

Der junge Windthorst war zunächst weder für den einen noch den anderen Aufbruch zu begeistern. Das Hambacher Fest 1832, das er von seinem Heidelberger Studienort aus verfolgte, hatte keinen guten Eindruck auf Windthorst gemacht; im Rückblick versicherte er, «dass ich glücklicherweise aus diesen Dingen, obschon ich mitten drin stand, viel konservativer hervorgegangen bin, als ich hineingegangen bin».[2] Überhaupt konzentrierte sich der junge Mann eher auf das Berufliche und Private; mit politischen Äußerungen oder Ambitionen fiel er nicht auf. Zunächst als Rechtsanwalt in Osnabrück, dann als königlicher Beamter im Richteramt hielt Windthorst sich politisch eher bedeckt.

Das änderte sich 1848/49: Nachdem der Versuch, in die Frankfurter Nationalversammlung gewählt zu werden, gescheitert war, zog

Windthorst 1849 als Abgeordneter in die Zweite Kammer der Hannoverschen Ständeversammlung ein. Er agierte vorsichtig, kompromissbereit und trat für das Recht und die geltende Staatsordnung ein. Damit überzeugte er offenbar, denn nur zwei Jahre später wählte ihn die Kammer zum Präsidenten. Im November 1851 berief ihn Hannovers neuer König Georg V. zum Justizminister – eine bemerkenswerte Ernennung für einen bürgerlichen Katholiken. Windthorsts politischer Pragmatismus hatte sich ausgezahlt. «[E]in echter Jesuit [...], schlau, unverschämt, wenn's sein muss: er wird die übrigen einsacken», urteilte der damalige liberale, protestantische Bürgermeister von Osnabrück Johann Carl Bertram Stüve über Windthorst.[3]

Mit dem Deutschen Krieg von 1866 änderte sich die politische Lage grundlegend: Nach Preußens Sieg bei Königgrätz schied Österreich aus Deutschland aus, Georg V. wurde abgesetzt und das Königreich Hannover von Preußen annektiert, das im neu gegründeten Norddeutschen Bund die Vormachtstellung innehatte. Als Fürsprecher der großdeutschen Lösung, welfischer Patriot und Katholik wurde Windthorst von seinem Staatsdienst beurlaubt. Aber er arrangierte sich bald mit der neuen Ordnung und kandidierte 1867 im Wahlkreis Meppen im Emsland erfolgreich für das Preußische Abgeordnetenhaus und den Reichstag des Norddeutschen Bundes. Nach der Reichsgründung 1871 wurde er schließlich in den Reichstag gewählt, dem er volle zwanzig Jahre bis zu seinem Tod 1891 angehörte.

Hier fand er die Rolle seines Lebens und avancierte zum «genialsten Parlamentarier, den Deutschland je besaß», wie der Historiker Golo Mann in seiner großen *Deutschen Geschichte* schreibt.[4] Mit unbändigem Elan soll Windthorst über 2200 Mal in verschiedenen Parlamenten das Wort ergriffen haben. Im Gegensatz zu vielen seiner Kollegen, die auf ein Manuskript angewiesen waren, sprach Windthorst meist prägnant und stets frei, am liebsten vom Platz aus, was ihm die Möglichkeit gab, auf Zwischenfragen und Einwürfe schnell zu reagieren.

Sein schlagfertiger Stil konnte durchaus polemisch sein, seine scharfsinnige Ironie und der zuweilen beißende Sarkasmus waren ebenso gefürchtet wie bewundert. Denn Windthorst wusste, dass in Parlamenten nicht geredet, sondern debattiert werden soll.

Windthorst blieb zeitlebens seiner regionalen wie konfessionellen Herkunft verbunden. Er kämpfte leidenschaftlich gegen den Aufbau eines allmächtigen Einheitsstaates und für die Rechte der katholischen Minderheit. Die Katholiken stellten etwa ein Drittel der Reichsbevölkerung, waren aber in der Bildungselite, im Offizierskorps und der Beamtenschaft unterrepräsentiert. Bereits im Dezember 1870 hatten katholische Abgeordnete deshalb im Preußischen Abgeordnetenhaus und im Reichstag die Zentrumspartei gegründet, um die politischen Interessen der Katholiken zu vertreten. Obwohl er sich weigerte, eine tragende Rolle bei der Gründung zu spielen, und nie einen offiziellen Leitungsposten in der Partei einnahm, stieg Windthorst schnell zum Kopf der Fraktion im Reichstag und im Preußischen Abgeordnetenhaus auf und profilierte sie mit dem besonderen Selbstverständnis einer durch religiöse Überzeugungen geprägten Orientierung als Grundlage für politisches Handeln.

Die Tatsache, dass Windthorst als Katholik Mitglied einer benachteiligten Minderheit war, prägte maßgeblich seine generelle Einstellung zu den Rechten für Minoritäten und der Gleichheit vor dem Recht: «Ich werde das Recht, das ich für die Katholiken und für die katholische Kirche und deren Diener in Anspruch nehme, jederzeit vertreten auch bei den Protestanten und nicht minder bei den Juden. Ich will eben das Recht für alle.»[5] So stellte er sich zum einen gegen den in der Wirtschaftskrise von 1873 grassierenden Antisemitismus und setzte sich für die Anliegen der jüdischen Mitbürgerinnen und -bürger ein. Zum anderen war es selbstverständlich für ihn, das Zentrum auch für Protestanten zu öffnen. Er war damit einer der Vorreiter einer interkonfessionellen christlichen Partei. So sind die Entwicklungen des deutschen

Parteienwesens im Allgemeinen und der christlich-demokratischen Bewegung im Besonderen bis heute mit seinem Namen verbunden.

An der Reichsgründung selbst hatte Windthorst keinen unmittelbaren Anteil – die Parlamente waren ohnehin nur am Rande involviert. Immerhin musste der Reichstag des Norddeutschen Bundes die sogenannte Novemberverfassung im Dezember 1870 verabschieden und entsandte selbstbewusst eine Delegation zum preußischen König, um ihm die Kaiserwürde anzutragen – wie bereits 1849 angeführt von Parlamentspräsident Eduard von Simson. Doch Wilhelm I. legte auf eine parlamentarische Legimitation keinen Wert, und so spielte der Reichstag bei der Kaiserproklamation im Spiegelsaal von Versailles im Januar 1871 auch keine Rolle.

Diese Geringschätzung spiegelte sich auch in der Verfassung des neuen Reiches, die den Abgeordneten zwar Mitwirkungsrechte bei der Gesetzgebung und dem Haushalt gewährte, aber in der Machtverteilung zwischen Kaiser, Bundesrat und Reichskanzler blieben die Einfluss- und Kontrollbefugnisse des Parlaments eingeschränkt. Dass der Reichstag gleichwohl eine beachtliche Stellung erworben und behauptet hat – gerade in der Öffentlichkeit –, ist nicht zuletzt ein Verdienst auch von Ludwig Windthorst.

Zwischen seiner unbedingten Kirchentreue und seinem ausgeprägten Föderalismus auf der einen und seinen parlamentarischen Verpflichtungen als Repräsentant eines ungeliebten protestantisch dominierten Nationalstaates auf der anderen Seite entwickelte Windthorst eine politische Flexibilität und rhetorische Virtuosität, die von schierem Opportunismus nicht selten nur schwer zu unterscheiden war. An politischen Gegnern mangelte es Windthorst deshalb nicht – allen voran Reichskanzler Bismarck, der den schillernden Repräsentanten des politischen Katholizismus als auffälligsten Gegner seiner Politik geradezu als die Personifizierung reichsfeindlicher Tendenzen sah. «Mein Leben erhalten und verschönern zwei Dinge», ließ Bismarck einmal wissen: «Meine Frau und Windthorst. Die eine ist für die Liebe da, der andere für den Hass.»[6] Die beiden Kontrahenten hätten kaum unterschiedlicher sein können: Bismarck der hochgewachsene, beleibte Junker in Uniform, impulsiv und cholerisch; Windthorst der Zivilist und Bürger, nur eineinhalb Meter «groß», mit schwacher Sehkraft, aber mit großem Selbstbewusstsein und machtvoller Redegabe. Bismarck kannte die Qualitäten seines Gegenspielers. Schon 1872 erklärte er zur Rolle Windthorsts im politischen Katholizismus: «Es bestand, ehe die Zentrumspartei sich bildete, eine Fraktion, die man als ‹Fraktion Meppen› bezeichnete; sie bestand, soviel ich mich erinnere, aus einem Abgeordneten, einem großen General ohne Armee; indessen, wie Wallenstein, ist es ihm gelungen, eine Armee aus der Erde zu stampfen und sich damit zu umgeben.»[7] Ironischerweise hatte Bismarcks leidenschaftliche, persönliche Feindschaft den nicht intendierten Effekt, dass sie Windthorst erst zu einer Aufmerksamkeit und damit politischen Bedeutung verholfen hat, die er sonst nur schwerlich erreicht hätte.

Die 1870er-Jahre standen für Windthorst ganz im Zeichen des Bismarck'schen Kulturkampfes; es war seine politische Glanzzeit mit manchen persönlichen Enttäuschungen. Als das Zentrum 1871 bei den Reichstagswahlen 63 Mandate errang und damit zweitstärkste Partei wurde, witterte Bismarck Gefahr, zumal das Erste Vatikanische Konzil im Jahr zuvor das Dogma der päpstlichen Unfehlbarkeit verkündet hatte. Er warf dem Zentrum «Ultramontanismus» vor – also von «ultra montanos» gesteuert zu sein, dem Herrn «jenseits der Berge», dem Papst. Das war hochgefährlich für den kirchlich verfassten Katholizismus, denn Bismarck brandmarkte die politische Vertretung als «Partei gegen den Staat» und wollte die gesamte katholische Kirche unter staatliche Oberaufsicht stellen.[8] In der ersten Hälfte der 1870er-Jahre beschnitt er die Rechte der Katholiken und griff tief in kirchliche Angelegenheiten ein – von der Priesterausbildung über die Besetzung kirchlicher Ämter bis zu kirchlichen Disziplinarmaßnahmen. Zugleich ging es in dem Konflikt um den Anspruch des Staates, anstelle der Kirchen die Schulen zu beaufsichtigen, und um die Einführung der Zivilehe. Sogar einzelne Bischöfe und Erzbischöfe wurden im Zuge der Auseinandersetzung inhaftiert. Leidenschaftlich protestierte Windthorst gegen die antikatholischen Bestimmungen. Die Katholiken in Deutschland schlossen die Reihen angesichts von Schikanen und Zensur – und wählten beinahe geschlossen das Zentrum. So erzielte die Partei von 1874 an konstant gute Wahlergebnisse und gewann in den folgenden Jahren zwischen neunzig und hundert Sitzen im Reichstag. Bismarck musste einsehen, dass er so nicht weiterkam und wechselte die Strategie: Er verhandelte direkt mit dem Vatikan.

Die Kurie mischte sich nun direkt in die Entscheidungen der Zentrumspartei ein – mit der bemerkenswerten Pointe, dass der Papst von den katholischen Politikern unverhohlen verlangte, der von Bismarck geforderten und von der Fraktion abgelehnten Erhöhung der Militärausgaben im Reichstag zuzustimmen, um im Gegenzug Zugeständnisse der Regierung an den Vatikan und in der Kirchenpolitik zu erwirken. Der Parlamentarismus war Rom wie Bismarck ohnehin suspekt – zu sehr war man noch veralteten Denkmustern und obrigkeitlichen Staatsvorstellungen verhaftet: Die politische Betätigung katholischer Laien im Reich und Mehrheitsentscheidungen in einer Volksvertretung betrachtete man mit großer Skepsis, da sie gegen die vermeintlich gottgegebene Ordnung verstießen.

Windthorst war jedoch als tiefreligiöser Mensch zunehmend in den Gegensatz zur Kirche geraten. Er war ein unabhängiger Kopf, der sich nie das eigene Urteil abstreiten oder abnehmen ließ – auch nicht vom Papst. So versuchte er mit aller Kraft, die Eigenständigkeit des Zentrums gegenüber zu großer kirchlicher Bevormundung und päpstlicher Einflussnahme zu wahren. Er stand zwischen den Stühlen, sah sich im doppelten Sinne als «Volksvertreter» der kirchlichen und staatlichen Exekutive gegenüber: Zum einen musste er sich als katholischer Laie gegen die päpstliche Autorität behaupten und zum anderen als Parlamentarier gegen die von Bismarck geführte Regierung. So wurden das Zentrum und das Parlament zum Spielball preußischer und päpstlicher Machtpolitik. Bismarck brauchte die Kurie auf seiner Seite im Kampf gegen seinen zweiten Feind, die Sozialdemokratie, und die Kirche erhoffte sich im Gegenzug Unterstützung bei der Wiedererrichtung des Kirchenstaates, der ihr im Zuge der italienischen Einigung 1870 genommen worden war. Letztlich setzte sich Papst Leo XIII. über Windthorst hinweg und arrangierte sich mit Bismarck. Das Zentrum sollte sich dem Kompromiss beugen, was Windthorst nicht verhindern konnte. Auch deshalb war es beinahe folgerichtig, dass er sich im Streit um die Sozialistengesetze an die Seite August Bebels und dessen sozialistischer Partei stellte.

Auch wenn oder gerade weil Ludwig Windthorst mit dem Ausgang des Kulturkampfes und seiner Rolle dabei nicht zufrieden sein konnte, blieb er eine herausragende Persönlichkeit im Spannungsfeld zwischen Staat und Kirche, Politik und Religion, ein echter Christdemokrat. In der Auseinandersetzung mit der kirchlichen und staatlichen Autorität hat er in der doppelten Rolle als bekennender Christ und als überzeugter Parlamentarier für eine Verbindung und zugleich konsequente Trennung von Politik und Religion geworben, die heute nicht weniger wichtig und nicht weniger aktuell ist als in der zweiten Hälfte des 19. Jahrhunderts. Politik ohne ein festes Fundament von Überzeugungen, ohne verbindliche Orientierung läuft Gefahr, dass sie zu einer reinen Selbstinszenierung von Macht verkommt. Aber dass Politik etwas anderes ist und auch etwas anderes sein muss als Religion, auch nicht die Verlängerung von Religion mit anderen Mitteln, das ist inzwischen eine gefestigte Überzeugung der westlichen Zivilisation.

Dieses Spannungsverhältnis zwischen Religion und Politik gründet in einem fundamentalen Unterschied zwischen Religion und Politik: Erstere handelt von Wahrheiten und Letztere von Interessen. Der Anspruch auf Wahrheit schließt Abstimmungen aus, denn Wahrheiten sind nicht abstimmungsfähig. Umgekehrt sind Mehrheitsentscheidungen keine unumstößlichen Wahrheiten, denn Abstimmungen finden statt, weil niemand mit Schlüssigkeit für alle die offensichtliche Richtigkeit dieses statt jenes Interesses belegen oder beweisen kann, sodass man sich vernünftigerweise auf die allgemeine Verfahrensregel verständigt hat, wonach das gelten soll, was die Mehrheit beschließt, und zwar so lange, bis neue Mehrheiten anderes beschließen. Demokratie ist keine Gewähr für richtige Entscheidungen, aber das bestmögliche Verfahren zum zivilisierten Austragen unterschiedlicher Auffassungen, Meinungen und Interessen und zur Herbeiführung eines Ergebnisses, das für alle verbindlich ist.

Dass wir das heute als Selbstverständlichkeit erachten, verdanken wir dem mutigen und unnachgiebigen Auftreten von Parlamentariern vom Kaliber eines Ludwig Windthorst. Mit unermüdlichem Einsatz stritt er eloquent, bisweilen kämpferisch, aber immer kompromissbereit für den politischen Katholizismus, den Parlamentarismus und die Gleichheit aller vor dem Gesetz. Deshalb ist es schade, dass Windthorst, wie der Historiker Volker Ullrich richtig festgestellt hat, als «einer der ganz großen Parlamentarier Deutschlands» bis heute «keinen angemessenen Platz in der öffentlichen Erinnerung gefunden» hat.[9] Dieses Schicksal teilt Windthorst mit vielen engagierten Demokraten des 19. Jahrhunderts, deren Leben, Wirken und Vermächtnis für die Entwicklung und Festigung der Demokratie in Deutschland ungleich größer ist als ihre Popularität.

Zum Weiterlesen

Ludwig Windthorst, Ausgewählte Reden des Staatsministers a. D. und Parlamentariers Dr. Ludwig Windthorst, gehalten in der Zeit von 1851–1891, 3 Bde., ND der 2. Aufl. Hildesheim 2003.

Margaret Lavinia Anderson, Windthorst. Zentrumspolitiker und Gegenspieler Bismarcks (Forschungen und Quellen zur Zeitgeschichte Bd. 14), Düsseldorf 1988.

Hans-Georg Aschoff, Ludwig Windthorst. Ein christlicher Politiker in einer Zeit des Umbruchs, Hannover 1991.

Rüdiger Drews, Ludwig Windthorst. Katholischer Volkstribun gegen Bismarck, Regensburg 2011.

Helmut Lensing, Ludwig Windthorst. Neue Facetten seines politischen Wirkens, Haselünne 2011.

Hedwig Richter

Hedwig Dohm
(1831–1919)

«Die Menschenrechte haben kein Geschlecht»

Musste denn alles so sein, wie es war?», empörte sich 1912 die hochbetagte Hedwig Dohm im Rückblick auf ihr Leben.[1] Das zeichnete diese Frauenrechtlerin und Schriftstellerin aus: Sie nahm die gesellschaftlichen Umstände nicht hin. Stattdessen fragte sie, warum etwas so und nicht anders angeordnet war – und ob diese Anordnung gerecht sei. Mit Blick auf die Geschlechterrollen schien ihr die Ungerechtigkeit offensichtlich und damit auch die Notwendigkeit, sie zu bekämpfen. Viele Jahrzehnte vor Simone de Beauvoir erklärte sie, dass man zur Frau nicht geboren, sondern in einer regelrechten Tortur zum «Weibchen» ohne Rechte und Verstand dressiert werde. Um das zu ändern, mussten Frauen das Stimmrecht bei Wahlen erhalten, davon war Hedwig Dohm überzeugt.

Die Frage nach der Sinnhaftigkeit der sozialen Ordnung zu stellen, gerade wenn es um das Geschlechterverhältnis ging, bedurfte eines kühnen Verstandes und einer außerordentlichen Kraft. Ihre politischen Forderungen formulierte Hedwig Dohm aber erst verhältnismäßig spät in ihrem Leben, von den 1870er-Jahren an, als sie schon über vierzig war. Wahrscheinlich wäre es früher gar nicht möglich gewesen. Bis dahin blieb Dohm wie fast allen anderen Frauen keine Zeit und kein

< **Hedwig Dohm, Fotografie von unbekannter Hand, um 1860.**

Raum, um zu schreiben. Sie hatte jung geheiratet und fünf Kinder bekommen. Hinzu kam: Vor 1870 wäre Hedwig Dohm wohl kaum auf Resonanz gestoßen.

Im letzten Drittel des 19. Jahrhunderts aber gerieten die Dinge in Bewegung. Im britischen Parlament diskutierten die Männer seit 1867 das Frauenwahlrecht. In Deutschland brachten es die Sozialdemokraten 1895 ins Parlament ein. Das Kaiserreich aber sollte das Frauenwahlrecht nicht verwirklichen. Wie in Großbritannien gelang das erst nach dem Ersten Weltkrieg. In Frankreich, wo Olympe de Gouges schon 1791, in der Revolution, die völlige Gleichberechtigung gefordert hatte, dürfen die Frauen sogar erst seit 1944 wählen. Doch obwohl Frauen um 1900 weiterhin extrem diskriminiert wurden, verloren in dieser Zeit ihre Unterordnung und die Selbstverständlichkeit ihrer rechtlichen Ungleichstellung allmählich an Boden. Seit den 1860er-Jahren formierten sich in vielen Ländern Frauenbewegungen. Sie konnten an ältere Traditionen anknüpfen. Doch kamen ihnen nun Strukturen zugute, die in ebenjener Zeit auch zur Massenpolitisierung führten: sich festigende rechtsstaatliche Standards, wachsender Wohlstand und ein besseres Leben auch für die Ärmsten, eine aufblühende Presse, überhaupt eine dichtere Infrastruktur, Urbanisierung, Vereinsbildungen – eine aufbrechende Zivilgesellschaft.

Hedwig Dohm war ihrer Zeit oft um viele Jahre voraus – eine ganz außergewöhnliche Persönlichkeit, eine «Wunderblume», wie ihre Tochter Hedwig Pringsheim (die Schwiegermutter Thomas Manns) sie nannte.[2] Sie litt unter den unzähligen und andauernden Ungerechtigkeiten gegen ihr Geschlecht – und erlebte unter großem Engagement, wie sich die Welt zu ändern begann. Frauenrechte und Demokratie gehörten für sie zusammen. Auch wenn sie von «Demokratie» eher selten sprach, so kämpfte sie doch für demokratische Werte: für die politische Ermächtigung auch der Bürgerinnen, für ein freies, würdiges Leben auch der Frauen.

Das Leben als Mädchen in der ersten Hälfte des 19. Jahrhunderts war schon rein körperlich eine Zumutung. «Herzhaft und mit gutem Gewissen wurde damals geprügelt. Die Kindermädchen knufften mit. Prügel und Erziehung waren beinah identisch.»[3] So erinnert sich die Schriftstellerin später an ihre Kindheit in Berlin, wo sie am 20. September 1831 zur Welt gekommen war. Sie sei ein scheues Kind gewesen, ihr Leben eine einzige Marter unter 17 Geschwistern. Stundenlang musste sie in einem dunklen Zimmer die Wiege der kleinen Geschwister schaukeln, Tag um Tag strickte und stopfte sie Strümpfe. Mädchen wurden zu Fleiß, Bescheidenheit und Ruhe erzogen. Den Brüdern aber, schrieb sie später, schienen alle Freiheiten zuzustehen, körperlich und geistig, sie konnten toben und erhielten eine gute Ausbildung.

Die Mutter war Wilhelmine Henriette Jülich, der Vater der Tabakfabrikant Gustav Adolph Gotthold Schlesinger, der 1817 zum Christentum konvertiert war. Die Konversion von Echanan Cohen Schlesinger, wie sein Geburtsname lautete, zeugt von den Diskriminierungen, denen Juden und Jüdinnen ausgesetzt waren. Hedwig sollte später die Vorurteile gegen Frauen immer wieder mit denen gegenüber den Juden vergleichen.

Musste der unglücklichen 16-jährigen Hedwig Schlesinger nicht die Revolution von 1848 entgegenkommen? Die Dohm-Biografin Isabel Rohner verweist darauf, dass die Straßenkämpfe zum Teil direkt vor dem Haus der Schlesingers stattfanden, und dennoch habe sich Hedwig Dohm zur Revolution kaum geäußert. Rückblickend, fünfzig Jahre später, aber beschrieb Dohm in dem Roman *Schicksale einer Seele* eindrücklich jene Tage. Die Romanfigur Marlene, ein Teenager, erlebt die Märzereignisse «wie eine Offenbarung». Sie drängt sich nach den Kämpfen durch die Menge, sieht die Toten und erlebt das feierlich trauernde Volk. «Seit jener Stunde, wo ich den Adel im Volk geschaut [...] war ich – man nannte es damals Demokratin.»[4] Im späten Kaiserreich, 1899, als Dohm den Roman schrieb, gehörten Demokratie und 48er-

Revolution für sie als progressive Zeitgenossin zusammen. Doch seinerzeit in der Jahrhundertmitte schien die Gleichberechtigung noch undenkbar – trotz des Kampfs von Revolutionärinnen wie Amalie Struve und Louise Aston, Mathilde Anneke und Emma Herwegh und trotz der ersten Forderungen nach einem Stimmrecht für Frauen. Einer der wenigen Männer, die sich 1848 mit dem Thema Frauenwahlrecht beschäftigten, sprach in der radikaldemokratischen Zeitschrift *Locomotive* den Frauen jede Fähigkeit zur Emanzipation ab, denn: «Ihr Weiber seid Kinder, liebenswürdige göttliche Kinder.»[5]

Nach Beendigung der Schule, 15 Jahre alt, musste Hedwig Schlesinger weitere Jahre im Elternhaus mit der ihr so verhassten Haus- und Handarbeit verbringen. Für die Frauen der bürgerlichen Schichten war Berufstätigkeit besonders schwierig, anders als für Mädchen und Frauen der unteren Schichten, die zunehmend einer Lohnarbeit in Fabriken oder als Dienstmädchen nachgehen mussten. 1909 war bereits die Hälfte aller erwachsenen Frauen berufstätig.

Bei den bürgerlichen Mädchen aber ging es darum, sie zur Unselbstständigkeit zu erziehen, so schrieb später Hedwig Dohm. Alles war auf die künftige Ehe ausgerichtet. Für die wenigen Mädchen, die eine der bürgerlichen höheren Mädchenschulen besuchen konnten, bestand der Unterricht häufig aus Handarbeiten, Religion, Deutsch, französischer und englischer Konversation und Musizieren.

Mit zwanzig kam Hedwig Schlesinger in ein Lehrerinnenseminar. Der einjährige Lehrgang erwies sich jedoch als große Enttäuschung. Später äußerte sich Hedwig Dohm voller Verachtung über die intellektuelle Niveaulosigkeit dieser Anstalt. Ohne dass sie in ihrem Beruf gearbeitet hatte, heiratete sie 1853 den Journalisten Ernst Dohm, Schriftsteller, Journalist, Übersetzer und Redakteur des populären Berliner Satireblattes *Kladderadatsch*. Er war wie ihr Vater jüdisch geboren und zum Christentum konvertiert.

Da Frauen nur stark eingeschränkte Besitzrechte hatten, waren sie wirtschaftlich von ihren Vätern oder Ehemännern abhängig. Ein eigenes Einkommen, ein Beruf, gehörte zu den wenigen Chancen auf Selbstständigkeit, wobei es kaum Berufe gab, die für bürgerliche Frauen infrage kamen. Die frühe Frauenbewegung konzentrierte sich daher hauptsächlich auf die Berufs- und Bildungsmöglichkeiten. Wie in anderen Ländern begann von den 1860er-Jahren an die hohe Zeit der Organisation und der Vereinsgründungen. 1865 initiierten die Publizistin Louise Otto-Peters und die Lehrerin Auguste Schmidt den ersten großen Selbsthilfeverband für Frauen, den Allgemeinen Deutschen Frauenverein, der sich für die Ausbildungs- und Berufsmöglichkeiten von Mädchen und Frauen einsetzte. Dass jede höhere Bildung den Frauen schade, ja sie «erniedrigte», wurde immer wieder behauptet und mit vermeintlich wissenschaftlichen Argumenten befestigt. Hedwig Dohm sollte später diese Vorstellungen ausdauernd attackieren und mit ihr die Idee, allein Ehe und Mutterschaft böten den Frauen ein erfülltes Leben.

Von Hedwig Dohm als bürgerlicher Ehefrau erwartete niemand eine Berufsarbeit, obwohl die Familie das Geld dringend gebraucht hätte. Von 1854 bis 1860 bekam sie fünf Kinder. Doch der Ehemann Ernst verdiente zu wenig, um die wachsende Familie zu unterhalten, und immer wieder stand der Gerichtsvollzieher vor der Tür. Trotz aller materiellen Not ließen sich die jungen Eltern nicht von einem reichen sozialen Leben abhalten. Berlin wuchs und zog die interessantesten Persönlichkeiten an. Hedwig und Ernst Dohm verkehrten mit zahlreichen prominenten und progressiven Intellektuellen ihrer Zeit. Ferdinand Lassalle gehörte dazu, Alexander von Humboldt, das Verleger-Ehepaar Lina und Franz Duncker und Franz Liszt. Im Salon der Dohms trafen sich liberale Politiker wie Eduard Lasker, Autorinnen wie Fanny Lewald oder Schriftsteller wie Theodor Fontane, auch diese beiden in jungen Jahren Sympathisanten der 48er-Revolution.

Die Geldsorgen blieben. 1869 spitzte sich die Situation zu. Ernst Dohm drohte die Schuldhaft, und er floh nach Weimar. Ohne Ernährer konnte die Familie nicht zusammenbleiben. Die Kinder wurden zu Verwandten gegeben, und Hedwig Dohm zog für einige Monate alleine zu ihrer Schwester Anna – nach Rom. Über die Zeit in Italien ist wenig bekannt, doch scheint sie eine nachhaltige Wirkung auf die mittlerweile über Vierzigjährige gehabt zu haben. Nach Berlin zurückgekehrt, begann Dohm mit der Publikation ihrer politischen Essays. Diese klugen und witzigen Texte machten sie zu einer viel beachteten Stimme. Bekannt ist Dohm dafür, dass sie schon in den 1870er-Jahren das Stimmrecht für Frauen forderte, eine Forderung, die seit den Tagen von 1848 in Deutschland bisher kaum gehört worden war.

Dabei sollte man allerdings nicht übersehen, dass Hedwig Dohm ähnlich wie die anderen Frauenrechtlerinnen das Thema Bildung für entscheidend hielt. In ihrem ersten Essay von 1872 *Was die Pastoren von den Frauen denken* geht es um diese Frage. Bemerkenswert sind hier der freie Ton, die Ironie und völlige Respektlosigkeit in ihrer Auseinandersetzung mit der Pädagogik und den Geschlechtertheorien zeitgenössischer Theologen und Philosophen. Bildung und Erziehung waren für sie nicht nur deswegen ein wichtiges Thema, weil sie den Weg zu einem selbstständigen Leben boten; sondern auch weil Erziehung, so wie sie damals praktiziert wurde, gezielt alle Möglichkeiten der Frauen auf Freiheit und Selbstbestimmung zerstörte. Dohm empörte sich über die «abgeschmackte Ergänzungstheorie»: die Vorstellung, dass Frauen und Männer zwei völlig verschiedene Wesen seien, und weil die Frau so anders sei – milde, schwach, irrational, gefühlsbetont –, sei sie dem Mann in allem untergeordnet.

Hedwig Dohm gehörte mit diesen Ideen zu den wenigen frühen feministischen Denkerinnen, die gegen das duale Geschlechtermodell kämpften. Die meisten Frauenrechtlerinnen ihrer Zeit hingegen nutzten dieses Modell für das Argument: Weil Frauen so anders, so viel friedfertiger und mütterlicher seien, müssten sie mehr Einfluss in der Gesellschaft haben. Hedwig Dohms Gedanken aber waren so neu, dass sie in den 1870er-Jahren ein Beben auslösten. Sie wurde beschimpft, verhöhnt, und sie erhielt Drohbriefe.

Und doch steht Dohms Dekonstruktion für eine generelle Tendenz, für die grundstürzenden Veränderungen im Denken der Zeit. Die Rollenzuteilung der Geschlechter, so erklärte um die Jahrhundertwende auch der Berliner Soziologe Georg Simmel, diene gezielt der «Machtstellung» des Mannes.[6] Sein Kieler Kollege Ferdinand Tönnies erkannte die Auflösungstendenzen im Geschlechterverhältnis, die, so seine Überzeugung, durch die Industrialisierung und die zunehmende Berufstätigkeit der Frauen forciert würden. Doch er bedauerte das: «Das Weib wird aufgeklärt, wird herzenskalt, bewusst», notierte er 1899 misogyn. Womöglich sei nichts «für den gesellschaftlichen Bildungs- und den Auflösungsprozess des gemeinschaftlichen Lebens charakteristischer und bedeutender».[7]

Wenn aber die strenge Zweiteilung der Geschlechter und ihre so ganz unterschiedlichen Naturen eine Erfindung waren, dann gab es für die anhaltende Entrechtung der Frau keinen vernünftigen Grund. In ihrer nächsten Schrift, *Der Jesuitismus im Hausstande,* forderte Hedwig Dohm 1873 dezidiert das Frauenstimmrecht. Er war für sie die unumstrittene Grundlage für jeden «Fortschritt». «Der Mangel des Stimmrechts bedeutet für die Frau: du sollst kein Eigenthum haben, keine Erziehung, kein Recht an den Kindern, dich darf der Mann, der Starke, züchtigen», schrieb sie dann 1876 in ihrem berühmten Essay *Der Frauen Natur und Recht.* Auch hier verwies sie auf die Konstrukthaftigkeit der Geschlechterrollen und die mangelnde Logik biologistischer Argumentationen: «Weil die Frauen Kinder gebären – darum sollen sie keine politischen Rechte haben. Ich behaupte, weil die Männer keine Kinder gebären, darum sollen sie keine politischen Rechte haben.» In diesen Denkschemata erkannte sie mit Klarheit die Parallele zu anderen diskriminierten Gruppen: Der Sklavenhalter erkläre den Sklaven zu seinem Eigentum. «Warum? Weil du schwarz bist. Was ist ein Neger? was ist ein Jude? was ist ein Weib?», fragte sie und gab die Antwort: «Unterdrückte Menschen.»[8]

Dohm berief sich zudem auf die allgemeine Entwicklung des Rechts: «Fast alle Gesetzgeber der letzten Jahrhunderte betonen, daß Niemand durch irgend ein Gesetz gebunden sein sollte, bei dessen Abfassung er nicht mitgewirkt habe.»[9] Jede Herrschaft bedürfe der Zustimmung der Regierten. Auch wenn für Dohm klar war, dass die Frauenrechte in den USA weiter entwickelt waren als in Deutschland, so stand für sie zugleich außer Frage, dass das Deutsche Reich zu dieser generellen rechtsstaatlichen Entwicklung gehörte. Immer wieder benutzte Dohm den problematischen und zeittypischen Begriff der «Zivilisation». Für ein «zivilisiertes» Land wie Deutschland müsse eigentlich gelten: «So sind auch die Frauen frei, weil in einem Staate freier Menschen es keine Unfreien geben kann.»[10]

Hedwig Dohm schrieb im Laufe ihres Lebens in vielerlei Genres. Romane und Novellen entstanden, ihre Komödien wurden erfolgreich aufgeführt. Als Literaturkritikerin setzte sie sich für progressive Autorinnen und Autoren wie Émile Zola ein und gab eine Anthologie mit Gedichten von Lyrikerinnen heraus. Dohm publizierte in den angesehensten Zeitschriften wie Maximilian Hardens *Zukunft* und Julius Rodenbergs *Salon*. Auch mit der Zeitschrift *Frauenbewegung* der großen Feministin Minna Cauer arbeitete sie nun zusammen. In ihrer Roman-Trilogie *Sibilla Dalmar, Schicksale einer Seele* und *Christa Ruland*, die Dohm zwischen 1896 und 1902 verfasste, stellt sie die Entwicklung der Geschlechterverhältnisse im Verlauf des 19. Jahrhunderts dar. Die Figuren, erklärte sie 1899, wollte sie «schildern, aufsteigend aus dem ersten Dämmer des Morgengrauens der Erkenntnis bis zum hellen, verheißungsvollem Frühlicht, das den Glanz der Mittagssonne ahnen läßt, die erst über den Frauen des 20. Jahrhunderts aufgehen wird».[11] Tatsächlich: Die Romantrilogie ist bei aller Skepsis und Zurückhaltung der Autorin eine Befreiungserzählung.

Bis in die 1880er-Jahre hatte Hedwig Dohm immer wieder über die Rückständigkeit der deutschen Frauen im Verhältnis zu «anderen Kulturländern» geklagt und über die Zurückhaltung der deutschen Frauenbewegung.[12] Das änderte sich allmählich. Sie pflegte zunehmend Kontakte und Freundschaften mit Frauenrechtlerinnen wie Cauer oder Anna Pappritz und engagierte sich in der aufblühenden Frauenbewegung. In den späten 1880er- und in den 1890er-Jahren wurde die Frauenbewegung lauter, stärker, fordernder. 1888 gehörte Hedwig Dohm zum Gründungskomitee des Frauenvereins Reform, der das deutsche Bildungssystem kritisierte und den Zugang für Frauen zu den Universitäten forderte. Sie arbeitete in Cauers Verein Frauenwohl mit. Im Deutschen Verband für Frauenstimmrecht wurde sie Ehrenpräsidentin. Ihre ganze Sympathie fand der feministische Kampf der Sexualaufklärung und für eine frauenfreundliche Familienpolitik.

Nach der Jahrhundertwende war aus der angefeindeten Essayistin eine angesehene Public Intellectual geworden. Dohm wurde gefeiert und ihre Schriften aus den 1870er-Jahren neu aufgelegt. Minna Cauer charakterisierte sie zu ihrem 80. Geburtstag als überaus anspruchsvollen Geist, und «kommen wir erst auf politisches Gebiet, dann blitzen deine Augen und die Waffen werden schärfer».[13]

August Bebel schrieb 1909 über den Aufbruch der Frauen: «Es dürfte kaum eine zweite Bewegung geben, die in so kurzer Zeit so günstige Resultate erzielte [...]. Wir leben bereits mitten in der sozialen Revolution.»[14] Hedwig Dohm aber blieb ungeduldig und unzufrieden. «Man kommt sich auf dem Gebiet der Frauenfrage immer wie ein Wiederkäuer vor», schrieb sie im selben Jahr.[15] Sie hatte das Empfinden, zu früh geboren zu sein und anders als die Enkelinnen nicht die «Mittagssonne» der Befreiung erleben zu können. Doch sie blieb am Puls der Zeit. An der Berliner Universität schrieb sie sich als Gasthörerin für eine Lehrveranstaltung über den Sozialismus ein.

Aber dann stellte sie sich noch einmal gegen die Mehrheit der Gesellschaft: Den Kriegsbeginn im August 1914 empfand sie wie viele andere Feministinnen als Katastrophe. Ihr Optimismus geriet ins Wanken. Und doch behielt der Krieg nicht das letzte Wort. Im Jahr ihres Todes 1919 war es so weit: Frauen durften in Deutschland bei den Wahlen zur Nationalversammlung im Januar erstmals wählen. In der Weimarer Republik resümierte eine ihrer Töchter: «Alles, wofür sie gekämpft und gelitten hat, wofür sie ausgelacht und angepöbelt worden ist, hat sich erfüllt» – von der Frauen-Gymnasialbildung bis zum Universitätsstudium, vom Zugang zu allen Berufen bis hin zum Wahlrecht.[16]

Und auch darin war Dohm eine typische Vertreterin der ersten Frauenbewegung: Sie geriet schnell in Vergessenheit, die Nazis zerstörten ihr Erbe von Gleichheit und Humanität, und erst viele Jahrzehnte später entdeckte man sie wieder als eine der Mütter unserer Demokratie. Dank des Journalistinnenbundes steht seit 2007 auf ihrer Grabesstätte im St.-Matthäus-Kirchhof in Berlin-Schöneberg wieder ein Stein, der an Hedwig Dohm erinnert. Darin eingemeißelt ist ihre Botschaft zu lesen: «Die Menschenrechte haben kein Geschlecht.»

Zum Weiterlesen

Kommentierte Gesamtausgabe der Werke Hedwig Dohms, hg. von Nikola Müller und Isabel Rohner, Berlin 2006–2009.

Carol Diethe, Towards Emancipation. German Women Writers of the Nineteenth Century, Oxford 1998.

Birgit Mikus, Instrumentalisierung von Sprache in Hedwig Dohms Romantrilogie «Schicksale einer Seele», «Sibilla Dalmar», «Christa Ruland» und Gabriele Reuters «Aus guter Familie», Manuskript, Bonn 2008.

Nikola Müller, Hedwig Dohm (1831–1919). Eine kommentierte Bibliografie, Berlin 2000.

Gaby Pailer, Schreibe, die du bist. Die Gestaltung weiblicher «Autorschaft» im erzählerischen Werk Hedwig Dohms, Pfaffenweiler 1994.

Isabel Rohner, Spuren ins Jetzt. Hedwig Dohm – eine Biografie, Sulzbach im Taunus 2010.

Angelika Schaser, Frauenbewegung in Deutschland 1848–1933, Darmstadt ^{2}2020.

Paul Nolte

Eugen Richter
(1838–1906)

Alle Macht dem Parlament

Frühjahr 1878: Sieben Jahre nach seiner Gründung steht das Deutsche Kaiserreich an einem Wendepunkt. Nicht weil die Regierung wackelt – Reichskanzler Otto von Bismarck, der zugleich seit 1862 preußischer Ministerpräsident ist, hält die Zügel unangefochten in der Hand. Nach der großen Auseinandersetzung mit dem Katholizismus im «Kulturkampf» Anfang der 1870er-Jahre will er nun zum Schlag gegen eine andere ungeliebte Minderheit ausholen, gegen die Sozialdemokratie. Anlass bietet ein Attentat auf Kaiser Wilhelm I. am 11. Mai in Berlin; die zwei Schüsse des Leipziger Klempnergesellen Max Hödel verfehlen ihr Ziel. Bismarck sieht darin die Gelegenheit, seinerseits zwei Schüsse abzugeben: Ein Ausnahmegesetz soll die «gemeingefährlichen», die vermeintlich umstürzlerischen Aktivitäten der Arbeiterbewegung so weit wie möglich verbieten. Zugleich will er die Liberalen, eigentlich Gegner der Politik des Kanzlers sowohl im Reichstag als auch in der Öffentlichkeit, zur Zustimmung zu dem Gesetz bewegen und damit auf die Seite der Staatsordnung ziehen. Die Nationalliberale Partei, der rechte Flügel des Liberalismus, folgt ihm dabei. Später werden Historiker die Jahre 1878/79 nicht nur als Zäsur in der Geschichte des Kaiserreichs, sondern des deutschen Liberalismus be-

‹ Eugen Richter, Fotografie von Julius Braatz, um 1900.

zeichnen, der darin ein gutes Stück seiner Wahrhaftigkeit und seiner freiheitlichen Widerborstigkeit einbüßte, die ihn im Vormärz und in der Revolution von 1848/49 populär gemacht hatten.

23. Mai 1878: Der Reichstag, noch in seinem provisorischen Haus in der Leipziger Straße 4 in Berlin, berät die Regierungsvorlage, aus der im Herbst, nach einem weiteren Attentat auf den Kaiser, das «Sozialistengesetz» wird, das bis 1890 in Kraft bleibt. Der knapp vierzigjährige Fraktionsführer der linksliberalen Fortschrittspartei, Eugen Richter, erhebt sich zu einem scharfen Widerspruch gegen das Gesetz. Aber wie es im englischen Parlament üblich ist, besteigt er nicht die Rednertribüne, sondern spricht von seinem Platz aus. Mit einer ironischen Bemerkung über die Tumbheit der preußischen Polizei hat er die Lacher auf seiner Seite. Dann fährt er fort: «Uns, meine Herren, werden Sie stets in der Opposition finden, wenn es darauf ankommt, diese persönliche, politische und wirtschaftliche Freiheit des Einzelnen zu beschränken.»[1] Aber der Abgeordnete für die westfälische Industriestadt Hagen eilt keineswegs zur Verteidigung sozialdemokratischer Ziele, im Gegenteil: Er nutzt die Gelegenheit, die auch seiner Meinung nach freiheitsgefährdende Idee einer Vergesellschaftung aller wirtschaftlichen Aktivität mit nicht weniger scharfen Worten zu kritisieren. Wenn man eine Partei mundtot mache, wenn man sie in den Untergrund dränge, werde es unmöglich, sie offen – und das hieß für Richter: im öffentlichen Streit der Worte und Argumente – zu bekämpfen. Und noch prinzipieller: Persönliche und politische Freiheitsrechte dürften niemandem abgesprochen werden. Das erinnerte an die aufklärerische Regel Voltaires: «Mein Herr, ich teile Ihre Meinung nicht, aber ich würde mein Leben dafür einsetzen, dass Sie sie äußern dürfen.» Später sprach Rosa Luxemburg von der Freiheit, die immer die Freiheit des Andersdenkenden sei, und die Spur schmerzhafter Kontroversen über das Aushalten oder das Verbot radikaler Parteien zieht sich durch die deutsche Geschichte bis in die jüngste Gegenwart.

Wer war dieser Eugen Richter, dessen Name und Biografie selbst der Geschichtswissenschaft allmählich zu entschwinden scheinen? In der öffentlichen Erinnerung ist er so gut wie völlig unbekannt; nur wenige Straßen sind nach ihm benannt, etwa in seiner Geburtsstadt Düsseldorf oder in Hagen, dessen Wähler er jahrzehntelang im Reichstag und im preußischen Abgeordnetenhaus vertrat. Unauffällige Gestalt, keine besonders markanten Gesichtszüge, hohe Stirn, Vollbart – äußerlich ein bürgerlicher Durchschnittsmann, ganz in den Konventionen der zweiten Hälfte des 19. Jahrhunderts. Soweit wir wissen, war er persönlich nicht sonderlich gewinnend, ohne charismatische Ausstrahlung. Aber reden konnte er, im Plenarsaal des Parlaments war Eugen Richter quicklebendig, sprach frei, wechselte die Register – mal ironisch, mal schneidend scharf; kenntnisreich und präzise wie in den Etatdebatten oder breit und ausufernd, auch im Streit um das Sozialistengesetz, um seinen politischen Gegnern auf die Nerven zu gehen.

Und das tat er gehörig. Ohne Rede kein Parlament, ohne Parlament keine Demokratie. Nein, genauer: ohne Widerrede kein Parlament, denn Reden der Mächtigen, die den Applaus aller erheischen, gab und gibt es auch in Pseudo-Parlamenten, von Hitlers Reichstag über die Volkskammer der DDR bis zum chinesischen Volkskongress. Die Linksliberalen standen in Bismarcks Kaiserreich prinzipiell in der Opposition, und Lust auf Kompromisse hatte Eugen Richter nicht; lieber beharrte er auf den von ihm für richtig erkannten freiheitlichen Prinzipien. Bis in die jüngste Zeit hat ihn dieser durchaus störrische Grundzug auch bei den Historikern nicht besonders beliebt gemacht. Für Thomas Nipperdey hatte Richters Liberalismus etwas Doktrinäres; er war die «fleischgewordene Daueropposition» und blieb das ebenso wie der energische Zuchtmeister seiner Partei bis zu seinem Tod im März 1906.[2]

Seiner Herkunft nach hätte die Entscheidung zwischen monarchischer Staatsloyalität und liberal-parlamentarischem Dissens auch anders ausfallen können. 1838 in Düsseldorf geboren, zog die Familie im Jahr der Revolution nach Koblenz, dem Beruf des Vaters als Militärarzt folgend. Also preußischer Staatsdienst – aber in der liberalen Rheinprovinz, im widerspenstigen Westen Preußens, wo die ostelbische Adels- und Untertanengesellschaft weit weg und Frankreich umso näher war, wo in den 1840er-Jahren der Düsseldorfer Heinrich Heine, der Trierer Karl Marx und Friedrich Engels in Barmen, nicht weit von Richters späterem Wahlkreis in Hagen, ihre Spuren hinterlassen hatten. Seit 1856 studierte er Jura und Volkswirtschaft, zunächst in Bonn, später in Heidelberg und Berlin, und schärfte dabei seine Überzeugung von einem unbedingten wirtschaftlichen Liberalismus, der möglichst ohne staatliche Eingriffe auskommen sollte. Denn der Freiheit jedes Einzelnen, darin folgte Richter einem Grundgedanken von Adam Smith, sei ebenso wie dem Gemeinwohl am besten gedient, wenn jeder die eigenen Interessen möglichst ungehindert verfolgen könne. Englische Debatten der 1840er-Jahre aufgreifend, sprach man auch in Deutschland bald vom «Manchestertum», doch war der Begriff noch nicht wie heute zur ideologischen Formel erstarrt. Und Richter war in seinem Wirtschaftsliberalismus konsequent. Für ihn folgte daraus eine dezidierte Ablehnung der Kolonialpolitik, die das Deutsche Reich seit 1884 betrieb. Der Staat sollte allenfalls Handel schützen, aber keine Gebietsherrschaft in Afrika errichten, und er spottete über das «Sandloch» Südwestafrika – jene Wüste, in der deutsches Militär zwei Jahrzehnte später die Herero und Nama in den massenhaften Tod trieb.[3]

Eugen Richter ging keinen der beiden womöglich bequemeren Wege, die von seiner Herkunft und Ausbildung her nahelagen: Weder wechselte er in die Wirtschaft, noch hielt er es im Staatsdienst lange aus. Er war unbequem, er eckte an mit staatskritischen Positionen, die er in Zeitungen veröffentlichte. Seine Wahl zum Bürgermeister des rheinischen Städtchens Neuwied lehnten die Behörden ab; er sollte in den Osten Preußens strafversetzt werden. Dem kam er zuvor, indem er freiwillig aus dem Staatsdienst ausschied. 1866 zog er nach Berlin und baute sich eine Existenz als Journalist auf – und bald als Politiker in der 1861 gegründeten Deutschen Fortschrittspartei, die er seit 1867 im Reichstag des Norddeutschen Bundes vertrat, seit 1870 im preußischen Abgeordnetenhaus und seit 1871 im Reichstag des neuen Kaiserreichs. Eine Aufwandsentschädigung für die Abgeordnetentätigkeit, die bis heute oft umstrittenen Diäten, führte der Reichstag erst 1906 ein, im Todesjahr Richters, sodass er seinen Lebensunterhalt vierzig Jahre lang aus der Tätigkeit als Journalist und Verleger bestreiten musste.

Vielleicht auch deshalb schrieb und publizierte er unermüdlich. Parlamentarische Rede und öffentliche «Schreibe» waren aufs Engste miteinander verbunden, und manche seiner politischen Belehrungs- und Kampfschriften wie das *Politische ABC-Buch* oder die Polemiken gegen die Sozialdemokratie erreichten hohe Auflagen. Die Tätigkeiten als Verleger, als Herausgeber zum Beispiel der *Freisinnigen Zeitung* und als Autor ließen sich für ihn nicht trennen. Bürgerliche Öffentlichkeit war für Richter ein Geschäftsmodell; die Rede vom «Markt der Meinungen» trifft nicht nur seine Praxis, sondern seine Grundüberzeugungen. Vor allem aber war Eugen Richter, Diäten hin oder her, Berufspolitiker, genauer gesagt: Berufsparlamentarier sowie (nach heutigen Begriffen) Partei- und Fraktionsvorsitzender «seiner» linksliberalen Partei, die im Zuge diverser Abspaltungen und Fusionen unter unterschiedlichen Namen agierte.

Machte ihn das schon zu einem Vorkämpfer der Demokratie oder wenigstens zu einem Wegbereiter einer demokratischen Staatsordnung, wie sie gar nicht lange nach Eugen Richters Tod in der Weimarer Republik, dauerhafter dann mit dem Grundgesetz für die Bundesrepublik Deutschland 1949 realisiert wurde? Es ist komplizierter, doch nicht wegen Begrenzungen in Richters Denken und Handeln, sondern weil am Ende des 19. Jahrhunderts nicht nur in Deutschland offen und umstritten war, was Demokratie bedeuten und in welche Formen sie gegossen werden könnte. Oft wird Eugen Richter als Vertreter des «entschiedenen Liberalismus» bezeichnet. Das bezieht sich weniger auf seine persönliche Sturheit und Kompromisslosigkeit als auf die Geschichte von Liberalismus und Demokratie seit dem Vormärz. Liberalismus entstand aus der Opposition gegen Monarchie, Adels- und Beamtenherrschaft, er wollte die Interessen und die Freiheiten des «Volkes» gegenüber Staat und Regierung zur Geltung bringen: durch Grundrechte und Verfassung, durch Wahlen und parlamentarische Vertretung.

Schon vor der Revolution von 1848/49, erst recht in der Frankfurter Nationalversammlung aber trennten sich die Wege: Führte konsequenter Liberalismus in die Republik, in den «freien Volksstaat», wie es später in der Sozialdemokratie hieß, oder waren Freiheit, Partizipation und parlamentarische Volksherrschaft mit der Monarchie vereinbar? (Heute wissen wir: in Deutschland kaum, aber prinzipiell schon, wie die vielen west- und nordeuropäischen Monarchien zeigen.) Durfte man mit der Regierung, etwa einem Ministerpräsidenten und späteren Reichskanzler Bismarck, paktieren, wo diese Regierung doch nicht von einer Parlamentsmehrheit abhing, sondern vom König und Kaiser berufen war? Der «entschiedene» Liberalismus ließ sich nicht, wie das die Nationalliberalen in der Reichsgründungszeit für richtig hielten und praktizierten, auf eine Kooperation mit der Regierung ein. Zugleich hielt er – und kaum jemand tat das dezidierter als Eugen Richter – am bürgerlich-individualistischen Grundverständnis von Gesellschaft und Politik fest. Daher rührte die scharfe Ablehnung nicht nur der Sozialdemokratie, sondern auch von sozialstaatlicher Intervention, hinter der Eugen Richter die Gefahren eines Staatssozialismus witterte. Bismarck und der sozialdemokratische Parteiführer August Bebel waren ihm gleichermaßen Gegner einer freien Staats- und Gesellschaftsordnung.

Demokratie ist nicht einfach Herrschaft des Volkes – so reduziert, ließ sie sich im 20. Jahrhundert mühelos in rechte und linke Diktaturen verbiegen und verfälschen. Das lag zu Lebzeiten Richters noch weithin außerhalb des Vorstellungshorizonts. Doch die Ablehnung, Geringschätzung und Verhöhnung von Bausteinen, die für das Gefüge der Demokratie bis heute unverzichtbar sind, waren schon im 19. Jahrhundert verbreitet: bei Altkonservativen, die sich von der ständischen Ordnung nicht zu trennen vermochten, ebenso wie bei den Neukonservativen, die auf eine homogene ethnisch-nationale Massengesellschaft setzten; in der Verachtung von Wahlen und Parlamenten durch Karl Marx ebenso wie im revolutionär-radikalen Sozialismus, der Grundrechte und individuelle Freiheiten als Fassade bürgerlicher Klassenherrschaft bekämpfte. Eugen Richter folgte der Vorstellung des klassischen Liberalismus, dass persönliche und politische Freiheit von ökonomischer Selbstständigkeit, von der Freiheit, ein Geschäft zu gründen, Handel zu treiben, einen Laden zu eröffnen, nicht zu trennen war. Freilich war die Vision einer älteren Generation, nach der möglichst alle erwachsenen Männer selbstständige Handwerker, Händler oder Bauern sein sollten, um 1870 an der industriellen Entwicklung, an der Herausbildung einer Lohnarbeiterklasse, schon länger zerschellt. Eugen Richter schloss sich deshalb zeitweise der Genossenschaftsidee an, die Männer wie Friedrich Wilhelm Raiffeisen oder Hermann Schulze-Delitzsch, Richters Parteifreund in der Fortschrittspartei, mit großer praktischer Energie – und Wirkungen bis heute – betrieben. Aber die Genossenschaftsbewegung verlagerte sich zunehmend ins sozialdemokratische Milieu. Und nicht nur Eugen Richter fiel es am Ende des 19. Jahrhunderts schwer, wirtschaftlichen, politischen und sozialen Liberalismus zusammenzudenken.

Ein notwendiger Baustein moderner Demokratie ist – jedenfalls nach aller historischen Erfahrung bis heute – der Parlamentarismus. In dessen deutscher Ahnengalerie gebührt Richter zweifellos ein wichtiger Platz. Abgeordneter war er mit jeder Faser seiner Existenz, nicht nur, wie es damals üblich war, im einzelstaatlichen und nationalen Parlament zugleich und zeitweise noch auf kommunaler Ebene, als Mitglied der Berliner Stadtverordnetenversammlung. Er war es auch auf allen Registern, die zum Parlamentarismus gehören. Er hielt engsten Kontakt mit seinen Wählern in Hagen, wenngleich sein Lebensmittelpunkt Berlin blieb. Angesichts des Personenwahlrechts konnte das auch gar nicht anders sein; zudem war, wie noch heute in vielen Demokratien, etwa in Frankreich, eine Stichwahl zu organisieren, wenn im ersten Wahlgang kein Kandidat mehr als fünfzig Prozent der Stimmen erhalten hatte. Seine Wählerschaft, seinen Wahlkreis vertrat er im preußischen Abgeordnetenhaus und im Reichstag, doch ging ein Parlament schon damals nicht in der Repräsentation der Wahlkreisinteressen auf. Die Abgeordneten vertreten eine Partei, und sie sind Vertreter des ganzen Volkes, wie es das deutsche Grundgesetz von 1949 besonders klar ausdrückt.

Aus historischen Gründen, die weit in die Frühe Neuzeit zurückreichen, ist das Budgetrecht eines der wichtigsten parlamentarischen Rechte: keine Staatsausgaben ohne Parlamentsbeschluss. Hier war Eugen Richter in seinem Element, und sein Studium hatte ihm das notwendige Handwerkszeug dazu mitgegeben: In den Haushaltsdebatten durchleuchtete er die einzelnen Etatposten, hielt der Regierung auch kleinste Fehler vor und fragte nach der Bedeutung der Finanzen für das Machtgefüge. Dabei spielte das Militärbudget eine besonders wichtige Rolle; seit dem preußischen Verfassungskonflikt Anfang der 1860er-Jahre war es immer wieder Gegenstand heftigster Kontroversen. Richter kämpfte für das, was uns heute selbstverständlich erscheint: Der Wehretat ist Teil des (Bundes-)Haushalts und wird mit diesem jährlich im Parlament beschlossen. Er konnte sich nicht durchsetzen – nur alle sieben, später alle fünf Jahre durfte der Reichstag darüber beschließen.

Ähnlich wie für den Parlamentarismus gilt auch: keine Demokratie ohne Rechtsstaat. Die Rechtsstaatsverfahren der Europäischen Union als einer Gemeinschaft von Demokratien hissen dafür eine sichtbare Flagge. Auch hier konnten Eugen Richter und seine entschieden liberalen Mitstreiter die Verbiegungen einer späteren Zeit nicht voraussehen. Aber sie kämpften gegen die Verbiegungen ihrer eigenen Zeit, indem sie immer wieder auf den Prinzipien einer gleichen und verlässlichen Rechtsordnung insistierten. In den 1860er- und 1870er-Jahren waren die Liberalen, auch der rechte Flügel, die Nationalliberalen, maßgeblich an der Gestaltung von Rechtsreformen und Justizgesetzen beteiligt, die das Kaiserreich, das keine Demokratie war, doch zu einem auch international vorbildlichen Rechtsstaat gestalteten. Umso verhasster musste es Richter sein, wenn nicht gleiches Recht für alle gelten sollte, wenn Ausnahmegesetze die persönlichen und politischen Freiheiten einschränkten wie manche Maßnahmen des antikatholischen Kulturkampfs und wie das Sozialistengesetz. Kaum war das Verbot sozialdemokratischer Betätigung gegen seinen erbitterten Widerstand beschlossen, begann ein neuer Kampf um Ausgrenzung oder Inklusion. Die jüdische Minderheit, etwa ein Prozent der deutschen Bevölkerung, wurde Ende der 1870er-Jahre zum Ziel einer bösen Kampagne, an deren Spitze der Historiker Heinrich von Treitschke stand. Im Berliner Antisemitismusstreit wandten sich liberale Professoren wie der Althistoriker Theodor Mommsen entschieden gegen die neue, zunehmend «rassisch» begründete Judenfeindschaft. Auch Eugen Richter verteidigte in dieser Debatte die gleichen Rechte für die deutschen Staatsbürger jüdischen Glaubens, deren Realisierung im Kaiserreich noch an viele Grenzen stieß.

Noch mehr demokratische Bausteine ließen sich nennen, die sich mit Eugen Richters praktischer Tätigkeit ebenso wie mit seinem Auftreten im Parlament verbinden: die Meinungs- und Pressefreiheit, die ihm auch als publizistischem Unternehmer in eigener Sache am Herzen lag; oder ganz einfach: die Parteilichkeit. Denn so verbissen Richter bisweilen, Neigung und Charakter entsprechend, an der reinen Lehre seiner linksliberalen Partei festhielt, so klar stand auch eine Überzeugung dahinter: Es gibt unterschiedliche Anschauungen und Interessen, die nicht in einem vermeintlich höherem Gesamtinteresse des Volkes glatt gebügelt werden dürfen. Freiheit braucht Streit, braucht Widerspruch, braucht Opposition. Abweichende Meinung darf weder verboten werden, noch kann sie, wozu auch demokratische Heilslehren bisweilen neigen, so lange therapiert werden, bis alle das Richtige denken. «Allein auf diesem Weg der Überzeugung» wollte Richter deshalb die Sozialdemokratie bekämpfen.[4] Im politischen Alltag aber musste irgendwann mit Mehrheit entschieden werden, auch wenn man selber unterlag: «Wozu noch diskutieren, stimmen wir ab» – dieser Ausruf Richters im Reichstag 1887 ist geradezu zum geflügelten Wort geworden.[5]

Die Grenzen von Eugen Richters Demokratie darf man dabei nicht übersehen. In der starren Ablehnung der Bismarck'schen Sozialversicherungsgesetze, von Anfängen einer staatlichen Politik des Arbeitsschutzes und überhaupt der staatlichen Intervention verkannte er die Potenziale des Freiheitsschutzes solcher Maßnahmen und überschätzte dramatisch die Gefahren einer wohlfahrtsstaatlichen Regulierung, die im 20. Jahrhundert nicht nur zum Begleiter, sondern zum Ermöglicher von Demokratie und Partizipation wurden. Die Demokratisierung des Wahlrechts trat für ihn wie für die Liberalen zunehmend in den Hintergrund; man arrangierte sich mit dem preußischen Dreiklassenwahlrecht ebenso wie mit dem ungleichen Kommunalwahlrecht und profitierte auch davon. Politische Freiheit und Mitgestaltung waren Männersache; das Frauenstimmrecht lag außerhalb der Vorstellungswelt dieser Partei des Fortschritts. Richters Ablehnung von Kompromissen war die Kehrseite seiner entschiedenen Parteilichkeit – Demokratie braucht aber beides, den Streit von Parteiüberzeugungen ebenso wie die Fähigkeit zum Kompromiss. Eugen Richter blieb Parlamentarier und Aktivist und war in diesen Rollen durchaus modern. Der Seitenwechsel in die politische Verantwortung, in das Amt eines Ministers oder Oberbürgermeisters, den viele Liberale im Kaiserreich vollzogen, lag ihm nicht.

So steht Eugen Richter nicht nur für sich selbst und nicht nur für den linken Liberalismus des Kaiserreichs, sondern zugleich für die Widersprüchlichkeit und Zeitgebundenheit von Demokratie. Lupenreine Vorläufer heutiger Demokratie wird man um 1900 kaum finden, selbst dann nicht, wenn man teilweise fortschrittlichere Nationen wie England, Frankreich oder die USA zur selben Zeit einbezieht. Am ehesten wiesen in Deutschland die damaligen Vorstellungen der reformerischen Sozialdemokratie oder der linksliberalen Frauenbewegung in diese Richtung. Die Geschichte der Demokratie war mühsame Suche, war Sondieren von Terrain unter unsicheren Bedingungen, und sie bleibt es bis heute. Deshalb gehört Eugen Richter zu dieser Geschichte dazu.

Zum Weiterlesen

Hans Fenske, Der deutsche Liberalismus. Ideenwelt und Politik von den Anfängen bis zur Gegenwart, Reinbek 2019.

Jahrbuch zur Liberalismus-Forschung 19 (2007), Themenschwerpunkt: Eugen Richter und der Liberalismus seiner Zeit.

Dieter Langewiesche, Liberalismus in Deutschland, Frankfurt a. M. 1988.

Ina Susanne Lorenz, Eugen Richter. Der entschiedene Liberalismus in wilhelminischer Zeit 1871–1906, Husum 1981.

Thomas Nipperdey, Deutsche Geschichte 1866–1918, II: Machtstaat vor der Demokratie, München 1992.

Hans-Ulrich Wehler, Bismarck und der Imperialismus, Frankfurt a. M. 1984.

Kirsten Heinsohn

Minna Cauer
(1841–1922)

Empfindsame Bürgerin,
entschlossene Frauenrechtlerin

Als im November 1918 das Deutsche Kaiserreich unterging, schrieb die 77-jährige Minna Cauer in ihr Tagebuch: «Abdankung des Kaisers, Ausbruch der Revolution. [...] Traum meiner Jugend, Erfüllung im Alter! Ich sterbe als Republikanerin! Eine Erschütterung geht durch die Welt, wie sie nie gewesen. [...] Es liegt ein gewaltiger Plan der Vorsehung darin. Wir verstehen ihn noch nicht, ahnend nur kann man ihn erfassen. Wer in dieser Zeit kleinlich ist, war es immer und wird es ewig bleiben.»[1]

Kleinlich war Minna Cauer, geboren als Wilhelmine Theodore Marie Schelle am 1. November 1841 in einem brandenburgischen Pfarrhaushalt, sicherlich nie. Sie galt ihren Weggefährtinnen vielmehr als tatkräftige Kämpferin für Frauenrechte und Gleichberechtigung, als eindrucksvolle Rednerin, als überzeugende Idealistin mit taktischem und politischem Geschick. Diese Seite ihrer Persönlichkeit trat jedoch erst in der zweiten Hälfte ihres Lebens stärker in den Vordergrund. Aus den Jahren davor nahm sie ein tief verankertes Gottvertrauen mit, eine ausgezeichnete Bildung, aber auch erfüllende und bittere Lebenserfahrungen und vor allem den Mut, eigene Wege zu gehen.

< **Minna Cauer, Fotografie von Theodor Prümm, um 1870.**

Nach persönlichem Leid – als junge Ehefrau und Mutter verlor sie zuerst ihren Sohn, wenige Jahre später dann ihren Mann August Latzel – wagte sie 1868 allein den Sprung in ein neues Leben. Ihr Lehrerinnenexamen in der Tasche, verließ die Witwe das brandenburgische Freyenstein, wo ihre Familie lebte, um nach Frankreich zu gehen. Für eine alleinstehende Frau, eine junge allzumal, war das ein mutiger Schritt. Sie arbeitete als Privatlehrerin in einem adeligen Hause in Paris, bevor sie schon 1869 wieder nach Deutschland zurückkehrte, um fortan im westfälischen Hamm an einer Mädchenschule zu unterrichten. Eingeladen hatte sie der Direktor, Eduard Cauer, ein bekannter Pädagoge und Schulreformer, der sich unter anderem für die Verbesserung der Mädchenbildung engagierte. Minna Latzel und Eduard Cauer, ein Witwer mit fünf Kindern, heirateten noch im selben Jahr. Eine glückliche Zeit als Ehefrau und Stiefmutter begann. Minna Cauer konnte intensiv eigene Studien und Lektüren betreiben, unterstützt und in regem Austausch mit ihrem Mann: «Eduard sagte heute scherzhaft: ‹Du bist wie die Brötchen, die Du so gern ißt, Salz und Honig.›» Sie dachte über diese Charakterisierung nach – und fand sie nicht ganz zutreffend. Selbstbewusst hielt sie fest: «Ich sollte meinen, es gibt doch noch ein Vermitteln, das zwischen diesen beiden Dingen liegt.»[2]

Zwischen 1871, dem Jahr der Reichsgründung, und 1875 lebte die Familie in Danzig; 1876 zog sie nach Berlin, da Eduard Cauer dort Schulrat werden sollte. In dieser Zeit lernten die Cauers viele liberale Politiker der Reichshauptstadt kennen, wie den damaligen Präsidenten des Reichstages und späteren Oberbürgermeister von Berlin, Max von Forckenbeck, Ludwig Bamberger, Theodor Barth, Friedrich Naumann und Karl Schrader, aber auch die große Hoffnung der Liberalen, das Kronprinzenpaar Friedrich und Viktoria von Preußen, sowie einige Vertreterinnen der Frauenbewegung, wie Ulrike Henschke und Henriette Schrader-Breymann. Das Ehepaar nahm an den Diskussionen über moderne Pädagogik und die Reform der Volksbildung teil, die im sogenannten Schrader-Kreis regelmäßig geführt wurden. Minna Cauer füllte ihre Rolle als Lebensgefährtin und geistige Partnerin eines liberalen Reformers offenbar mit Freude aus – von den üblichen Vereinen, Wohltätigkeitskomitees oder anderen bürgerlichen Assoziationen der Frauen hielt sie sich fern. Noch verstand sie sich auch nicht als Frauenrechtlerin: «Ich wollte im stillen Kämmerlein weiter forschen, weiter suchen und dann sehen, was ich wohl daraus zu machen verstände. Es schwebte mir ein Leben stillen Schaffens vor, die Öffentlichkeit hatte für mich nichts Lockendes», schrieb sie im Rückblick auf ihre «Lehrjahre».[3]

1881, nach zwölf Jahren Ehe, wurde Minna Cauer ein zweites Mal Witwe und sah sich erneut vor die Aufgabe gestellt, ihr Leben allein zu gestalten. Vierzig Jahre alt, entschied sie sich, nach Danzig zurückzugehen und dort mit Forschungen zur Geschichte von Frauen zu beginnen. In der Rückschau 1905 betrachtete sie diese Tätigkeit als ein Vermächtnis ihres verstorbenen Mannes, dem sie sich verpflichtet fühlte. Zugleich aber half ihr die stille Arbeit in Bibliotheken und am Schreibtisch, die Trauerzeit zu überstehen, in der sie von Depressionen und Selbstmordgedanken heimgesucht wurde. Sie las viel, verfasste Artikel über bekannte Frauen, wie Madame de Staël, Caroline Schlegel-Schelling und George Sand. In dieser Zeit erkannte sie, «wie niedrig die Stellung der Frau war, wie sklavenhaft, wie rechtlos, wie unwürdig».[4] Auch ihre eigene gesellschaftliche Position als Witwe bestätigte sie in dieser Einschätzung, ebenso die Lektüre wichtiger zeitgenössischer Schriften zur Lage der Frauen, wie Hedwig Dohms *Der Frauen Natur und Recht* (1876) oder August Bebels *Die Frau und der Sozialismus* (1879).

Als Minna Cauer 1888 zurück nach Berlin ging, um dort als Lehrerin in einem Mädchenpensionat zu arbeiten, begann ihr zweites Leben als aktive und einflussreiche Frauenrechtlerin – aus der theoretischen

Erkenntnis erwuchs politische Handlung. Wie so oft in autobiografischen Berichten von Frauen stellte auch Minna Cauer diesen Übergang aus dem Studierzimmer in die Öffentlichkeit als eine Aufgabe dar, die von außen an sie herangetragen wurde. Sie sei aufgefordert worden, einen Verein zur Vertretung von Fraueninteressen zu bilden, berichtete sie. Mehr widerwillig als begeistert habe sie in diesen Vorschlag eingewilligt und im Februar 1888 den Verein Frauenwohl gegründet.[5] Das ist ein hübscher Topos, trifft aber wohl nur bedingt auf das Geschehen in Berlin in den 1880er-Jahren zu. Immerhin hatte sich schon 1865 in Leipzig der Allgemeine Deutsche Frauenverein (ADF) gegründet, um die Frauen- und Mädchenbildung zu verbessern sowie die Arbeits- und Ausbildungsmöglichkeiten zu erweitern. Der ADF wurde von Louise Otto-Peters geleitet, die bereits 1843 geschrieben hatte, dass die Teilnahme am Politischen, an den «Interessen des Staates», ein Recht und eine Pflicht der Frauen sei. Auch wenn die Vereinszeitung des ADF, die *Neuen Bahnen,* Minna Cauer «völlig kalt» ließ,[6] teilte sie doch die Ziele der Organisation. In vielen Städten des Reiches entstanden in den 1870er- und 1880er-Jahren Frauenvereine, die Bildungseinrichtungen für Mädchen eröffneten und soziale Hilfstätigkeiten organisierten.

Die Frauenbewegung entfaltete sich sowohl im Bürgertum als auch in der Sozialdemokratie. Aber diese Bewegungen trennten sich scharf voneinander: Die proletarische Fraktion wollte nicht das Emanzipationskonzept der «bürgerlichen Damen» mittragen, die Bürgerlichen sahen ihre Reputation durch eine Zusammenarbeit mit den «Vaterlandslosen» in Gefahr. Unter dem Druck des Sozialistengesetzes (1878–1890) und des Vereinsrechts im größten deutschen Bundesstaat Preußen, das bis 1908 Frauen und Jugendlichen den Zugang zu politischen Vereinen untersagte, verschärfte sich der Gegensatz immer mehr. Diese Politik war es, welche die Kooperation zwischen Bürgerlichen und Sozialdemokratinnen und damit auch die Demokratisierung der

Verhältnisse behinderte. Und dennoch stellten beide Frauenbewegungen ein Zeichen für gesellschaftlichen Aufbruch dar, für einen beginnenden Demokratisierungsprozess, in dem über Rechte von Bürgern und Bürgerinnen sowie über die Beteiligungsmöglichkeiten an Politik und Staat gestritten wurde.

Minna Cauer durchlief in diesen Jahren wie andere Frauenrechtlerinnen auch einen schnellen Lern- und Politisierungsprozess, der von Erfahrungen mit der sozialen Hilfstätigkeit über die Forderung nach verbesserter Frauenbildung zu rechtlichen und politischen Grundsatzfragen führte. Drei Dinge unterschieden Cauers neuen Verein Frauenwohl von anderen, älteren Vereinen: Erstens sollte er fortschrittliche Themen und die Emanzipation voranbringen und nicht in kleinteiliger sozialer Hilfsarbeit wertvolle Energien verschwenden. In jedem Fall sollte die soziale Arbeit von Frauen Anerkennung, Rechte und berufliche Ausbildung mit sich bringen. So beteiligten sich Cauer und ihr Verein Frauenwohl an der Gründung des Kaufmännischen Hilfsvereins für weibliche Angestellte 1889 und der Mädchen- und Frauengruppen für soziale Hilfsarbeit 1893. Cauer erkannte schnell, dass sie selbst in dem «Rein-Praktischen nicht aufgehen» könne.[7] Sie wollte lieber für die Sache der Frauen werben und schreiben. Die zweite Besonderheit des Vereins: Er sollte Propaganda betreiben und die Ideen der fortschrittlichen Frauen verbreiten. 1895 gründete Cauer zu diesem Zweck die Zeitschrift *Die Frauenbewegung*. Cauer war nach ihren Studien und ihren Lebenserfahrungen überzeugt, dass nur die völlige Gleichberechtigung der Frau in der Familie, in der Gemeinde und im Staat die unwürdige Stellung der Frauen beenden könne. Daher müsse zuerst die rechtliche Gleichstellung, insbesondere das Stimmrecht, erkämpft werden, dann würde sich auch die soziale und die ökonomische Lage vieler Frauen ändern. Drittens befürworteten Cauer und ihr Verein die Zusammenarbeit mit der Arbeiter- und Arbeiterinnenbewegung als eine der größten sozialen Bewegungen des 19. Jahrhunderts. Sie unterstützten beispielsweise 1896 die Streikaktionen von Frauen in der Berliner Konfektionsindustrie oder 1903/04 die der Crimmitschauer Textilarbeiterinnen. Persönlich und politisch näherte sich Minna Cauer immer stärker der Sozialdemokratie an, in der sie die Kraft und den Willen zum Wandel erkannte. 1911 notierte sie nach dem Besuch eines sozialdemokratischen Frauentages, sie fühle, dass sie «zu der strebenden und ringenden Masse gehöre. Mein Herz ist bei ihnen und zwar ganz. [...] Ich weiß, dass ich Sozialistin und Politikerin bin – ein Weltmeer trennt mich von den Frauenrechtlerinnen.»[8] Den Übergang in die Partei vollzog sie jedoch nie, auch auf Anraten von Clara Zetkin und Rudolf Breitscheid, die sie beide ermutigten, weiter im liberalen Lager zu wirken.

Forderungen nach politischen Rechten erhoben der Verein Frauenwohl und eine Vertreterin der Sozialdemokratie, Lily von Gizycki (bekannter unter ihrem späteren Namen Lily Braun), erstmals gemeinsam im Dezember 1894 auf einer großen «Volksversammlung» in Berlin unter dem Titel «Die Bürgerpflicht der Frau». Minna Cauer führte aus, dass «ohne den Besitz des politischen Stimmrechts [...] die Frau ihre Bürgerpflicht nicht erfüllen [kann], denn die Tätigkeit der Frau in Familie und Armenpflege ist nur ein Teil der sozialen Pflicht der Frau».[9] Das klang gar nicht viel anders als die Aussage Louise Ottos aus dem Vormärz, aber die Zeiten und die Möglichkeiten für Frauen, in der Öffentlichkeit für ihre Forderungen zu werben, hatten sich erheblich verändert. Die deutsche Gesellschaft der Kaiserzeit erlebte aufgrund des allgemeinen Männerwahlrechts im Reich und nicht zuletzt durch politische Aktivitäten zahlreicher Organisationen von links bis rechts eine Fundamentalpolitisierung, mit der zugleich wichtige Demokratisierungsprozesse verbunden waren. Diese Aufbrüche im Allgemeinen spiegelten sich in der Entwicklung der Frauenbewegungen: Es kam sowohl zu weiteren internen Differenzierungen, etwa hinsichtlich der Zielsetzungen von Vereinen oder deren politischer Ausrichtung, als auch zu Konzentrationsprozessen. 1894 wurde eine reichsweite Organisation der Frauenvereine gegründet, der Bund Deutscher Frauenvereine (BDF). Er entwickelte sich zu einer erfolgreichen Massenorganisation bürgerlicher Frauenassoziationen. Minna Cauer, der Verein Frauenwohl und zahlreiche Mitstreiterinnen aus allen Teilen des Reiches, wie Anita Augspurg und Lida Gustava Heymann, kritisierten jedoch den BDF als zu unpolitisch, umständlich und konsensfromm. Zudem waren die Frauenorganisationen der Sozialdemokratie nicht Teil des BDF. Minna Cauer und andere versuchten, den Bund politischer auszurichten, scheiterten damit jedoch und gründeten daraufhin 1899 den Verband Fortschrittlicher Frauenvereine. Die große Dreiteilung der deutschen Frauenbewegung war damit vollzogen: Der proletarischen Bewegung standen im bürgerlichen Lager eine «gemäßigte» Bewegung und eine «radikale» gegenüber, die sich selbst als «linker Flügel» verstand.[10]

Minna Cauer gehörte fortan zu den führenden Persönlichkeiten in der Linken. Ihr Name steht in Verbindung mit allen relevanten Auseinandersetzungen um Frauenrechte in der Zeit vor dem Ersten Weltkrieg, seien es 1896 die öffentlichen Protestveranstaltungen gegen den Entwurf des neuen Bürgerlichen Gesetzbuches, in dem Frauen nur untergeordnete Rechtspositionen in Ehe und Familie zugestanden worden waren, seien es die Stimmrechtsbewegung oder die öffentlichen Veranstaltungen gegen doppelte Moral, sei es der Kampf für gleiche Bildungsrechte für Mädchen und Jungen, sei es die Reform des Abtreibungsparagrafen 218 oder die Kooperation mit der Sozialdemokratie. Sie schrieb als Redakteurin der Zeitschrift *Die Frauenbewegung*, sie organisierte Vereine und Veranstaltungen, bereitete Eingaben an staatliche Instanzen vor und zögerte auch nicht, vor Gericht zu ziehen. Sie galt als gute Rednerin und erhielt viele Einladungen im ganzen Deutschen Reich, sie reiste gern zu internationalen Kongressen in England, Belgien, Skandinavien oder Holland. Während all dieser Arbeit schrieb sie noch zwei Bücher, eines über *Die Frau im 19. Jahrhundert*, eines über die US-amerikanische Frauenbewegung

Mit dem Beginn des Krieges im August 1914 veränderten sich die Aktivitäten der Frauenbewegung im Deutschen Reich. Die große Mehrheit schloss sich ebenso wie die Mehrheit der Sozialdemokratie dem «Burgfrieden» an. Der Nationale Frauendienst organisierte die Unterstützungsleistungen der Frauen und ihrer Vereine. In Minna Cauers Tagebuch sind von Beginn an Kritik und Distanz zu erkennen, vor allem aber Entsetzen über Krieg als Mittel der Politik. Zugleich aber befürwortete sie in der *Frauenbewegung* auch patriotische Unterstützung für das «Vaterland». Lida Gustava Heymann, einstige Weggefährtin in der Stimmrechtsbewegung, kritisierte sie dafür scharf. Nach bitteren Erfahrungen mit der Zensur und wachsenden Kontakten zu Frauenfriedensorganisationen in ganz Europa bekannte sich Minna Cauer im Verlaufe der Kriegszeit deutlich zum Pazifismus. In der Nachkriegszeit entwickelte sie ein starkes Interesse an der europäischen und internationalen Politik. Die Bedingungen des Versailler Vertrages hielt sie für fatal, eine Aussöhnung mit Frankreich auf dieser Grundlage für unmöglich.

Minna Cauer dachte und handelte in der zweiten Hälfte ihres Lebens radikal und politisch, sie scheute nicht die Konfrontation, nicht das klare Wort. Sie setzte auf eigene Überlegungen, wie die Rechte von Frauen am besten durchzusetzen seien, und sie trennte sich schnell von Weggefährtinnen, wenn diese ihr nicht (mehr) folgen wollten. Dafür erhielt sie nicht nur Anerkennung und Unterstützung, sondern erlebte auch Ablehnung, Missgunst und politische Niederlagen. Als Sozialdemokratin im Herzen und liberale Frauenrechtlerin nach außen wirkte sie an manchen Weichenstellungen mit, welche die erste deutsche Republik und Demokratie vorbereiteten. Als diese und das Bürgerrecht für Frauen 1918/19 gesichert schienen, sah sie ihre Aufgabe als erfüllt an. Sie war davon überzeugt, dass Frauen und Männer fortan gemeinsam politisch agieren sollten, vor allem für Frieden und Verständigung in Europa. Im November 1918 trat sie der neu gegründeten Deutschen Demokratischen Partei bei, allerdings eher aus «Pflichtgefühl», weil sie versuchen wollte, «dem Bürgertum nach links hin zu helfen».[11] Die kleinliche Enge eines Frauenvereins wollte sie nun endgültig hinter sich lassen. Sie fühle sich «wie erlöst», notierte sie in ihr Tagebuch.[12] Die ersten, krisengeschüttelten Jahre der Republik erfüllten Minna Cauer dann jedoch mit großer Sorge. Am 3. August 1922 starb sie im Alter von achtzig Jahren, eine leidenschaftliche Demokratin bis zum Schluss.

Zum Weiterlesen

Gabriele Braun-Schwarzenstein, Minna Cauer. Dilemma einer bürgerlichen Radikalen, in: Feministische Studien, 1984, S. 99–116.

Anne-Laure Briatte, Bevormundete Staatsbürgerinnen. Die «radikale» Frauenbewegung im Deutschen Kaiserreich, Frankfurt a. M. / New York 2020.

Birgit Bublies-Godau, Minna Cauer (1841–1922). Eine überzeugte Demokratin im Kampf um politisch-rechtliche Emanzipation und Partizipation, in: Jahrbuch zur Liberalismus-Forschung 32 (2020), S. 157–176.

Dagmar Jank, Die Tagebücher Minna Cauers. Einblicke in die Gefühls- und Gedankenwelt einer Frauenrechtlerin, in: Digitales Deutsches Frauenarchiv, URL: https://www.digitales-deutsches-frauenarchiv.de/themen/die-tagebuecher-minna-cauers-einblicke-die-gefuehls-und-gedankenwelt-einer-frauenrechtlerin (zuletzt eingesehen am 17. 8. 2021).

Paul Nolte, Was ist Demokratie? Geschichte und Gegenwart, München 2012.

Angelika Schaser, Frauenbewegung in Deutschland 1848–1933, 2., vollständig überarbeitete und aktualisierte Auflage, Darmstadt 2020.

Volker Ullrich

August Bebel
(1840–1913)

Idol und Paria, Praktiker und Visionär

Im Jahr 1901 besuchte der Soziologe Robert Michels eine Massenversammlung mit dem SPD-Vorsitzenden August Bebel. Vor dem Saal drängten sich Tausende, die keinen Einlass mehr fanden. «Aber – das ist ja toller, als wenn der Kaiser kommt!», rief ein bestürzter Polizeibeamter, worauf ihm ein Arbeiter antwortete: «Das *ist* unser Kaiser!» Und die Umstehenden nahmen das Wort jubelnd auf.[1] 1912, ein Jahr vor Bebels Tod, unterhielt sich der Historiker Gustav Mayer mit ihm im Foyer des Reichstags, als der Reichskanzler Theobald von Bethmann Hollweg an ihnen vorüberging, für einen kurzen Augenblick stehen blieb und sich nach dem Befinden des alten Parlamentariers erkundigte. Bebel errötete und bemerkte hinterher zu seinem Besucher: «Dies war das erste Mal, dass ein Mitglied der Regierung außerhalb der Verhandlungen ein Wort an mich richtete.»[2]

Beide Episoden werfen ein Schlaglicht auf die Stellung Bebels im Deutschen Kaiserreich: Von den Arbeitern als leuchtendes Idol und Vorkämpfer ihrer Bewegung verehrt, wurde er von den regierenden Eliten jahrzehntelang wie ein Paria behandelt.

Dass er einmal eine herausragende Rolle in der deutschen und internationalen Sozialdemokratie spielen würde, war August Bebel

< **August Bebel, Fotografie von unbekannter Hand, um 1875.**

kaum vorherbestimmt. Es war ein trister Ort, an dem er am 22. Februar 1840 das Licht der Welt erblickte: eine dunkle Stube in den Kasematten der Festung Deutz vis-à-vis von Köln auf der anderen Rheinseite, wo sein Vater, ein preußischer Unteroffizier, mit seinem Regiment stationiert war. Die Mutter kam aus einer Wetzlarer Kleinbürgerfamilie und hatte sich, bevor sie heiratete, als Dienstmädchen verdingt.

Die Familie Bebel – zu dem Erstgeborenen gesellten sich 1841 und 1842 noch zwei weitere Söhne, von denen der jüngere bald starb – lebte in ärmlichsten Verhältnissen. Der Sold sei «mehr als knapp» gewesen, erzählt Bebel im ersten Band seiner Erinnerungen *Aus meinem Leben,* und «für Gott, König und Vaterland» habe man «den Schmachtriemen anziehen und hungern» müssen.[3] 1844 starb der Vater, noch keine 36 Jahre alt, an Tuberkulose. Sein Zwillingsbruder, der sich der Familie annahm und die Witwe heiratete, erlag nur zwei Jahre später derselben Krankheit. Die Mutter kehrte, da sie keinerlei Unterstützung bezog, zu ihren Verwandten nach Wetzlar zurück. 1853 wurde auch sie von der Arme-Leute-Seuche dahingerafft. Mit 13 Jahren war August Bebel Vollwaise.

Nach dem Besuch der Volksschule begann er eine Lehre als Drechsler. Im Frühjahr 1857 legte er die Gesellenprüfung ab und ging anschließend, dem Brauch der Zeit folgend, auf die Walz. Sein Weg führte ihn kreuz und quer durch Süddeutschland, die Schweiz und Österreich. Obwohl getaufter Protestant, schloss er sich katholischen Gesellenvereinen an, weil er hier mit anderen Handwerksburschen debattieren und seinen früh ausgeprägten Lese- und Bildungshunger stillen konnte. Im März 1860 kehrte er nach Wetzlar zurück; doch es hielt ihn nichts mehr in dem Werther-Städtchen an der Lahn. Bereits zwei Monate später zog es ihn nach Leipzig, in die sächsische Messe- und Buchhandelsstadt, die zudem über eine bedeutende Industrie verfügte. Dort eröffnete sich dem strebsamen jungen Drechslergesellen ein ideales Betätigungsfeld.

Die bleierne Reaktionszeit, die auf die niedergeschlagene Revolution von 1848/49 gefolgt war, ging Anfang der 1860er-Jahre zu Ende. Es regte sich wieder ein freieres politisches Leben. Überall entstanden, noch unter der Patronage liberaler Bürger, Arbeitervereine. Im Februar 1861 trat Bebel dem neu gegründeten Gewerblichen Bildungsverein bei, besuchte Vorträge Leipziger Hochschullehrer und belegte Kurse in Buchführung und Stenografie. Schon ein Jahr später wurde der rührige 22-Jährige in den leitenden Ausschuss des Vereins gewählt.

Noch ging es vor allem um Bildungsarbeit. Der Forderung Ferdinand Lassalles, die Arbeiter sollten sich selbstständig organisieren, begegnete Bebel mit Skepsis. Dem am 23. Mai 1863 in Leipzig gegründeten Allgemeinen Deutschen Arbeiterverein (ADAV) schloss er sich nicht an. Die Arbeiter, meinte er, seien noch nicht reif für das allgemeine Wahlrecht – eine der Kernforderungen Lassalles. Außerdem störte ihn das autoritäre Gehabe des exzentrischen Intellektuellen und dessen koketter Flirt mit dem preußischen Ministerpräsidenten Otto von Bismarck. Lassalle erlag bereits im August 1864 den Folgen eines Pistolenduells, aber auch zu dessen Nachfolger, Jean Baptiste von Schweitzer, hielt Bebel auf Abstand. Stattdessen engagierte er sich in einer Gegengründung zum ADAV, dem Verband der Arbeitervereine Deutschlands.

Freilich – gerade in der Auseinandersetzung mit Lassalles Ideen formte sich auch Bebels Weltbild. «Ich bin», bekannte er später, «wie fast alle, die damals Sozialisten wurden, über Lassalle zu Marx gekommen.»[4] Dabei half ihm die Bekanntschaft mit dem 14 Jahre älteren Wilhelm Liebknecht. Der radikaldemokratische Achtundvierziger – und Vater des späteren KPD-Mitbegründers Karl Liebknecht – hatte während seines langen Exils in London in engem Kontakt zu Karl Marx und Friedrich Engels gestanden und sich mit deren Theorien vertraut gemacht. «Donnerwetter, von dem kann man was lernen!», soll Bebel ausgerufen haben, nachdem er Liebknecht im August 1865 erstmals begegnet war.[5] Zwischen den beiden, dem akademisch gebildeten Journalisten und dem wissenshungrigen Autodidakten, entwickelte sich eine enge Freundschaft, die, ungeachtet mancher Meinungsverschiedenheiten, bis zu Liebknechts Tod im August 1900 halten sollte.

Inzwischen hatte sich Bebel selbstständig gemacht. In einer kleinen Werkstatt, einem umgebauten Pferdestall, produzierte er vor allem Tür- und Fenstergriffe aus Büffelhorn. Jetzt konnte er daran denken, sich mit Julie Otto, einer Arbeiterin in einem Putzwarengeschäft, zu liieren, die er auf einem Stiftungsfest des Gewerblichen Bildungsvereins im Februar 1863 kennengelernt hatte. Geheiratet wurde erst im April 1866, nachdem er das Leipziger Bürgerrecht erworben hatte. Die Ehe wurde glücklich und blieb es über vier Jahrzehnte. Julie unterstützte ihren Mann nicht nur in seiner politischen Arbeit, sie kümmerte sich auch während dessen häufiger Abwesenheit um das Geschäft.

Auch in der großen Politik bedeutete das Jahr 1866 eine Zäsur. Mit dem Sieg Preußens über Österreich war die alte Streitfrage «Großdeutsch oder kleindeutsch?» entschieden. Auf die neue Realität mussten sich Bebel und Liebknecht einstellen. Gemeinsam gründeten sie im August 1866 in Chemnitz die Sächsische Volkspartei, welche die Forderung nach einem geeinten Deutschland «in einer demokratischen Staatsform» auf ihr Panier schrieb. Bei den Wahlen zum Konstituierenden Reichstag des Norddeutschen Bundes errang Bebel ein Mandat. Bereits in seiner parlamentarischen Jungfernrede am 10. April 1867 trat er unerschrocken gegen Bismarck an: Der Norddeutsche Bund diene allein der Stärkung Preußens und sei dazu bestimmt, «Deutschland zu einer großen Kaserne zu machen».[6] «Seine Worte», hielt ein liberaler Abgeordneter fest, «klangen wie Sturmgeläute und warfen zündende Funken in die Versammlung, welche über die ungewohnte Sprache in keine geringe Aufregung geriet.»[7]

Fortan gehörte Bebel – von kurzen Unterbrechungen abgesehen –

bis zu seinem Lebensende dem nationalen Parlament an. Mit dem Zentrumsmann Ludwig Windthorst und dem linksliberalen Eugen Richter zählte er zu den großen Drei des deutschen Parlamentarismus im Kaiserreich. Sein ungeheurer Nimbus beruhte nicht zuletzt auf seinen Reichstagsreden, in denen er die berechtigten Anliegen der Arbeiter mit Sachverstand und Leidenschaft zur Sprache brachte. Bei aller Schärfe seiner Angriffe auf den preußischen Militärstaat und die kapitalistische Ausbeuterordnung ließ er es doch nie an Respekt gegenüber der Institution Reichstag fehlen. Stets sorgfältig gekleidet, wahrte er auch in den hitzigsten Debatten die Form.

Weit über Leipzig hinaus hatte sich Bebel mittlerweile einen Namen gemacht. Im Oktober 1867 wurde er zum Präsidenten des Verbands der Arbeitervereine Deutschlands gewählt. Ein Jahr später vollzog der Vereinstag des Verbandes in Nürnberg einen entschiedenen Ruck nach links, indem er sich auf den Boden der von Marx ausgearbeiteten Statuten der Internationalen Arbeiterassoziation stellte. «Die politische Freiheit ist die unentbehrliche Vorbedingung zur ökonomischen Befreiung der arbeitenden Klassen», lautete die Botschaft.[8] Damit war die Trennung vom bürgerlichen Liberalismus vollzogen – Voraussetzung für die Gründung einer neuen Organisation, der Sozialdemokratischen Arbeiterpartei (SDAP), Anfang August 1869 in Eisenach. Das von Bebel verfasste Programm verlangte unter anderem die «Abschaffung der jetzigen Produktionsweise» und die «Errichtung des freien Volksstaates».[9]

So existierten nun zwei Arbeiterparteien nebeneinander. Lassalleaner und Eisenacher bekämpften sich erbittert; nicht selten kam es zu handgreiflichen Auseinandersetzungen. In seinen Erinnerungen berichtet Bebel, wie in einer Magdeburger Versammlung ein fanatischer Zimmermann einen Bierkrug nach ihm warf, der seinen Kopf nur knapp verfehlte: «Wäre ich getroffen worden, so würde ich höchstwahrscheinlich einen Schädelbruch davongetragen haben.»[10]

Wütender Hass schlug Bebel auch entgegen, als er sich am 21. Juli 1870, zwei Tage nach der französischen Kriegserklärung an Preußen, gemeinsam mit Liebknecht bei der Abstimmung im Norddeutschen Reichstag über die Kriegskredite der Stimme enthielt. Beide erkannten vom ersten Augenblick an, dass es Bismarck gewesen war, der Napoleon III. in den Krieg hineinprovoziert hatte. So sprach sich Bebel auch in seiner Reichstagsrede von Ende November 1870 entschieden gegen die beabsichtigte Annexion Elsass-Lothringens aus. «Ein großer Teil des Hauses hatte einen förmlichen Tobsuchtsanfall», erinnerte er sich.[11] Noch mehr Empörung löste im Mai 1871 sein ausdrückliches Bekenntnis zur revolutionären Pariser Kommune aus. Der Kampf, der dort geführt werde, sei, prophezeite er, nur «ein kleines Vorpostengefecht». Innerhalb weniger Jahre werde «der Schlachtruf des Pariser Proletariats ‹Krieg den Palästen, Frieden den Hütten, Tod der Not und dem Müßiggange!› der Schlachtruf des gesamten europäischen Proletariats werden».[12] Von nun an galten er und seine Mitstreiter als «vaterlandslose Gesellen».

Im Dezember 1870 waren Bebel und Liebknecht verhaftet und für drei Monate in Untersuchungshaft gesteckt worden. Im März 1872 verurteilte das Leipziger Schwurgericht sie wegen Vorbereitung zum Hochverrat zu je zwei Jahren Festungshaft; Bebel erhielt überdies wegen Majestätsbeleidigung eine Freiheitsstrafe von neun Monaten. Als er im Juli 1872 aus dem Zug stieg, um auf der Festung Hubertusburg zwischen Leipzig und Dresden seine Haft anzutreten, salutierten die Bahnbeamten, als würde ein Staatsoberhaupt verabschiedet. Der Gefangene nutzte die erzwungene Ruhepause, um sich weiterzubilden. Er las, was er bekommen konnte, vor allem klassische Werke zur Philosophie, Geschichte und Nationalökonomie. Und er studierte intensiver als zuvor den ersten Band von Marx' *Kapital*, der 1867 erschienen war.

Bereits in der Haft begann Bebel mit Vorstudien zu seinem wichtigsten Buch *Die Frau und der Sozialismus*. Es erschien 1879 und erlebte, viele Male überarbeitet und erweitert, bis 1913 53 Auflagen. Die anhaltende Faszination, die das Werk auf Generationen von Frauen und Männern ausübte, lag darin, dass Bebel, für seine Zeit bahnbrechend, die Forderung nach völliger Gleichberechtigung der Frau auf die Tagesordnung setzte und sie verknüpfte mit der in leuchtenden Farben geschilderten Utopie einer sozialistischen Zukunftsgesellschaft, in der «die Herrschaft des Menschen über den Menschen» der Vergangenheit angehören sollte.[13]

Am 1. April 1875, Bismarcks 60. Geburtstag, kam Bebel frei. Zu diesem Zeitpunkt hatten sich die Gegensätze zwischen Lassalleanern und Eisenachern deutlich abgeschwächt. Unter der Verfolgung, die in der Ära des Berliner Staatsanwalts Hermann Tessendorf, eines berüchtigten Sozialistenfressers, seit 1873 einsetzte, hatten beide Parteien gleichermaßen zu leiden. So wuchs der Wunsch nach einer Vereinigung.

Im Mai 1875 war es so weit: Auf einem Kongress in Gotha schlossen sich die feindlichen Brüder zur Sozialistischen Arbeiterpartei Deutschlands (SAP) zusammen (erst 1890 erhielt sie den heutigen Namen: Sozialdemokratische Partei Deutschlands). Bei der Reichstagswahl von 1877 kam sie auf 9,1 Prozent, ein Stimmenplus von dreißig Prozent gegenüber 1874. In den herrschenden Kreisen Preußen-Deutschlands begann man zu überlegen, wie man der Partei den Garaus machen könne. Gezielt wurden Ängste vor der «roten Gefahr» geschürt. Zwei Attentate auf Kaiser Wilhelm I., die zu Unrecht den Sozialisten angelastet wurden, dienten Bismarck als willkommener Vorwand, um zum vernichtenden Schlag auszuholen.

Im Oktober 1878 verabschiedete der Reichstag ein «Gesetz gegen die gemeingefährlichen Bestrebungen der Sozialdemokratie». Alle Organisationen der Partei und ihre Zeitungen wurden verboten, die gesamte sozialistische Literatur kam auf den Index. «Recht und Gesetz gibt es für uns nicht [...]», stellte Bebel erbittert fest, «für uns ist Deutschland heute nur Zuchthaus.»[14] Allerdings durfte sich die Partei weiterhin an Wahlen beteiligen, wodurch sie in einem merkwürdigen Zustand der Halbillegalität gehalten wurde.

Im Widerstand gegen das Ausnahmegesetz spielte Bebel eine Schlüsselrolle. Bei ihm liefen die Fäden der illegalen Parteiarbeit zusammen. Er organisierte geheime Zusammenkünfte und sammelte Geld für die verfolgten Genossen. Dank seiner Initiative konnte bereits im September 1879 in Zürich ein neues Zentralorgan, *Der Sozialdemokrat*, aus der Taufe gehoben werden. Auf verschlungenen Wegen wurde das Blatt über die Grenze geschmuggelt und im ganzen Reich verbreitet.

Im Juni 1881 wurde – nach Hamburg und Berlin – auch über Leipzig der «Kleine Belagerungszustand» verhängt. Bebel musste innerhalb von drei Tagen die Stadt verlassen und fand zunächst im nahe gelegenen Borsdorf, später in Plauen bei Dresden eine neue Bleibe. Wo immer ihn seine Reisen hinführten, stets waren Polizeibeamte zur Stelle, die ihn auf Schritt und Tritt observierten. Im unvollendeten dritten Band seiner Erinnerungen hat Bebel auf humorvolle Weise geschildert, wie es ihm immer wieder gelang, seine Verfolger mithilfe seiner «flinken Beine» abzuschütteln.[15]

Im August 1886 wurde Bebel noch einmal zu einer neunmonatigen Haftstrafe verurteilt, die er in einem Zwickauer Gefängnis absitzen musste. In einem Brief an seine Frau mahnte er, den Mut nicht sinken zu lassen: «Der Tag kommt doch, wo wir als Sieger in der Bresche stehen.»[16] Tatsächlich konnten alle Polizeischikanen den Widerstandsgeist nicht brechen. Im Gegenteil, die Sozialdemokratie ging gestärkt daraus hervor. Bei der Reichstagswahl vom 20. Februar 1890 errang sie 19,7 Prozent der Stimmen und wurde zur wählerstärksten Partei. Die Zahl ihrer Mandate blieb allerdings wegen der sie benachteiligenden Wahlkreiseinteilung weit hinter diesem Ergebnis zurück.

Wenige Wochen später musste Bismarck seinen Abschied nehmen. Im Oktober 1890 fiel das Sozialistengesetz. Bebel verlegte seinen

Wohnsitz von Leipzig nach Berlin. Aus seiner Firma hatte er sich in den 1880er-Jahren schrittweise herausgelöst und sie schließlich ganz auf seinen Teilhaber übertragen. Längst war Bebel zur unumstrittenen Führungsfigur der Sozialdemokratie aufgestiegen, auch wenn er offiziell erst 1892, neben Paul Singer, Parteivorsitzender wurde. Keiner aus der ersten Riege der Arbeiterbewegung war so populär wie er. Wo immer er auftrat, versammelten sich Tausende, um seinen Botschaften vom großen «Kladderadatsch», dem zwangsläufigen Zusammenbruch des Kapitalismus und dem Heraufziehen einer neuen, besseren Welt, zu lauschen.

Nach dem Fall des Sozialistengesetzes nahm die SPD einen stürmischen Aufschwung. In der Reichstagswahl 1912 kam sie auf 34,8 Prozent und stellte mit 110 Abgeordneten zum ersten Mal auch die stärkste Fraktion. Parallel dazu brachen jedoch Gegensätze auf: zwischen einem rechten Flügel, der seinen Frieden mit dem bürgerlichen Klassenstaat machen, und einem linken Flügel, der das revolutionäre Parteiprogramm entschlossen umsetzen wollte. In diesem Streit, der die Sozialdemokratie schon vor 1914 zu zerreißen drohte, nahm Bebel eine vermittelnde Position ein. Einerseits wandte er sich gegen die revisionistischen Bestrebungen eines Eduard Bernstein, der auf Reformen statt auf Revolution setzte, andererseits aber lehnte er es, zur Enttäuschung besonders von Rosa Luxemburg, ab, den Massenstreik als offensives Mittel im Kampf um die Macht einzusetzen. Bebel blieb, was er immer gewesen war: Praktiker und Visionär – eine Doppelrolle, die es ihm ermöglichte, den Spagat zwischen reformorientierter Gegenwartsarbeit und dem erträumten sozialistischen Endziel zu vollziehen. Kraft seines Charismas gelang es ihm, die Partei zusammenzuhalten, auch wenn ihm das in den Vorkriegsjahren immer schwerer fiel.

Hinzu kamen familiäre Schicksalsschläge. Im November 1910 starb seine Frau, im Januar 1912 sein Schwiegersohn, der in der Schweiz tätige Arzt Ferdinand Simon. Sein einziges Kind, Tochter Frieda, unternahm daraufhin einen Selbstmordversuch. Der eigene Gesundheitszustand verschlechterte sich. Bebel litt an Herzattacken und musste die Arbeit immer wieder unterbrechen. Am 13. August 1913 starb der 73-Jährige während einer Kur in Bad Passugg im schweizerischen Graubünden. Die Nachricht löste in aller Welt Erschütterung aus. Die Londoner *Times* pries ihn in einem Nachruf als eine historische Gestalt, die über zwei Generationen die Geschicke der «vielleicht bedeutendsten Bewegung unserer Zeit» gelenkt habe: «Klare Lauterkeit, unbezwingbare Willensstärke und eine wunderbare Fähigkeit, Menschen zu führen und parlamentarische Taktiken zu handhaben, gehörten zu den Geheimnissen seines Erfolgs.»[17]

In den letzten Jahren hatte Bebel die Sorge vor einem verheerenden Weltkrieg umgetrieben. So scharf wie kaum ein Zweiter kritisierte er die wahnwitzige Flottenrüstung und die hybriden Weltmachtambitionen des wilhelminischen Deutschland, geißelte er die Verbrechen der Kolonialsoldateska in Südwestafrika. Was er am 9. November 1911, in der Reichstagsdebatte über die zweite Marokkokrise, prophezeite, sollte nicht einmal drei Jahre später schreckliche Wirklichkeit werden: «Alsdann wird in Europa der große Generalmarsch geschlagen, auf den hin 16 bis 18 Millionen Männer, die Männerblüte der verschiedenen Nationen, ausgerüstet mit den besten Mordwerkzeugen, gegeneinander als Feinde ins Feld rücken.»[18] Viel ist darüber diskutiert worden, ob die SPD-Fraktion, hätte Bebel länger gelebt, am 4. August 1914 im Reichstag den Kriegskrediten zugestimmt hätte. Dass die Sozialdemokratie bei einem Angriff ihr Vaterland verteidigen müsse, ja dass er in diesem Fall noch selbst auf seine alten Tage «die Flinte auf die Schulter» nehmen würde, hat er mehr als einmal bekannt.[19] In der deutschen Sozialdemokratie war der Hass auf das Zarenreich als «Hort der Reaktion» ausgeprägt, und da es die deutsche Reichsleitung in der Julikrise 1914 verstand, Russland in die Position des vermeintlichen Angreifers zu manövrieren, die eigene Aggression also als einen Akt der Verteidigung zu bemänteln, spricht einiges dafür, dass die Entscheidung vom 4. August auch unter Bebel nicht anders ausgefallen wäre.

Ob die SPD aber unter seiner Führung die Burgfriedenspolitik im Weltkrieg so rückhaltlos mitgetragen und die Spaltung der Partei so leichtfertig in Kauf genommen hätte wie unter den Nachfolgern Friedrich Ebert und Philipp Scheidemann – das allerdings darf man mit Fug und Recht bezweifeln.

Zum Weiterlesen

August Bebel, Ausgewählte Reden und Schriften, 10 Bde. in 14 Teil-Bdn., Bd. 1, 2.1 und 2.2., Berlin (Ost) 1970–1978, Bd. 3–10, München u. a. 1995–1997.

August Bebel, Aus meinem Leben, Berlin (Ost) ^{3}1961.

August und Julie Bebel, Briefe einer Ehe, hg. von Ursula Hermann, Bonn 1997.

Autorenkollektiv unter Leitung von Ursula Herrmann und Volker Emmrich, August Bebel. Eine Biographie, Berlin (Ost) 1989.

Francis L. Carsten, August Bebel und die Organisation der Massen, Berlin 1991.

Helmut Hirsch, August Bebel in Selbstzeugnissen und Bilddokumenten, Reinbek bei Hamburg 1973.

Brigitte Seebacher-Brandt, Bebel. Künder und Kärrner im Kaiserreich, Berlin/Bonn 1988.

Kerstin Wolff

Emma Ihrer
(1857–1911)

Frau der Arbeit, aufgewacht!

Schwach sind wir, solange wir nicht zusammenhalten, solange wir nicht erkannt haben, daß wir uns organisieren müssen, daß unsere Lage nur durch die gewaltige Kraft der Masse gebessert werden kann. Aber wir sind stark und wir sind eine Macht, wenn wir vereint und geschlossen vorwärts gehen, von einem Willen getrieben und von einem Gedanken beseelt, der da ist: Höherer Lohn für die weibliche Arbeit!»[1] So schreibt Emma Ihrer in einem Flugblatt aus dem Jahr 1885 an die Arbeiterinnen Berlins. In diesen zwei Sätzen steckt das Lebensmotto von Ihrer: die rechtlosen Arbeiterinnen gewerkschaftlich zu organisieren, um damit eine Besserstellung weiblicher Berufstätigkeit zu erreichen.

Emma Ihrer wurde als Emma Rother am 3. Januar 1857 im niederschlesischen Glatz (polnisch Kłodzko) als Tochter eines Schuhmachers in eine kleinbürgerliche Familie hineingeboren. Über ihre Herkunftsfamilie, über Geschwister oder die Mutter ist nichts weiter bekannt, fest steht nur, dass die Familie katholisch war, wie das ganze Glatzer Ländchen, und Emma in diesem Glauben erzogen wurde. Auch über ihre schulische Laufbahn steht nichts fest, es kann aber bezweifelt werden, dass sie eine höhere Schule besuchte. Sie lernte Putzmacherin und heiratete 1881, mit 24 Jahren, den Apotheker Emanuel Ihrer und zog mit

< **Emma Ihrer, Fotografie von Paul Schützmann, um 1903.**

ihm nach Velten, nördlich von Berlin, wo er eine Apotheke eröffnete. Einer «Karriere» als bürgerlicher Hausfrau und Mutter schien nun nichts mehr im Weg zu stehen. Doch es kam anders.

In Velten lernte Emma Ihrer als Frau des Apothekers die Not der Arbeiter und hier speziell der Arbeiterinnen kennen. Sie sah das Elend der Prostitution und wie sie durch die niedrigen Löhne der erwerbstätigen Frauen angeheizt wurde. Bald wurde ihr klar, dass die wirtschaftliche Not der Arbeiterinnen und die Prostitution nur beseitigt werden konnten, wenn sich die Arbeiterinnen ihrer eigenen Stärke bewusst würden. Als im November 1883 der Frauen-Hilfsverein für Handarbeiterinnen in Berlin unter dem Vorsitz von Johanna Wecker im katholischen Vereinshaus gegründet wurde, war sie dabei. Der Verein, der sich viel vorgenommen hatte, scheiterte aber bereits nach ein paar Monaten. Aus diesem Experiment nahm Ihrer mit, wie man «es nicht anfangen dürfe, um etwas für die Arbeiterinnen Ersprießliches zu erreichen».[2]

Sie verstand bereits an diesem Punkt, dass bürgerliche Wohltätigkeitsarbeit alleine nichts an den zugrunde liegenden ungerechten Strukturen ändern würde. Nur der Zusammenschluss von Frauen als Arbeiterinnen könne hier Abhilfe schaffen. Hier würden auch nicht die im Aufbau befindlichen Gewerkschaften helfen können. Denn die meisten sahen die Arbeiterinnen nicht als Genossinnen im gemeinsamen Kampf an, sondern als «Schmutzkonkurrenz», da Frauen weniger verdienten und daher von Arbeitergebern bevorzugt eingestellt wurden. Arbeiterinnen galten auch in sozialistischen und sozialdemokratischen Zusammenhängen nicht als diejenigen, die mit ihrem Verdienst eine Familie ernähren mussten. Sie wurden vielmehr als «Zuverdienerinnen» gesehen, auch wenn die Realität in vielen Fällen anders aussah. Ein Grund für die Ablehnung durch viele Gewerkschafter und Sozialdemokraten lag nicht zuletzt im dominierenden Geschlechtermodell des 19. Jahrhunderts, dem sich die meisten Aktivisten nicht entziehen konnten. Auch im Arbeiterstand sah sich der Mann als das Haupt der Familie – was er durch das Bürgerliche Gesetzbuch im Jahre 1900 tatsächlich werden sollte. Auch Arbeiter und viele ranghohe Funktionäre bevorzugten als Partnerin eine Hausfrau, die ihnen zu Hause den Rücken freihielt. Eine eigenständige außerhäusige Tätigkeit von Proletarierinnen galt vielen als Problem des Ausbeutungsverhältnisses zwischen Kapital und Arbeit, welches es zu bekämpfen galt. Sie negierten damit, dass die Realität in den meisten Arbeiterfamilien anders aussah und es vielmehr darum gehen musste, Arbeiterinnen zu ermächtigen, dass sie sich gegen ihre niedrigeren Löhne wehren konnten. Nur dadurch, da war sich Emma Ihrer sicher, würden die Proletarierinnen zu vollwertigen Genossinnen und Kampfgefährtinnen im Ringen gegen Ausbeutung und Unterdrückung der Arbeiterklasse werden können.

Allerdings waren die Zeiten für proletarische Organisationen nicht gerade sehr günstig. Seit 1878 galt im Deutschen Kaiserreich das von Bismarck forcierte Gesetz gegen die gemeingefährlichen Bestrebungen der Sozialdemokratie, kurz «Sozialistengesetz» genannt, mit dem er den stetigen Auf- und Ausbau der Sozialdemokratie stoppen wollte. Für Frauen kam erschwerend hinzu, dass sie durch die verschiedenen Vereinsgesetze der Länder unter Kuratel gestellt wurden. So regelte zum Beispiel der Paragraf 8 des Preußischen Vereinsgesetzes, dass Vereine, die auf ihren Versammlungen «politische Gegenstände» erörtern wollten, keine Frauen, Schüler und Lehrlinge als Mitglieder aufnehmen durften. Ein politischer Frauenverein war also von vornherein ausgeschlossen. Was genau unter «politisch» zu verstehen sei, darüber gab es durchaus unterschiedliche Auffassungen. Sicher war aber, dass alles, was mit der Organisation von Arbeitern und Arbeiterinnen zu tun hatte, auf jeden Fall politisch war. Keine guten Voraussetzungen also für die Gründung eines Arbeiterinnenvereins, der sich sowohl mit dem Sozialistengesetz als auch mit dem Vereinsgesetz konfrontiert sehen würde.

Dies alles aber schreckte Emma Ihrer, Pauline Staegemann, Marie Hofmann und Johanna Jagert nicht davon ab, im Februar 1885 im Uraniasaal in Berlin den Verein zur Vertretung der Interessen der Arbeiterinnen zu gründen. Ihrer wurde Schriftführerin, Marie Hofmann und Pauline Staegemann übernahmen den Vorsitz. Dieser Verein kann als erster Versuch einer Frauengewerkschaft verstanden werden; er zählte zu den «bedeutendsten proletarischen Frauenorganisationen unter dem Sozialistengesetz».[3] Ziel des Vereins war es, so formulierte es Ihrer im Nachhinein: «Hebung der geistigen und materiellen Interessen, insbesondere der Lohnverhältnisse, gegenseitige Unterstützung bei Lohnstreitigkeiten, Aufklärung durch fachgewerbliche und wissenschaftliche Vorträge, Beschaffung einer Bibliothek, Pflege der Kollegialität durch gesellige Zusammenkünfte und die Errichtung eines Arbeitsnachweises.»[4]

Dieses Profil traf anscheinend den Nerv der Zeit, denn bald schon waren mehrere Tausend Frauen Mitglied, was es notwendig machte, erste Ortsvereine zu gründen. Der Erfolg rührte sicher aber auch daher, dass der Verein als einer der Ersten überhaupt branchenübergreifende Erhebungen über Arbeits- und Lohnverhältnisse durchführte. Dadurch konnten erste Standards festgelegt werden, und in der Bekleidungsbranche kam es bald «zu Vereinbarungen mit einer ganzen Anzahl wohlgesinnter Arbeitgeber, denen Lohntarife und Arbeitsordnungen, welche in gemeinsamer öffentlicher Verhandlung vereinbart waren, übergeben wurden, um sie in Werkstätten auszuhängen»,[5] eine Art früher Tarifabschluss. Dem Verein gelang es sogar, erfolgreich eine Petition gegen die geplante Zollerhöhung auf englisches Nähgarn zu lancieren. Ihrer war sehr stolz auf diesen Erfolg und berichtete: «Es darf die Erweiterung und Verbesserung des § 115 der Gewerbeordnung, daß die Verabfolgung von Arbeitsmaterial nur zu den ortsüblichen Preisen erfolgen darf, wohl mit recht auf die Ergebnisse der Enquete zurückgeführt werden.»[6]

Trotz dieser positiven Entwicklung erließ der preußische Innenminister Robert von Puttkamer am 11. April 1886 seinen sogenannten Streikerlass, in dem geregelt wurde, dass gegen Zusammenschlüsse von Arbeitern und Arbeiterinnen hart vorgegangen würde, wenn diese Werbung für die verbotene Sozialdemokratie machten. Ein frühes Opfer dieser Bestimmungen wurde der Berliner Arbeiterinnenverein, den Gründerinnen wurde der Prozess gemacht. Den Ausschlag dafür gab die Einschätzung der politischen Polizei, die berichtete, der Arbeiterinnenverein sei der «Versuch, ‹unter dem Deckmantel der Weiblichkeit› leichter, ‹dabei nicht weniger gefährlich› parteipolitisch zu Gunsten der Sozialdemokratie zu arbeiten».[7] Die Vorstandsmitglieder wurden zu Geldstrafen zwischen sechzig und hundert Mark verurteilt.

Diese Episode schreckte Ihrer nicht ab – im Gegenteil. Sie setzte sich weiterhin für die Organisation von Arbeiterinnen ein und vertrat dies als Forderung auch lautstark, so als Berliner Delegierte auf dem Internationalen Sozialistenkongress in Paris 1889. In ihrer Rede beschwor sie die Arbeiterinnen, sich zu organisieren, und forderte die Arbeiter auf, dies zu unterstützen. «Es ist also Pflicht aller Sozialisten, den Frauen bei dem Werk ihrer Organisation zu helfen.»[8] Da dies aber kein Selbstläufer war, gründete sie 1889/90 eine Frauenagitationskommission, die diesmal nicht mehr verboten wurde, was zeigt, dass sich die Phase des Sozialistengesetzes ihrem Ende näherte. Als im Herbst 1890 das Gesetz nicht mehr verlängert wurde, sah Emma Ihrer die Zeit gekommen, die (Männer-)Gewerkschaften unter Druck zu setzen, nun endlich auch Arbeiterinnen aufzunehmen. Um dies zu erreichen, wurde sie als einzige Frau Mitglied in der Generalkommission der Gewerkschaften, einer Zentralinstanz, die das gemeinsame Vorgehen koordinieren soll. Vorsitzender wurde Carl Legien – beide sollten in den nächsten Jahren gemeinsam daran arbeiten, gemischtgeschlechtliche Gewerkschaften voranzubringen.

Beiden war klar, dass sich das «Problem» der berufstätigen Frau nicht von alleine lösen würde. Dies machten auch die Zahlen deutlich. «Wurde für 1895 die Zahl der erwerbstätigen Frauen noch mit 6,5 Millionen angegeben, so wurden im Jahre 1907 bereits 9,5 Millionen erwerbstätige Frauen gezählt. An eine Begrenzung der Frauenberufe oder gar ein Verbot der Frauenerwerbstätigkeit war nicht mehr zu denken.»[9] Wie aber diese stetig wachsende Anzahl von Arbeiterinnen erreichen? Auch hier wurde Emma Ihrer kreativ und versuchte (fast) im Alleingang, eine proletarische Frauenzeitschrift zu gründen. *Die Arbeiterin* nannte sie das Blatt, welches von Anfang an mit finanziellen Sorgen zu kämpfen hatte. Ihrer musste recht schnell einsehen, dass dieses Unterfangen ohne breite Unterstützung und vor allem ohne Verlag nicht zu stemmen war. Als das Blatt immer mehr in finanzielle Schwierigkeiten geriet, übernahm der Verlag Dietz in Stuttgart die Zeitschrift und führte sie unter dem Titel *Die Gleichheit* unter der Redakteurin Clara Zetkin zum Erfolg.

Emma Ihrer setzte in den 1890er-Jahren vermehrt auf das geschriebene Wort. 1893 erschien im Selbstverlag *Die Organisation der Arbeiterinnen Deutschlands*, 1898 *Die Arbeiterin im Klassenkampf*. In beiden Schriften lehnte Ihrer «Frauenrechtlerei» ab und stellte sich gegen die bürgerliche Frauenbewegung, die in den frauenfeindlichen Strukturen das Hauptproblem sah. In diesem Punkt war sie sich mit Zetkin einig, die ebenfalls auf eine «reinliche Scheidung» zwischen proletarischen und bürgerlichen Frauen bestand. Ihrer machte diese Position auch 1896 noch einmal nachdrücklich auf dem Internationalen Sozialistischen Arbeiter- und Gewerkschaftskongress in London deutlich. Am Rande des Treffens war es zu einer Unterredung der weiblichen Delegierten gekommen: Eine Resolution wurde ausgearbeitet, die eine konsequentere Einbeziehung von Frauen in die sozialistische Bewegung und eine klare Abgrenzung von der bürgerlichen Frauenbewegung verlangte. Autorinnen dieser Resolution waren Emma Ihrer, Clara Zetkin, Eleanor Marx-Aveling und Adelheid Popp.

Allerdings lohnten es die proletarischen Männer ihren Genossinnen nicht, dass diese auf eine Konfrontation mit ihnen verzichteten. Viele Gewerkschaften waren nicht begeistert von der Aussicht, auch Frauen aufnehmen zu müssen, und so machte der vierte Kongress der Gewerkschaften 1902 noch einmal deutlich, dass die Gewerkschaftsarbeit unter Frauen verbessert werden musste. Was konkret bedeutete, dass die Gewerkschaften verstärkt Frauen aufnehmen sollten, auch gegen (männliche) Widerstände. Da den aktiven Arbeiterinnen klar war, dass dies nicht automatisch erfolgen würde, gründeten sie nach dem Kongress ein gewerkschaftliches Frauen-Agitations-Komitee, in dem – selbstverständlich – Emma Ihrer mitarbeitete. Ziel war es, ein Arbeiterinnen-Sekretariat bei der Generalkommission der Gewerkschaften durchzusetzen, um damit endlich den Beschlüssen Taten folgen zu lassen. Dies gelang auch – wenigstens in Ansätzen – seit dem Jahr 1905. Das Arbeiterinnen-Sekretariat hatte die Aufgabe, «immer mehr die im Arbeitsleben stehenden Frauen und Mädchen den für sie zuständigen Gewerkschaften zuzuführen, die schon Organisierten zu klaren Begriffen und besserem Verständnis heranzubilden und zwischen männlichen und weiblichen Arbeitern ein gegenseitiges gründliches Verstehen und Einverständnis anzubahnen».[10] Den Vorsitz übernahm Ida Altmann. Auch wenn es zu einer langsamen Steigerung des Organisationsgrades von Arbeiterinnen kam, blieb der Erfolg doch überschaubar. Bei zwei Prozent im Jahre 1892 beginnend, über 3,3 Prozent im Jahre 1900, stieg die Zahl bis zum Ersten Weltkrieg auf lediglich 8,8 Prozent. Heute schwankt der Anteil von Frauen in den einzelnen Gewerkschaften erheblich. Liegt er bei der Gewerkschaft Erziehung und Wissenschaft bei über 71 Prozent, bildet die IG Metall mit etwas über 18 Prozent das Schlusslicht.

Auch privat änderte sich durch das Engagement von Emma Ihrer einiges. Da die proletarischen Umtriebe der Apothekersfrau in Velten nicht länger geduldet wurden, zog Ihrer mit ihrem Mann nach Pankow und 1902 in die Marthastraße 10 in Niederschönhausen, wo sie zusammen mit Carl Legien lebten. Diese Entscheidung wurde in der proletarischen Bewegung nicht nur gutgeheißen. Gerüchte machten die Runde, Ihrer und Legien wären nicht nur beruflich eng miteinander verbunden, sondern auch privat ein Liebespaar. Wie dies in der Bewegung diskutiert wurde, macht ein Brief von Käte an Hermann Duncker vom 25. Juni 1911 deutlich. Käte Duncker beschreibt in diesem Brief ihre Erfahrungen mit «Bürgerlichen» in der Arbeiterbewegung und fragt, warum sich diese für die Bewegung einsetzten. «Warum kamen sie eigentlich zur Partei? Es sind ja verschiedene Gründe, die den bürgerlichen Zustrom veranlassen. Da sind zunächst deklassierte Bourgeois, Leute, die etwas ausgefressen haben, was die bürgerliche Gesellschaft schockiert hat und weshalb sie sich ihrer entledigt. Das können politische Vergehen sein wie bei Marx und Engels oder auch Vergehen gegen den bürgerlichen Ehren- oder Moralkodex wie [Arthur] Stadthagen, die Ihrer oder andere mehr.»[11] Das jahrzehntelange Engagement Emma Ihrers für die gewerkschaftliche Organisation von Proletarierinnen auf ein «moralisches Vergehen» zurückzuführen ist natürlich absurd. Allerdings scheint durchaus plausibel, dass Ihrers Engagement in einer Bewegung, die sich für alternative Gesellschaftsentwürfe einsetzte, bei ihr (und anderen) dazu geführt hat, auch andere gesellschaftliche Bedingungen und Konventionen infrage zu stellen, wie zum Beispiel die monogame Ehe.

1903 wurde Ihrer Vorsitzende der von ihr gegründeten Gewerkschaft der in der Blumen-, Blätter-, Palmen- und Putzfederfabrikation beschäftigten Arbeiter und Arbeiterinnen Deutschlands; 1909 wurde unter ihrer Mithilfe der Zentralverband der Hausangestellten Deutschlands gegründet.

Es war der Schlusspunkt eines langen, kräftezehrenden Kampfes. Am 8. Januar 1911, kurz nach ihrem 54. Geburtstag, starb Emma Ihrer in Berlin. Die von ihr initiierte Zeitschrift *Die Gleichheit* meldete sogleich ihren Tod: «Mit der schmerzlichsten Bewegung schreiben wir diese Worte nieder, die ebenso der langjährigen Freundin gilt wie der rastlosen Kampfgenossin, der glänzenden Agitatorin und Organisatorin, der anregenden Beraterin unserer Frauenbewegung und einer ihrer verdienstvollsten Begründerinnen. [...] Genossin Ihrer zählte zu den allerersten, welche die Tragweite der gemeinsamen gewerkschaftlichen Organisierung und Schulung der Arbeiterschaft aller Berufe ohne Unterschied des Geschlechts erkannte.»[12]

Emma Ihrer wurde auf dem «Sozialistenfriedhof» in Friedrichsfelde beerdigt. An der Feierlichkeit nahmen Abgeordnete vieler gewerkschaftlicher und politischer Organisationen teil, ebenso wie Freunde und Gefährtinnen. Am Grab legte Clara Zetkin Blumen nieder, Paula Thiede sprach für das gewerkschaftliche Arbeiterinnen-Organisationskomitee, Luise Zietz berichtete vom Lebensweg Ihrers, Gustav Bauer erinnerte als zweiter Vorsitzender der Generalkommission der Gewerkschaften Deutschlands an ihre «Unermüdlichkeit und Selbstlosigkeit», und Margarete Wengels legte im Namen des Verbandes der sozialdemokratischen Wahlvereine Groß-Berlins einen Blumenkranz nieder. Bis heute steht auf ihrem Grabstein zu lesen: «Wirken für andere war ihres Glückes ergiebigster Quell».[13]

Zum Weiterlesen

Arbeiterinnen kämpfen um ihr Recht. Autobiographische Texte zum Kampf rechtloser und entrechteter «Frauenspersonen» in Deutschland, Österreich und der Schweiz des 19. und 20. Jahrhunderts, hg. von Friedrich G. Kürbisch u. Richard Klucsarits, Wuppertal 1981.

Antje Dertinger, Die bessere Hälfte kämpft um ihr Recht. Der Anspruch der Frauen auf Erwerb und andere Selbstverständlichkeiten, Köln 1980.

Gisela Losseff-Tillmanns (Hg.), Frau und Gewerkschaft, Frankfurt a. M. 1982.

Mirjam Sachse, Von «weiblichen Vollmenschen» und Klassenkämpferinnen. Frauengeschichte und Frauenleitbilder in der proletarischen Frauenzeitschrift «Die Gleichheit» (1891–1923), Kassel 2011.

Dieter Schneider (Hg.), Sie waren die ersten. Frauen in der Arbeiterbewegung, Frankfurt a. M. 1988.

Dietmar Süß

Carl Legien
(1861–1920)

Wirtschaft braucht Demokratie

Bis elf Uhr hatten sie alle Aufstellung genommen: die Spitzen von Gewerkschaft und SPD, Vertreter des Staates und der Stadt Berlin, Abgesandte des Arbeitermilieus, der unterschiedlichen Interessenorganisationen und Einzelgewerkschaften. Der Sozialarbeiter-Verband gehörte ebenso dazu wie die Dachdecker, Fleischer, Töpfer und Buchbinder, die Eisenbahner und Beschäftigten des Kino- und Filmgewerbes.[1] Ihr Zug startete am Kreuzberger Engelbecken, führte über die Köpenicker Straße, die Oberbaumbrücke, die Frankfurter Allee bis zum Städtischen Friedhof Friedrichsfelde. Am Krankenhaus Bethanien schloss sich die Unabhängige Sozialdemokratische Partei Deutschlands (USPD) dem Trauermarsch an und marschierte gemeinsam – und doch getrennt. Es war der 31. Dezember, und am letzten Tag des Jahres 1920 fand Carl Legien, der wichtigste Kopf der deutschen Gewerkschaftsbewegung, in Berlin seine letzte Ruhestätte. Wenige Tage zuvor, am 26. Dezember, war er mit nur 59 Jahren vermutlich an einem Magengeschwür gestorben.

Es war ein imposanter Aufmarsch der Arbeiterbewegung, in der sich ihr gewachsenes Selbstbewusstsein, ihr politischer Aufstieg seit dem 19. Jahrhundert, aber auch ihre inneren Kämpfe zeigten. Vor dem

< **Carl Legien, Fotografie von unbekannter Hand, 1919.**

Begräbnis hatte es einen Gedenkakt im Gewerkschaftshaus gegeben, der vom Orchester der Berliner Staatsoper begleitet worden war. Das Begräbnis glich einem Akt proletarischer Gegenkultur, in dem sich der lange Weg zur Anerkennung der Gewerkschaften als legitime Interessenvertreter der Arbeiterbewegung spiegelte. Aus dem In- und Ausland waren ihre Repräsentantinnen und Repräsentanten nach Berlin gekommen, um den «Arbeiter und Kämpfer» Legien zu würdigen.[2] Auch eine Frau sprach an Legiens Grab, die Gewerkschafterin Wilhelmine Kähler: «Was Du für die Frauenbewegung getan hast, wird erst in den kommenden Zeiten voll gewürdigt werden. Wenn die Zeit gekommen ist, dann wird dein Name neben Bebel genannt werden als Förderer und Schützer der Frauenbewegung.»[3] Die Arbeiterbewegung: Sie war, auch wenn es der Name unterschlug und patriarchalische Strukturen vielfach dominierten, eben immer auch: eine Arbeiterinnenbewegung!

Der Vergleich mit August Bebel fiel in den Nachrufen zu Jahresbeginn 1921 immer wieder. Dabei hatten Legien und Bebel heftige Kontroversen, die das Verhältnis von Partei und Gewerkschaft und die Selbstständigkeit einer eigenen Interessenvertretung der Lohnabhängigen betrafen. Mit Legien verlor die Gewerkschaftsbewegung just in dem Moment ihre zentrale Integrationsfigur, als sie gerade in der neuen Demokratie zur reifen und anerkannten politischen Kraft geworden war. Mehr noch: Es waren die Gewerkschaften und Carl Legien, welche die Weimarer Republik an deren turbulentem Beginn gegen ihre Feinde verteidigten und mit der Ausrufung des Generalstreiks am 13. März 1920 ein starkes – und erfolgreiches – Zeichen gegen die putschenden Militärs setzten.

Man darf wohl sagen, dass Carl Legien in der bundesrepublikanischen Erinnerungskultur keine größeren Spuren hinterlassen hat. Einige Siedlungen und Straßen sind nach ihm benannt, in Berlin auch eine Schule und in Hamburg eine U-Bahn-Station, deren Benennung noch vor einigen Jahren für empörte Anfragen an den Senat gesorgt hatte. Unter der Überschrift «Ich seh' rot in Hamburg-Mitte» beschwerte sich 2008 ein Abgeordneter der Bürgerschaft über zu viele sozialdemokratische Straßennamen. Bei Legien störte ihn insbesondere, dass er «weder Hamburger» gewesen sei noch sonst eine Verbindung zur Hansestadt gehabt habe (was bei konservativen Namenspaten freilich nie eine Rolle gespielt hat).[4] Ganz zutreffend war dies nicht, denn schließlich hatte Legien in Hamburg 1886 als Drechsler seine Gewerkschaftslaufbahn begonnen, und auch die «Generalkommission der Gewerkschaften» hatte hier – unter Legiens Vorsitz – seit 1890 ihren Sitz.

Legiens Werdegang ist unmittelbar mit den Aufbrüchen, Wandlungen und Konflikten der Gewerkschaftsbewegung und der jungen deutschen Demokratiegeschichte verbunden, wie es Karl Christian Führer in seiner eindrucksvollen Legien-Biografie festgehalten hat.[5] Über die Spielräume und politischen Aufbrüche, die im wilhelminischen Deutschland möglich waren, wird derzeit mit einiger Leidenschaft gestritten und dabei auch immer wieder auf die Emanzipation der Arbeiterbewegung verwiesen. Das ist zutreffend, und doch gerät leicht in Vergessenheit, wie hart umkämpft dieser Weg zur legitimen Interessenvertretung war. Freiwillig, gar aus innerer Überzeugung räumten der preußische Staat und die Arbeitgeber ihre Machtpositionen nicht, und auch sonst deutet in der Geschichte der Arbeiterbewegung nichts darauf hin, dass dieses Kaiserreich als besonders «fortschrittlich» wahrgenommen wurde. Ganz im Gegenteil: Der Blick auf die schwierigen Bedingungen institutionalisierter Interessenvertretung lässt keinen Zweifel an den repressiven Strukturen eines Klassenstaates, dessen autoritären Militarismus es gerade zu überwinden galt. Getragen war diese Politik von der Hoffnung auf das Ende kapitalistischer Ausbeutung und der Suche nach einer freien und gerechten Gesellschaftsordnung.

Carl Legien war, wie sich seine Freunde erinnern, ein spröder und distanzierter Mensch. Im Privaten blieb er eher unglücklich: Die erhoffte – und gesellschaftlich erwartete – Ehe gelang ihm nicht. Für die damalige Zeit äußerst ungewöhnlich war sein Zusammenleben mit Emma Ihrer, der bedeutenden sozialdemokratischen Gewerkschafterin und Frauenrechtsaktivistin. Mit ihr und ihrem Mann lebte er seit 1903 zunächst noch als Untermieter in Pankow, seit 1906 dann schließlich in einem gemeinsamen Haus in Niederschönhausen. Emma Ihrer starb 1911, aber auch von ihr wissen wir nicht viel über die Beziehung, keine intimen Details.

Geboren am 1. Dezember 1861 im westpreußischen Marienburg, stammte Legien aus einer katholischen Familie. Der Vater war Steueraufseher und arbeitete beim Zoll, ein (kleiner) keineswegs wohlhabender preußischer Beamter also und weit entfernt von der jungen sozialistischen Bewegung. Über Carl Legiens Kindheit und Jugend ist wenig bekannt. Er war das jüngste von 13 Kindern, und in späteren Gesprächen mit Freunden berichtete er davon, wie ärmlich und kühl das Leben in der Großfamilie gewesen war. Erst starb die Mutter, dann, als Legien zwölf Jahre alt war, der Vater; der Kontakt zu den älteren Geschwistern brach vollständig ab, und Carl kam in das Waisenhaus von Thorn, in dem er zwischen Dezember 1873 und Herbst 1875 lebte. Hier ging er zur Schule, machte schließlich eine Drechslerlehre und bildete sich in der «Fortbildungsschule», einer freiwilligen Lehranstalt für Gesellen, in Fächern wie Deutsch, Geschichte, Schreiben und Zeichnen weiter. Sein Meister schien mit ihm in jeder Hinsicht zufrieden zu sein und lobte seinen Fleiß und seine Fähigkeiten. Eine Hochburg der Arbeiterbewegung war Thorn zu diesem Zeitpunkt nicht, und es spricht kaum etwas dafür, dass Legien schon in diesen Jahren Kontakt zur Gewerkschaftsbewegung oder zur Sozialdemokratie hatte. Das sollte erst später, nach seinem Militärdienst und weiteren Stationen als Drechslergeselle, vermutlich erst in Hamburg 1886, geschehen. Dort ließ sich Legien nieder, trat der «Fachgewerklichen Vereinigung der Drechsler Hamburgs» bei und wurde kurze Zeit später bereits deren Leiter, dann auch Vorsitzender des Zentralverbandes für ganz Deutschland.

Einer seiner Freunde und Weggefährten, Theodor Leipart, schilderte viele Jahre später, mitten im Ersten Weltkrieg, seine erste Begegnung mit Legien: «Im Spätsommer des Jahres 1886 sah ich Legien das erste Mal. Ich war Vorstandsmitglied des Fachvereins der Drechsler in Hamburg und mit zwei anderen Vorstandskollegen beauftragt worden, einen Lehrer der Naturheilkunde, der damals in Hamburg zahlreiche Vorträge hielt, auch für einen solchen in unserm Fachverein zu gewinnen. Das war uns denn auch gelungen, und wir bekamen eine für damalige Verhältnisse zahlreich besuchte Versammlung: wohl an dreißig Drechslerkollegen waren an diesem Abend in unserm Vereinslokal erschienen. Der Vortrag über das Naturheilverfahren gefiel allen sehr; war es doch endlich einer der so viel verlangten *wissenschaftlichen Vorträge.* Wie stark hat sich oft der Wissensdurst der Arbeiter in jener Zeit geäußert, aber wie wenig verstanden besonders wir Jungen von all den sogenannten wissenschaftlichen Dingen. So war auch unser Fachvereinsvorstand in dieser Versammlung in großer Verlegenheit: Wer sollte nach dem *gelehrten* Vortrag in der Diskussion sprechen? Wir wollten uns doch vor dem Referenten nicht allzu sehr blamieren. Da meldete sich zu unserer Überraschung aus der Versammlung jemand zum Wort, den wir noch an keinem frühem Vereinsabend gesehen hatten. ‹Kollege Legien hat das Wort›, machte der Vorsitzende bekannt. Und dann sprach Carl Legien zum erstenmal in unserer Mitte. Es erregte staunende Aufmerksamkeit, als er mit einer uns alle frappierenden Sicherheit und obendrein auch mit einer in unserm kleinen Kreis bis dahin ganz ungewohnten Redegewandtheit nicht nur eine Reihe von Fragen an den Referenten stellte, sondern sich auch einige Zweifel darüber erlaubte, ob bei inneren Krankheiten des menschlichen Körpers das Wasserheilverfahren allein wirklich ausreichend sei. [...] Er war erst 24 Jahre alt, und doch waren seine Haare bereits ergraut. Die scharfgeschnittenen Züge seines Gesichts zeugten in gleicher Weise wie sein Graukopf von einer frühgereiften Lebenserfahrung. Die letzten Jahre seiner Kindheit hatte er im Waisenhaus verlebt, er war somit schon in früher Jugend auf eigene Füße gestellt gewesen. Daher wohl auch sein ausgeprägter starker Wille, der ihn in Verbindung mit seinem klaren Verstand und seiner Rednergabe von vornherein zum Führer bestimmte.»[6]

Gut möglich, dass hier eine Portion freundschaftlicher Rückprojektion mit am Werk war. Jedenfalls führte Legiens außergewöhnliche gewerkschaftliche Karriere ihn innerhalb weniger Jahre an die Spitze der deutschen Drechsler. Sein eigentlicher Aufstieg erfolgte, als er – eher als Kompromisskandidat – im November 1889 an die Spitze der neu gegründeten «Generalkommission der deutschen Gewerkschaften» gewählt wurde, innerhalb derer sich die linken, der Sozialdemokratie verbundenen freien Gewerkschaften sammelten. Die Gewerkschaftsbewegung war zu diesem Zeitpunkt noch keine einheitliche Großorganisation. Zentralisierung bedeutete aus der Perspektive der verschiedenen Branchengewerkschaften eher einen Machtverlust, sodass es auch kein Zufall war, dass der Repräsentant der wenig einflussreichen Drechsler den Vorsitz in der «Generalkommission» übernahm und nicht etwa ein Metallarbeiter. Legien war überregional wenig bekannt – und das war in diesem Moment eher von Vorteil. Die neue Generalkommission sollte zunächst keineswegs eine besonders wichtige Rolle spielen. Eher ging es darum, eine Plattform für die Agitation zu schaffen; an ein neues Steuerungsorgan war jedenfalls nicht gedacht.

Doch Legien entwickelte innerhalb kürzester Zeit eine erstaunliche Energie, schuf mit dem neuen *Correspondenzblatt* ein eigenes, zunächst vor allem von ihm selbst befülltes Journal und reiste unermüdlich durch das Reich, um für die Sache der Gewerkschaften zu werben. Die Zeitschrift, aber auch seine Initiative für eine gewerkschaftseigene, überregionale Streikstatistik waren wichtige Instrumente dafür, so etwas wie ein gewerkschaftseigenes Gedächtnis auszuprägen. Insofern ging es bei seinem Versuch, einen genauen Überblick über Streiktage und Arbeitsausfälle zu entwickeln, um weit mehr als Formalien. Legiens Streikstatistik machte es möglich, die Gewerkschaftsbewegung als gemeinsame soziale Bewegung sichtbar zu machen. Nach innen erlaubte die Sammlung der Daten die Legitimation einer Zentrale, nach außen bedeutete das Zahlenmaterial ein wichtiges Instrument im Kampf mit den Arbeitgebern und einem Staat, der auch nach dem Ende der Sozialistengesetze 1890 weiter darauf setzte, die neue politische Kraft auszubremsen.[7] Wie bei der sogenannten Zuchthausvorlage: Der im Juni 1899 beratene Gesetzentwurf «Zum Schutz der gewerblichen Arbeitsverhältnisse» sah vor, Personen mit einer Zuchthausstrafe zu belegen, die Streikbrecher daran hinderten weiterzuarbeiten.[8] Die Konsequenz wäre eine erhebliche Einschränkung gewerkschaftlicher Mobilisierungskraft gewesen. Es war insbesondere die Generalkommission mit Carl Legien, die den öffentlichen Widerstand gegen den Gesetzentwurf anführte und in dieser Auseinandersetzung erheblich an politischem Profil gewann. Die Reichsregierung musste sich schließlich dem Protest beugen.

Legien hatte in seiner Funktion immer wieder auf die Eigenständigkeit gewerkschaftlicher Ziele gedrungen,[9] selbst wenn dies zu erheblichen Konflikten mit seinen eigenen Genossen und August Bebel höchstpersönlich führte.[10] Legien, selbst von 1893 bis 1918 mit einer Unterbrechung Reichstagsabgeordneter für die SPD, trotzte diesen Anfeindungen und pochte auf die Eigenständigkeit der Gewerkschaften als selbstbewusste Kraft der Arbeiterbewegung, die sich nicht der SPD-Parteiführung unterwerfen wolle. Natürlich: Auch Legien war vertraut mit der Sprach- und Gedankenwelt des Marxismus, doch seine politischen Prioritäten waren weniger von Revolution und Klassenkampf, mehr von Reformismus und täglich neu ausgehandelten Kompromissen geprägt. Die Politik der kleinen Schritte galt der Verbesserung der katastrophalen Arbeitsbedingungen und dem Kampf für den Acht-Stunden-Tag. Legien gehörte dabei zu jenen, die sich frühzeitig für eine proletarische Selbsthilfe starkmachten, die nicht nur den erwerbstätigen Mitgliedern galt – so wie das viele befürworteten –, sondern sich auch dafür einsetzten, dass die besonders gebeutelten, von Arbeitslosigkeit betroffenen Gewerkschafter ebenfalls auf Unterstützung hoffen konnten. Das war eine Arbeit, die immer über nationale Grenzen hinausreichte, und Legien war innerhalb Europas einer der wichtigen Motoren internationaler gewerkschaftlicher Vernetzung. 1903 übernahm er als Sekretär die Verantwortung für die neu gegründete Internationale Zentralstelle der gewerkschaftlichen Landeszentralen mit Sitz in Berlin, und 1913 wurde er zum Vorsitzenden des Internationalen Gewerkschaftsbundes gewählt; ein Amt, das er bis 1919 innehatte.

Für Legien ging es um einen steten, evolutionären Umbau der Gesellschaft, auch auf dem Boden des Kaiserreiches. Gewerkschaftern wie ihm fiel es deshalb auch nicht allzu schwer, sich während des Ersten Weltkrieges auf Kooperation mit den Arbeitgebern einzulassen und die Gewerkschaftsmitglieder zur proletarischen Pflichterfüllung für das Vaterland aufzurufen. «Antirevolutionären Pragmatismus» hat das der Historiker Klaus Schönhoven einmal genannt und damit das Selbstverständnis von Gewerkschaftern wie Carl Legien sehr präzise beschrieben.[11]

Doch diese reformistische Position war eben keineswegs unpolitisch oder gar naiv. Sie zielte darauf ab, die Gewerkschaften als legitime Interessenvertretung der Lohnabhängigen im politischen System des Kaiserreiches zu etablieren und damit das Verhältnis von Kapital und Arbeit auf eine dauerhafte, rechtlich abgesicherte Grundlage zu stellen.

Die gewerkschaftliche Politik des Burgfriedens während des Ersten Weltkrieges ist deshalb auch nur angesichts dieses tief verankerten historischen Selbstverständnisses zu verstehen. Es blieb einer der ständigen Konflikte gewerkschaftlicher Politik während des Krieges, einerseits um Anerkennung durch Staat und Arbeitgeber zu ringen und sich damit in die Politik der Kriegswirtschaft einbinden zu lassen, andererseits als politische Massenorganisation der sozialistischen Bewegung die Interessen der Arbeiterinnen und Arbeiter zu vertreten.

Das Hilfsdienstgesetz von 1916, das die Gewerkschaften zum gesetzlich akzeptierten Akteur auf dem Arbeitsmarkt machte, und vor allem das am 15. November 1918 wesentlich von Carl Legien und dem Großindustriellen Hugo Stinnes ausgehandelte Abkommen der «Arbeitsgemeinschaft der industriellen und gewerblichen Arbeitgeber und Arbeitnehmer Deutschlands» waren Ausdruck dieser politischen Strategie. In dieser auch als «Stinnes-Legien-Abkommen» bekannten Vereinbarung hatten sich – die Kriegsniederlage vor Augen – die Arbeitgeberverbände auf die Einrichtung von Arbeiterausschüssen, die Einführung des Acht-Stunden-Tages und kollektive Arbeitsregelungen eingelassen und damit die Gewerkschaften faktisch als Tarifpartner anerkannt. Für die Gewerkschaften war damit ein lang ersehntes Ziel erreicht; für die Arbeitgeber indes handelte es sich um eine ihrer momentanen Schwäche geschuldete Vereinbarung auf Zeit. Sie hofften, sie zu einem günstigen Zeitpunkt wieder aufkündigen zu können. Und so schob denn auch die neu gebildete «Zentralarbeitsgemeinschaft» weitreichenden Hoffnungen auf eine machtpolitische Verschiebung im Verhältnis zwischen Kapital und Arbeit einen Riegel vor. Dennoch blieb das Abkommen für Legien gleichsam die «Magna Charta der deutschen Arbeiter»,[12] die für immer verhindern werde, dass die Arbeitgeber die gewerkschaftliche Koalitionsfreiheit infrage stellten. Das Abkommen ermöglichte, die staatliche Kommandowirtschaft zu neutralisieren, manch revolutionäre Sehnsüchte in den eigenen Reihen zu domestizieren und selbstbewusst in einem – sehr deutschen – korporatistischen Bündnis am Wiederaufbau der Wirtschaft mitzuwirken. Gleichzeitig überschätzte aber auch Legien die tatsächliche Kooperationsbereitschaft der Arbeitgeber, die, sobald sich die politischen Verhältnisse wieder etwas beruhigt hatten, die Gewerkschaften und den sozialpartnerschaftlichen Kurs vehement attackierten. Denn tatsächlich hatten die gemeinsamen Ziele in einem krisenhaften Moment die unterschiedlichen politischen Ordnungsvorstellungen lediglich übertüncht.

Auch innerhalb der Gewerkschaften blieb der Weg in die Demokratie, die Frage nach der Reichweite der Forderungen, nicht zuletzt nach der Anpassungsbereitschaft gegenüber der monarchischen Ordnung umstritten. Die Debatte war begleitet von der Suche nach der neuen Rolle, die die Gewerkschaften überhaupt in der jungen parlamentarischen Demokratie spielen wollten. Für die Freien Gewerkschaften, die sich im Juli 1919 den neuen Namen «Allgemeiner Deutscher Gewerkschaftsbund (ADGB)» gaben, war indes klar: Die junge Republik war «ihre» Republik, die es zu verteidigen, die es auszugestalten und im Sinne der Arbeiterrechte zu verbessern galt. Parlamentarische und industrielle Demokratie gehörten für Legien unmittelbar zusammen. Sein Sozialismusverständnis entwickelte sich in Ablehnung radikalerer, rätedemokratischer Utopien und in der Erwartung, dass gemeinwirtschaftliche und wirtschaftsdemokratische Ziele, auch Formen der Mitbestimmung in den Betrieben, sich am besten durch und in der Demokratie verwirklichen ließen. Das hieß dann auch, in existenziell gefährlichen Momenten die Republik mithilfe eines Generalstreiks, dem letzten politischen Kampfinstrument, zu verteidigen. So waren es im März 1920 die Gewerkschaften mit Carl Legien an ihrer Spitze, welche die Offerten der um sie zunächst buhlenden Putschisten, des Generaldirektors der Ostpreußischen Landschaft Wolfgang Kapp und des Generals Walther von Lüttwitz, zurückwiesen und die Beschäftigten zum Ausstand aufriefen – mit nachhaltigem Erfolg.[13] Selbst wenn sich die weitreichenderen Forderungen, die Legien der Reichsregierung abtrotzen wollte, nicht realisieren ließen, so hatte Legien doch in diesen Wochen noch einmal erheblich an politischem Einfluss gewonnen. Sein früher Tod bereitete dann womöglich weitergehenden Ambitionen ein jähes Ende.

Die deutsche Demokratiegeschichte ist – auch das zeigt sich in Legiens Biografie – mit der Geschichte der Arbeiter(innen)- und Gewerkschaftsbewegung eng verbunden und auch mit deren Anspruch, die Demokratisierungsprozesse nicht vor den Betriebstoren haltmachen zu lassen. Wirtschaftsdemokratische Ideen und Ansprüche sind damit Bestandteil einer derzeit etwas zu glatt erzählten deutschen Demokratiegeschichte, an deren reformistisch-antikapitalistische Impulse und Traditionen es immer wieder zu erinnern lohnt.

Zum Weiterlesen

Carl Legien, Aus Amerikas Arbeiterbewegung, Berlin 1914.

Carl Legien, Die deutsche Gewerkschaftsbewegung, Berlin 1901.

Theodor Leipart, Carl Legien. Ein Gedenkbuch, Berlin 1929.

Karl Christian Führer, Carl Legien (1861–1920). Drei Gründe, warum der Gewerkschaftsführer es verdient hat, erinnert zu werden (Reihe Gesprächskreis Geschichte, Heft 101), Friedrich-Ebert-Stiftung, Archiv der Sozialen Demokratie, Bonn 2014.

Karl Christian Führer, Carl Legien 1861–1920. Ein Gewerkschafter im Kampf um ein «möglichst gutes Leben» für alle Arbeiter (Veröffentlichungen des Instituts für soziale Bewegungen, Schriftenreihe A: Darstellungen 42), Essen 2009.

Klaus Saul, «Er liebte es nicht, darüber zu sprechen.» Umrisse einer bürgerlichen Kindheit und proletarischen Jugend: Carl Legien (1861–1886), in: Ernst Hinrichs/Heinrich Schmidt (Hg.), Zwischen ständischer Gesellschaft und «Volksgemeinschaft». Beiträge zur deutschen Regionalgeschichte seit 1750, Oldenburg 1993, S. 101–126.

Klaus Schönhoven, Wegbereiter der sozialen Demokratie? Zur Bedeutung des Stinnes-Legien-Abkommens vom 15. November 1918, in: Karl Christian Führer/Axel Schildt/Klaus Tenfelde (Hg.), Revolution und Arbeiterbewegung in Deutschland 1918–1920, Essen 2013, S. 61–79.

Ute Gerhard

Anita Augspurg (1857–1943) und Lida Gustava Heymann (1868–1943)

Für das Recht der Frauen, Rechte zu haben

Die Frauenfrage ist […] in allererster Linie eine *Rechtsfrage,* weil nur von der Grundlage *verbürgter Rechte* an ihre sichere Lösung gedacht werden kann.» Das schrieb Anita Augspurg in der ersten Nummer der *Frauenbewegung* vom 1. Januar 1895.[1] Mit diesem Aufruf, in dem sie ihr Rechtsverständnis erläutert, hat sich Augspurg mit aller Entschiedenheit als Frauenrechtlerin und radikale Demokratin positioniert. Es ging ihr im Kampf um die Rechte der Frau nicht «nur» um die individuellen Freiheiten, die unverzichtbare Emanzipation jeder Einzelnen aus persönlicher Bevormundung und Gewalt, sondern auch um Rechte als allgemeine Regel und Voraussetzung für politische Teilhabe. Denn sie verband die liberalen, auf Selbstbestimmung und individuelle Befreiung zielenden Forderungen von vornherein mit dem demokratischen Anspruch, «Einfluss zu gewinnen auf die Allgemeinheit». Freiheit und die Anerkennung als Gleiche, als Staatsbürgerin, blieben somit untrennbar aufeinander verwiesen. Das zeigt: Für Augspurg hatte «Recht» einen Doppelcharakter oder zwei Seiten; es war nicht nur Herrschaftsinstrument zur Befestigung bestehender Machtverhältnisse, sondern diente ebenso der Befreiung und war mit-

< **Anita Augspurg (links) und Lida Gustava Heymann, Fotografie von unbekannter Hand aus den 1920er-Jahren.**

hin das einzige Mittel, um durch Vereinbarung und nicht mit Gewalt gesellschaftliche Verhältnisse zu verändern.

Dieser Aufruf vom Ende des 19. Jahrhunderts erging zu einer Zeit, in der die deutsche Frauenbewegung als soziale, kulturelle und politische Bewegung mit einer Vielzahl neuer Initiativen, der Neugründung von Vereinen, Projekten, Selbsthilfegruppen und Zeitschriften einen großen Aufschwung nahm. Die Jahre zwischen der Aufhebung des Sozialistengesetzes (1890) und dem Ersten Weltkrieg gelten daher als Hoch-Zeit der historischen Frauenbewegung, in der die verschiedenen Richtungen und Fraktionen (Proletarierinnen, Gemäßigte und Radikale und ebenso die «Vaterländischen» oder traditionellen Wohltätigkeitsvereine) ihre Anhängerschaft mobilisierten. Gegen den harten Widerstand einer konservativen Mehrheit gelang es den Liberalen, mit neuen Mitteln der Propaganda, mit einer eigenen Presse, mit Protestveranstaltungen und Vorträgen die Forderungen nach Gleichberechtigung, wirtschaftlicher Unabhängigkeit und Teilhabe in die Reform- und Modernisierungsdebatten einzubringen.

Dass Frauenfragen als Rechtsfragen in der Mitte der 1890er-Jahre so große Aufmerksamkeit und Brisanz in der Öffentlichkeit entfalteten und vorübergehend zu einer Massenbewegung, einem «Frauenlandsturm»,[2] führten, wie die Zeitgenossen spöttisch feststellten, verdankt sich einer Schar von Feministinnen, die sich mit dem vorsichtigen, kompromisslerischen Vorgehen einer «gemäßigten» Mehrheit in der Frauenbewegung nicht mehr zufriedengeben wollten. Dazu gehörten neben Anita Augspurg insbesondere Minna Cauer, Marie Stritt und Lily Braun. Für sie war die «Nichtanerkennung der Frau als gleichwertiges und gleichberechtigtes Rechtssubjekt» die «Wurzel» des Übels, aus der kein «Freiheitsbaum entsprießen» könne.[3]

Den äußeren Anlass für diese «radikale» Wende bot der sich seit der Reichsgründung 1871 hinziehende Kodifikationsprozess für ein allgemeines, in ganz Deutschland geltendes Bürgerliches Gesetzbuch

(BGB). Denn die Rechtslage im Deutschen Reich war vor 1900 als Folge der deutschen Kleinstaaterei durch eine Vielfalt von Rechtsquellen, den Überhang an ständischen und lokalen Rechten und einen Flickenteppich partikularer Gewalten gekennzeichnet. Die Vereinheitlichung und Modernisierung gerade im Privatrecht zog sich hin, galt als Jahrhundertaufgabe und beschäftigte mehr als eine Generation von Juristen. Schon nach der Veröffentlichung des ersten Entwurfs im Jahr 1888 waren einige Aktivistinnen alarmiert. Sie mussten feststellen, wie unhaltbar und unwürdig die Stellung der Frauen im Familienrecht und wie dringlich Reformen waren. Denn auch im neuen Eherecht sollten die alten Vorrechte der Ehemänner und Väter, die Bevormundung in allen die Ehe, das Vermögen und die Erziehung der Kinder betreffenden Angelegenheiten, aufrechterhalten werden. Im Scheidungsrecht, erst recht da, wo es um die Ansprüche nicht ehelicher Mütter und ihrer Kinder ging, wurde die Diskriminierung der Frauen sogar noch verschärft. Weil die Familien- und Mutterrolle der Frau als ihre wahre Bestimmung galt, waren die Unrechtserfahrungen in diesem Bereich von existenzieller Bedeutung. Aufklärungskampagnen in der Frauenpresse, kostenlose Rechtsberatung für Frauen und Mädchen in sogenannten Rechtsschutzvereinen, Expertisen und Petitionen mobilisierten ein neues Unrechtsbewusstsein.

Als der dritte Entwurf zum BGB 1895 all diese Einwände nicht berücksichtigte, brach ein Sturm der Entrüstung los. Über alle politischen Orientierungen hinweg wurden nun Protestversammlungen, Propagandareisen und Massenpetitionen organisiert. Vergebens. Abgesehen von einigen männlichen Unterstützern in der Sozialdemokratie (zum Beispiel August Bebel und Anton Menger) sowie unter Wissenschaftlern und Künstlern reagierte die Mehrheit verständnisloser Traditionalisten mit umso heftigerem Widerstand, insbesondere die Juristen, welche die «Herrschaft des Mannes im Hause» als das christlich-abendländische «Wesen der Ehe» verteidigten – wie wir wissen, über die Gleichberechtigungsreformen von 1957 und 1977 hinaus bis in die Gegenwart.

Um sich gleichberechtigt und kompetent in die Rechtsdebatte einmischen zu können, hatte Anita Augspurg 1893 beschlossen, Jura zu studieren. Das war Frauen in jener Zeit an einer deutschen Universität nicht erlaubt. Also schrieb sie sich an der Universität Zürich ein, in der zweiten Hälfte des 19. Jahrhunderts das Dorado erster europäischer Akademikerinnen. Neben ihren zahllosen Vortragsreisen zur Agitation gegen den Entwurf für das BGB, nach einem Zwischensemester in Berlin als Gasthörerin und der Ablehnung eines ähnlichen Gesuchs an der Münchener Universität beendete Augspurg ihr Studium 1897 in Zürich mit einer Doktorarbeit zu dem staatswissenschaftlichen Thema «Über die Entstehung und Praxis der Volksvertretung in England».

Als Augspurg mit vierzig Jahren zur ersten deutschen Juristin wurde, hatte sie bereits ein bewegtes Leben hinter sich. Sie wurde am 22. September 1857 in Verden an der Aller als Jüngste von fünf Geschwistern geboren. Die Familie gehörte zum kleinstädtischen, aber wohlhabenden Bildungsbürgertum. Ihr Vater war Rechtsanwalt und Notar am Obergericht in Verden, in dessen Kanzlei sie sich nach der Beendigung der Höheren Töchterschule im Abschreiben von Akten übte. In dieser Zeit, in der Mädchen des Bürgertums nichts anderes blieb, als sich mit Handreichungen im Haushalt, Klavierspielen und Abendgesellschaften auf die Ehe vorzubereiten, entdeckte Anita ihre Leidenschaft, auf Leseabenden die Rollen klassischer Dramen einzuüben.

Die Ausbildung an einem Lehrerinnenseminar in Berlin war dann zunächst nur Vorwand, um dem «Philisterland Verden» zu entfliehen.[4] Ergänzt durch Vorlesungen am Viktoria-Lyceum, das unter der Schirmherrschaft von Viktoria, der englischen Frau des Kronprinzen, zu einer Wiege frauenbewegter Lebensläufe wurde, legte sie 1879 das Lehrerinnenexamen ab. Gleichzeitig nahm sie privaten Schauspielunterricht. Mündig geworden und durch ein großmütterliches Erbe wirtschaftlich unabhängig, entschloss sie sich, Schauspielerin zu werden. Sie erhielt 1881/82 ein erstes Engagement am berühmten Meininger Hoftheater, später an Bühnen in Riga, Amsterdam und Altenburg. Doch der Rollenzwang und die geringen Möglichkeiten, «mitzuwirken am sich vollziehenden Wandel der Dinge in Staat und Gesellschaft»,[5] befriedigten sie nicht. Was blieb, war ihr «wohlklingendes Organ», eine tiefe, tragende Stimme – in einer Zeit ohne Mikrofone eine unentbehrliche Voraussetzung für die Agitation in Sachen Frauenrechte.

Auf der Suche nach einem existenzsichernden Beruf traf Anita Augspurg in der Malschule ihrer Schwester in Dresden die künstlerisch begabte Sophia Goudstikker, mit der sie 1886 ein Fotoatelier in München eröffnete. Das «Atelier Elvira», das sich auf Kinderaufnahmen, Porträtfotos von Künstlern, Literaten und Bühnenstars spezialisierte, war sehr erfolgreich und durfte schließlich wegen der Nachfrage des bayerischen Hochadels sogar den Titel «Hof-Atelier» führen: «Daß zwei anfangs der Dreißiger stehende Frauen sich geschäftlich mit Erfolg selbständig und unabhängig machten, kurze Haare [...], Tituskӧpfe trugen, in ihrem Hause anregende, interessante Gesellschaft pflegten, in der Öffentlichkeit für Frauenbefreiung kämpften, Sport trieben, ritten, radelten, wanderten, sich erdreisteten nach eigenem Belieben zu leben»,[6] wies sie als Beteiligte einer «weiblichen Avantgarde» aus,[7] deren extravaganter Lebensstil zugleich den Ausbruch aus konventionellen Lebensformen bedeutete und sich wie selbstverständlich mit den emanzipatorischen Zielen der Frauenbewegung verband.

Dort engagierte sich Anita Augspurg seit 1890 zunächst im Deutschen Frauenverein Reform, dem es um die Errichtung eines Mädchengymnasiums mit gleichen Lehrplänen wie für Jungen ging. Augspurg erschien die Gleichheit in der Bildung als unabdingbar für alle weiteren Schritte zur Ebenbürtigkeit und Gleichstellung der Frau. Sie gründete den Zweigverein Frauenbildungs-Reform in München, wenig später auch den Verein für Fraueninteressen. Doch von 1895 an war Anita

Augspurg hauptsächlich im Kampf um das BGB unterwegs. Seit ihrem Berliner Gastsemester arbeitete sie eng mit Minna Cauer zusammen, die zunächst als Initiatorin des Vereins Frauenwohl, dann als Herausgeberin der Zeitschrift *Die Frauenbewegung* Motor des sich als Radikale profilierenden Flügels der bürgerlichen Frauenbewegung war. Beide waren mehrere Jahre ein sich ergänzendes Team, Cauer als die Ältere, politisch kluge und geschickte Organisatorin, Augspurg als «hervorragende Rednerin». Zugleich entwickelte sie eine umfangreiche journalistische Tätigkeit in den Zeitschriften der Frauenbewegung sowie in der liberalen Presse, zum Beispiel auf der Frauenseite der Berliner Zeitung *Der Tag*. Sie gab von 1899 an regelmäßig die Beilage «Parlamentarische Angelegenheiten und Gesetzgebung» in der Zeitschrift *Die Frauenbewegung* heraus, die umfassend nicht nur über Frauenrechtsfragen informierte.

Als sich abzeichnete, dass das BGB nahezu unverändert gegen alle Frauenproteste verabschiedet würde, ließ Augspurg nicht locker in ihrer konsequenten Kritik des Eherechts. «Für eine Frau von Selbstachtung, welche die gesetzlichen Regelungen der bürgerlichen Ehe kennt, ist es nach meiner Überzeugung unmöglich, eine legitime Heirat einzugehen»,[8] lautete Augspurgs Schlussfolgerung. Diese Aufforderung zum Eheboykott, 1905 als «Offener Brief» in der Zeitschrift *Europa* veröffentlicht, galt als Tabubruch und löste einen Skandal aus.

In der zum Ende des Jahrhunderts aufgeregt geführten Debatte um die Kehrseite bürgerlicher Ehemoral, um Prostitution, Sexualmoral und die Verschärfung des Sexualstrafrechts mischten sich verstärkt die Vertreterinnen der Frauenbewegung als Sittlichkeits- oder Sexualreformbewegung ein, berührte doch die doppelte Moral im Umgang mit Sexualität grundsätzliche Fragen im Geschlechterverhältnis. In diesen Fragen hatte Anita Augspurg inzwischen in Lida Gustava Heymann eine kongeniale Mitstreiterin gefunden, die mit ihr als Lebenspartnerin bis ans Ende des Lebens verbunden blieb.

Wie Augspurg kam Heymann aus Norddeutschland. Am 15. März 1868 wurde sie als Tochter eines wohlhabenden Kaufmanns in Hamburg geboren. Sie führte zunächst das typische Leben einer Tochter aus gutem Hause mit Privatunterricht, höherer Töchterschule und auswärtigem Mädchenpensionat. Der Vater führte sie früh in seine geschäftlichen Angelegenheiten ein und machte sie mit seinem Tod 1896 zur Nachlassverwalterin und Erbin eines großen Vermögens. Die Erfahrungen in diesem Amt mit Behörden, Steuerbeamten, Juristen und Kaufleuten waren eine harte Schule, verhalfen ihr aber auch zu Anerkennung und Selbstbewusstsein.

Aus sozialer Verantwortlichkeit begann sie, ihre finanzielle Unabhängigkeit früh für wohltätige Zwecke im Fraueninteresse zu nutzen. Sie kaufte ein «Frauenhaus» in Hamburg und richtete damit ein erstes – im heutigen Sinn – feministisches Frauenzentrum ein mit vielfältigen Angeboten: einem Mittagstisch für Arbeiterinnen, einem Kinderhort, einer Bibliothek, mit einer Beratungsstelle für Frauen und einem Veranstaltungsraum für Lesungen, Konzerte und Versammlungen. Sie gründete zudem den ersten deutschen Zweigverein der Internationalen Abolitionistischen Föderation, die bereits seit 1875 auf Initiative der Engländerin Josephine Butler weltweit den Kampf gegen die staatliche Form der Reglementierung der Prostitution aufgenommen hatte. Den Abolitionistinnen ging es – wohlwissend, dass Prostitution nicht einfach zu verbieten ist – in Anlehnung an die Antisklavereibewegung um die «Abschaffung» *(abolition)* des einst von Napoleon in Europa eingeführten Systems staatlicher Duldung der Prostitution. Es beinhaltete die staatliche Aufsicht und Konzessionierung der Bordelle, um die Gesundheit der Freier vor Ansteckung zu schützen, Frauen, die der Prostitution verdächtigt wurden, hingegen zu bestrafen beziehungsweise unter die entwürdigende Gesundheitskontrolle der Sittenpolizei zu stellen. Diese doppelbödige Sexualmoral, die zugleich die bürgerliche Ehe für Frauen als einzig denkbare Lebensform propagierte, war der Ausgangspunkt der sogenannten Sittlichkeitsbewegung.

Sittlichkeit und Stimmrecht waren die beiden großen Streitfragen, bei denen die Radikalen ein entschiedeneres Vorgehen von der «gemäßigten» Mehrheit im Bund Deutscher Frauenvereine (BDF) sowie demokratische Abstimmungsverfahren forderten. Sie gründeten 1899 den Verband fortschrittlicher Frauenvereine mit Minna Cauer und Anita Augspurg an der Spitze, der in den folgenden Jahren zur treibenden Kraft in der Frauenbewegung sowie der Sittlichkeits- oder Sexualreformbewegung wurde. Nachdem sich Heymann in der Beratung von Prostituierten und durch verdeckte Recherchen und Besuche auf St. Pauli selbst ein Bild von den «unwürdigen Einrichtungen» gemacht hatte,[9] nahm sie gemeinsam mit Augspurg den Kampf mit Bordellbesitzern, der Sittenpolizei und dem Hamburger Senat auf. Zur gleichen Zeit waren sie auf einige skandalöse Gerichtsurteile aufmerksam geworden, die bei Sexualdelikten, insbesondere Vergewaltigung und Gewalt gegen Frauen, die Täter vor Bestrafung schonten. Sie publizierten dies als alltägliche Beispiele von «Geschlechtsjustiz» und Polizeiwillkür. Doch im gleichen Maße, in dem vor allem Augspurg sich durch ihre scharfe Kritik, ihre provozierenden Auftritte in der Öffentlichkeit und ihre propagandistischen Aktivitäten als Feministin profilierte, rief sie die schon von Hedwig Dohm kritisierten Antifeministen[10] auf den Plan und wurde zur Zielschreibe von hämischer Kritik und als «Suffragette» diffamiert.

Dies umso mehr, als Augspurg und Heymann Anfang des 20. Jahrhunderts auch zu Vorkämpferinnen der Stimmrechtsbewegung wurden und gar die militante «Kampfesweise der englischen Suffragetten» verteidigten. Dass das Wahlrecht von Frauen in Deutschland im Vergleich zu anderen westlichen Ländern erst verhältnismäßig spät öffentlich verhandelt werden konnte, ist den nach 1850 in den meisten Staaten des Deutschen Bundes erlassenen Vereinsgesetzen geschuldet, die

Frauen jegliche politische Betätigung oder Mitgliedschaft in Vereinen untersagten.

Bei der Überprüfung der Vereinsgesetze nun entdeckte Anita Augspurg 1901 in der Hamburger Novelle zum Vereinsgesetz von 1894 eine Lücke – da hier offensichtlich vergessen worden war, die Frauen zu erwähnen und damit auszuschließen. Sofort gründeten Augspurg und Heymann zusammen mit Minna Cauer in Hamburg den ersten Stimmrechtsverein, der nun für ganz Deutschland eine lebhafte Agitation entfachte. Auf diese Weise konnte die deutsche Bewegung endlich Anschluss an die internationale Stimmrechtsbewegung finden. Dass es Augspurg und Heymann zusammen mit der Niederländerin Aletta Jacobs 1904 gelang, im Zusammenhang mit dem Weltkongress des International Council of Women in Berlin gleichzeitig die internationale Prominenz der Stimmrechtsbewegung einzuladen, um hier den Weltbund für Frauenstimmrecht (International Woman Suffrage Alliance) zu gründen, war einer der glänzenden Höhepunkte in der Geschichte der Frauenbewegung, der in Öffentlichkeit und Presse außergewöhnlich große Beachtung fand.

Anita Augspurg war dabei zur Vizepräsidentin des Weltbundes für Frauenstimmrecht gewählt worden. Sein Motto lautete: «Der Stimmzettel ist das einzige legale und dauerhafte Mittel, die ‹Rechte auf Leben, Freiheit und Verfolgung des Glücks› zu verteidigen.»[11] Für Augspurg und Heymann öffnete sich damit eine internationale Bühne, die von einem informellen Netzwerk persönlicher Beziehungen getragen wurde. Dabei ergänzten sich beide, wie Augspurg betonte, auf «herrliche» Art und Weise.[12] Im Urteil der Zeitgenossinnen besaß Augspurg als Juristin die grundlegenden Rechtskenntnisse und war als charismatische Rednerin bekannt, Heymann verfügte über großes Organisationstalent und Geld. Augspurg galt als die Intellektuelle und sachlich Argumentierende, Heymanns Engagement war hingegen häufig von Empörung und Entrüstung geprägt; Polemik scheute sie nicht.

Ob ihre «innige» Beziehung eine homosexuelle Liebesbeziehung war, wurde von beiden als private Angelegenheit behandelt und nicht thematisiert.

Durch die internationalen Verbindungen kam nun auch in Deutschland die Stimmrechtsbewegung in Schwung, zumal der BDF 1902 das Frauenwahlrecht endlich in sein Programm aufgenommen hatte. Ein erster Erfolg war die reichsweite Reform des Vereinsrechts, das den politischen Maulkorb für Frauen nach mehr als einem halben Jahrhundert aufhob. Zugleich hatte die Öffnung der Parteien für Frauen die Folge, dass unter den verschiedenen Stimmrechtsvereinen die Auseinandersetzung darüber begann, welches Stimmrecht denn nun zu fordern sei: das «allgemeine, gleiche und geheime», also demokratische Wahlrecht, das im Deutschen Reich auch für Männer nur für den Reichstag galt, oder das in den meisten Einzelstaaten noch geltende Drei- oder gar Achtklassenwahlrecht (zum Beispiel in Preußen beziehungsweise Bremen). Da sich unter den Parteien zu jener Zeit nur die SPD uneingeschränkt für das Frauenwahlrecht ausgesprochen hatte, kam die Parteinahme dafür einem Umsturz gleich. Die Kontroverse führte zu persönlichen Spannungen, Abspaltungen und neuen Vereinsgründungen. Gerade weil Augspurg immer kompromisslos für das demokratische Wahlrecht eingetreten war, irritiert, dass sie sich nun, um zu vermitteln, separatistisch mit einem allgemeinen Wahlrecht *nur für Frauen* zufriedengeben wollte. Zunehmend isoliert, zog sie sich 1911 vom Vorsitz des größten Stimmrechtsverbandes, des Deutschen Vereins für Frauenstimmrecht, zurück und musste deshalb 1913 auch die Redaktion der Verbandszeitschrift *Frauen-Stimmrecht* abgeben. Damit hatten Augspurg und Heymann ihre wichtigsten Instrumente der politischen Einflussnahme verloren.

Und doch sollten sie beide noch einmal auf beeindruckende Weise auf die Bühne der Weltpolitik zurückkehren. Mit dem Beginn des Ersten Weltkrieges sortierten sich die Fronten in der Frauenbewegung neu. Während die große Mehrheit der im BDF versammelten Frauenvereine und sogar die sozialdemokratischen Frauenvereine (mit Ausnahme einer Gruppe von Sozialistinnen um Clara Zetkin und Rosa Luxemburg, die später der USPD angehörten) sich im Nationalen Frauendienst unter der Führung von Gertrud Bäumer zum Kriegsdienst an der «Heimatfront» verpflichteten, lehnten Augspurg und Heymann und eine Minderheit radikaler Pazifistinnen jegliche Beteiligung am Krieg, auch den Hospitaldienst, ab. «Halbtot geschundene Menschen wieder lebendig und gesund zu machen, um sie abermals in den Krieg zu schicken»,[13] konnte für sie keine staatsbürgerliche Pflicht sein. Stattdessen unterstützten sie die Initiative der niederländischen Stimmrechtlerin Aletta Jacobs, die Frauenbewegungen der kriegführenden und neutralen Länder im April 1915 zu einem Friedenskongress nach Den Haag einzuladen. Denn das Stimmrecht, also die politische Gleichberechtigung der Frau, und ein mit den Mitteln des Rechts, mit schiedsgerichtlicher Vereinbarung und demokratischer Kontrolle gesicherter Frieden gehörten für Augspurg und Heymann zusammen. «Erst wenn Frauen in den Parlamenten sitzen [...], werden die Regierungen zur Rechenschaft gezwungen über gewissenlose Kriegshetze ...»,[14] so beschrieb Augspurg schon vor dem Krieg ihre pazifistische Utopie. Sie hatte auf der Konferenz in Den Haag eindrucksvolle Auftritte, beschwor die grenzüberschreitende weibliche Solidarität und verstand es, als Deutsche die verspätet erscheinenden Delegierten aus dem von deutschen Truppen besetzten Belgien auf das Podium der Kongressleitung zu bitten – eine Geste, die mit stürmischem Beifall bedacht wurde.

Der Bund Deutscher Frauenvereine hatte die Teilnahme an der Friedenskonferenz im Voraus für «unvereinbar mit der vaterländischen Gesinnung» erklärt und boykottiert. Die 28 deutschen Teilnehmerinnen wurden nach der Rückkehr als «Vaterlandsverräterinnen» diffamiert und fortan von den Militärbehörden überwacht und verfolgt. Briefzensur und Publikationsverbote, Hausdurchsuchungen und Verhaftungen haben Augspurg und Heymann und andere, darunter auch viele pazifistische Sozialistinnen, mundtot gemacht. Erst nach Kriegsende, im Mai 1919, konnten sich die Pazifistinnen in Zürich wieder versammeln und gründeten die bis heute bestehende Internationale Frauenliga für Frieden und Freiheit (IFFF, engl.: WILPF) mit Sitz in Genf.

Noch einmal, nachdem Kurt Eisner in der Nacht zum 8. November 1918 in München die Republik ausgerufen und dabei unter anderem das Frauenwahlrecht verkündet hatte, waren Augspurg und Heymann mit großem Einsatz dabei. Anita Augspurg war als Vertreterin des Bayerischen Stimmrechtsvereins in die provisorische Übergangsregierung berufen worden. Ermutigt und überzeugt von Eisners pazifistischem Modell sozialer Demokratie, kandidierte sie zur Landtagswahl auf der Liste der USPD als Parteilose. Man stelle sich die über sechzigjährige, prominente und weltläufige Dame vor, die im Januar 1919 mit einem Rucksack voll Propagandamaterial durch die verschneiten oberbayerischen Dörfer stapft, um Stimmen für mehr weiblichen Einfluss in der Politik, für Recht, Freiheit und Frieden zu werben! Ihre Kandidatur für den Landtag wie auch Heymanns Bewerbung für die Nationalversammlung schlugen jedoch fehl. Nach Kurt Eisners Ermordung am 21. Februar 1919 und der Niederschlagung der sich anschließenden Münchner Räterepublik im Mai zogen sich Augspurg und Heymann schließlich enttäuscht und auch verbittert aus der deutschen Politik, erst recht der deutschen Frauenbewegung zurück.

Und doch nicht ganz. Beide konzentrierten sich nun mit aller Kraft auf die «völkerversöhnende Frauenarbeit»[15] in der Internationalen Liga für Frieden und Freiheit, der sich Aktivistinnen aus 24 Staaten angeschlossen hatten. Während der Zeit der Weimarer Republik widmeten sich Augspurg und Heymann dem Aufbau der deutschen Sektion der Liga und spielten als «Grandes Dames» der Frauenfriedensbewegung im internationalen Netzwerk und auf ihren internationalen Kongressen nach wie vor eine führende Rolle. Und sie schufen sich ein Publikationsorgan, die Zeitschrift *Die Frau im Staat*, die von 1919 bis 1933 erschien und die deutsche wie internationale Politik scharf und aus radikal-feministischer Perspektive kritisierte. «Frauen sind, nur weil sie Frauen sind, gegen jede brutale Gewalt [...]; sie wollen aufbauen, schützen, neu schaffen, neu beleben»,[16] heißt es zum Geleit. In dieser sich ideologisch verfestigenden Annahme einer grundlegenden Geschlechterdifferenz, die keineswegs alle pazifistischen Autorinnen und Autoren der Zeitschrift teilten, blieben Augspurg und Heymann kompromisslos. Gepaart mit einer zunehmend kapitalismuskritischen Haltung, wurde es jedoch immer schwieriger für sie, Bündnispartner zu finden. Und doch ist in der Zeitschrift viel hellsichtige Kritik nachzulesen, die sich historisch als nur zu berechtigt erwiesen hat: das Bekenntnis zur deutschen Kriegsschuld, das Plädoyer für einen Rechtsfrieden anstelle eines Gewaltfriedens und für die Aussöhnung mit Frankreich; die frühe Kritik am Faschismus und Nationalsozialismus sowie an dem sich in den 1920er-Jahren immer prononcierter zeigenden Antisemitismus.

Nach Hitlers «Machtergreifung» wurde beiden Freundinnen, die sich gerade auf einer Urlaubsreise befanden, geraten, nicht nach Deutschland zurückzukehren. Sie fanden Zuflucht im Schweizer Exil und lebten nun mittellos in Zürich, auf die Hilfe ihrer Mitstreiterinnen angewiesen. Die zehn Jahre jüngere Lida Gustava Heymann hatte zunehmend die Arbeit ihrer erkrankten Freundin übernommen und pflegte sie. Als Heymann am 31. Juli 1943 überraschend an Krebs starb, folgte Anita Augspurg ihr nur wenige Monate später, am 20. Dezember. Ihr demokratisches Vermächtnis musste erst von der neuen Frauenbewegung in den 1970er-Jahren wiederentdeckt werden.

Zum Weiterlesen

Lida Gustava Heymann unter Mitarbeit von Anita Augspurg, Erlebtes – Erschautes. Deutsche Frauen kämpfen für Freiheit, Recht und Frieden, hg. von Margit Twellmannn, Meisenheim 1972.

Anne-Laure Briatte, Bevormundete Staatsbürgerinnen. Die «radikale» Frauenbewegung im Deutschen Kaiserreich, Frankfurt a. M. / New York 2020.

Feministische Studien: Die Radikalen in der alten Frauenbewegung, hg. von Ute Gerhard und Heide Schlüpmann, 3, Nr. 1 (1984).

Susanne Kinnebrock, Anita Augspurg (1857–1943). Feministin und Pazifistin zwischen Journalismus und Politik, Herbolzheim 2005.

Michael Dreyer

Hugo Preuß
(1860–1925)

Aufbruch in die neue Zeit: Die Weimarer Verfassung

Im Jahr 1959 fügte Theodor Heuss mit 75 Jahren der langen Liste seiner Ämter ein neues hinzu: Er wurde der erste Altbundespräsident der zweiten deutschen Demokratie. Ein Jahr darauf nutzte er den 100. Geburtstag des 1860 geborenen Hugo Preuß, um die Erinnerung an den herausragenden Wissenschaftler, den Vorkämpfer der Demokratie und Vater der Weimarer Verfassung «ganz einfach [als] eine vaterländische Anstandspflicht» zu bezeichnen.[1] Die Worte des Altbundespräsidenten stießen auf taube Ohren, wie auch schon 1926 eine Sammlung von Aufsätzen und Schriften des ein Jahr zuvor verstorbenen Preuß, die Heuss unter dem treffenden Titel *Staat, Recht und Freiheit* herausgegeben hatte, auf wenig Resonanz gestoßen war.

Nun sind wiederum gut sechzig Jahre seit dem Geburtstagsgruß von Heuss an seinen liberalen Mitstreiter, Parteifreund und Freund vergangen, und wir nähern uns bereits 2025, dem 100. Todestag von Hugo Preuß. Inzwischen hat sich die Situation im kollektiven Gedächtnis, zumindest in Wissenschaft, Politik und historisch interessierter Öffentlichkeit gründlich geändert, und man muss nicht mehr mühsam begründen, warum es wichtig ist, sich mit Preuß zu beschäfti-

< Hugo Preuß 1919 in Weimar, dem Ort der Verfassunggebenden Nationalversammlung. Fotografie von unbekannter Hand.

gen. Es gibt jetzt wissenschaftliche Abhandlungen über alle wichtigen Aspekte seines politischen Lebens und Denkens, und seine zahlreichen Schriften, Aufsätze und Zeitungsartikel liegen in fünf umfangreichen Bänden vor.[2]

Die Öffentlichkeit kennt heute den Namen Preuß, und doch gilt es immer wieder zu erklären, warum unsere Republik ihn unbedingt zu ihren Wegbereitern zählen darf und was sie ihm bis heute verdankt.

Hugo Preuß trat seinen Lebensweg am 28. Oktober 1860 in Berlin mit vielen Vorteilen an. Er kam aus einem reichen Elternhaus, und das hatte den praktischen Vorzug, dass er weder bei seinen wissenschaftlichen noch bei seinen politischen Positionen auf materielle Gesichtspunkte achten musste, denn von einem Gehalt war er nie abhängig. Preuß lebte, abgesehen von einigen Studienjahren in Göttingen, fast sein ganzes Leben lang in Berlin in einem großbürgerlichen Haus in der damaligen Matthäikirchstraße im vornehmen Bezirk Tiergarten, in der heutigen Herbert-von-Karajan-Straße, die zur Gemäldegalerie und Philharmonie führt. Nachbarn waren unter anderen die Frauenrechtlerin Hedwig Dohm, der Schriftsteller Carl Zuckmayer, eine Schwester Bismarcks, der Warenhausbesitzer Georg Wertheim und die Unternehmerin und spätere DVP-Reichstagsabgeordnete Katharina von Kardorff-Oheimb. Dazu kam ein Sommerhaus im Grunewald, direkt neben der Villa Walther Rathenaus, mit dem Preuß Freundschaft und Verwandtschaft verband. Preuß' Frau Else war die Tochter des berühmten Chemikers Carl Liebermann, der seinerseits ein Cousin des Malers Max Liebermann und von Emil Rathenau war, dem Begründer der AEG und Vater des späteren Reichsaußenministers.

Allen diesen Vorzügen, die das Leben leichter machten, stand jedoch etwas gegenüber, das gegen ihn verwendet wurde: Preuß war Jude, und das hieß, dass er zeit seines Lebens mit Hindernissen und antisemitischen Angriffen konfrontiert war, bereits im Kaiserreich, aber auch in der Weimarer Republik. Zudem war er schon im Kaiserreich Demokrat und Republikaner und hielt diese wenig karrierefördernden Ansichten auch nicht verborgen. So ist es ein Zeichen seiner enormen Begabung und Energie, dass er trotzdem einer der wichtigsten Staatsrechtstheoretiker des Kaiserreiches war, Mitbegründer der demokratischen Pluralismustheorie, Professor und Rektor der Berliner Handelshochschule, Mitglied der Berliner Stadtverordnetenversammlung und Stadtrat im Magistrat von Berlin, Mitbegründer der linksliberalen Deutschen Demokratischen Partei, erster Reichsinnenminister und Vater der Weimarer Reichsverfassung sowie bis zu seinem Tode 1925 Landtagsabgeordneter in Preußen. Dazu fand er noch Zeit, 23 (überwiegend wissenschaftliche, aber auch einige politische) Bücher zu schreiben und fast 200 wissenschaftliche und publizistische Artikel zu verfassen.

Ernst Feder, ein wichtiger liberal-demokratischer Journalist der Weimarer Republik, charakterisierte seinen Freund in einem Nachruf: «Gewiß bedurfte der behäbige, mittelgroße Mann, der immer die dicke Zigarre im Mund hatte, manchmal des Anstoßes, und gestern noch erzählte er im Landtag das Scherzwort seiner Frau: ‹Du bist so faul, daß du gar nicht zu arbeiten aufhörst, wenn Du einmal angefangen hast.› Behagliche äußere Verhältnisse schufen ihm die Möglichkeit für ein ganz der Politik, der Wissenschaft, dem öffentlichen Wohl gewidmetes Leben.»[3] Dieser sehr eigentümlichen «Faulheit» und ihren Resultaten begegnen wir nun zunächst im wissenschaftlichen Leben von Preuß.

Seine wissenschaftliche Laufbahn begann unspektakulär; dem Jurastudium folgte eine nicht zu Unrecht vergessene Dissertation. Aber schon der nächste Schritt auf der Karriereleiter war ein Paukenschlag: Die Habilitation blieb bis heute im Druck, was man sicherlich nicht von vielen juristisch-staatsrechtlichen Büchern des Jahres 1889 sagen kann. Der Titel des Bandes war Programm und zugleich Kampfansage: *Gemeinde, Staat, Reich als Gebietskörperschaften. Versuch einer deutschen Staatskonstruktion auf Grundlage der Genossenschaftstheorie* –

dieser harmlos anmutende Titel enthält eine dreifache Herausforderung, und zwar sowohl an die Staatsrechtswissenschaft wie an die Politik seiner Zeit. Und es war eine demokratische Herausforderung – die auch als solche verstanden wurde. Die erste Herausforderung lag in *Gemeinde, Staat, Reich*: also drei territoriale Einheiten, die hier im Titel gleichgestellt werden. Die herrschende Lehre im Staatsrecht, die wesentlich auf den Arbeiten von Paul Laband beruhte,[4] ging selbstverständlich von einer Hierarchie dieser Territorien aus; vom souveränen Reich über den nicht-souveränen Staat bis zur nur kommunal agierenden Gemeinde. Dies führte zu einigen Absurditäten, etwa der Behauptung der «nationalen Aufgaben» von Reuß älterer Linie (einem Staat im Kaiserreich) und der «lokalen Aufgaben» von Berlin ... Hintergrund war die Lehre von der Souveränität, die seit Jean Bodins *Sechs Büchern über den Staat* von 1576 eiserner Bestandteil der Staatstheorie war. Tatsächlich griff Preuß – und dies war die zweite Herausforderung – genau diese Lehre an. Die *Gebietskörperschaften* waren für ihn gleichwertig, und eine davon herauszuheben und mit dem Attribut «Souveränität» zu adeln schien ihm ein Relikt aus der Epoche des Absolutismus zu sein, das seine Bedeutung gehabt habe, inzwischen aber überholt sei und der Verfassungsrealität nicht mehr entspreche. Dies deutet bereits die dritte Herausforderung an, nämlich die *Genossenschaftstheorie*. Preuß hatte diesen Gedanken von seinem akademischen Lehrer Otto von Gierke übernommen, der selbst ein bedeutender Rechtshistoriker war. Gierke hatte sich von römisch-rechtlichen Staatskonstruktionen abgewendet und ging von der Gleichheit aller «Genossen» in einem Verband aus, egal ob dies ein Personenverband war (wie etwa eine Partei, Gewerkschaft oder ein Verein) oder ein territorialer Verband.[5] Anders als der konservative Gierke (der nach dem Ersten Weltkrieg für kurze Zeit Mitglied der Deutschnationalen Volkspartei war) führte Preuß diesen Gedanken zu seiner logischen Vollendung: Die Gleichheit der Genossen bei der Verfolgung ihrer legitimen

Interessen implizierte die Demokratie, sei es innerhalb eines Verbandes oder eben in einem Territorium. Gemeinde, Staat und Reich waren unterschiedlich große Territorien, aber keines davon wurde durch seine «Souveränität» herausgehoben. Sie verband die Selbstregierung oder das *Selfgovernment*, wie Preuß es im Anklang an England ausdrückte.

Damit war Preuß nichts weniger als die Formulierung der demokratischen Pluralismustheorie geglückt, nach der gleichberechtigte Verbände die Interessen ihrer Mitglieder im Wettstreit mit anderen Verbänden verfechten – also Gewerkschaften mit Arbeitgebervereinigungen, Parteien untereinander, ebenso Kirchen und Konfessionen. Niemand konnte danach Überlegenheit über andere Verbände für sich reklamieren; und das galt auch für den Staat gegenüber der Gemeinde. Der Pluralismus ist auch heute eine der Grundlagen der Demokratie in Deutschland.

Implizit ist in einer solchen Staatskonstruktion kein Platz für einen souveränen Kaiser und König von Gottes Gnaden, und man kann sich vorstellen, wie «willkommen» diese Ideen von Preuß im Kreis seiner konservativeren Staatsrechtskollegen waren, ganz zu schweigen von den Obrigkeiten in Preußen und im Reich.

Neben seinen staatsrechtlichen Schriften wurde Preuß auch in anderen Bereichen des preußischen und des Reichsrechts zu einem der herausragenden Vordenker. *Das städtische Amtsrecht in Preußen* von 1902 und *Das Recht der städtischen Schulverwaltung in Preussen* drei Jahre später waren gewichtige Bände zum Verwaltungsrecht, in denen Preuß seine genossenschaftlichen Ideen auf weitere Rechtsgebiete ausdehnte. Aber warum beschäftigte er sich überhaupt mit solchen etwas obskuren Fragen wie der städtischen Schulverwaltung? Hier verbanden sich wissenschaftliche und politisch-publizistische Tätigkeit.

Seit 1895 war Preuß (jüngstes) Mitglied der Berliner Stadtverordnetenversammlung – keine geringe kommunalpolitische Verantwortung, wenn man bedenkt, dass die Stadt Berlin ein höheres Budget hatte als das Großherzogtum Baden, auch wenn Berlin damals, vor dem Groß-Berlin-Gesetz von 1920, nur wenig größer war als der heutige Bezirk Berlin-Mitte. Das Kommunalwahlrecht in Berlin entsprach dem Landtagswahlrecht in Preußen; es war also ein Dreiklassenwahlrecht, in dem die Steuerzahler je nach Steuerleistung in eine von drei Klassen eingeteilt waren. Dieses Wahlrecht sicherte den liberalen Parteien bis zum Ende des Kaiserreiches eine klare Mehrheit im Kommunalparlament, auch nachdem die Sozialdemokraten in Berlin, damals die größte Industriestadt des Reiches, fünf der sechs Reichstagsmandate gewonnen hatten. Für den Reichstag galt ein modernes, allgemeines Männerwahlrecht, das wesentlich demokratischer war.

Die Berliner Liberalen konnten es sich sogar leisten, sich kommunal in mehrere Fraktionen aufzuspalten. Hugo Preuß gehörte zum linken Liberalismus und versäumte keine Zeit, an dem Ast zu sägen, auf dem er saß. Von Anfang an trat er für ein demokratisches Wahlrecht ein und für die Zusammenarbeit mit der Sozialdemokratie, beides Positionen, die seinen liberalen Kollegen viel zu weit gingen. Egal welches Thema man betrachtet, Preuß ist immer ein Advokat für die weitestmögliche linksliberale Position, die gerade noch diesseits der SPD liegt, aber oft auch anschlussfähig ist. Er tritt für die weitgehende «Verstadtlichung» von Nahverkehr, Wasser-, Gas- und Elektrizitätsversorgung ein, als diese Einrichtungen noch in privater Hand liegen und die liberale Mehrheit im Stadtparlament hier keine kommunale Aufgabe sehen will. Alle Argumente, die in den 2000er-Jahren gegen die Privatisierung der kommunalen Stadtwerke vorgebracht werden sollten, finden sich bereits bei Preuß – und die Resultate gaben ihm damals wie hundert Jahre später recht.

Er plädiert für die Gleichberechtigung vor allem der jüdischen Lehrerinnen, die vom Magistrat und der preußischen Schulverwaltung benachteiligt werden. Er bemüht sich um bessere Löhne für städtische

Beschäftigte, für eine weitgehende Auslegung der Kommunalfreiheit gegen den übermächtigen preußischen Staat, der seine ungeliebte «linke» Hauptstadt gern an der kurzen Leine hält. Alle diese Kämpfe führt Preuß politisch im Stadtparlament und zugleich wissenschaftlich in seinen Büchern und Aufsätzen – es lohnt sich für die Stadt, einen der führenden juristischen Köpfe Deutschlands sozusagen kostenlos auf ihrer Seite zu haben. 1910 wird Preuß in einem Überraschungscoup mit den Stimmen der Linksliberalen und der Sozialdemokraten zum Stadtrat, also zum Mitglied des Berliner Magistrats, gewählt, gegen einen rechtsliberalen Amtsinhaber.

Diesen Posten behält er bis 1918 und engagiert sich auch in sozialen Fragen, von 1914 an in der Kriegsversehrtenfürsorge der Stadt Berlin. Der preußische Staat rächt sich für diese «reichsfeindlichen» Haltungen in Politik und Wissenschaft damit, dass er dem brillanten Gelehrten den Professorentitel an einer staatlichen Universität verweigert. Jude *oder* Demokrat ginge vielleicht noch, aber ein jüdischer Demokrat ist zu viel. Selbst die Kaiserin Auguste Viktoria greift bei einer Gelegenheit über ihren Haushofmeister ein, um die Verleihung des Titels zu verhindern. Preuß wird es egal gewesen sein. Finanziell ist er mehr als nur abgesichert, und akademisch findet er eine neue Heimat als Professor an der 1906 gegründeten privaten Handelshochschule Berlin – eine Institution, die zahlreiche Gelehrte aufnimmt, die an staatlichen Universitäten keine Chance haben.

Als der Krieg 1914 begann, engagierte er sich wie viele deutsche Professoren. Aber anders als die meisten seiner Standesgenossen, die in patriotischer Aufwallung das «perfide Albion» und dessen Handelsneid, die französische Revanchesucht und den russischen Panslawismus geißelten, sah Preuß den Krieg nüchterner. Für ihn war es eine systemische Auseinandersetzung, in der moderne, demokratische Volksstaaten wenigstens im Westen dem deutschen Obrigkeitsstaat gegenüberstanden. Der Obrigkeitsstaat konnte diesen Krieg militärisch nicht gewinnen und politisch nicht beenden – und so mahnte Preuß noch während des Krieges immer wieder und geradezu verzweifelt demokratische Reformen an, um so die drohende Niederlage abzuwenden. In der Schrift *Das deutsche Volk und die Politik*[6] prägte er 1915 das Begriffspaar «Volksstaat und Obrigkeitsstaat», und nachdem die Eliten des Obrigkeitsstaates alle Warnungen ignoriert hatten, betrat der Volksstaat Ende 1918 revolutionär die Bühne. Preuß hatte schon vor der Jahrhundertwende gegen die alten, überkommenen Eliten gekämpft,[7] oft im Bündnis mit der SPD. Jetzt, mit 58 Jahren, kam die Aufgabe seines Lebens auf ihn zu: Der revolutionäre Rat der Volksbeauftragten und vor allem Friedrich Ebert vertrauten dem bürgerlichen Gelehrten und Kommunalpolitiker das Reichsinnenamt an und damit die Vorbereitung der Verfassung des neuen, demokratischen Volksstaates.

Nur wenige von einem demokratischen Parlament beratene und verabschiedete Verfassungen sind so eng mit einem einzigen Namen verbunden wie die Verfassung der Weimarer Republik mit dem von Hugo Preuß. Als die Verfassung am 31. Juli 1919 im Deutschen Nationaltheater zu Weimar mit großer Mehrheit angenommen wurde, brachte Eduard David (SPD), der Nachfolger Preuß' als Reichsinnenminister, ein Hoch auf «die demokratischste Demokratie der Welt» aus, und als er seinem Vorgänger im Amt dankte, gab es ein «Lebhaftes Bravo» im Plenum.[8]

Die Verfassung, die dieses Lob verdiente, sah im Entwurf aus der Feder von Preuß bereits einigermaßen so aus wie das fertige Produkt. Der Reichstag rückte von einer Nebenrolle in das Zentrum der Politik vor. Reichstag und Reichspräsident waren beide demokratisch legitimiert, das Volk konnte sich über Volksabstimmungen direkt gesetzgeberisch beteiligen. Männer und Frauen waren erstmals gleichberechtigt (Art. 109 und Art. 119), die Freiheit von Kunst und Wissenschaft wurde jetzt garantiert (Art. 142), die «fremdsprachigen

Volksteile des Reichs» (Art. 113) sollten geschützt werden und der Schulunterricht «im Geiste [...] der Völkerversöhnung» erfolgen und ohne «die Empfindungen Andersdenkender» zu verletzen (Art. 148). Die Wirtschaftsordnung «muß den Grundsätzen der Gerechtigkeit mit dem Ziele der Gewährleistung eines menschenwürdigen Daseins für alle entsprechen» (Art. 151), und es wird angestrebt, «jedem Deutschen eine gesunde Wohnung [...] zu sichern» (Art. 155). Sozialversicherungen (Art. 161) und Betriebsräte (Art. 165) bekamen Verfassungsrang – die Weimarer Reichsverfassung war tatsächlich die modernste Verfassung der Welt. Die Grundrechte gehen zum Teil weit über das hinaus, was heute im Grundgesetz steht.

Natürlich hatte Preuß sich nicht in allen Punkten durchgesetzt. Gescheitert war vor allem sein zentraler Plan für die Belebung eines demokratischen Föderalismus, nämlich die Aufteilung Preußens, des alles überragenden Großstaats innerhalb des Deutschen Reiches (zwei Drittel der Fläche und der Bevölkerung!), in mehrere Länder – deren Grenzen denen der heutigen Bundesländer in vielen Fällen bemerkenswert ähnlich sein sollten!

Die rechten Feinde der Republik versuchten von Anfang an, die neue Verfassungsordnung als «undeutsch» zu verunglimpfen – und sie vergaßen auch nie hinzuzufügen, dass ihr hauptsächlicher Autor Jude sei. Preuß widmete seine letzten Jahre bis zu seinem Tod am 9. Oktober 1925 in Berlin dem Kampf für die wehrhafte Demokratie.

Preuß war im November 1918 nicht nur in die Regierung eingetreten, sondern er war auch einer der Mitbegründer der neuen Deutschen Demokratischen Partei (DDP). Die DDP war linksliberal ausgerichtet und sollte wenige Wochen später mit der katholischen Zentrumspartei und der SPD die «Weimarer Koalition» bilden. Zu seiner großen Enttäuschung stellte die DDP Preuß weder als Kandidaten für die Verfassunggebende Nationalversammlung noch für einen der späteren Reichstage auf – selbst als Reichsminister fand er mehr Unterstützung beim sozialdemokratischen Reichspräsidenten Ebert als in seiner eigenen Partei. Auch die DDP war nicht frei von Antisemitismus, und zudem nahmen ihm viele Partei-«Freunde» die Pläne zur Aufteilung Preußens, seine Nähe zur SPD oder sein Eintreten für Schwarz-Rot-Gold als Reichsfarben (statt Schwarz-Weiß-Rot) oder irgendetwas anderes übel. Immerhin, im Parteivorstand und im Preußischen Landtag war Preuß eine gewichtige Stimme. Und publizistisch lief er zu großer Form auf.

Schon im Kaiserreich hatte Preuß, recht untypisch für einen deutschen Professor, keine Berührungsängste mit Zeitungen gehabt. Im Gegenteil: Seiner Feder entstammten zahlreiche meinungsstarke Artikel in den Flaggschiffen der liberalen Presse, dem *Berliner Tageblatt*, der ebenfalls in Berlin erscheinenden *Vossischen* und der *Frankfurter Zeitung*. Schon in den Jahren 1903 bis 1907 hatte er sich in einer Artikelreihe «Novae epistolae obscurorum virorum» («Neue Dunkelmännerbriefe») mit beißendem Spott über die Eliten des Kaiserreiches, über Offiziere und Landräte, über Priester und Politiker ohne Rückgrat lustig gemacht,[9] in Anlehnung an die «Dunkelmännerbriefe» der Renaissance, in denen deutsche Humanisten satirisch mit ihren Gegnern abrechneten. Jetzt kämpfte er um die Demokratie – die für ihn eine wehrhafte Demokratie war oder zumindest sein sollte.

Preuß verlangte ein Bündnis der demokratischen Parteien der Weimarer Koalition sowohl im Reich wie in Preußen. Er war Gründungsmitglied im Reichsbanner Schwarz-Rot-Gold, dem paramilitärischen Schutzverband zur Verteidigung der Republik, der in späteren Jahren in Straßenschlachten der SA Paroli bieten sollte. Er kämpfte im «Abwehrverein» gegen den Antisemitismus, und er verlangte, den Feinden von Republik und Demokratie entschieden entgegenzutreten. Aber all seinen Bemühungen zum Trotz wurde wenige Jahre nach seinem Tode die deutsche Demokratie von ihren Feinden zerstört.

Also alles vergebens? Auf die «demokratischste Demokratie der

Welt» folgte 1933 eine Terrorherrschaft ohnegleichen. Wenn man sich in der Bundesrepublik überhaupt an Preuß erinnerte, dann im Kontext der angeblich «gescheiterten» Weimarer Verfassung. Aber es macht einen Unterschied, ob eine Verfassung scheitert oder von demokratiefeindlichen Eliten zerstört wird.

Hugo Preuß entwarf «eine gute Verfassung in schlechter Zeit»[10] – was man auch daran sieht, dass das Grundgesetz weit mehr Übernahmen aus der Weimarer Verfassung enthält, als man lange zugeben wollte. Und auch die heutigen Verfassungen in Frankreich, Finnland, Griechenland, Österreich und weiteren Staaten folgen wesentlich dem Modell von Preuß. Sein demokratischer Pluralismus zeigt bis heute die Fundamente nicht nur der deutschen, sondern jeder Demokratie auf. Als Wissenschaftler gehörte Preuß zu den führenden Köpfen seines Faches, als Publizist nahm er es wortgewaltig und mit beißender Ironie mit jedem Feind der Republik auf, und als Politiker stand er fest für die wehrhafte Demokratie und für die Menschen ein, die in der Gesellschaft benachteiligt waren. Mehr kann man von einem einzigen Leben nicht erwarten.

Zum Weiterlesen

Hugo Preuß, Gemeinde, Staat, Reich als Gebietskörperschaften. Versuch einer deutschen Staatskonstruktion auf Grundlage der Genossenschaftstheorie, Berlin 1889.

Hugo Preuß, Gesammelte Schriften, hg. von Detlef Lehnert / Christoph Müller, 5 Bde., Tübingen 2007–2015.

Ursula Büttner, Weimar. Die überforderte Republik 1918–1933, Stuttgart 2008.

Horst Dreier / Christian Waldhoff (Hg.), Das Wagnis der Demokratie. Eine Anatomie der Weimarer Reichsverfassung, München [2]2018.

Michael Dreyer, Hugo Preuß. Biografie eines Demokraten, Stuttgart 2018.

Michael Dreyer / Andreas Braune (Hg.), Weimar als Herausforderung. Die Weimarer Republik und die Demokratie im 21. Jahrhundert, Stuttgart 2016.

Christoph Gusy, 100 Jahre Weimarer Verfassung. Eine gute Verfassung in schlechter Zeit, Tübingen 2018.

Detlef Lehnert, Das pluralistische Staatsdenken von Hugo Preuß, Baden-Baden 2012.

Werner Schulz

«Wir sind das Volk» oder: Was 1989 mit 1848 verbindet

Ein Nachwort

Dass die Deutschen die Chance erhalten würden, ihren Nationalstaat ein zweites Mal zu gründen, galt lange Zeit als unwahrscheinlich und aussichtslos. Laut einem renommierten amerikanischen Wörterbuch aus dem Jahr 1987 galt Deutschland als «a former country in central Europe» – als ein längst vergangenes Land in Mitteleuropa.[1] Dennoch hielt sich die vage Hoffnung: «Die deutsche Frage ist so lange offen, wie das Brandenburger Tor zu ist.»[2] Doch selbst 1987 hielt man die Aufforderung des amerikanischen Präsidenten Ronald Reagan bei seinem Besuch in West-Berlin: «Mr. Gorbachev, open this Gate!»[3] für eine theatralisch wirkungslose Geste. Erst durch die friedliche Revolution in der DDR kam die Geschichte in Bewegung, wurde das Symbol der staatlichen Teilung auch zum Wahrzeichen ihrer Überwindung.

Was 1848/49 scheiterte, gelang 1989: eine friedliche Revolution für Freiheit und Einheit. Beide Ereignisse sind tiefer verbunden als allgemein bekannt. Wiederholt bestätigte sich die deutsche Erfahrung: Was lange gärt, wird Mut! 1844 schrieb Robert Blum aus Leipzig an seine Schwester Margarete Selbach: «Es hätte nie ein Christentum und nie eine Reformation und keine Staatsrevolution und überhaupt nichts Gutes und Großes gegeben, wenn jeder stets gedacht hätte: Du änderst doch nichts!»[4] Ein aufrüttelnder Gedanke, der auch die DDR-Opposition erfasste und aus einem dünnen Rinnsal von Dissidenz den breiten Strom der Bürgerbewegung entstehen ließ. Stolz und sein weiteres Schicksal nicht ahnend, feierte Blum dann in der Frankfurter Paulskirche im Juni 1848 die Erhebung mit den Worten: «In einer Weise, wie es die Weltgeschichte noch nicht gesehen hat, hat das Volk in Deutschland seine Revolution gemacht; es hat mit wenigen Ausnahmen die Gewaltäußerungen gescheut.»[5]

Die Gegenrevolution scheute jedoch nicht vor der Gewalt zurück. Robert Blum, der führende Kopf der demokratischen Linken in der Nationalversammlung der Paulskirche, starb für die Freiheit. Er wurde am 9. November 1848 trotz seiner Immunität als Abgeordneter in Wien hingerichtet. Erst viele Jahre nach seinem Tod sollte sein Traum von Freiheit, Demokratie und Einheit durch den demokratischen Aufbruch der Ostdeutschen in Erfüllung gehen. Anders als bei den deutschen Fürsten des 19. Jahrhunderts, die mit der Unterstützung des russischen Zaren und seiner Armee rechnen konnten, war im Herbst 1989 der Kremlchef nicht mehr bereit, militärisch einzugreifen, um die SED-Machthaber zu retten.

Der 9. November markiert seitdem wie ein Schicksalstag den Jahrhundertweg unserer leidvoll bewegten und schließlich glücklichen Nationalgeschichte. Ein Tag der Perspektivvielfalt, der Schuld und des Stolzes, der Trauer und der Freude – reizvoll und herausfordernd für das deutsche Geschichtsbewusstsein. An ihm fand 1989 die Wiedervereinigung statt, als die Berliner Mauer überwunden wurde und sich die Menschen vor Freude in den Armen lagen. Er liefert Aufschluss über die Spaltung unserer Nation. Während der Sozialdemokrat Philipp Scheidemann an diesem Tag 1918 vom Reichstag die deutsche Republik ausrief, verkündete der Spartakist Karl Liebknecht vom Balkon des Berliner Stadtschlosses die sozialistische Republik. Eine verhängnisvolle Spaltung der Linken, die zu zwei sich bekämpfenden Parteien und später sogar zu zwei gegensätzlichen deutschen Staaten führte. Der 9. November steht auch für das dunkelste Kapitel unserer Geschichte: den Nationalsozialismus. Zwar scheiterte der Münchner Nazi-Putsch 1923 vor der Feldherrnhalle, doch 1938 in der deutschlandweiten Pogromnacht sollte sich zeigen, was die braunen Verbrecher vorhatten. Der 9. November erinnert uns daran, dass wir drei Revolutionen brauchten, um Unterdrückung, Willkür und Trennung zu überwinden. In der Verquickung der dramatischen, schlimmsten und glücklichsten Ereignisse erweist er sich als ein echter Gedenk-Feier-Tag. Für den neuen Nationalfeiertag, der mit der Wiedervereinigung den 17. Juni ablöste, welcher bis dahin in der Bundesrepublik den Volksaufstand in der DDR von 1953 würdigte, waren leider keine geschichtspolitischen Erwägungen ausschlaggebend. Der neue «Tag der Deutschen Einheit» am 3. Oktober ist leider blass und emotionslos geblieben. Die Erinnerung an das Inkrafttreten eines Vertrages, an den «Beitritt» der DDR zur Bundesrepublik, löst offenbar keine wiederholbare Begeisterung aus.

Wie im Jahrhundert zuvor war die friedliche Revolution 1989 ein Aufstand ohne Avantgarde und ausgefeiltes Konzept. Wenn es einen Anführer gab, dann war es die Stadt Leipzig. Es war eine Revolution, bei der Kerzenwachs floss und kein Blut. Bei der die Demonstranten Transparente statt Waffen in den Händen hielten. So wie Gesine Oltmanns und Katrin Hattenhauer, die mit ihrem Spruchband «Für ein offenes Land mit freien Menschen» die Leipziger Montagsdemo anführten. Vergleichbar mit den Aktivitäten von Louise Otto-Peters, die wegen der 1848/49 ausgebliebenen Reformen 1865 den Allgemeinen Deutschen Frauenverein gründete, entstand im Herbst 1989 der Unabhängige Frauenverband. Mit dem Ziel, den herrschenden alten Männern die Gleichstellung der Frauen abzuverlangen. In der friedlichen Revolution erfolgte kein Sturm auf die Bastille: Die Gebäude der Staatssicherheit wurden ohne Gewalt besetzt und die Vernichtung der Akten verhindert. Die Akteure gingen nicht auf die Barrikaden, sondern setzten sich an die Runden Tische. Dem Sturz der Nomenklatura folgte kein Blutgericht, sondern frei gewählte Parlamente übernahmen die Macht. Im Unterschied zu den *Forty-Eighters*, wie Friedrich Hecker, Carl Schurz, Gustav Struve, aber auch Karl Pfizer, den Gründer des Pharmakonzerns Pfizer, die erst in den USA Freiheit und Anerkennung fanden, beteiligten sich die Protagonisten der friedlichen Revolution an der Gestaltung des vereinten Deutschland und sind in verantwortliche Positionen aufgestiegen.

Eine auffallende Gemeinsamkeit zwischen der Vormärzzeit und den Wochen vor dem November 1989 ist die enorme Frust- und Ausreisewelle. So wie damals Tausende Deutsche aus wirtschaftlicher Not und politischer Resignation die Schiffe nach Amerika bestiegen, besetzten Ostdeutsche die westdeutschen Botschaften in Prag, Budapest und Warschau, um der Unterdrückung und Mangelwirtschaft zu entkommen. Aus dem doppelten Druck von Oppositionsgruppen und Ausreisewilligen erwuchsen die Triebkräfte der friedlichen Revolution. Dabei ist der Mut zum Umsturz nicht gerade eine typisch deutsche Eigenschaft. Doch anders als es noch Heinrich Heine beim Anblick deutscher Auswanderer beschrieb: «Ich schwöre es bei allen Göttern des Himmels und der Erde, der zehnte Teil von dem, was jene Leute in Deutschland erduldet haben, hätte in Frankreich sechsunddreißig Revolutionen hervorgebracht und sechsunddreißig Königen die Krone mitsamt dem Kopf gekostet»,[6] überwanden die Ostdeutschen die Duldungsstarre und Angst, die verlässlichsten Stützen der Diktatur.

Revolutionen kommen nicht aus heiterem Himmel. Was scheinbar ganz spontan ausbricht, hat meist einen langen Vorlauf. Für die Deputierten der Paulskirche waren dies die Verfassungskämpfe des Vormärz und das Hambacher Fest. Auch die friedliche Revolution hatte ihren «Vormärz». Er begann 1968, als sowjetische Panzer den Prager Frühling und damit die Hoffnung auf einen demokratischen Sozialismus niederwalzten. So erlebten Ostdeutschlands Achtundsechziger ihr spezielles «No SEDisfaktion». Viele von denen, die damals politisiert und widerständig wurden, trafen sich später, im Herbst 1989, auf den Demonstrationen oder am Runden Tisch wieder. Der demokratische Aufbruch von 89 war eine geradezu spiegelbildliche Reaktion auf 68: In Leipzig, Berlin und Prag wurde die 89 umgedreht und als Antwort auf 68 hochgehalten. Der Widerstand gegen die Diktatur hatte sich über die Jahre unter dem Dach der evangelischen Kirche gesammelt. Längst waren an den Universitäten freier Geist und freie Rede erstickt durch eine Organisation, die sich ausgerechnet «Freie Deutsche Jugend» nannte. Wer dennoch dem übermächtigen Staat auf Dauer trotzen wollte, konnte das lediglich im Schutz der Kirche. Sie wurde zum Basislager der friedlichen Revolution. So erklärt sich der bahnbrechende Ruf «keine Gewalt». Er ist die kürzeste Zusammenfassung der Bergpredigt, der revolutionärsten Stelle im Evangelium.

Im Vormärz hatte Georg Büchner mit August Becker die Gesellschaft der Menschenrechte ins Leben gerufen. In Ostdeutschland gründeten Bärbel Bohley, Gerd Poppe, Wolfgang Templin und andere die Initiative Frieden und Menschenrechte. 200 Jahre nach der Erklärung der Menschen- und Bürgerrechte durch die französische Nationalversammlung 1789 bekam diese Initiative eine besondere Bedeutung, weil die elementaren Menschenrechte im real existierenden Sozialismus nicht garantiert waren. Immer mehr Bürger erkannten, dass die DDR eine Lüge aus drei Buchstaben und in Wahrheit ein «Demagogisches Diktatur-Regime» war. Der Drang nach Freiheit verschmolz mit dem Anspruch auf Menschenwürde.

Obwohl die nationale Frage nicht das Hauptthema der Opposition war, schwang sie unterschwellig mit. Eine sozialistische Nation in den Farben der DDR – was sollte das sein? Der DDR-Philosoph Alfred Kosing hatte die krude Theorie der zwei deutschen Nationen entworfen. Diese fand 1974 Eingang in die DDR-Verfassung. Danach sollte die DDR ähnlich wie Österreich ein eigenständiger Staat deutscher Herkunft sein – und ewig bleiben. Dem ideologischen Konstrukt zufolge war die DDR als Erbin der demokratischen Revolution aus den progressiven Strömungen der Nation, aus Widerstandskampf und Antifaschismus hervorgegangen. Die Schattenseiten der deutschen Geschichte verkörperte demnach allein die BRD.

Dieses Hirngespinst war allerdings nur durch Indoktrination und Repression aufrechtzuerhalten. Es entsprach nicht dem Empfinden der Menschen. Charakteristisch für das gesamtdeutsche Bewusstsein der Opposition war, dass viele neben dem Erkennungszeichen «Schwerter zu Pflugscharen» an ihren Parkas, wie eine Art Kokarde, ein Stück schwarz-rot-goldene Urkundenkordel trugen: als Ausdruck einer anderen Staatsidee. Das für Hoheitszeichen vorgeschriebene Hammer-Zirkel-Ährenkranz-Emblem fand auf der schmalen Schnur keinen Platz. Die Polizei machte Jagd auf solche Symbole. Sogar die schwarz-rot-goldene Fahne, die über dem Reichstag in West-Berlin wehte, wurde vom Osten aus durch Sichtblenden verdeckt. So war es einerseits überraschend, andererseits verständlich, dass plötzlich auf der Leipziger Montagsdemo 1989 schwarz-rot-goldene Fahnen auftauchten.

Es waren dieselben Farben, die Ferdinand Freiligrath am 17. März 1848 in seinem Revolutionsgedicht *Schwarz-Rot-Gold* beschrieb, das Robert Schumann wenige Tage später vertonte. Drei couragierten Polizisten war es im August 2020 zu verdanken, dass der Ansturm auf den Bundestag im leider noch immer so genannten Reichstag nicht so ausging wie die Erstürmung des US-Kapitols in Washington ein halbes Jahr später. Wer allerdings gegen angeblich autoritäre staatliche Maßnahmen mit der Reichsflagge der Hohenzollernkaiser protestiert, eines wirklich autoritären Staates, wirkt mehr als skurril. Wenn in Deutschland die schwarz-weiß-rote Junkertrikolore geschwenkt wird, dann sollten eine wehrhafte Demokratie und Zivilgesellschaft dagegenhalten und daran erinnern, dass unsere Nationalflagge seit den Tagen des Hambacher Festes von den Demokraten erkämpft wurde. Heute müssen wir die parlamentarische Demokratie nicht mehr erkämpfen, sondern durch politisches Engagement und Zivilcourage verteidigen. Heute geht es darum, wie im Herbst 1989, die nationalen Symbole der Demokratie in die Mitte der Gesellschaft zu holen. In einem beeindruckenden Bild mit dem deutschen Dreifarb hat der Leipziger Maler Walter Eisler im Oktober 1989 den großen Glücksfall unserer Geschichte in einer fieberhaften Nacht festgehalten: deutsch, aber glücklich. Eine gelungene Revolution. Der lange Weg zu Freiheit und Demokratie: von der Frankfurter Paulskirche bis zur Leipziger Nikolaikirche. Im Dezember 1989 wirkte das schwarz-rot-goldene Fahnenmeer vor den Ruinen der Dresdener Frauenkirche wie eine Wiederkehr des Hambacher Festes. Ein nationales Bekenntnis ohne Pathos und frei von Nationalismus.

Noch vor der Paulskirchenverfassung erschien am 21. Februar 1848 das von Karl Marx und Friedrich Engels verfasste *Kommunistische Manifest*. Es dauerte mehr als 140 Jahre, bis sich nach langen Kämpfen, fatalen Irrtümern und enormen Opfern die parlamentarische Demokratie der kommunistischen Diktatur überlegen erwies und das durch Europa gehende Gespenst vertrieben wurde. Gehalten hat sich allenfalls in bestimmten Kreisen die Diffamierung des Parlaments, des Hauses der Demokratie, als «Schwatzbude», wie es in der von Marx redigierten *Neuen Rheinischen Zeitung* hieß.

Zwei Revolutionen waren vom Ruf «Wir sind das Volk» getragen, einer Selbstermächtigung des Souveräns, die sich seit der Revolution von 1848/49 bis zur Revolution von 1989 durch die deutsche Geschichte zieht. Ferdinand Freiligrath, der Dichter der Freiheit, hat diesen Aufschrei des Bürgermuts gegen die Obrigkeit in seinem Gedicht *Trotz alledem* populär gemacht. Die aufständischen Rastatter schleuderten diesen Satz den Truppen der Fürsten 1849 genauso entgegen wie später die Leipziger Montagsdemonstranten der SED-Führung. Die herausfordernden Verse vom Juni 1848 waren weitverbreitet in der DDR-Folkszene, die sich von den staatlichen geförderten Singeklubs absetzte. «Nur, was zerfällt, vertretet ihr! / Seid Kasten nur, trotz alledem! / Wir sind das Volk, die Menschheit wir / [...] / Ihr hemmt uns, doch ihr zwingt uns nicht – / Unser die Welt trotz alledem!»[7] – das war und ist der klare Anspruch auf direkte Demokratie. Wie unerträglich ist es, erleben zu müssen, wie dieser Ruf, der ursprünglich gegen feudale Regentschaft und Totalitarismus gerichtet war, heute eine anmaßende Umdeutung erfährt und von der Neuen Rechten als nationalistische Parole gegen die Demokratie, ihre Institutionen und Repräsentanten, gegen Einwanderung und die europäische Einigung missbraucht wird.

Schnell ging 1989 der Ruf von «Wir sind das Volk» in «Wir sind ein Volk» über und artikulierte lautstark die Forderung nach Freiheit und Einheit der Nation. Die DDR-Bürgerbewegung wollte dieser Forderung durch die Einberufung einer Nationalversammlung gerecht werden. In der Frankfurter Paulskirche sollte eine dritte Nationalversammlung zusammentreten, um die Wiedervereinigung und eine Verfassung gemäß Artikel 146 Grundgesetz zu beschließen. Sie hätte die deutsche Einheit in symbolischer Gleichberechtigung zwischen Ost und West herstellen und die Paulskirche als Geburtsort des Verfassungsstaates und dessen Verfassungspatriotismus nachhaltig aufwerten können. Es wäre der Mühe wert gewesen, das bewährte Grundgesetz zu überarbeiten, Anregungen aus dem Verfassungsentwurf des Runden Tisches aufzugreifen und in einer Volksabstimmung, wie vorgesehen, als Verfassung zu beschließen. Doch leider ist das Vermächtnis der friedlichen Revolution, anders als die Paulskirchenverfassung, bis heute ungenutzt geblieben. Der Versuch im 19. Jahrhundert, auf deutschem Boden ein demokratisches Gemeinwesen zu begründen, hinterließ selbst im Scheitern wichtige Bausteine für die Gründung der parlamentarischen Demokratie nach den beiden verheerenden Weltkriegen. Die Erfahrungen aus der Überwindung der kommunistischen Diktatur blieben ungenutzt, weil die nationale Frage von der konstitutionellen getrennt wurde. Damit fehlt dem vereinten Deutschland eine emotional nachvollziehbare Gründungslegende.

Die Geschehnisse überstürzten sich: «Deutschland, eilig Vaterland» hieß die Devise. Vor allem ging es darum, die Hauptforderung der friedlichen Revolution nach freien Wahlen umzusetzen und der SED einen Termin und faire Bedingungen für eine vorgezogene Volkskammerwahl abzuringen. Nach zähen Verhandlungen Ende Januar 1990 im Gästehaus der Regierung, im Berliner Johannishof, wurde dafür der 18. März 1990 gefunden. Es war das ideale Datum, historisch belegt durch die Mainzer Republik von 1793 und den Berliner Märzaufstand von 1848. Den politischen Zusammenhang der Ereignisse brachte es auf den Punkt.

Demokratische Macht braucht Symbole, damit sie wahrnehmbar ist. In unserer Nationalsymbolik spiegelt sich ein langer Kampf um Freiheit, Demokratie und nationale Einheit wider, mit Niederlagen, gescheiterten Revolutionen, Systembrüchen, Kriegen und Gewaltverbrechen. Immer wieder gab es Hymnen- und Flaggenstreit und in einhundert Jahren immerhin vier Flaggenwechsel. 150 Jahre nachdem der Germanistikprofessor Heinrich Hoffmann von Fallersleben in seinem *Lied der Deutschen* auf dem damals englischen Helgoland von einem geeinten, demokratischen und freien Deutschland geträumt hatte, ging dieser Traum in Erfüllung. Die Geschichte dieser Hymne, ursprünglich ein Trinklied, mit all ihrer Unbestimmtheit, den Missdeutungen, der unterstellten Maßlosigkeit und ihrem inzwischen reduzierten Text ist ein Spiegelbild der wechselvollen deutschen Geschichte. Eine aktive Generation hat sich selbst befreit und Demokratie, Bürgerrechte und die Einheit Deutschlands gewaltlos errungen. Dem Geschichtsverlauf entsprechend müsste deswegen die Liedzeile unserer Nationalhymne lauten: Freiheit, Recht und Einigkeit sind des Glückes Unterpfand. Noch immer fehlt das Gespür für demokratische und nationale Symbole und deren einheitsstiftende Wirkung. So singen die Rechtsradikalen, mit nationalistischem Pathos und Reichskriegsflagge bewaffnet, beim Marsch durchs Brandenburger Tor die erste Strophe des Deutschlandliedes; hingegen die Demokraten aller Couleur, sofern sie überhaupt noch singen, in Zeiten, in denen Parteien keine Lieder mehr haben, die dritte Strophe. Längst wäre es angebracht, den Gedanken von 1989 wieder aufzugreifen und zur Musik von Ludwig van Beethovens *Ode an die Freude* die *Kinderhymne*, die Bertolt Brecht einst für die Landeskinder geschrieben hat, als neue Nationalhymne und als Zeichen einer neuen europäischen Gemeinsamkeit anzustimmen: «Anmut sparet nicht noch Mühe / Leidenschaft nicht noch Verstand / Daß ein gutes Deutschland blühe / Wie ein andres gutes Land.»[8]

Danksagung

Dieses Buch hätte ich ohne tatkräftige Hilfe nicht herausgeben können. Mein erster und größter Dank gilt dem Publizisten Benedikt Erenz. Er setzt sich seit vielen Jahren dafür ein, die frühen Wegbereiterinnen und Wegbereiter der Demokratie in Deutschland stärker ins öffentliche Bewusstsein zu rücken. Benedikt Erenz hat dieses Buch konzipiert. Heiko Holste danke ich für seine vielfältigen Ideen, mit denen er zu diesem Projekt beigetragen hat.

Mein Dank gilt zudem Sebastian Ullrich und Rosemarie Mayr, die das Buch im Verlag C.H.Beck mit viel Engagement betreut haben; Daniel Bussenius hat mit großer Sachkunde und Sorgfalt das Lektorat besorgt, Maike Specht scharfen Blicks Korrektur gelesen, und Karin Graf hat am Beginn dieses Projekts geholfen, es auf das richtige Gleis zu setzen. Nicht zuletzt danke ich allen Autorinnen und Autoren, die mit ihren Beiträgen das Buch erst möglich und es so vielfältig und interessant gemacht haben.

Die Erlöse dieses Bandes gehen an den Förderverein Erinnerungsstätte für die Freiheitsbewegungen in der deutschen Geschichte e. V. in Rastatt. Die Erinnerungsstätte entstand 1974 auf Initiative meines damaligen Vorgängers im Amt des Bundespräsidenten, Gustav Heinemann, dem ich mich im Bemühen, die Demokratie der Gegenwart durch die Erinnerung an ihre Vorkämpferinnen und Vorkämpfer zu stärken, eng verbunden fühle.

Frank-Walter Steinmeier, im September 2021

Anhang

Anmerkungen

Frank-Walter Steinmeier: Geschichte für die Republik

1 Zit. nach Ralf Zerback, Robert Blum. Eine Biografie, Leipzig 2007, S. 291.

2 Zit. nach Michael Kienzle/Dirk Mende (Hg.), Ludwig Pfau. Ein schwäbischer Radikaler 1821–1894 (Marbacher Magazin Nr. 67/1994), S. 39.

3 Heinrich August Winkler, Wie wir wurden, was wir sind. Eine kurze Geschichte der Deutschen, München 2020, S. 55.

4 Otto von Bismarck vor der Budgetkommission des Preußischen Abgeordnetenhauses am 30. 9. 1862, zit. nach Königlich privilegierte Berlinische Zeitung (Vossische Zeitung), Nr. 230 vom 2. 10. 1862, S. 4.

5 Rosa Luxemburg, Die Nationalversammlung, in: Die Rote Fahne vom 20. 11. 1918.

6 Rede von Bundespräsident Gustav Heinemann bei der Schaffermahlzeit am 13. Februar 1970 in Bremen, in: Bundesarchiv (Hg.), Einigkeit und Recht und Freiheit. Erinnerungsstätte für die Freiheitsbewegungen in der deutschen Geschichte. Katalog der ständigen Ausstellung, Bönen/Westf. 2002, S. 20.

7 Vgl. Lars Lüdicke (Hg.), Deutsche Demokratiegeschichte. Eine Aufgabe der Erinnerungsarbeit, Berlin 2020; Michael Parak (Hg.), Demokratiegeschichte als Beitrag zur Demokratiestärkung, Berlin [2]2019; zuvor schon: Thomas Hertfelder/Ulrich Lappenküper/Jürgen Lillteicher (Hg.), Erinnern an Demokratie in Deutschland. Demokratiegeschichte in Museen und Erinnerungsstätten der Bundesrepublik, Göttingen 2016; zum «Hambacher Manifest» der 2017 gegründeten Arbeitsgemeinschaft «Orte der Demokratiegeschichte» siehe https://www. demokratie-geschichte.de/index.php/544/hambacher-manifest/(zuletzt eingesehen am 9. 6. 2021).

8 Robert Blum in einem Brief an seine Schwester Margarete Selbach, 23. 11. 1844, in: Robert Blum, Briefe und Dokumente, hg. von Siegfried Schmidt, Leipzig 1981, S. 30.

Jürgen Goldstein: Georg Forster

1 Georg Forster, Sämtliche Schriften, Tagebücher, Briefe, Berlin 1958 ff. («Akademie-Ausgabe»: «AA» mit Band- und Seitenangabe), hier: AA XII, S. 153.

2 AA II, S. 13.

3 AA II, S. 300.

4 AA II, S. 299.

5 AA II, S. 390.

6 AA II, S. 248 f.
7 AA II, S. 300.
8 AA II, S. 300.
9 AA VII, S. 30.
10 AA X/1, S. 602.
11 AA IX, S. 111.
12 AA VIII, S. 287.
13 AA XVI, S. 328 f.
14 AA XVII, S. 250.
15 AA XVII, S. 242.
16 AA X/1, S. 60.
17 AA VIII, S. 285.
18 Gottfried Achenwall/Johann Stephan Pütter, Anfangsgründe des Naturrechts (Elementa iuris naturae), hg. und übersetzt von Jan Schröder, Frankfurt a. M./Leipzig 1995, S. 84 f.
19 Johann August Eberhard, Ueber die Freyheit des Bürgers und die Principien der Regierungsformen, in: ders., Vermischte Schriften, Teil I, Halle 1784, S. 1–24, hier S. 8.
20 Heinrich Gottfried Scheidemantel, Das Staatsrecht nach der Vernunft und den Sitten der vornehmsten Völker betrachtet, Jena 1773, S. 203.
21 Eberhard, Ueber die Freyheit des Bürgers und die Principien der Regierungsformen, S. 9.
22 AA X/1, S. 166.
23 AA X/1, S. 424.
24 AA XVII, S. 264.
25 AA X/1, S. 557.
26 AA V, S. 233.
27 AA XVII, S. 380.
28 AA X/1, S. 574.

Sabine Appel: Caroline Schlegel-Schelling

1 Stats-Anzeigen, hg. von August Ludwig von Schlözer, 16. Bd. (1791), S. 96, Anmerkung, Digitale Sammlungen der Universitätsbibliothek Bielefeld, http://ds.ub.uni-bielefeld.de/viewer/image/1944381_016/2/#topDocAnchor.
2 Caroline Böhmer an Friedrich Ludwig Wilhelm Meyer, 11. 7. 1791, in: Caroline: Briefe aus der Frühromantik, hg. von Erich Schmidt, Bd. 1, Frankfurt a. M. 1913, S. 225.
3 Caroline Böhmer an Meyer, 15. 6. 1793, in: ebd., S. 294.
4 Georg Forsters Werke. Sämtliche Schriften, Tagebücher, Briefe, hg. von der Berlin-Brandenburgischen Akademie der Wissenschaften, Bd. 2: Reise um die Welt, 1. Teil, bearbeitet von Gerhard Steiner, Berlin [2]1989, S. 300.
5 Caroline Böhmer an Meyer, 29. 7. 1792, in: Caroline: Briefe, Bd. 1, S. 256.
6 Caroline Böhmer an Meyer, 12. 8. 1792, in: ebd., S. 264.
7 Caroline Böhmer an Meyer, 6. 10. 1792, in: ebd., S. 269.
8 Georg Forster am 16. 10. 1792, in: Revolutionsbriefe, S. 24.
9 Caroline Böhmer an Meyer, 27. 10. 1792, in: Caroline: Briefe, Bd. 1, S. 274.
10 Caroline Böhmer an Luise Gotter, 20. 4. 1792, in: Caroline: Briefe, Bd. 1, S. 250.
11 Caroline Böhmer an Friedrich Wilhelm Gotter, 15. 6. 1793, in: ebd., S. 292.

12 Ebd., S. 298.

13 Caroline Schelling an Luise Wiedemann, 30. 11. 1806, in: Caroline: Briefe, Bd. 2, S. 480.

Alexander Košenina: Adolph Freiherr Knigge

1 Knigges Werke (W) und Briefe (Br) werden nach den unter «Zum Weiterlesen» angegebenen Ausgaben zitiert. Hier: W IV, S. 214.

2 Br, S. 210.

3 Br, S. 209.

4 Adolph Freiherr Knigge, Ueber die Ursachen, warum wir vorerst in Teutschland wohl keine gefährliche politische Haupt-Revolution zu erwarten haben, in: ders., Sämtliche Werke, hg. von Paul Raabe, Bd. 21, Nachdr. München u. a. 1992, S. 215–232, hier S. 225.

5 Ebd., S. 217.

6 Johann Christoph Adelung, Grammatisch-kritisches Wörterbuch der Hochdeutschen Mundart, Bd. 1, Leipzig ^{2}1793, S. 1444.

7 W IV, S. 285.

8 Immanuel Kant, Der Streit der Facultäten [1798], in: ders., Werke in sechs Bänden, hg. von Wilhelm Weischedel, Bd. VI, Darmstadt 1983, S. 358.

9 W IV, S. 361.

10 Text im Ausstellungskatalog von Paul Raabe (Hg.), «… in mein Vaterland zurückgekehrt». Adolph Freiherr Knigge in Hannover, 1787–1790, Göttingen 2002, S. 114 f. Vgl. Hans-Werner Engels, Alles war so möglich! Auftakt für ein neues Europa: Hamburgs Bürger feiern die Französische Revolution, in: Die Zeit, Nr. 29 vom 11. 7. 2002, S. 80.

11 W III, S. 56.

12 W III, S. 349.

13 Br, S. 218.

14 W I, S. 237 f.

15 W I, S. 240.

16 W I, S. 239.

17 W II, S. 19.

18 W I, S. 13.

19 W II, S. 319.

20 W II, S. 320.

21 Ruth Klüger, Knigges «Umgang mit Menschen». Eine Vorlesung, Göttingen 1996, S. 13–16. Knigge kritisiert zwar als Aufklärer die Benachteiligung von Juden, von zeittypischen Stereotypen hält ihn das aber nicht ab.

22 Knigge an Weishaupt, 29.5.-2. 6. 1781, zit. nach W. Daniel Wilson, Vom internalisierten «Despotismus» zur Mündigkeit. Knigge und die Selbstorganisation der aufgeklärten Intelligenz, in: Martin Rector (Hg.), Zwischen Weltklugheit und Moral. Der Aufklärer Adolph Freiherr Knigge, Göttingen 1999, S. 133–145, hier S. 136.

23 Schillers Werke. Nationalausgabe, Bd. 22, hg. von Herbert Meyer, Weimar 1958, S. 171.

24 Dieses kritische Schlagwort von Schillers Freund Christian Gottfried Körner entwickelt exemplarisch Hans Jürgen Schings, Die Brüder des Marquis Posa. Schiller und der Geheimbund der Illuminaten, Tübingen 1996, S. 163–186.

Jörg Schweigard: Friedrich Lehne

1 Neues Deutsches Museum, 1. Band, 6. Stück, (Leipzig) Dezember 1789, S. 636 f.

2 Ebd., S. 637.

3 Stadtarchiv Mainz, Nachlass Lehne.

4 Fr.[iedrich] Lehne's gesammelte Schriften, nach dessen Tode hg. von Ph.[ilipp] H.[edwig] Külb, Bd. 5: Kleinere Schriften und Gedichte, Mainz 1839, S. 296.

5 Der Patriot, Heft 10, Ausgabe B (1793), S. 32.

6 Zit. nach Walter Grab (Hg.), Freyheit oder Mordt und Todt. Revolutionsaufrufe deutscher Jakobiner, Berlin 1979, S. 87.

7 Republikanischer Wächter, Nr. VII vom 15. 10. 1795, S. 147 f., hier S. 147.

8 Gedicht «An das Ungeziefer der Republik» (1799), gedrucktes Gedichtblatt, Bibliothek des bischöflichen Priesterseminars Mainz.

9 Fr.[iedrich] Lehne's gesammelte Schriften, Bd. 1: Römische Alterthümer, Mainz 1836, S. XVIII.

10 Zit. nach Franz Dumont, Unter der Trikolore – Der Mainzer Dom in französischer Zeit (1792–1814), 15. 9. 2009, in: www.regionalgeschichte.net, URN: urn: nbn:de:0291-rzd-0089 53-20201212-6 (zuletzt eingesehen am 14. 2. 2021).

11 Fr.[iedrich] Lehne's gesammelte Schriften, Bd. 5, S. 420.

12 Fr.[iedrich] Lehne's gesammelte Schriften, Bd. 3: Antiquarische, historische und politische Aufsätze, Mainz 1838, S. 289.

13 Ebd., S. 271.

14 Ebd., S. 318.

15 Eckhart Franz/Peter Fleck (Hg.), Der Landtag des Großherzogtums Hessen 1820–1848. Reden aus den parlamentarischen Reform-Debatten des Vormärz (Vorgeschichte und Geschichte des Parlamentarismus in Hessen 18), Darmstadt 1998, S. 370.

Heribert Prantl: Philipp Jakob Siebenpfeiffer

1 Das Lied *Der Deutschen Mai* ist vielfach abgedruckt, u. a. im Sammelband «Freudenklang hat unser Ohr vernommen». Lieder vom Hambacher Fest 1832, hg. von Martin Baus und Reiner Marx (Siebenpfeiffer-Stiftung Heft 16), Homburg 2017, S. 19–21, hier S. 20.

2 Zitat aus dem Lied *Das deutsche Treibjagen*. Abgedruckt u. a. ebenfalls in: ebd., S. 113 f., hier S. 113.

3 Wirths Hambacher Rede, abgedruckt in: Johann Georg August Wirth (Hg.), Das Nationalfest der Deutschen zu Hambach. Neustadt a. d. H. 1832; zit. nach Michail Krausnick, Johann Georg August Wirth. Vorkämpfer für Einheit, Recht und Freiheit. Eine Biographie, Weinheim/Berlin 1997, S. 132.

4 Aus Siebenpfeiffers Hambacher Rede, ebenfalls abgedruckt in: Wirth (Hg.), Nationalfest; zit. nach Waltraud Faralisch-Lindemann, Philipp Jakob Siebenpfeiffer – ein Leben für die Demokratie, in: Ein Leben für die Freiheit. Philipp Jakob Siebenpfeiffer 1789–1845, hg. vom Saarpfalz-Kreis, Konstanz 1989, S. 12–39, hier S. 29.

5 Wirth (Hg.), Nationalfest, S. 85 und 86 f.; zit. nach Joachim Kermann, Johann Philipp Becker und das Hambacher Fest, in: Hans-Werner Hahn (Hg.), Johann Philipp Becker. Radikaldemokrat – Revolutionsgeneral – Pionier der Arbeiterbewegung (Schriften der Siebenpfeiffer-Stiftung, Bd. 5), Stuttgart 1999, S. 43–60, hier S. 46.

6 Johann Philipp Becker, Etwas über das Hambacher Fest 1832, in: Der arme Konrad. Illustrierter Kalender für das arbeitende Volk für 1876, Leipzig 1875, S. 34–36, hier S. 34; zit. nach Kermann, Johann Philipp Becker, S. 45.

7 Zit. nach Dieter Lau, Vor-Zeiten. Geschichte in Rheinland-Pfalz, hg. von Franz-Josef Heyen, Bd. 5, Mainz 1989, S. 179.

8 Heinrich Heine, Werke und Briefe in zehn Bänden, Bd. 6, Berlin/Weimar [2]1972, S. 165.

9 Hans-Ulrich Wehler, Deutsche Gesellschaftsgeschichte, Bd. 2: 1815–1845/49, München [3]1996, S. 365.

10 Zit. nach Theophil Gallo, Die Verhandlungen des außerordentlichen Assisengerichts zu Landau in der Pfalz im Jahre 1833 (Schriften der Siebenpfeiffer-Stiftung. Bd. 3), Sigmaringen 1996, S. 101.

11 Zit. nach ebd., S. 99.

12 Bernhard Becker, Siebenpfeiffer in Bern (1833–1845), in: Ein Leben für die Freiheit, S. 103–123, hier S. 118.

Ewald Grothe: Sylvester Jordan

1 Lorenz von Stein, Die Verwaltungslehre, Teil 1: Die vollziehende Gewalt, Stuttgart [2]1869, S. 54, 152.

2 Karl Marx, Unruhe in Deutschland [zuerst in der New York Daily Tribune, 2. 12. 1859], in: ders./Friedrich Engels, Werke (MEW), Bd. 13, Berlin(-Ost) 1961, S. 535–539, hier S. 536.

3 Heinrich von Treitschke, Deutsche Geschichte im Neunzehnten Jahrhundert, Bd. 4: Bis zum Tode König Friedrich Wilhelms III., Leipzig [3]1889, S. 131.

4 Hellmut Seier, Sylvester Jordan und die Kurhessische Verfassung von 1831, Marburg 1981, S. 12.

5 Sylvester Jordan, Versuche über allgemeines Staatsrecht, in systematischer Ordnung und mit Bezugnahme auf Politik, Marburg 1828, S. 112.

6 Hartwig Brandt, Landständische Repräsentation im deutschen Vormärz. Politisches Denken im Einflußfeld des monarchischen Prinzips, Neuwied 1968, S. 45.

7 Günter Kleinknecht, Sylvester Jordan (1792–1861). Ein deutscher Liberaler im Vormärz, Marburg 1983, S. 68.

8 Zit. nach Kleinknecht, Jordan, S. 119, Anm. 311a.

9 Ebd., S. 148.

Hans-Peter Becht: Adam von Itzstein

1 Heinrich von Treitschke, Deutsche Geschichte im neunzehnten Jahrhundert, 5 Bde. (Staatengeschichte der neuesten Zeit 24–28), Leipzig [6–10]1913–1919, hier: Bd. 4, S. 229.

2 Adam von Itzstein an Hoffmann von Fallersleben, 2. 8. 1847, Staatsbibliothek Berlin, Nachlass Hoffmann v. Fallersleben, Mappe 29 – J. A. v. Itzstein.

3 Karl Georg Hoffmann an Adam von Itzstein, 14. 6. 1852, Bundesarchiv Berlin, N 2128.

4 Die Verhandlungen der Bundesversammlung von den geheimen Wiener Ministerial-Conferenzen bis zum Jahre 1848, Heidelberg 1848, S. 32.

5 Friedrich Hecker, Erinnerungen aus meinem Leben 1. Wie die geheimen Wiener Konferenzbeschlüsse an das Tageslicht gezogen wurden, in: Rudolf Muhs, «Wie die geheimen Wiener

Konferenzbeschlüsse an das Tageslicht gezogen wurden.» Zur Publikation des Schlussprotokolls von 1834 und zur Rolle des Hallgarten-Kreises für die vormärzliche Opposition, in: Archiv für Sozialgeschichte 26 (1986), S. 322–329, hier S. 327.

6 Zit. nach Josef Roßkopf, Hallgarten im Wandel der Zeiten, Oestrich-Winkel 1997, S. 254 f.

7 Biblioteka Jagiellońska, Krakau, Nachlass Hoffmann von Fallersleben, Nr. 61.

Barbara Sichtermann: Louise Aston

1 Louise Aston, Wilde Rosen / Freischärler-Reminiscenzen / Meine Emancipation. Gedichte und Autobiographisches, hg. v. Karl-Maria Guth, Berlin 2015, S. 8.

2 Zit. nach Germaine Goetzinger, Für die Selbstverwirklichung der Frau. Louise Aston in Selbstzeugnissen und Dokumenten, Frankfurt a. M. 1983, S. 15.

3 Zit. nach ebd., S. 31.

4 Louise Aston, Wilde Rosen, S. 36.

5 Zit. nach Goetzinger, Für die Selbstverwirklichung der Frau, S. 48.

6 Zit. nach ebd., S. 130.

7 Zit. nach Aston, Wilde Rosen, S. 30.

Herfried Münkler: Georg Herwegh

1 Georg Herwegh, Werke und Briefe. Kritische und kommentierte Gesamtausgabe [fortan: WuB], hg. von Ingrid Pepperle in Verbindung mit Volker Giel u. a., Bielefeld 2005–2019, Bd. I, S. 29 f.

2 WuB I, S. 25 f.

3 WuB I, S. 34 f.

4 WuB I, S. 24.

5 WuB I, S. 19 f.

6 Heinrich Heine, Sämtliche Schriften, hg. von Klaus Briegleb, Bd. 4, München [2]1978, S. 485 f.

7 WuB I, S. 52 ff.

8 Heine, Sämtliche Schriften, Bd. 6/I, München 1975, S. 278 f.

9 WuB III, S. 346.

10 WuB II, S. 87 f.

11 WuB II, S. 289.

12 WuB II, S. 141 f.

13 WuB II, S. 143 f.

Wilhelm Bleek: Friedrich Christoph Dahlmann

1 Ernst Rudolf Huber (Hg.), Dokumente zur deutschen Verfassungsgeschichte, Bd. 1, Stuttgart 1961, S. 253.

2 [Friedrich Christoph] Dahlmann, Zur Verständigung, Basel 1838, S. 30.

3 Huber, Dokumente, Bd. 1, S. 267.

4 Rudolf Haym, Die deutsche Nationalversammlung bis zu den September-Ereignissen, Frankfurt a. M. 1848, S. 124.

Christopher Clark: Robert Blum

1 Zit. nach Arthur Frey, Robert Blum. Ein Charakterbild für Freunde und Gegner, Mannheim 1848, S. 31.

2 Louise Otto, Über Robert Blum, Frauenzeitung, Nr. 21 vom 25. 5. 1850, S. 259–261, hier S. 259, zit. nach Ralf Zerback, Robert Blum. Eine Biografie, Leipzig 2007, S. 181.

3 Anon., Selbstbiographie von Robert Blum und dessen Ermordung in Wien am 9. November 1848, hg. von einem seiner Freunde, Leipzig/Meißen [1848], S. 6.

4 Robert Blum, Eintrag «Beredsamkeit» in: ders./Karl Herloßsohn/Hermann Marggraff (Hg.), Allgemeines Theater-Lexikon oder Encyklopädie alles Wissenswerthen für Bühnenkünstler, Dilettanten und Theaterfreunde: Unter Mitwirkung der sachkundigsten Schriftsteller Deutschlands, Bd. 1, Altenburg [2]1846, S. 283.

5 Robert Blum, Eintrag «Einheit», in: Volksthümliches Handbuch der Staatswissenschaften und Politik. Ein Staatslexicon für das Volk, begründet von Robert Blum, Leipzig 1852, S. 306 f., hier S. 307.

6 Louise Otto-Peters, Nachruf auf Jenny Blum, in: Neue Bahnen 9, Nr. 8 (1874), S. 59.

7 Zit. nach Hans Blum, Robert Blum. Ein Zeit- und Charakterbild für das deutsche Volk, Leipzig 1878, S. 306.

8 Robert Blum an Jenny Blum, 4. 10. 1848, zit. nach ebd., S. 449.

9 Ebd.

10 Zit. nach Zerback, Robert Blum, S. 290.

11 Robert Blum, Eintrag «Der Held», in: Allgemeines Theater-Lexikon, Bd. 4, Altenburg 1841, S. 208 f.

Sabine Freitag: Friedrich Hecker

1 Friedrich Hecker, Advokat. Der deutsche Advocatenstand, in: Carl von Rotteck/Carl Welcker (Hg.), Staatslexikon. Encyklopädie der sämtlichen Staatswissenschaften für alle Stände, Bd. 1, 2. verm. Aufl., Altona 1845, S. 355.

2 Verhandlungen der Ständeversammlung des Großherzogtums Baden. Protokolle und Beilagen der zweiten Kammer, 92. Öffentliche Sitzung (21. 6. 1844), S. 97 f.

3 Friedrich Hecker im Vorparlament, 31. 3. 1848, abgedruckt in: Hans Fenske (Hg.), Vormärz und Revolution 1840–1849. Quellen zum Politischen Denken der Deutschen im 19. und 20. Jahrhundert, Bd. 4, Darmstadt [3]1991, hier S. 288 f.

4 Friedrich Hecker an Charles Söhner, Freiburg i. B. 5. 6. 1873, The State Historical Society of Missouri, Saint Louis Manuscript Collections, Hecker Papers, Box 3, Mappe 38.

5 Friedrich Hecker an Carl Schurz, Summerfield, St. Clair County, 25. 6. 1879, Schurz Papers, Manuscript Division, Library of Congress, Washington, D. C.

Irina Hundt: Mathilde Franziska Anneke

1 Mathilde an Fritz Anneke, 4. 12. 1861, in: Maria Wagner, Mathilde Franziska Anneke in Selbstzeugnissen und Dokumenten, Frankfurt a. M. 1980, S. 155 f., hier S. 156.

2 Mathilde Anneke an Friedrich Hammacher, 20. 7. 1848, in: Erhard Kiehnbaum, «Bleib gesund, mein liebster Sohn Fritz …». Mathilde Franziska Annekes Briefe an Friedrich Ham-

macher 1846–1849 (Berliner Verein zur Förderung der MEGA-Edition e. V., Wissenschaftliche Mitteilungen, H. 4), [Hamburg] 2004, S. 90 f., hier S. 91.

3 Aus den Erinnerungen von Friedrich von Beust, zit. nach Erhard Kiehnbaum, «Wäre ich auch zufällig ein Millionär geworden, meine Gesinnungen und Überzeugungen würden dadurch nicht gelitten haben …». Friedrich Annekes Briefe an Friedrich Hammacher 1848–1859, Wuppertal 1998, S. X.

4 Mathilde Franziska Anneke, Das Weib im Conflict mit den socialen Verhältnissen. Deutsche Dichter der Neuzeit. II. Louise Aston (Im Winter vor der Revolution geschrieben) 1846–1847, in: Mathilde Franziska Anneke. Lesebuch, zusammengest. und mit einem Nachwort von Enno Stahl, Köln 2015, S. 34–54, hier S. 44.

5 Ebd., S. 48.

6 Mathilde Anneke an Mutter und Geschwister, 2. 9. 1847, in: Wagner, Anneke, S. 39.

7 Andreas Gottschalk in Köln an Moses Hess in Brüssel, 5. 9. 1847, in: Der Bund der Kommunisten. Dokumente und Materialien, Bd. 1: 1836–1849, Red. Herwig Förder, Martin Hundt, Jefim Kandel, Sofia Lewiowa, Berlin (Ost) 1970, S. 159.

8 Anzeige von Friedrich Anneke und Friedrich Beust, in: NRhZ, Nr. 97 vom 8. 9. 1848.

9 NKZ, Nr. 61 vom 26. 11. 1848, in: Mathilde Franziska Anneke. Lesebuch, S. 63–65, hier S. 63.

10 NRhZ, Nr. 301 vom 19. 5. 1849.

11 Mathilde Anneke, Vortrag anlässlich des Todes Ferdinand Freiligraths im Jahre 1876, in: Wagner, Anneke, S. 50–54, hier S. 53.

12 Karl Marx/Friedrich Engels, Verhaftungen [5. 7. 1848], in: dies., Gesamtausgabe (MEGA), I. Abt., Bd. 7, Berlin/Boston 2016, S. 251–253, hier S. 253.

13 Mathilde an Fritz Anneke, 19. 2. 1864, in: Wagner, Anneke, S. 196 f., hier S. 197.

14 Mathilde an Franziska Hammacher, 25. 7. 1861, in: Erhard Kiehnbaum, «Ich gestehe, die Herrschaft der fluchwürdigen ‹Demokratie› dieses Landes macht mich betrübt …» Mathilde Franziska Annekes Briefe an Franziska und Friedrich Hammacher 1860–1884 (Berliner Verein zur Förderung der MEGA-Edition e. V., Wissenschaftliche Mitteilungen, H. 8), [Hamburg] 2017, S. 75–77, hier S. 77.

15 Mathilde an Susan B. Anthony, Januar 1884, in: Wagner, Anneke, S. 365.

Rüdiger Hachtmann: Johann Jacoby

1 Verhandlungen der Versammlung zur Vereinbarung der Preußischen Staats-Verfassung (Stenographische Protokolle), Bd. III, Berlin 1848 (Neudruck: Vaduz/Liechtenstein 1986), S. 320.

2 Dieses und die folgenden Zitate: ebd., S. 334.

3 Nach dem Bericht der konservativen Deutschen Reform vom 3.11., im Wortlaut in den liberal-konservativen Blättern Vossische Zeitung bzw. Spenersche Zeitung vom 5. 11. 1848. Vgl. außerdem (inhaltlich identisch) die linksliberale National-Zeitung vom 7. 11. 1848 sowie die Schilderung Jacobys nach den Angaben des Tagebuchs seiner Nichte Anna Waldeck, in: Johann Jacoby, Briefwechsel 1816–1849, hg. von Edmund Silberner, Hannover 1978, S. 622 f. Der Bericht D'Esters findet sich in: Verhandlungen Preußische Nationalversammlung, Bd. III, S. 335.

4 Zit. nach Edmund Silberner, Johann Jacoby. Politiker und Mensch, Bonn/Bad Godesberg 1976, S. 41.

5 Jacoby an Alexander Küntzel vom 12. 5. 1837, in: ders., Briefwechsel 1816–1849, S. 57; vgl. auch Walter Grab, Der deutsch-jüdische Freiheitskämpfer Johann Jacoby, in: ders./Julius H. Schoeps (Hg.), Juden im Vormärz und in der Revolution von 1848, Stuttgart/Bonn 1983, S. 354.

6 Silberner, Jacoby, S. 59.

7 Zit. nach Stephen Reinhardt, Georg Herwegh. Eine Biographie. Seine Zeit – unsere Geschichte, Göttingen 2020, S. 153.

8 Vgl. Rolf Weber, Johann Jacoby, Köln 1988, S. 152; Silberner, Jacoby, S. 186 f.

9 Wie Anm. 3.

10 Notiz Ernst Ludwig v. Gerlachs vom 2. 11. 1848, in: ders., Von der Revolution zum Norddeutschen Bund. Politik und Ideengut der preußischen Hochkonservativen 1848–1866. Aus dem Nachlaß, hg. von Hellmut Diwald, Teil 1: Tagebuch 1848–1866, Göttingen 1970, S. 132.

11 Zit. nach Rüdiger Hachtmann, Berlin 1848. Eine Politik- und Gesellschaftsgeschichte der Revolution, Bonn 1997, S. 740–743.

12 Zit. nach Silberner, Jacoby, S. 217 f.

13 Peter Schuppan, Johann Jacoby, in: Karl Obermann u. a. (Hg.), Männer der Revolution von 1848, Bd. 1, Berlin 1987, S. 239–275, hier S. 246.

14 Zit. nach Weber, Jacoby, S. 266.

15 Zit. nach Silberner, Jacoby, S. 376, bzw. Weber, Jacoby, S. 276.

16 Zit. nach Weber, Jacoby, S. 10.

17 Zit. nach Schuppan, Jacoby, S. 275.

Julius H. Schoeps: Gabriel Riesser

1 Gabriel Riesser, Vertheidigung der bürgerlichen Gleichstellung der Juden, in: ders., Gesammelte Schriften, Bd. 2, Nachdruck Hildesheim 2001, S. 152.

2 Johann Jacoby an Gabriel Riesser, 29. 9. 1832, in: Edmund Silberner (Hg.), Johann Jacoby. Briefwechsel 1816–1849, Hannover 1974, S. 43.

3 Gabriel Riesser, Betrachtungen über die Verhandlungen der zweiten Kammer des Großherzogthums Baden über die Emancipation der Juden, in: ders., Gesammelte Schriften, Bd. 2, S. 226.

4 Michael A. Meyer/Michael Brenner/Stefi Jersch-Wenzel, Deutsch-jüdische Geschichte in der Neuzeit, Bd. 2, München 1996, S. 244.

5 Heinrich Heine, Deutschland. Ein Wintermährchen, in: ders., Historisch-kritische Gesamtausgabe der Werke. Düsseldorfer Ausgabe (DHA), in Verbindung mit dem Heinrich-Heine-Institut hg. von Manfred Windfuhr, Bd. 4: Atta Troll. Ein Sommernachtstraum – Deutschland. Ein Wintermärchen, Hamburg 1985, S. 89–157, hier S. 141.

6 S. M. Dubnow, Die neueste Geschichte des jüdischen Volkes (1789–1914), Bd. 2, Berlin 1920, S. 311.

7 Gabriel Riesser, Rede gegen Moritz Mohl's Antrag zur Beschränkung der Rechte der Juden, in: ders., Gesammelte Schriften, Bd. 4, Nachdruck Hildesheim 2001, S. 403 f.

8 Ebd., S. 408 ff.

9 Robert von Mohl, Lebens-Erinnerungen 1799–1875, hg. von Dietrich Kerler, Bd. 2, Stuttgart/Leipzig 1902, S. 56.

10 Gabriel Riesser, Bemerkungen zu den Verhandlungen der Badischen Ständeversammlung über die Emancipation der Juden im Jahre 1833, in: ders., Gesammelte Schriften, Bd. 2, S. 672.

Christian Jansen: Jakob Venedey und Henriette Obermüller-Venedey

1 Stenographischer Bericht über die Verhandlungen der deutschen constituirenden Nationalversammlung zu Frankfurt am Main (online unter http://opacplus.bsb-muenchen.de/title/12055074), S. 5289 f. (gegen «Geldcensus»), S. 4379, 4381 und 4388 (Druck der Grundrechte), S. 1206–1212 und 5072 f. (Polenfrage). Auch später unterstützte Venedey eine polnische Nationalstaatsgründung. Vgl. Jakob Venedey, Die Polenfrage vor dem preußischen Abgeordnetenhause, Zürich 1863, insb. S. 7 ff., 13 f., 16 f. und 22 ff.

2 Stenographischer Bericht über die Verhandlungen der deutschen Nationalversammlung, S. 2048 f.

3 Ebd., S. 1285 und 1284 (Reichskriegsflagge). Am 11. April 1849, nach der Ablehnung der Kaiserkrone durch Friedrich Wilhelm IV., wiederholte Venedey diesen Antrag (S. 6124)!

4 Die Diplomatie in der schleswig-holstein'schen Frage, in: Deutsche Monatsschrift für Politik, Wissenschaft, Kunst und Leben 1850/I, S. 30 f. (Auszüge unter: https://www.campus.de/buecher-campus-verlag/wissenschaft/geschichte/nation_nationalitaet_nationalismus-15892.html# – Quellen [zuletzt eingesehen am 12. 6. 2021]).

5 Zit. nach Birgit Bublies-Godau (Hg.), «Dass die Frauen bessere Democraten, geborene Democraten seyen …». Henriette Obermüller-Venedey. Tagebücher und Lebenserinnerungen 1817–1871, Karlsruhe 1999, S. 126.

6 Heinrich Simon an Jakob Venedey, Zürich 26. 3. 1852, Bundesarchiv Berlin, Nachlass Venedey N 2316/49.

7 Nachweise bei Christian Jansen, Einheit, Macht und Freiheit. Die Paulskirchenlinke und die deutsche Politik in der nachrevolutionären Epoche (1849–1867), Düsseldorf [2]2005, S. 128 f.

8 Jakob Venedey, Der italienische Krieg und die deutsche Volkspolitik, Hannover 1859, S. 25. Noch radikaler kurz vor seinem Tod: «Die Friedensheulerei während des Krieges», in: Berliner Volks-Zeitung vom 14. 1. 1871.

9 Stenographischer Bericht über die Verhandlungen der deutschen Nationalversammlung, S. 460 f.

Susanne Schötz: Louise Otto-Peters

1 Zit. nach Johanna Ludwig, Eigner Wille und eigne Kraft. Der Lebensweg von Louise Otto-Peters bis zur Gründung des Allgemeinen deutschen Frauenvereines 1865. Nach Selbstzeugnissen und Dokumenten, Leipzig 2014, S. 71.

2 Louise Otto, Ueber Weiblichkeit, in: Sächsische Vaterlandsblätter vom 28. 10. 1843, S. 752.

3 Diesen Ausdruck benutzte Auguste Schmidt zur Kennzeichnung von Louise Ottos Bestrebungen. Vgl. dies., Zweites Buch. Die Dichterin, in: Louise Otto-Peters. Die Dichterin und Vorkämpferin für Frauenrecht. Ein Lebensbild von Auguste Schmidt und Hugo Rösch. Mit drei Bildnissen, Leipzig 1898, S. 44.

4 Zitat aus dem Jahr 1871. Zit. nach Magdalena Gehring, Die Revolution von 1848/49 im Leben von Louise Otto-Peters, in: Susanne Schötz/Martina Schattkowsky (Hg.), Louise Otto-Peters und die Revolution von 1848/49. Erinnerungen an die Zukunft, Leipzig 2012, S. 69–99, hier S. 85.

5 Zit. nach Irina Hundt, Einleitung, in: dies. (Hg.), Im Streben «nach Einfluß aufs Ganze».

Louise Ottos Tagebücher aus den Jahren 1849–1857 (Louise-Otto-Peters-Jahrbuch III/2009), Beucha 2010, S. 25 f.

6 Louise Otto, Frauenleben im Deutschen Reich. Erinnerungen aus der Vergangenheit mit Hinweis auf Gegenwart und Zukunft, Leipzig 1876, S. 254 – Hervorhebungen durch die Verfasserin.

Uwe Timm: Carl Schurz

1 Carl Schurz, Lebenserinnerungen, hg. von Daniel Göske, mit einem Essay von Uwe Timm, 2 Bde., Göttingen 2015, Bd. 1, S. 123.

2 Ebd., S. 60.

3 Ebd., S. 175 f.

4 Zit. nach Walter Keßler, Carl Schurz. Kampf, Exil, Karriere, Köln 2006, S. 26.

5 Marc Twain, Carl Schurz, Pilot, in: Harper's Weekly vom 26. 5. 1906, S. 727, https://en.wikisource.org/wiki/Carl_Schurz,_Pilot (zuletzt eingesehen am 10. 7. 2021).

Dieter Langewiesche: Ludwig Bamberger

1 So Karl Wippermann, Ludwig Bamberger, in: Allgemeine Deutsche Biographie 46 (1912), S. 197.

2 Ludwig Bamberger, Die Flitterwochen der Preßfreiheit, Mainz 1848 (dort die folgenden Zitate).

3 Ludwig Bamberger, Erinnerungen, Berlin 1899, S. 518; das folgende Zitat S. 43 f.

4 Ludwig Bamberger, Gesammelte Schriften, Bd. 3, Berlin 1895.

5 Deutscher Reichstag, 12. Sitzung, 5. 4. 1871, S. 169.

6 Ludwig Bamberger, Vertrauliche Briefe aus dem Zollparlament (1868–1869–1870), Berlin 1870, S. 72.

7 Allgemeine Zeitung, Augsburg, vom 28.5., 29.5. (alle Zitate), 17.6., 17.7., 21. 7. 1874.

8 Ludwig Bamberger, Wandlungen und Wanderungen in der Sozialpolitik, in: Nation 15, Nr. 23, 24, 25 (1898) (alle folgenden Zitate).

9 Reichstag, 70. Sitzung, 18. 5. 1889, S. 1838 f.

10 Ludwig Bamberger, Die culturgeschichtliche Bedeutung des Socialismus. Leipzig [2]1879, Schlusssatz.

11 Allgemeine Zeitung vom 17. 7. 1874; Nation Nr. 23 u. 24 (s. Anm. 7, 8).

12 Bamberger, Culturgeschichtliche Bedeutung, S. 41; Ludwig Bamberger, Deutschland und der Socialismus. Leipzig [2]1878, S. 20 f.

13 Bamberger, Gesammelte Schriften, Bd. 5, Berlin 1897, S. 132.

14 Bamberger, Erinnerungen, S. 97.

15 Ebd., S. 115–122 (Rede). Dort alle folgenden Zitate.

16 Ebd., S. 485, 451 f.

17 Der Israelit 40 (1899), S. 418.

18 Anna von Helmholtz, Ein Lebensbild in Briefen, hg. von Ellen von Siemens-Helmholtz, Bd. 2, Berlin 1929, S. 183.

19 Bamberger, Erinnerungen, S. 115–122 (Rede).

20 Ebd., S. 258.

21 Ludwig Bamberger, Begräbnisrede auf Lasker 1884, in: ders., Schriften, Bd. 2, Berlin 1894, S. 111.

22 Bamberger, Schriften, Bd. 5, Berlin 1897, S. 1–37. Dort alle Zitate.

23 Brief an Eduard Lasker, 2. 12. 1880, Bundesarchiv Berlin, N 2167/8.

24 Zit. nach Otto Hartwig, Ludwig Bamberger, Marburg 1900, S. 75.

25 Charles Taylor, Ein säkulares Zeitalter, Frankfurt a. M. 2009.

Norbert Lammert: Ludwig Windthorst

1 Wilhelm II., Ereignisse und Gestalten aus den Jahren 1878–1918, Leipzig/Berlin 1922, S. 27.

2 Zit. nach Eduard Hüsgen, Ludwig Windthorst, Köln 1907, S. 17.

3 Zit. nach Rüdiger Drews, Ludwig Windthorst. Katholischer Volkstribun gegen Bismarck, Regensburg 2011, S. 77.

4 Golo Mann, Deutsche Geschichte des 19. und 20. Jahrhunderts, Frankfurt a. M. 1958, S. 417.

5 Protokoll der Sitzung des Deutschen Reichstages, 31. Sitzung, 16. 4. 1880, S. 733.

6 Gespräch mit Tiedemann und Sybel am 25. 1. 1875, in: Otto von Bismarck, Die Gesammelten Werke, hg. von Willy Andreas, Bd. 8, Berlin 1926, S. 138.

7 Stenographische Berichte über die Verhandlungen des Preußischen Hauses der Abgeordneten vom 9. 2. 1872, S. 698.

8 Stenographische Berichte über die Verhandlungen des Preußischen Hauses der Abgeordneten vom 30. 1. 1872, S. 535.

9 Volker Ullrich, Die Kleine Exzellenz, in: Die Zeit vom 12. 1. 2012, S. 16.

Hedwig Richter: Hedwig Dohm

1 Hedwig Dohm, Kindheitserinnerungen einer alten Berlinerin, in: Ida Boy-Ed u. a., Als unsere großen Dichterinnen noch kleine Mädchen waren, Leipzig/Berlin 1912, S. 19–57, hier S. 55.

2 Hedwig Pringsheim-Dohm, Meine Eltern Ernst und Hedwig Dohm, in: Vossische Zeitung vom 11. 5. 1930, S. 27.

3 Kindheitserinnerungen, S. 43.

4 Hedwig Dohm, Schicksale einer Seele, Berlin 1899, S. 63 u. 65.

5 Zit. nach Angelika Schaser, Frauenbewegung in Deutschland. 1848–1933, Darmstadt [2]2020, S. 30.

6 Georg Simmel, Zur Philosophie der Geschlechter [1906], in: Georg Simmel, Philosophische Kultur, Berlin 1998, S. 64–66.

7 Ferdinand Tönnies, Gemeinschaft und Gesellschaft. Grundbegriffe der reinen Soziologie [1887], Darmstadt 1991, S. 139.

8 Hedwig Dohm, Der Frauen Natur und Recht, Berlin 1876, S. 167 u. 123 f.

9 Hedwig Dohm, Der Jesuitismus im Hausstande, Berlin 1873, S. 166.

10 Hedwig Dohm, Der Frauen Natur und Recht, S. 184.

11 Hedwig Dohm, Schicksale einer Seele, in: Die Zukunft vom 13. 5. 1899, S. 18, zit. nach Birgit Mikus, Instrumentalisierung von Sprache in Hedwig Dohms Romantrilogie «Schicksale einer Seele», «Sibilla Dalmar», «Christa Ruland» und Gabriele Reuters «Aus guter Familie», Manuskript, Bonn 2008, S. 18.

12 Hedwig Dohm an Amely Bölte, 10. 5. 1880, zit. nach Isabel Rohner, Spuren ins Jetzt. Hedwig Dohm – eine Biografie, Sulzbach im Taunus 2010, S. 73.

13 Minna Cauer, Hedwig Dohm zum 80. Geburtstag, in: Die Frauenbewegung vom 15. 9. 1913. Hedwig Dohms Geburtstag wurde fälschlicherweise auf 1833 datiert, ein Irrtum, den sie nie korrigiert hat.

14 August Bebel, Die Frau und der Sozialismus. Mit einem einleitenden Vorwort von Eduard Bernstein. Neudruck der 1929 erschienenen Jubiläumsausgabe, Berlin/Bonn 1985, S. 36.

15 Zit. nach Rohner, Spuren ins Jetzt, S. 73.

16 Hedwig Pringsheim-Dohm, Meine Eltern Ernst und Hedwig Dohm, in: Vossische Zeitung vom 11. 5. 1930, S. 27.

Paul Nolte: Eugen Richter

1 Zit. nach Eugen Richter, Reden gegen das Sozialistengesetz, hg. von Hansjörg Walther, Frankfurt a. M. 2016, S. 8.

2 Thomas Nipperdey, Deutsche Geschichte 1866–1918, Bd. 2: Machtstaat vor der Demokratie, München 1992, S. 320; vgl. S. 527.

3 24. 11. 1885, zit. nach Hans-Ulrich Wehler, Bismarck und der Imperialismus, Frankfurt a. M. 1984, S. 290.

4 Richter, Reden gegen das Sozialistengesetz, S. 52 (23. 5. 1878).

5 Zit. nach Büchmann. Geflügelte Worte, neu bearb. und hg. von Hanns Martin Elster, Stuttgart 1956, S. 513.

Kirsten Heinsohn: Minna Cauer

1 Minna Cauer, Leben und Werk. Dargestellt an Hand ihrer Tagebücher und nachgelassenen Schriften von Else Lüders, Gotha 1925, S. 223 (9. 11. 1918).

2 Ebd., S. 38 (15. 3. 1874).

3 Minna Cauer, Aus meinen Lehrjahren, in: Das freie Volk. Demokratisches Wochenblatt vom 18. 12. 1909, zit. nach ebd., S. 56.

4 Ebd., S. 49 (aus einer unvollendeten Autobiografie 1905).

5 Ebd., S. 55 f. (unvollendete Autobiografie, ca. 1910).

6 Ebd., S. 55.

7 Ebd., S. 80 (Juli 1894).

8 Ebd., S. 156 f. (20. 3. 1911).

9 Minna Cauer, 25 Jahre Verein Frauenwohl Groß-Berlin, Berlin 1913, S. 13.

10 Else Lüders, Der «linke Flügel». Ein Blatt aus der Geschichte der deutschen Frauenbewegung, Berlin 1904.

11 Cauer, Leben, S. 224 (19. 11. 1918).

12 Ebd., S. 229 (26. 2. 1919).

Volker Ullrich: August Bebel

1 Robert Michels, August Bebel, in: Archiv für Sozialwissenschaft und Sozialpolitik 37 (1913), S. 693.

2 Gustav Mayer, Erinnerungen. Vom Journalisten zum Historiker der deutschen Arbeiterbewegung, Hildesheim u. a. 1993, S. 179.

3 August Bebel, Aus meinem Leben, Berlin (Ost) [3]1961, S. 23.

4 Ebd., S. 131.

5 Ebd., S. 130.

6 August Bebel, Ausgewählte Reden und Schriften, hg. von Horst Bartel u. a., Bd. 1, Berlin (Ost) 1970, S. 17.

7 Zit. nach Autorenkollektiv unter Leitung von Ursula Herrmann und Volker Emmrich, August Bebel. Eine Biographie, Berlin (Ost) 1989, S. 56.

8 Zit. nach ebd., S. 73.

9 Zit. nach ebd., S. 95 f.

10 Bebel, Aus meinem Leben, S. 326.

11 Ebd., S. 394.

12 Bebel, Ausgewählte Reden und Schriften, Bd. 1, S. 150.

13 August Bebel, Ausgewählte Reden und Schriften, Bd. 10/2: Die Frau und der Sozialismus. 50. Auflage, bearb. von Anneliese Beske und Eckhard Müller, München u. a. 1996, S. 657.

14 August Bebel an Georg von Vollmar, 12. 12. 1878, zit. nach Autorenkollektiv, August Bebel, S. 199 f.

15 Bebel, Aus meinem Leben, S. 699.

16 August und Julie Bebel, Briefe einer Ehe, hg. von Ursula Herrmann, Bonn 1997, S. 325.

17 Zit. nach Helmut Bley, Bebel und die Strategie der Kriegsverhütung 1904–1913. Eine Studie über Bebels Geheimkontakte mit der britischen Regierung und Edition der Dokumente, Göttingen 1975, S. 232 f.

18 Zit. nach Autorenkollektiv, August Bebel, S. 710.

19 Zit. nach Brigitte Seebacher-Brandt, Bebel. Künder und Kärrner im Kaiserreich, Berlin/Bonn 1988, S. 323.

Kerstin Wolff: Emma Ihrer

1 Flugblatt: An die Arbeiterinnen Berlins, 1885, abgedruckt in: Dieter Schneider, Frauen in der Arbeiterbewegung. Gegen Rückständigkeit und Unverstand: Emma Ihrer, in: Das ötv-magazin, Nr. 6 (1985), S. 30–34, hier S. 32.

2 Emma Ihrer, Die Arbeiterinnen im Klassenkampf. Anfänge der Arbeiterinnen-Bewegung, ihr Gegensatz zur bürgerlichen Frauenbewegung und ihre nächsten Aufgaben, Hamburg 1898, S. 10.

3 Irene Queisser, Emma Ihrer, in: Im Blickpunkt der Berlinerinnen. Zeitschrift des Demokratischen Frauenbundes Berlin, Nr. 11 (1987), S. 14.

4 Ihrer, Arbeiterinnen im Klassenkampf, S. 12.

5 Ebd., S. 13.

6 Ebd., S. 14.

7 Zit. nach Jutta Limbach, «Wahre Hyänen». Pauline Staegemann und ihr Kampf um die politische Macht der Frauen, Bonn 2016, S. 49.

8 Zit. nach Gisela Losseff-Tillmanns (Hg.), Frau und Gewerkschaft, Frankfurt a. M. 1982, S. 27.

9 Ebd., S. 31 f.

10 Zit. nach Kurt Schmitz, Emma Ihrer, in: Der Gewerkschafter, 1 (1981), S. 19a.

11 Käte und Hermann Duncker, Ein Tagebuch in Briefen (1894–1953), hg. von Heinz Deutschland, Berlin 2016, S. 203.

12 (Vermutlich) Clara Zetkin, Zum Tode von Emma Ihrer, in: Die Gleichheit, Nr. 8 (1911), S. 113 f.

13 So nachzulesen bei Mirjam Sachse, Von «weiblichen Vollmenschen» und Klassenkämpferinnen. Frauengeschichte und Frauenleitbilder in der proletarischen Frauenzeitschrift «Die Gleichheit» (1891–1923), Kassel 2011, S. 596 ff.

Dietmar Süß: Carl Legien

1 Karl Legiens Begräbnis, in: Vorwärts vom 30. 12. 1920 (Beilage).

2 Die Bestattung Legiens, in: Vorwärts vom 1. 1. 1921 (Morgenausgabe). Ausführlich dargestellt in Karl Christian Führer, Carl Legien 1861–1920. Ein Gewerkschafter im Kampf um ein «möglichst gutes Leben» für alle Arbeiter, Essen 2009, S. 261–265; folgende Ausführungen basieren wesentlich auf diesen Forschungen.

3 Die Bestattung Legiens, in: Vorwärts vom 1. 1. 1921.

4 18. Wahlperiode, Bürgerschaft der Freien und Hansestadt Hamburg, Drucksache 18/8059, 4. 3. 2008: Schriftliche Anfrage des Abgeordneten Alexander-Martin Sardina (CDU) vom 25. 2. 2008.

5 Führer, Carl Legien.

6 Theodor Leipart, Carl Legien und die Gewerkschaftsbewegung, in: Sozialistische Monatshefte, Nr. 23 (1915), S. 1153–1158, hier S. 1153 f.

7 Carl Legien, Die amtliche und die gewerkschaftliche Streikstatistik, in: Die neue Zeit. Wochenschrift der deutschen Sozialdemokratie 21, H. 14 (1903), S. 432–441.

8 Verhandlungen des Reichstages, Stenographische Berichte, 10. Legislaturperiode, I. Session 1898/1900, 3. Anlagenband, Nr. 347, Bl. 2238 f.

9 Carl Legien, Die Bedeutung der Gewerkschaftsorganisation für den Klassenkampf der Arbeiter, in: Sozialistische Monatshefte 3, H. 10 (1897), S. 538–544.

10 Berühmt geworden ist insbesondere die Kontroverse während des SPD-Parteitages in Frankfurt 1894, in der es eigentlich um die Entlohnung von Parteiangestellten ging und Bebel im Streit mit Legien formulierte: «Ich kenne Dich, Mephisto.» Protokoll über die Verhandlungen des Parteitages der Sozialdemokratischen Partei Deutschlands. Abgehalten zu Frankfurt am Main 1884, S. 74.

11 Klaus Schönhoven, Wegbereiter der sozialen Demokratie? Zur Bedeutung des Stinnes-Legien-Abkommens vom 15. November 1918, in: Karl Christian Führer/Axel Schildt/Klaus Tenfelde (Hg.), Revolution und Arbeiterbewegung in Deutschland 1918–1920, Essen 2013, S. 61–79, hier S. 66.

12 Der Sieg des Koalitionsrechts, in: Correspondenzblatt der Generalkommission der Gewerkschaften Deutschlands, Nr. 49 vom 7. 12. 1918, S. 451–453, hier S. 453.

13 Legien schildert die Ereignisse selbst ausführlich im Vorwärts unter der Überschrift «Der Militärputsch» prominent auf der ersten Seite am 8. 4. 1920 (Abendausgabe) und am 9. 4. 1920 (Morgenausgabe).

Ute Gerhard: Anita Augspurg und Lida Gustava Heymann

1 Anita Augspurg, Gebt acht, solange noch Zeit ist, in: Die Frauenbewegung 1, Nr. 1 (1895), S. 4 (Hervorhebung im Original).
2 Vgl. Marie Stritt, Frauen-Landsturm: Flugblatt zum Familienrecht im Bürgerlichen Gesetzbuch, Berlin 1896.
3 Augspurg, Gebt Acht.
4 Lida Gustava Heymann unter Mitarbeit von Anita Augspurg, Erlebtes – Erschautes. Deutsche Frauen kämpfen für Freiheit, Recht und Frieden, hg. von Margit Twellmannn, Meisenheim 1972, S. 11.
5 Ebd., S. 13.
6 Ebd., S. 14.
7 Brigitte Bruns, Weibliche Avantgarde um 1900, in: Hof-Atelier Elvira 1887–1928, hg. von Rudolf Herz und Brigitte Bruns, Münchener Stadtmuseum 1985, S. 191–219.
8 Zit. nach dem Wiederabdruck des Briefes unter: Anita Augspurg, Ein typischer Fall der Gegenwart, in: Die Frauenbewegung 11, Nr. 11 (1905), S. 81–83.
9 Heymann/Augspurg, Erlebtes – Erschautes, S. 53.
10 Hedwig Dohm, Die Antifeministen. Ein Buch der Verteidigung, Berlin 1902.
11 Zit. nach Susanne Kinnebrock, Anita Augspurg (1857–1943). Feministin und Pazifistin zwischen Journalismus und Politik, Herbolzheim 2005, S. 259.
12 Zit. nach ebd., S. 228.
13 Heymann/Augspurg, Erlebtes – Erschautes, S. 121.
14 Anita Augspurg, Friede auf Erden!, in: Frauenstimmrecht 2, Nr. 2 (1913), S. 49.
15 Vgl. Internationale Frauenliga für Frieden und Freiheit, Deutscher Zweig, Völkerversöhnende Frauenarbeit während des Weltkrieges, München 1920.
16 Die Frau im Staat 1 (1919), S. 1.

Michael Dreyer: Hugo Preuß

1 Theodor Heuss, Hugo Preuß, in: ders., Profile. Nachzeichnungen aus der Geschichte, Tübingen 1964 (erstmals 1960), S. 255–267, hier S. 255.
2 Hugo Preuß, Gesammelte Schriften, hg. von Detlef Lehnert/Christoph Müller, 5 Bde., Tübingen 2007–2015.
3 Ernst Feder, Hugo Preuß †, in: Berliner Tageblatt, Nr. 479 vom 9. 10. 1925, Abendausgabe.
4 Paul Laband, Das Staatsrecht des Deutschen Reiches, 3. Bde. in 4 Büchern, Tübingen 1876–1882.
5 Otto von Gierke, Das deutsche Genossenschaftsrecht, 4 Bde., Berlin 1868–1913.
6 Hugo Preuß, Das deutsche Volk und die Politik, 6.-8. Tsd., Jena 1916 (erstmals 1915).
7 Hugo Preuß, Die Junkerfrage, Berlin 1897 (Sonderabdruck aus der Wochenschrift *Die Nation*).
8 Eduard David, Rede am 31. 7. 1919, in: Verhandlungen der verfassunggebenden Deutschen Nationalversammlung. Stenographische Berichte, Bd. 329, Berlin 1920, S. 2194 u. 2195.

9 Hugo Preuß, Novae epistolae obscurorum virorum (erstmals in: Die Nation, 1903–1907), in: ders., Staat, Recht und Freiheit, hg. von Theodor Heuss, Tübingen 1926, S. 560–582.

10 Christoph Gusy, 100 Jahre Weimarer Verfassung. Eine gute Verfassung in schlechter Zeit, Tübingen 2018.

Werner Schulz: «Wir sind das Volk» oder: Was 1989 mit 1848 verbindet

1 Random House Dictionary of the English Language, New York 1987, S. 80.

2 Ansprache von Bundespräsident Richard von Weizsäcker auf dem 21. Deutschen Evangelischen Kirchentag, 8. 6. 1985, https://www.bundespraesident.de/SharedDocs/Reden/DE/Richard-von-Weizsaecker/Reden/1985/06/19850608-Rede-Deutscher-Evangelischer-Kirchentag.html (zuletzt eingesehen am 10. 7. 2021).

3 Zit. nach https://archiv.bundesregierung.de/archiv-de/-mr-gorbachev-open-this-gate-mr-gorbachev-tear-down-this-wall–425032 (zuletzt eingesehen am 10. 7. 2021).

4 Robert Blum an Margarete Selbach, 23. 11. 1848, in: Robert Blum, Briefe und Dokumente, hg. von Siegfried Schmidt, Leipzig 1981, S. 30.

5 Rede von Robert Blum am 21. 6. 1848, Stenographischer Bericht über die Verhandlungen der deutschen constituirenden Nationalversammlung zu Frankfurt am Main (online unter http://opacplus.bsb-muenchen.de/title/12055074), S. 402–404, hier S. 403.

6 Heinrich Heine, Vorrede zu Salon I (1833), in: ders., Sämtliche Schriften, hg. von Klaus Briegleb, Bd. 3, München ^{2}1978, S. 13.

7 Ferdinand Freiligrath, Trotz alledem!, in: Ferdinand Freiligrath's gesammelte Dichtungen, Bd. 3, Stuttgart 1871, S. 170–172, hier S. 172.

8 Bertolt Brecht, Gesammelte Gedichte, hg. vom Suhrkamp Verlag in Zusammenarbeit mit Elisabeth Hauptmann, Bd. 3 (es 837), Frankfurt a. M. 1967, S. 977.

Die Autorinnen und Autoren

Sabine Appel, promovierte Germanistin und freie Autorin mit dem Schwerpunkt europäische Ideengeschichte; veröffentlichte u. a. *Caroline Schlegel-Schelling. Das Wagnis der Freiheit* (2013) und zuletzt *Unser Rousseau. Wie ein Genfer Uhrmachersohn die Aufklärung überwand und sie damit vollendete* (2021).

Hans-Peter Becht, apl. Professor für Geschichte an der Universität Stuttgart; veröffentlichte u. a. *Badischer Parlamentarismus 1819 bis 1870. Ein deutsches Parlament zwischen Reform und Revolution* (2009); er arbeitet derzeit an einer Edition der Briefe Adam von Itzsteins.

Wilhelm Bleek, Professor em. für Politikwissenschaft an der Universität Bochum; veröffentlichte u. a. *Friedrich Christoph Dahlmann. Eine Biographie* (2010) und *Vormärz. Deutschlands Aufbruch in die Moderne 1815–1848* (^{2}2020).

Christopher Clark, Regius Professor of History an der University of Cambridge; veröffentlichte u. a. *Preußen. Aufstieg und Niedergang 1600–1947 (2008)*; er arbeitet derzeit an einer Studie über den politischen Wandel nach den Revolutionen von 1848 in Europa.

Michael Dreyer, apl. Professor für Politikwissenschaft an der Universität Jena; Vorsitzender des Vereins Weimarer Republik, dem Träger des «Hauses der Weimarer Republik – Forum für Demokratie in Weimar»; Mitglied des SprecherInnenrates der AG Orte der Demokratiegeschichte; veröffentlichte u. a. *Hugo Preuss. Biografie eines Demokraten* (2018).

Sabine Freitag, Professorin für Neuere und Neueste Geschichte an der Universität Bamberg; veröffentlichte u. a. *Friedrich Hecker. Biographie eines Republikaners* (1996) und als Herausgeberin *Die Achtundvierziger. Lebensbilder aus der deutschen Revolution 1848/49* (1998).

Ute Gerhard, Soziologin und Juristin; Professorin em. für Frauen- und Geschlechterforschung an der Universität Frankfurt am Main; veröffentlichte u. a. *Für eine andere Gerechtigkeit. Dimensionen feministischer Rechtskritik* (2018) und *Frauenbewegung und Feminismus. Eine Geschichte seit 1789* (^{4}2020).

Jürgen Goldstein, Professor für Philosophie an der Universität Koblenz-Landau; veröffentlichte u. a. *Georg Forster. Zwischen Freiheit und Naturgewalt* (^{3}2016).

Ewald Grothe, apl. Professor für Neuere und Neueste Geschichte an der Universität Wuppertal; Leiter des Archivs des Liberalismus bei der Friedrich-Naumann-Stiftung für die Freiheit; veröffentlichte u. a. *Verfassungsgebung und Verfassungskonflikt. Das Kurfürstentum Hessen in der ersten Ära Hassenpflug 1830–1837* (1996).

Rüdiger Hachtmann, apl. Professor an der TU Berlin; Senior Fellow am Leibniz-Zentrum für Zeithistorische Forschung Potsdam (ZZF); veröffentlichte u. a. *Berlin 1848. Eine Politik- und Gesellschaftsgeschichte der Revolution* (1997).

Kirsten Heinsohn, Stellvertretende Direktorin an der Forschungsstelle für Zeitgeschichte in

Hamburg; Professorin für Neuere Geschichte an der Universität Hamburg; Vorsitzende des Arbeitskreises Historische Frauen- und Geschlechterforschung e.V.; veröffentlichte u. a. *Politik und Geschlecht. Zur Politischen Kultur bürgerlicher Frauenvereine in Hamburg 1871–1918* (1997).

Irina Hundt, Historikerin; veröffentlichte u. a. als Herausgeberin den Band *Vom Salon zur Barrikade. Frauen der Heine-Zeit* (2002); sie arbeitet derzeit an einem Lexikon der Achtundvierzigerinnen.

Christian Jansen, Professor für Neuere Geschichte an der Universität Trier; veröffentlichte u. a. *Einheit, Macht und Freiheit. Die Paulskirchenlinke und die deutsche Politik in der nachrevolutionären Epoche 1849–1867* ([2]2005); *Gründerzeit und Nationsbildung 1849–1871* (2011).

Alexander Košenina, Professor für Deutsche Literatur des 17. bis 19. Jahrhunderts an der Universität Hannover; veröffentlichte u. a. *Blitzlichter der Aufklärung. Köpfe – Kritiken – Konstellationen* (2010).

Norbert Lammert, Bundestagspräsident a. D.; Vorsitzender der Konrad-Adenauer-Stiftung; veröffentlichte u. a. als Herausgeber *Christlich Demokratische Union. Beiträge und Positionen zur Geschichte der CDU* (2020).

Dieter Langewiesche, Professor em. für Mittlere und Neuere Geschichte an der Universität Tübingen; veröffentlichte u. a. *Liberalismus in Deutschland* ([4]1995) und *Vom vielstaatlichen Reich zum föderativen Bundesstaat. Eine andere deutsche Geschichte* (2020).

Herfried Münkler, Professor em. für Theorie der Politik an der Humboldt-Universität Berlin; veröffentlichte u. a. *Die Deutschen und ihre Mythen* (2013).

Paul Nolte, Professor für Neuere Geschichte und Zeitgeschichte an der Freien Universität Berlin; leitender Herausgeber von *Geschichte und Gesellschaft*; veröffentlichte u. a. *Was ist Demokratie? Geschichte und Gegenwart* (2012).

Heribert Prantl, Jurist, Journalist, ehemaliges Mitglied der Chefredaktion der *Süddeutschen Zeitung*; Honorarprofessor für Rechtswissenschaft an der Universität Bielefeld; Träger des Siebenpfeiffer-Preises; veröffentlichte u. a. *Not und Gebot. Grundrechte in Quarantäne* ([3]2021).

Hedwig Richter, Professorin für Neuere und Neueste Geschichte an der Universität der Bundeswehr München; veröffentlichte u. a. *Demokratie. Eine deutsche Affäre* ([1]2021) und als Herausgeberin (zusammen mit Kerstin Wolff) *Frauenwahlrecht. Demokratisierung der Demokratie in Deutschland und Europa* (2018).

Julius H. Schoeps, Professor em. für Neuere Geschichte an der Universität Potsdam; Vorsitzender der Moses Mendelssohn Stiftung; veröffentlichte u. a. *Gabriel Riesser. Demokrat – Freiheitskämpfer – Vordenker* (2020) und als Herausgeber den Nachdruck der *Gesammelten Schriften* Riessers (2001).

Susanne Schötz, Professorin für Wirtschafts- und Sozialgeschichte an der TU Dresden; Mitherausgeberin des *Louise-Otto-Peters-Jahrbuchs*; veröffentlichte u. a. als Mitherausgeberin *Louise Otto-Peters und die Revolution von 1848/49. Erinnerungen an die Zukunft* (2012).

Werner Schulz, Mitbegründer des Neuen Forums; 1990 Mitglied der Volkskammer; von 1990 bis 2005 Mitglied des Deutschen Bundestages; von 2009 bis 2014 Mitglied des Europäischen Parlaments (Bündnis 90/Grüne).

Jörg Schweigard, Historiker und Journalist; veröffentlichte u. a. *Die Liebe zur Freiheit ruft uns an den Rhein. Aufklärung, Reform und Revolution in Mainz* (2005) und die Biografie *Friedrich Lehne. Revolutionspoet, Frühdemokrat, Journalist* (2018).

Barbara Sichtermann, Publizistin, Schriftstellerin; veröffentlichte u. a. *«Ich rauche Zigarren und glaube nicht an Gott». Hommage an Louise Aston* (2014).

Frank-Walter Steinmeier, Präsident der Bundesrepublik Deutschland.

Barbara Stollberg-Rilinger, Professorin für Geschichte der Frühen Neuzeit an der Universität Münster; derzeit Rektorin des Wissenschaftskollegs zu Berlin; veröffentlichte u. a. *Des Kaisers alte Kleider. Verfassungsgeschichte und Symbolsprache des Alten Reiches* ([2]2013).

Dietmar Süß, Professor für Neuere und Neueste Geschichte an der Universität Augsburg; Mitherausgeber des *Archivs für Sozialgeschichte*; veröffentlichte u. a. *Solidarität. Vom 19. Jahrhundert zur Corona-Krise* (2021, zusammen mit Cornelius Torp).

Uwe Timm, Schriftsteller; veröffentlichte u. a. etliche Romane, zuletzt *Ikarien* (2017); für die Neuausgabe der *Lebenserinnerungen* von Carl Schurz (2015) verfasste er den Einleitungsessay.

Volker Ullrich, Historiker und Journalist; veröffentlichte u. a. *Die nervöse Großmacht 1871–1918. Aufstieg und Untergang des deutschen Kaiserreichs* (2013).

Kerstin Wolff, Historikerin; Leiterin der Forschungsabteilung im Archiv der deutschen Frauenbewegung (AddF) in Kassel; veröffentlichte u. a. *Unsere Stimme zählt! Die Geschichte des deutschen Frauenwahlrechts* (2018).

Bildnachweis

Vorsatzblatt: Landesmuseum Mainz (GDKE RLP), Foto: U. Rudischer | S. 39: akg-images | S. 53: Privatbesitz. Foto: © Wolfgang Kunz | S. 67: Focke Museum, Bremer Landesmuseum für Kunst und Kulturgeschichte, Inventarnummer D.0018 | S. 77: Stadtarchiv Mainz, Fotografie Ölgemälde, ca. 1802, BPSF/2098A | S. 91: Philipp Jakob Siebenpfeiffer (1789–1845), «nach dem Leben gezeichnet» von Carl Friedrich Ludwig Schmid(t), geb. 1799, gest. nach 1885, Sammlung Siebenpfeiffer-Stiftung Homburg/Saarpfalz (erhalten von Hermann Theophil Juncker) | S. 105: Valentin Schertle / Hermann Biow: Sylvester Jordan. Lithografie, 1848. Inventarnummer 97/2218 © Stadtmuseum Kassel | S. 119: bpk/Städel Museum | S. 131: © Heritage Images / Fine Art Images / akg-images | S. 143: Dichtermuseum/Herwegh-Archiv, Liestal | S. 157: Städtisches Museum Göttingen | S. 173: Stadtgeschichtliches Museum Leipzig, Inventarnummer «Porträt U 88 d» | S. 187: © Reiss-Engelhorn-Museen Mannheim, Graphische Sammlungen | S. 199: Wisconsin Historical Society | S. 213: bpk/H. Prothmann | S. 225: Stich von Philipp Georg Winterwerb, 1849, Museumslandschaft Hessen Kassel, Graphische Sammlung | S. 237 links: Museum für Kunst und Gewerbe, Hamburg (Public Domain); rechts: Privatbesitz Familie Venedey, Konstanz. Fotografie von Birgit Bublies-Godau, Dortmund, über Stadtarchiv Karlsruhe | S. 251: nach Anna Plothow: Die Begründerinnen der deutschen Frauenbewegung, Leipzig: Verlag von Friedrich Rothbarth, G.m.b.H., 1907, o. S. (zwischen S. 34–35), über Louise-Otto-Peters-Archiv | S. 265: Brady's National Portrait Gallery New York – Carte de Visite Photo, Wikimedia Commons | S. 279: bpk/Julius Braatz | S. 293: Bundesarchiv, Bild 146-2007-0214 / Fotograf: Julius Braatz | S. 305: bpk | S. 317: ullstein bild – Julius Braatz | S. 329: International Institute of Social History (Amsterdam) | S. 339: akg-images | S. 351: Bundesarchiv, Bild Y 10-520-443-71 / Foto: Paul Schützmann, Berlin | S. 363: Bundesarchiv, Bild 183 R73167 | S. 375: AddF, Kassel, NL-P-43;52-2 | S. 391: ullstein bild | Nachsatzblatt: Bundesarchiv, Bild 116-121 – 143A, Foto: Julius Braatz.

Ortsregister

Personenregister